KB214672

요한복음 연구

믿음과 생명

요한복음 연구 믿음과 생명

총편집인	김 의 원
지 은 이	안 오 순
발 행 일	2020년 10월 20일
발 행 처	도서출판 사무엘
등 록	제972127호 (2020.10.16)
주 소	안양시 동안구 관악대로 282 고려빌딩 3층
표 지	김 별 아

ISBN 979-11-972127-2-7

값 20,000원

SEE 성경과 신학 시리즈 01

성경 교사와 설교자를 위한 기본과정 101

요한복음 연구

믿음과 생명

총편집인 김 의 원

지 은 이 안 오 순

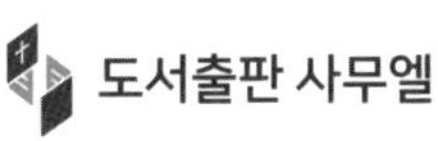

머리말

우리는 여러분이 '성경 교사'로 임명받기를 원합니다.

"내가 이 복음을 위하여 선포자와 사도와 교사로 세우심을 입었노라"
(딤후 1:11)

교회는 세상의 유일한 희망입니다!

지난 수 세기 동안 인류는 과학과 지식의 발달로 교회 밖에서 희망을 찾으려 노력하였습니다. 합리주의, 계몽주의, 낭만주의, 실존주의, 공산주의, 그리고 과학주의 등이 연거푸 일어나면서 교회는 세상에서 설 자리를 잃어버린 것 같았습니다. 그 결과는 절망적인 사건들로 이어졌습니다. 식민주의와 패권주의는 인류를 제1차 제2차 세계대전의 혼돈으로 몰아갔고, 물질문명과 세속주의는 도덕적 위기 속에 빠트렸습니다. 여기서 그치지 않았습니다. 과학만능주의와 상업주의는 인류에게 환경파괴와 기후변혁과 바이러스 재앙 등을 안기면서 미래를 어둠에 갇히게 했습니다.

새 천 년에서 교회가 세상의 유일한 소망이어야 합니다. 세상은 하루가 다르게 급변하고 있습니다. 교회는 여기에 대한 구체적인 대응을 해야 합니다. '콘텍스트(context)'와 환경은 변하지만, '텍스트(text)'와 진리는 변하지 않기 때문입니다. 변하지 않는 진리를 변화하는 세계에 적용하려면 교회의 본질을 살펴야 합니다.

교회의 중심은 성경에 있습니다. 성경은 하나님의 구원 사역에서 유일한 길이기 때문입니다. 성경은 역사의 소용돌이 속에서 여전히 영혼을 구원하고 교회를 바르게 세우며, 성도를 양육하기 위해서 주신 하나님의 도구입니다.

오늘 교회에서 그 일을 해야 할 사람은 누구인가요? 바로 "성경 교사"입니다. 혼돈의 시대일수록 교회는 성경을 바르게 배우고 가르치면서 성경대로 사는 "성경 교사"가 필요합니다. 성경을 바르게 배우고 가르치지 않고서는 교회의 건강을 논할 수 없습니다. 성경을 바르게 배워야 바른 믿음을 가질 수 있고 바른 삶을 살 수 있습니다.

세속화의 거센 파도 속에서 유럽, 미국뿐 아니라 한국교회마저 힘을 잃으면서 선교지로 바뀌고 있습니다. 목사들, 신학자들과 선교사들이 넘치고, 거리마다 교회들이 즐비하며, TV와 SNS에서 설교는 넘치는데, 왜 그런 일이 생기는 것일까요? 그들만으로는 부족하기 때문입니다. 교회가 바르게 서려면 "성경 교사"의 바른 가르침과 바른 삶이 절대적으로 필요합니다. 이 대열에 동참하는 "성경 교사"가 많으면 많을수록 '품격 있는 신자', '건강한 교회'로 자라면서, 세상에 대안을 제시하는 '대안 공동체'로서의 교회로 거듭날 수 있습니다.

사무엘연구원(SEE: Samuel Education by Extension)는 그 일을 위해서 총 다섯 과정의 성경 공부 과정을 만들었습니다. 그것을 두 단계로 구분할 수 있습니다. 첫째 단계는 네 과정으로 야구 '베이스'를 기초하여 '1루(101, 102…)', '2루(201, 202…)', '3루(301, 302…)', 그리고 '홈베이스(401, 402…)'로 나누었습니다. 이를 마치면 "성경 교사"(1급)의 자격을 줍니다. 둘째 단계는 심화 과정(501, 502…)으로 "성경 교사"(2급)의 자격을 줍니다.

I. 1단계: 「성경 교사」(1급)(1A, 1B, 1C, 1D)의 자격 과정(10과목)

1) SEE 기본 과정(1루, 1A: 101, 102)

요한복음(101), 창세기(102) 중에서 열다섯 강의를 선택하여 공부합니다. 성경의 기초 과정으로 아직 예수님을 모르는 사람은 그분을 그리스도로 믿고 고백하기를 원합니다. 이미 예수님을 그리스도로 믿은 사람은 성경에 기초한 건강한 믿음을 굳게 하기를 바랍니다.

이 공부는 귀납법적으로 본문을 배우고, 본문에서 배운 그 메시지를 내 삶의 현장에 적용하며 실천하는 데 그 목적이 있습니다.

2) SEE 중급 과정(2루, 1B: 201, 202)

이 과정에서는 사도행전(201) 중에서 열다섯 강의를 선택하여 공부하고, 로마서(202) 전체를 공부합니다. 우리는 이 과정을 통해 성경의 렌즈로 나와 교회, 그리고 이 세상을 보는 가치관과 삶의 변화가 있기를 기대합니다.

이 과정에서는 성경 본문을 먼저 읽고, 그 후에 문제를 풀어야 합니다. 그리고 말씀 공부를 마친 후에는 배운 바를 자기 삶과 교회에 적용하여 그 내용을 글로 써야 합니다.

3) SEE 고급 과정(3루, 1C: 301, 302, 303)

이 과정부터는 성경 과목을 자기 형편에 따라 순서를 바꿀 수 있습니다. 우리는 마태복음(301), 레위기(302), 그리고 에베소서(303) 등을 공부하기를 권합니다.

이 과정에서는 말씀을 깊이 공부하면서 사역 현장에 적용하는 능력을 배웁니다. 즉 성경의 렌즈에 기초한 목회적 능력을 길러야 합니다. 따라서 성경을 배우는 사람은 가장 먼저 본문을 읽고 주제별로 문단을 나눠야 합니다. 말씀을 배우고 난 후에는 그 말씀을 나와 교회, 그리고 우리 시대에 적용하여 글로 써야 합니다.

4) 석의와 설교 과정(홈베이스, 1D: 401, 402, 403, 404)

위의 기본 과정, 중급 과정, 그리고 고급 과정을 이수한 후에 다음 과목 중에서 세 과목을 선택할 수 있습니다. 우리는 사무엘서(401), 이사야서(402), 고린도전서(403), 히브리서(404) 등을 심도 있게 석의하며 배우기를 원합니다. 그 외에도 누가복음(405) 출애굽기(406) 디모데전서(407) 등이 있습니다. 그 과정을 통해 배운 핵심 주제를 우리의 삶에 적용하는 설교문을 작성합니다. 우리는 이것을 '성경 중심의 설교'라고 부릅니다. 우리는 이 과정을 통해 설교자로서의 기초 훈련을 쌓도록 돕고자 합니다.

우리는 이 과정을 마친 사람에게 "성경 교사"(1급)의 자격증을 수여할 수 있습니다. "성경 교사"(1급)은 교회 혹 선교지 학교의 성경공부반이나 평신도를 가르칠 수 있습니다.

II. 2단계: 「성경 교사」(2급)의 자격 과정(16과목)

5) 심화 과정(501, 502…)

SEE의 기본과정, 중급과정, 고급과정, 그리고 석의와 설교 과정을 이수한 후에 각 교회와 학교에서 선택적으로 더 많은 성경 과목을 연구하는 과정입니다. 민수기, 학개, 스가랴, 마가복음, 야고보서, 요한계시록 등을 배울 수 있습니다. 여기에 구약신학, 신약신학, 조직신학, 교회사 각 1과목씩을 공부합니다.

우리는 이 과정을 마친 사람에게 "성경 교사"(2급)의 자격증을 수여할 수 있습니다. "성경 교사"(2급)은 "성경 교사"(1급)을 가르칠 수 있으며, 선교지의 평신도 선교사로 사역할 수 있습니다.

이 과목들을 학위의 과정인 신학 과정(BA), 성경학 과정(Th. B.) 등에서 사용할 수 있습니다.

이 시리즈를 출간하는 데에 격려와 도움을 준 동북아선교회의 고 김교찬 장로, 임종훈 장로, 장신기 장로, 한춘선 집사 제위께 감사드립니다.

아테아(ATEA) 대표
사무엘연구원(SEE) 원장
김의원(철학박사, 구약)

차례

서론

성경 공부, 무엇을 위해 어떻게

1. 성경 공부의 목적

첫째로, 성경을 기초부터 체계적으로 공부함으로써 예수님을 그리스도로 믿고 고백하는 데 그 목적이 있습니다. 둘째로, 체계적인 성경 공부를 통하여 말씀에 기초한 신앙을 확립하는 데 그 목적이 있습니다. 성경을 통하여 그 가치관과 삶이 변하여 건강하고 영향력 있는 예수님의 제자가 되는 겁니다. 마지막으로, 땅끝까지 이르러 예수님 증인의 삶을 살도록 하는 데 그 목적이 있습니다. 즉 이 시대를 섬기는 성경 교사로 사는 겁니다.

1) 학습자(양)

양은 아직 예수님을 믿지 않은 사람이거나, 이제 막 예수님을 믿는 어린 신자를 말합니다. 그 양에게 성경을 기초부터 체계적으로 가르침으로써 성경에서 가르치는 예수님을 인격적으로 만나고, 예수님을 그리스도로 믿고 고백할 수 있도록 돕고자 합니다(마 16:16).

그 후에는 성경 말씀에 기초한 기독교 인생관, 세계관, 그리고 역사관을 심고자 합니다. 그리하여 '무늬만 신자'가 아닌 세상에 대하여 소금과 빛으로 영향력을 끼치는 성숙한 신앙인으로 자라도록 돕고자 합니다(마 5:13).

2) 인도자(목자)

목자는 양에게 성경을 가르치고, 삶의 본을 보이는 사람을 말합니다. 그는 국내뿐만 아니라 세계에까지 나아가 성경 교사요 설교자로 자라야 합니다. 즉 성경 말씀에 기초한 신앙과 인격을 겸비하여 삶의 현장에서 영향력을 끼치는 지도자로 자라야 합니다.

2. 성경 공부 자세

1) 성경은 특수한 상황에 부닥친 특별한 공동체에 주신 메시지입니다.

성경을 진공상태에서 기록하지 않았습니다. 특별한 공동체가 처한 어떤 문제를 해결하거나 도움을 주기 위해서 기록했습니다. “성경은 오늘 ‘우리를 위하여(for us)’ 기록했지만, 오늘 ‘우리에게(to us)’ 기록한 것은 아닙니다.” 그러므로 우리는 ‘당시’, ‘그 교회에’ 주신 ‘그 메시지’를 먼저 찾아야 합니다. 이를 위해서 두 가지 기본적인 지침을 마음에 새겨야 합니다.

첫째로, 오늘날의 문화적인 전제로 본문을 읽지 않아야 합니다. 즉 오늘 우리의 ‘렌즈’로 성경 본문을 읽지 않아야 합니다. 우리의 세계는 성경의 세계와는 다르기 때문입니다. 당시의 사회 문화 종교에 기초하여 성경 본문을 봐야 합니다.

둘째로, 현대의, 혹은 자신의 고정된 신학으로 읽지 않아야 합니다. 최대한 자기의 생각을 버리고 성경 말씀이 무엇을 말하고 있는가를 먼저 듣도록 해야 합니다. 그래야 말씀이 마음에 들립니다.

2) 성경은 당시 언어로 주신 메시지입니다.

성경 본문을 대할 때 구문과 어휘에 관심을 가져야 합니다. 즉 주어와 동사, 주절과 종속절의 관계, 그리고 원인과 결과, 전환을 살펴야 합니다. 또 반복되는 단어나 사상에 대해서 주의를 기울여야 합니다. 그러면 처음 청중에게 주신 '그 메시지'를 좀 더 바르게 찾을 수 있습니다.

3) 오늘 나와 교회 공동체에도 적실하게 적용할 수 있는 메시지입니다.

본문은 당시 특별한 교회에 주신 메시지입니다. 동시에 오늘 우리에게도 적실하게 적용할 수 있는 메시지입니다. 그러므로 먼저 본문의 '그 메시지'를 귀담아들으면 오늘 내 삶에도 적실하게 적용할 수 있습니다. 내 삶의 문제를 해결하기 위해서 본문을 보지 말고, 본문을 통해 내 삶의 문제를 해결하도록 해야 합니다.

다음과 같은 질문을 마음에 두고 본문을 살펴보는 것이 좋습니다.

본문이 주고자 하는 한 가지 메시지는 무엇인가?

본문이 하나님, 예수님, 그리고 성령님에 대해서 어떻게 가르치는가?

신앙생활에 따르는 하나님의 명령 또는 약속, 피해야 할 죄와 실천해야 할 행동은 무엇인가?

현재 나와 우리 교회, 그리고 이 시대가 부딪치는 문제에 대한 교훈이나 방향은 무엇인가?

3. 본 교재 구성

"미리 보기"는 본문의 개요를 읽히는 데 도움을 줍니다. 각 강의를 세 단계로 구성했는데, 문제지, 문제 풀이, 그리고 설교문 등입니다. 설교문은 '별책'으로 만들었습니다.

"문제지"는 성경을 가르치는 교사는 물론이고 성경을 배우는 학생도 본문을 따라서 먼저 풀어야 합니다. "문제 풀이"는 성경 교사가 본문을 가르칠 때 사용해야 합니다. "설교문"은 본문에서 배운 바를 우리 삶에 적용하며 글로 쓰도록 하는 지침서입니다. 그뿐만 아니라 사역 현장에서 설교문을 작성하는데 길잡이를 할 수 있습니다. "설교문"은 교회 현장에서 실제 설교했던 것을 정리한 겁니다. 찬송가는 "새찬송가"를, 성경본문은 "개역개정한글"을 사용했습니다.

4. 성경 공부 인도하는 방법

인도자는 함께 공부하는 양(들)과 함께 본문을 한 절씩 돌아가면서 읽습니다. 양이 한 문제를 읽고 본문에 기초하여 답을 말합니다. 그 문제를 다 푼 후에 인도자가 보충 설명 및 질문을 합니다. 그때 주의해야 할 점은 자기 생각을 먼저 말하기보다는 성경이 무엇을 말하는지를 먼저 생각하고 답해야 합니다. 전체 시간 조정을 위해서 한 문제에 많은 시간을 보내서도 안 되고, 한 사람이 많은 말을 하지 않도록 하는 섬세함이 필요합니다.

인도자는 전체 문제를 다 풀고 나면 본문에 대한 핵심을 다시 정리하고, 그 핵심에 근거하여 각 사람이 배운 바를 한 마디씩 짧게 발표하도록 합니다. 그리고 오늘 본문을 통하여 배운 메시지를 삶의 현장에서 실천할 수 있도록 기도합니다.

중급과 고급과정에서는 오늘 배운 바를 글로 써서 다음 주에 서로 발표하면 더 큰 은혜를 나눌 수 있습니다.

성경 교사(목자)와 학생(양)이 개인적으로 공부할 때는 1대1로 하는 것이 가장 좋습니다. 또는 1대2-3으로 그 수를 제한해야 합니다. 그래야 서로 인격적 관계성을 맺으며 삶으로 배울 수 있기 때문입니다.

5. 본 교재를 만들면서

본 교재를 만들면서 두 가지 점에 집중했습니다. 하나는, 본문이 말하는 '그 메시지'를 찾고자 했습니다. 다른 하나는, '그 메시지'를 오늘 우리에게 적실하게 적용하려고 했습니다. 왜냐하면 오늘의 사역 현장에서 가장 안타까운 점을 들라면, '본문을 잃어버린 설교'와 '청중을 잃어버린 설교'라고 생각하기 때문입니다. 따라서 성경 교사가 가르쳐야 하는 '성경 본문(text)'과 그 본문을 들어야 하는 '청중(context)'이라는 두 개의 기둥을 살리려고 애썼습니다. '본문'과 '청중', 즉 '석의(exegesis)'와 '적용(application)'의 두 기둥을 바르게 균형을 잡으면 잡을수록, 또 그 대열에 동참하는 성경 교사가 많으면 많을수록 우리 교회는 양들이 뛰노는 푸른 초장으로 변화할 겁니다. 변화의 소용돌이 속에서 버거워하고 있는 성도에게 영양분을 제공하여 그들의 삶을 변화시키고, 세상에 대항하는 대안 공동체를 이룰 겁니다. 그리고 그 '장막터'를 한국은 물론이고 세계에까지 넓힐 수 있습니다(사 54:2).

이 교재를 만들도록 오랫동안 격려하며 도와주신 김의원 총장님께 감사합니다. 할 일이 많은 중에도 책을 읽기에 좋도록 정성을 다하여 섬겨주신 윤병운 목사님과 출판을 위해 애를 써준 함윤길 목사님에게 감사합니다. 교정에 시간과 마음을 써준 유명진 목사님에게 감사합니다.

저를 대학생 때부터 오늘의 성경 선생으로 자라도록 섬겨주신 이다니엘 목자님께 감사합니다. 그리고 개척 때부터 오늘까지 캠퍼스 복음 사역을 함께 섬기며 설교에 참여한 사랑하는 '한남교회' 동역자와 아내 최영선 사모, 두 아들 스데반과 예성에게 고마움을 전합니다.

이 교재가 '성경한국'과 세계선교에 헌신하는 동역자들에게 보리빵 다섯 개처럼 쓰임 받기를 기도합니다.

2020년 10월 20일

아테아(ATEA) 지도자개발연합회 교수위원장
사무엘연구원(SEE) 성경연구분과 위원
안오순(신학박사, 설교학)

미리 보기

믿음과 생명

오직 이것을 기록함은 너희로 예수께서 하나님의 아들 그리스도이심을 믿게 하려 함이요 또 너희로 믿고 그 이름을 힘입어 생명을 얻게 하려 함이니라
(요 20:31)

1. 기록한 사람

요한복음은 기독교 신앙에 대한 위대한 보배 중의 하나이다.[1] 이 보배를 우리에게 전해준 분은 세베대의 아들이요 안드레의 형제인 요한이다. 우리는 그가 요한복음은 물론 요한서신과 요한계시록을 쓴 것으로 믿고 있다. 그는 유대 관습과 역사, 그리고 지리에 대한 지식을 정확하고도 상세하게 보여주었다.[2] 그는 자신이 기록한 내용을 직접 목격한 사람이다.

2. 기록 시기, 장소, 그리고 처음 청중

1) 기록 시기

우리는 요한복음을 복음서 중에서 맨 나중에 기록한 것으로 믿는다.[3]

---

1) Gordon D. Fee & Douglas Stuart, *How to Read the Bible Book*, 김진선 옮김, 『책별로 성경을 어떻게 읽을 것인가』(서울: 성서유니온선교회, 2004), 382.

2) Donald Guthrie, *New Testament Introduction*, 김병국 · 정광욱 옮김, 『신약 서론』(서울: 크리스챤 다이제스트, 2003), 235.

3) George R. Beasley-Murray, *WBC: John*, 이덕신 옮김, 『요한복음』(솔로몬, 2001),

70년 이스라엘은 로마에 의해 망했는데, 그 사건은 유대인의 생활과 사상에 엄청난 변화를 주었다. 요한복음은 그 사건을 반영하지 않았다. 왜냐하면 이 책을 기록할 때는 상당한 시간이 흘러서 그 재난으로 인한 소동이 어느 정도 진정되었기 때문이다. 우리는 요한복음 기록 연대를 80년대 초반[4]에서 90-110년 정도로 추정한다.[5]

2) 기록 장소

기록한 장소는 에베소이다. 이레니우스(Ignatius of Antioch)가 이를 강하게 주장했다. 당시 에베소는 인구 20만 명을 넘었고, 정치· 경제· 문화· 종교적으로 소아시아의 중심지였다. 예루살렘은 오순절 때 설립된 유대인 교회의 중심지였으나, 그 후 이방인이 믿으면서 안디옥이 이방 교회의 중심지가 되었다. 그러나 요한이 에베소로 와서 살면서 교회의 중심이 다시 에베소로 옮겨졌다.

3) 처음 청중

요한이 마지막 사역을 에베소에서 한 것을 볼 때 그곳의 성도가 처음 청중이었다. 예수님에 관하여 불완전한 믿음을 가졌던 사람이 그 일차적인 대상이었다. 교회가 외부로부터 심각한 도전이나 위협을 받아 그 신앙이 적지 않게 흔들리고 있었다. 그들 주위에는 예수님을 믿는 것을 거부하는 세례 요한의 제자들이 적지 않았다. 그들은 여전히 세례 요한을 그리스도로 여기며 추종했던 것으로 보인다. 또 예수님을 믿으면서도 여전히 유

93.

4) Bruce Milne, *The New Testament World Insights from Cultural Anthropology*, 심상법 옮김, 『신약의 세계: 문화인류학적인 통찰』(서울: 솔로몬, 2000), 26.

5) 하지만 이 견해에 대해서 반대하는 견해도 있다. 오히려 그 재난이 닥치기 전에 쓰였다는 것이다. 그 기록 연대를 60년대 말에서 70년 이전이라고 주장한다. 연대에 대한 자세한 내용은 Donald Guthrie, 『신약 서론』, 268-272를 보라.

대교를 신봉하는 유대인이 많았다. 사회의 적대적 환경을 두려워하여 자신의 신앙을 공개적으로 고백하지 못하는 자도 있었다. 그뿐만 아니라, 예수님의 인성을 부인하는 영지주의(Gnosticism)적 가현사상(Doceticism)이 교회에 들어왔다(1:14; 6:53-54; 19:34).[6] 이와 반대로 예수님의 신성을 부정하는 에비온파(Ebionism)도 적지 않은 영향을 끼쳤다.

요한은 이런 그들에게 예수님이 하나님이시며 구원자이심을 증언하며 영생의 길을 보여준다. 다른 한편으로는 효과적인 전도를 위한 일종의 안내서로서 이 복음서를 사용하기를 원했다.[7]

3. 기록 목적

다른 복음서와는 달리 기록 목적을 분명하게 밝힌다. "오직 이것을 기록함은 너희로 예수께서 하나님의 아들 그리스도이심을 믿게 하려 함이요 또 너희로 믿고 그 이름을 힘입어 생명을 얻게 하려 함이니라"(20:31). 이 문장에서 '표적(signs)', '믿음', '생명'은 사고의 회전축과도 같다.[8] '표적'과 '강론'을 통해 예수님이 유대의 메시아, 즉 구약을 성취하신 약속된 구원자이심을 말한다. 또 예수님을 하나님 아버지와 같은 하나님의 아들로서 제시한다. 이로써 그분을 믿어 영생에 이르도록 한다.[9]

그 표적은 일곱 개인데, 그것들 하나하나가 예수님의 능력과 성품을 특징짓고 있다: ① "물을 포도주로 변화시킴"(2:1-11), ② "왕의 신하의 아들을 고치심"(4:46-54), ③ "38년 된 병자를 고치심"(5:1-9), ④ "오천 명을 먹이심"(6:1-13), ⑤ "물 위를 걸으심"(6:16-21), ⑥ "날 때부터 시

---

6) 백예철, 『요한복음』(서울: 성광문화사, 1990), 7.

7) 유상섭, 『설교를 돕는 분석요한복음』(서울: 규장, 1999), 10.

8) Merrill C. Tenney, *John: The Gospel of Belief an Analytic Study of the Text*, 김근수 역, 『요한복음서 해석』(서울: 기독교 문서선교회, 2003), 20.

9) 심상법, "요한복음의 주제와 구조," 『그말씀』(서울: 두란노, 2004-9), 18.

각장애인을 고치심”(9:1-12), ⑦ “죽은 나사로를 살리심”(11:1-46). 이러한 기적들은 인간이 어찌할 수 없는 삶의 요소에 있어서 예수님의 초월적 통치를 보여준다.[10]

그 표적이 나타날 때 사람의 반응은 두 가지이다. 받아들이거나 거절하는 것이다. ‘받아들이는 것’을 ‘믿는다.’라는 말로 표현하는데, 98번 나타난다. 그런데 ‘믿는다.’라는 동사를 두 가지 형태로 사용했다. ① 현재 가정법(가정법 현재 시제): 이것은 ‘계속 믿는다.’라는 뜻이다. 그러면 요한복음은 예수님을 이미 믿은 사람이 좀 더 성숙한 믿음으로 자라도록 하려는 ‘양육용’ 책이다.[11] ② 부정과거 가정법(가정법 부정과거 시제): 이것은 ‘단번에 믿는다.’라는 뜻이다. 아직 예수님을 믿지 않는 사람이 마침내 믿는다는 말이다. 그러면 요한복음은 아직 예수님을 믿지 않는 사람에게 예수님을 믿도록 도와주는 ‘전도용’ 책이다.[12]

그러나 요한복음은 두 가지의 목적을 다 가지고 있다. 즉 이미 예수님을 믿은 신자가 자신의 믿음을 점검하여 그 믿음을 성숙한 토대 위에 올려놓을 수 있도록 도전과 자극을 주는 ‘양육용’이면서, 동시에 아직 믿지 않는 사람을 전도하는 데 쓸 수 있는 ‘전도용’이다.[13]

4. 배경과 사고 구조

1) 유대교적 배경

요한복음은 유대인 예수님과 유대인 제자들이 유대와 갈릴리에서 행한 사역을 기록했다. 그 내용은 주로 남부 유다 지역에서 일어난 사건들이다. 따라서 기본적으로 유대교의 절기, 제도, 관습, 신학적 개념 등을 배경으로

---

10) Merrill C. Tenney, 『요한복음서 해석』, 22-23.

11) Donald Guthrie, 『신약 서론』, 256.

12) 유상섭, 『설교를 돕는 분석요한복음』, 11.

13) Ibid., 11-12.

한다. 특히 구약성경이 그 근저에 깔려 있다. 예수님께서 안식일, 유월절, 초막절 등의 절기와 성전의 의미를 종말론적으로 완성한 것으로 그리고 있는 것도 특징이다.14) "말씀이 육신이 되어 우리 가운데 거하시매"(1:14), "율법은 모세로 말미암아 주신 것이요"(1:17), "세상 죄를 지고 가는 하나님의 어린 양이로다"(1:29), "생명의 떡"(6:32-58) 등이 대표적이다. 8장에 등장한 아침부터 간음한 여인에 대한 정죄도 모세의 율법을 근거로 하였다. 15장의 "참 포도나무"도 이사야 5장을 배경으로 한다.15)

2) 헬라적 배경

유대교의 배경과 함께 헬라적 세계관도 나타난다. 요한복음은 헬라어로 기록한 것 외에도 용어와 사상 역시 '그레꼬-로마(Greco-Roman)' 문화의 중심부와 관계를 맺고 있다.16) 예수님은 니고데모와 대화하면서 '위'와 '아래'라는 단어를 쓴다(3장). '위'라는 단어는 '다시', '거듭'이라는 뜻이다. 니고데모가 예수님의 가르침을 깨닫지 못하는 것은 '아래' 세상에 속한 사람이기 때문이다. 그가 영생을 얻으려면 '위'에서 오는 힘으로 다시 태어나야 한다. 이것은 전형적인 헬라의 이원론적 세계관을 배경으로 한다. 존재론적 또는 공간론적 이원론은 플라톤(Platon)으로 대표되는 헬라 사상의 특징이다.17) '위'가 본질의 세계이므로 진리(αληΘεια,

---

14) 김세윤, 『요한복음 강해』(서울: 두란노, 2004), 23-24.

15) 이 밖에도 많은 부분에서 구약성경 내지는 유대적 배경을 정확하게 알지 못하면 정확한 메시지를 듣지 못한다. 윤철원, "요한복음 설교를 위한 배경: 두 세계," 『그말씀』(서울: 두란노, 2004-9), 27-28.

16) Ibid., 29.

17) 이것은 '위'의 세계(이데아, 진리 또는 본질의 세계, 빛의 세계, 영혼의 세계, 영원의 세계, 변화가 없는 세계)와 '아래'의 세계(본질의 반영인 현상, 곧 그림자, 모조품, 가짜의 세계, 암흑의 세계, 물질의 세계, 시간의 세계, 변화가 있는 세계)로 구분하는 세계관이다. '아래'는 그림자이므로 실체가 아닌 환상(illusion)에 불과한 세계, 즉 가짜의 세계다. 단지 진짜처럼 보일 뿐이다. 그러므로 '아래' 가짜의 세계에서는 진리에 대한 참 지식이 가능하지 않다. 그래서 '암흑의 세계'라고도 한다. '위'는 참 지식이 가능한 '빛의 세계'라고

aletheia), 즉 실체(reality)이고 참 세계이다[18] 이런 헬라의 이원론적 사고구조를 가지고 사는 사람에게 그리스도의 복음을 선포하는 것이 바로 요한복음이다.

5. 독특성

1) 예수님을 지상 생애 이전부터 소개한다.

① 예수님의 '선재(先在, 미리 계심, preexistence)'를 소개하기 위하여 '말씀' 개념을 사용한다. '말씀'은 창세 전부터 계셨다(1:1). 예수님의 탄생은 그 '말씀이 육신이 되신 것'이다(14). ② '생명'과 '빛'의 개념도 예수님의 선재 사상과 연결되어 있다. 예수님의 탄생은 '참 빛이 세상에 와서 비취는 것'을 뜻한다(1:9). ③ 예수님의 탄생이란 단어 대신에 이 세상에 '오셨다'라는 표현을 사용한다(1:9, 39). 예수님은 세례 요한보다 먼저 계신 분이요(1:15, 30), 하늘에서 내려오신 분이다(3:13, 31). ④ 예수님은 '하늘에서 내려와 세상에 생명을 주시는 생명의 빵이다'(6:32-33, 41, 58). ⑤ 예수님은 하나님의 하시는 일을 모두 보았고, 본 것을 사람들에게 행하시고(5:18-21), 들은 것을 전하셨다(8:38, 40). ⑥ 예수님의 사역이 끝나고 십자가를 지는 것과 관련하여 죽음이란 단어보다 오셨던 곳으로 다시 '올라가신다'(3:13)라는 표현을 사용한다. 그것은 이전에 계시던 곳으로 다시 올라가시는 것을 뜻한다(6:62).

2) 다른 복음서보다도 성령님의 분명한 교훈과 약속을 더 담고 있다.

한다. '위'는 영원의 세계이고 '아래'는 시간의 세계이다. '아래'의 시간의 세계는 변화의 세계이다. 시간과 공간의 제약 속에 있다. 이런 '위'와 '아래'의 이원론적 세계관이 바로 플라톤이 정의한 전형적인 헬라적 세계관이다. 김세윤, 『요한복음 강해』, 25-26.

18) '영적인 영역(the real of spirit)'과 '육적인 영역(the realm of flesh)'으로 구분한다. Howard Clark Kee· Franklin W. Young, *Understanding The New Testament* (Englewood Cliffs, N.J. : Prentice Hall, 1957), 386.

① 성령님은 사람을 거듭나게 하신다(3:3–8). ② 성령님을 예수님을 대신하는 '보혜사'로 부른다. 아버지께서 성령님을 예수님의 이름으로 보내신다(14:26). ③ 성령님은 예수님과 같은 분이다(14:3, 18, 28; 16:22). 당시 바리새인은 성령님을 특별히 예언하는 능력과 연결했는데, 성령님이 활동하지 않는다고 믿었다. 이에 대해서 요한은 성령님이 이미 우리와 함께하심을 강조한다.[19] 그의 성령님 이해는 실현된 종말론과 깊은 관련을 맺고 있다.[20]

6. 주제

1) 기독론

요한의 신학적 관심사는 기독론이다. 예수님을 고백하며 묘사하는 데 있어서 놀랄 만큼 다양한 방식이 존재한다. "말씀"(1:1, 14), "독생 하신 하나님"(1:18), "독생자"(3:16, 18), "하나님의 아들"(1:49; 11:11, 20, 31), "아들"(3:17, 36; 5:19–27), "사람의 아들"(1:51), "하나님한테서 오신 선생"(3:2), "예언자"(4:19; 9:19), "세상에 오실 선지자"(6:14; 7:40), "메시아"(1:41; 4:29; 11:11, 20, 31) "이스라엘의 왕"(1:49; 12:13), "유대인의 왕"(19:19), "하나님의 거룩하신 자"(6:69).[21]

요한의 기독론은 예수님이 하나님 아버지의 보내심을 받아 이 세상에 오셔서 생명 구원의 사명을 완수하신 하나님의 아들이라는 것을 밝힌 '생명 기독론'이다.[22] '생명 기독론'은 예수님의 특징을 '말씀'으로 보고 '말

---

19) Craig S. Keener, *The IVP Bible Background Commentary*, 정옥배 · 김현회 · 유선명 [공]옮김, 『성경배경주석: 신약』(서울: IVP, 2001), 302.

20) 이한수, 6장 "요한의 성령론," 『신약은 성령을 어떻게 말하는가』(서울: 이레서원, 2001), 285–286.

21) George R. Beasley–Murray, *Word Biblical Commentary(36)* (Texas: Word Books Publisher, 1987), 101.

22) 권성수, "설교자를 위한 요한복음의 신학 이해," 『그말씀』(서울: 두란노, 2004–9),

씀'을 통해 자신의 메시아 신분을 밝히신 '말씀 기독론'이다.

2) 구원론

기독론은 본질상 구원론으로 다다른다.[23] "나는 …이다(ἐγώ εἰμί, *ego eimi*, I am ….)"는 표현은 예수님의 자의식(self-consciousness)을 계시한다. 이 문구를 구약에서는 하나님을 묘사할 때 사용했다. 출애굽기 3:14에서 하나님은 모세에게 당신을 "나는 스스로 있는 자라(אֶהְיֶה אֲשֶׁר אֶהְיֶה, *Ehyeh Asher Ehyeh*, I am who I am)"라고 소개하면서 "나는 …이다."에 특별히 신적 의미를 부여하신다.

예수님께서 친히 당신을 "나는 …이다"의 형식으로 묘사한 7가지가 있다: "생명의 떡"(6:35), "빛"(8:12), "생명의 문"(10:7), "선한 목자"(10:11), "부활"(11:25), "길, 진리, 생명"(14:6), "참 포도나무"(15:1). 이 구절에서 예수님은 '오직 하나님만이 주실 수 있는 생명'을 주신다. 특히 성육신을 세상에 생명을 주기 위한 그분의 죽음과 연결한다(1:29; 3:15). 예수님의 구속적 죽음을 인자의 '들어 올림'(3:14; 8:28; 12:31; 13:31)으로 묘사하는 것도 이와 같은 맥락에서 이해할 수 있다.[24] 이 주님을 믿는 자만 생명을 얻는다.

3) 교회론

구원 사역을 구체적으로 섬기는 곳이 교회이다. 교회는 말씀이 육신이 되어 우리 가운데 거하심으로부터 시작했다(1:14). '거한다.'라는 말은 '천막을 친다.'라는 뜻이다. 이 단어를 '성막-성전'과 관련하여 사용하였다.

42.

23) George R. Beasley-Murray, *Word Biblical Commentary(36)*, 105.

24) Ibid., 37.

예수님은 이 땅에 '하나님의 성막' 혹은 '성전'으로 오셨다. 예수님은 구약의 '성막-성전'을 대치하는 '새 성막-성전'이시다. 예수님은 스스로 건물 성전을 대치하시는 새 성전이심을 선포하신다(2:21). 예수님은 성전에서 팔고 사는 사람만 문제 삼지 않고, 성전에서 희생 제물로 드린 소나 양까지 문제 삼으셨다(2:15). 희생 제물을 드리는 옛 시대의 예배 방식과 성전은 끝났다. 이제는 새로운 성전 시대가 왔음을 예고하신 것이다.25)

이 사상은 14장에서 더욱 분명하다. "내 아버지 집에 거할 곳이 많도다… 내가 너희를 위하여 처소를 예비하러 가노니 가서 너희를 위하여 처소를 예비하면…"(14:2-3). '아버지 집'은 '아버지가 계신 곳'이다. 신약에서 '아버지 집'은 '지상에 있는 성전'을 가리켰다. '거할 곳'은 '건물로서의 거처가 아니라 사람으로서의 거처'이다. 새 성전 안에 참여한 각 개인이 하나님의 거처이다. 즉 예수님의 십자가와 부활로 말미암은 '신자 성전'의 탄생을 말한다. 그러므로 '아버지 집'은 하나님의 거처로서의 '하늘'을 기본적으로 지칭하면서 동시에 그것과 연결된 개념인 '교회 공동체'를 말한다. '아버지의 집에 거할 곳이 많다.'라는 말은 성전의 성취인 '교회 공동체'와 성전의 원형인 하늘에서 하나님과 교제할 수 있는 '자리', 즉 '지위와 특권이 많다.'라는 의미이다.26)

그러므로 요한은 건물로서의 성전 시대가 끝나고 예수님께서 새 성전이 되셨을 뿐만 아니라, 그 주님을 믿는 자들이 새 성전임을 가르치고 있다. 이것이 교회이다. 교회란 건물이 아닌 예수님을 그리스도로 믿고 고백한 사람의 공동체이다. 교회의 사명은 예수님께서 이 땅에 오셔서 하신 그

25) 유상섭, 『설교를 돕는 분석요한복음』, 58.

26) 양용의 외, "요한복음을 어떻게 설교할 것인가 ②," 『그말씀』(서울: 두란노, 2004-10), 45-46; F. F. Bruce, *The Gospel Of John*, 서문강 옮김, 『요한복음』(서울: 로고스, 2003), 516에서는 전통적인 해석을 따르면서도 예수님의 다시 오심을 예수님과 그 제자들 사이의 '교제의 완성'으로 소개하고 있다.

일, 생명 살리는 일을 감당하는 것이다.

4) 성령론

교회론은 성령론으로 이어진다. 왜냐하면 구원 사역은 오직 성령님을 통해서만 이루어지기 때문이다. 예수님께서 구원사건을 다 완성하시고 아버지께로 돌아가신 후에 보내실 성령님을 '보혜사'라고 부르신다(14:16). '보혜사(保惠師, παράκλητος, *parakle:tos*)'란 단어를 아래와 같이 번역한다. '변호자(advocate)', '위로자(comforter)', '권면자(exhorter)', '상담자(counsellor).' 그중에서 '변호자'가 상대적으로 가장 적합하다.[27]

보혜사 성령님은 예수님과 함께 일하셨던 성령님과는 어떤 연관성이 있는가? 성령님이란 명칭은 성령 하나님의 포괄적이고 공식적인 이름이다. 반면 '보혜사'는 성령님의 제한적 기능과 역할을 묘사하는 명칭으로만 사용된다. 예수님과 더불어 일하신 성령님을 '보혜사'로 부르지 않는다. 반면 진리와 함께 활동하시는 성령님을 '보혜사'라고 부른다(요한 14:16, 26).[28] 이런 점에서 성령님께서 하신 일과 '보혜사'께서 하신 일이 일치하지 않는다. 예를 들어 거듭남은 성령님께서 하시는 일이지만 '보혜사'는 그 일을 하지 않는다.

'보혜사' 성령님만의 독특성은 무엇일까? 예수님은 보혜사를 '다른 보혜사'라고 부르신다(요 14:16). '다른(ἄλλος, *allos*)'은 '같은 종류 중에서 다른 하나(another)'를 뜻한다. '종류가 서로 다른(different) 것'을 말하지 않는다. 예수님은 또 한 분의 '다른 보혜사' '이미 보혜사'이시다(요일 2:1). 예수님이 첫 번째 보혜사이시고, 성령님은 두 번째 보혜사이시다.[29] 그러므로 보혜사는 십자가와 부활, 그리고 승천으로 영광을 받으신

---

27) Ibid., 315. 일부 영어성경들(RSV, NIV)은 '위로자(comforter)', '권면자(exhorter)', '돕는 자(helper)', '상담자(counsellor)' 등으로 번역한다.

28) 유상섭, 『설교를 돕는 분석요한복음』, 317-318.

예수님의 영적 존재 양식이다. 비록 예수님께서 육체를 가지고 제자들에게 재림 이전에 다시 오시지 않는다고 할지라도, 제자들은 성령님의 오심으로 예수님의 함께하심을 체험할 수 있다. 이 점에서 그분은 '다른 보혜사'이며, 예수님의 '다른 자아(alter ego)'이시다.[30] 이것은 어디까지나 성령님의 사역적이고 기능적인 측면에서 말하는 것이지, 본질적이고 존재론적인 면에서 말하는 것은 아니다.

'보혜사' 성령님은 제자들과 어떻게 함께하시는가? 그들 안에 '내주(內住, 안에서 삶, dwelling)'하신다. 보혜사는 신자 안에 자신의 주거(dwelling place)를 두신다. 그리고 한 번 주거를 두신 성령님은 영원토록 함께하신다. 그러면서 지상에 계셨던 예수님께서 행하신 사역과 같은 사역을 하신다. 제자들에게 예수님의 교훈을 생각나게 하고, 그것을 해석해 주신다(요한 14:26; 16:12-15). 특히 성령님께서 제자에게 예수님의 십자가와 부활을 통해서 얻게 되는 생명 사역을 가르쳐주신다.

보혜사 성령님은 오늘도 우리 안에서 예수님의 성육신, 세례, 그리고 십자가와 부활 등과 같은 예수님의 역사적 사건의 참 의미를 가르쳐 주신다. 우리와 함께하시며 세상과 죄를 이기게 하시고, 건강한 신앙의 길로 인도하신다.

7. 구조

1) 성육신을 주제로[31]

I. 프롤로그(prologue, 1:1-18)

A. 말씀과 창조된 순서(1:1-5)

B. 하나님의 자기 계시로서의 말씀(1:6-18)

---

29) 이한수, 『신약은 성령을 어떻게 말하는가』, 318-9.

30) Ibid., 320.

31) Donald Guthrie, 『신약 서론』, 314-315.

II. 성육신하신 말씀을 소개하는 사건들(1:19-2:12)
   A. 세례 요한의 증언(1:19-34)
   B. 첫 번째 제자들을 부르심(1:35-51)
   C. 가나안 혼인 잔치- 첫 번째 표적(2:1-12)
III. 공생애(2:13-12:50)
   A. 만남(2:13-4:45)
      a. 새 성전(2:13-22)
      b. 니고데모와 토론(3:1-36)
      c. 사마리아 여인과 대화(4:1-42)
      d. 갈릴리 사람의 따뜻한 영접(4:43-45)
   B. 병 고침(4:46-5:47)
      a. 신하의 아들을 고치심(4:46-54)
      b. 38년 된 병자를 일으켜 세움(5:1-47)
   C. 표적(6:1-7:1)
      a. 오천 명을 먹이심(6:1-14)
      b. 예수님께서 호수 위를 걸으심(6:15-21)
      c. 생명의 양식에 대한 가르침(6:22-7:1)
   D. 초막절의 예수님(7:2-8:59)
      a. 메시아에 대한 논쟁(7:2-52)
      b. 간음한 여인에 대한 용서(7:53-8:11)
      c. 예수님의 정체성에 관한 논쟁(8:12-59)
   E. 태어나면서부터 시각장애인을 고치심(9:1-41)
   F. 예수님께서 자신을 목자에 비유해서 가르침(10:1-42)
   G. 나사로의 죽음과 살아남(11:1-46)
   H. 예루살렘과 예루살렘 주변에서의 상황(12:1-50)

Ⅳ. 수난과 부활(13:1-20:29)

A. 최후 만찬(13:1-17:26)

B. 예수님의 수난(18:1-19:42)

C. 부활(20:21-29)

Ⅴ. 결론: 오직 예수님을 믿는 자만이 생명을 얻는다(20:30-31).

Ⅵ. 에필로그(epilogue): 제자들에게 다시 사명을 맡기심(21:1-25)

2) '완성'(fulfillment)-'능가'(supersession)-'대치'(replacement)[32]: 옛것과 새것, 위의 세계와 아래 세계, 그림자와 실체, 가짜와 진짜

• 1:1-18, 머리말

'말씀(Logos)'이 아래 세상으로 들어오심- 위 세계의 본질인 진리(실체, reality)가 아래 세계의 물질인 가짜, 즉 육신의 세계로 들어오심(1:14).

• 1:19-51, 증언들

'희생양'과 '하나님의 어린양'(1:29)

• 2:1-12:50, 표적들

예수님께서 하신 모든 일은 물리적 현상으로 나타난다. 하지만 하늘의 영원한 실체를 띠고 있다. 그것을 '표적(sings)'이라고 부른다. 그런데 세상 사람은 그것을 깨닫지 못한다. 왜냐하면 '위 세상'의 진리를 '아래 세상'의 관점에서 바라보기 때문이다. 예수님은 그들에게 물리적 사건이 계시하는 '실체'로서 진리가 무엇인지를 가르친다. '표적들의 책'은 완성의 새 시대가 왔음을 알린다. 즉 예수님께서 구약의 예언을 성취하셨음을 보여준다. '성취'는 유대교를 '능가'했다는 의미이고, '대치'를 의미한다. '완성'-'능가'-'대치'의 구도가 중심 주제이다.

---

32) 김세윤, 『요한복음 강해』, 69 및 전체에서 요약 정리함.

돌 항아리−포도주(2:9), 성전−새 성전(2:21), 유대교의 최고봉 니고데모−성령님을 통하여 다시 태어남(3:1−15), 야곱의 우물−영생의 샘물(4:14), 예배 장소−영과 진리로 예배(4:23), 베데스다 연못−예수님(5:8), 안식일−참 안식일(5:17), 만나−참 떡(6:51), 초막절 물 긷는 행사−성령님이 강처럼 흘러넘침(7:37−39), 초막절 횃불 행사−세상의 빛(8장), 실로암−참 메시아(9장), 가짜 목자−진짜 목자(10장), 생명을 주시는 죽음(11장), 모든 사람을 살리기 위해서 죽으심(12장). 이것은 출애굽의 구원(그림자)이 진정한 구원의 완성(실체)으로 나타났음을 보여준다.

- **13:1−20:31, 영광: 아들이 아버지께로 돌아가심**

'영광'은 '표적'이 전한 메시지를 통해 예수님을 믿은 사람에게 전한 내용이다. 그리고 그들을 향한 예수님의 사랑에 대한 기록이다.

주제: '아들이 세상을 떠나서 아버지께로 돌아가심'

13장, 발 씻겨 줌에 대한 두 가지 의미: 구원론적 의미와 윤리적 모범

14장, 아버지 집에서 제자를 살게 하심, 그리스도의 다시 오심

15장, 하나님의 새 백성

16−17장, 보혜사 성령님과 기도

18−20장, 아버지께로 돌아가심

19장, 옛 시내 언약이 사라지고 새 언약의 역사를 시작하신다: "다 이루었다."

20:21, 결론: 믿음과 생명

- **21:1−31, 부록: 사랑과 사명**

예수님의 어린양을 불러 모으는 사명

8. 오늘 우리

"세상에 보낸 하나님의 연애편지!" 이것은 누군가가 요한복음에 대해서

한 말이다. 그만큼 요한복음은 부드러우면서도 독특하고, 순전한 최상의 복음이라는 뜻이다.[33] 루터(Martin Luther, 1483-1546)는 "우리가 성경의 다른 모든 책을 잃어버린다고 해도 두 권의 책, 즉 요한복음과 로마서만 있다면 기독교의 가르침을 보존할 수 있다."라고 말한 것으로 알려졌다. 이것은 세상의 구세주로 오신 예수님에 대한 뛰어난 묘사가 요한복음을 돋보이게 한다는 뜻일 것이다.

오늘 우리는 종교 혼합주의와 세속주의의 거대한 파도 속에서 살고 있다. 다른 종교를 인정하고 다른 종교와의 대화 내지는 화합이 시대적 화두로 떠올랐다. 이런 시대 분위기에서 "육신이 되어 이 땅에 오신 예수님만이 오직 생명을 주신다."라고 말하면 배타주의자로 몰리기 쉽다. 하지만 사도 요한은 그 배타성을 자신의 특징으로 내세운다. 배타성이 있다는 말은 생명을 주는 절대적 진리임을 역설적으로 증명하기 때문이다.

그러므로 우리는 어떻게 살아야 하는가? 이 배타성, 절대적 진리를 지켜야 한다. 그리고 증언해야 한다. 우리가 요한복음 공부를 통하여 먼저 믿음으로 말미암는 생명을 풍성하게 누려야 한다. 그러면 그 믿음과 생명을 널리 전파하는 사람으로 자라고, 우리의 교회는 '건강한 교회'가 되어 세상에 대안을 제시하는 '대안 공동체'가 될 것이다.

---

33) 정성구, 『영원한 생수가 흐른다』(서울: 총신대학출판부, 1997), 12.

제1강

육신이 되신 말씀

◇본문　요한복음 1:1-18
◇요절　요한복음 1:14
◇찬송　84장, 94장

1. ‘태초’에 누가 계셨습니까(1a)? 이 말씀은 누구십니까(1b-2)? 왜 하나님을 ‘말씀’이라고 했을까요?

2. 말씀과 만물과의 관계는 어떠합니까(3)? 말씀과 사람과의 관계는 어떠합니까(4)? 빛은 어디에 비추었으며, 이에 대한 어둠의 반응은 어떠했습니까(5)?

3. 하나님께서는 누구를 보내셨으며, 그 목적은 무엇입니까(6-8)? 그는 빛에 대하여 어떻게 증언합니까(9-10a)? 세상은 그 빛에 대하여 어떻게 반응했습니까(10b-11)? 그러나 영접하는 자에게는 어떤 권세를 주십니까(12-13)? '하나님께로부터 난 자'란 무슨 뜻일까요?

4. '말씀이 육신이 되셨다.'라는 말은 무슨 뜻입니까(14a)? '거하신다.'라는 말은 무슨 뜻입니까(14b)? 우리는 그분에게서 무엇을 봅니까(14c)? 예수님이 육체로 오신 하나님이라는 사실이 오늘 우리에게 주는 의미는 무엇입니까?

5. 요한은 '그'에 대하여 어떻게 증언합니까(15-16)? '은혜 위에 은혜'란 무슨 뜻일까요? 우리는 왜 '은혜 위에 은혜'를 받습니까(17)? 우리는 누구를 통해서 하나님을 봅니까(18)?

제1강
육신이 되신 말씀

◇본문 요한복음 1:1–18
◇요절 요한복음 1:14
◇찬송 84장, 94장

1. '태초'에 누가 계셨습니까(1a)? 이 말씀은 누구십니까(1b-2)? 왜 하나님을 '말씀'이라고 했을까요?

1 "태초에 말씀이 계시니라 이 말씀이 하나님과 함께 계셨으니 이 말씀은 곧 하나님이시니라"

◇"태초에": 천지를 창조했을 때다. "태초에 하나님이 천지를 창조하시니라"(창 1:1)를 기억나게 한다. 창 1:1의 '태초'는 천지 창조로 시작한 시간의 출발점을 말한다. 하지만 여기의 '태초'는 아직 시간이 존재하지 않은 영원함을 말한다.

◇"말씀"(λὸγος, *logos*)': '말(word)', '의미(meaning)'라는 뜻이다. 플라톤 철학이나 스토아 철학의 중심 개념 가운데 하나이다. 그것을 '이성'이라고 부른다. 그들이 이 단어를 우주에 적용하여 사용하면 '모든 것을 다스리는 이성적 원리'라는 의미이다. 그들은 이 이성적 원리의 씨가 인간의 영혼에 있다고 보았다. 그래서 인간은 우주의 '로고스'를 이해할 수 있으며, 그 이치를 터득하여 지식을 얻을 수 있다고 보았다. 이 지식을

헬라철학은 구원의 수단으로 여겼다. 한편 구약에서 하나님은 말씀으로 하늘과 땅을 창조하셨다(창 1:3, 6, 9, 11, 14, 20, 24, 26, 29). 하나님의 말씀은 모세 율법으로 나타났다(신 32:47). 이 진리의 말씀을 잘 연구하고 그 뜻에 순종하여 살면 구원을 받는다. 따라서 이 '말씀'에는 헬라 사상과 구약 사상이 융화(integration)하고 있다. 하나님의 창조와 계시와 구원의 수단인 '로고스'가 성육신하여 하나님을 계시하고 구원을 이룬다.

◇"함께 계셨으니": 말씀이 항상 하나님을 향해 있음을 뜻한다. 말씀에서 나오는 것은 하나님께로부터 나온다. 말씀의 계시와 활동은 하나님의 계시와 활동이다. 예수님의 말씀은 하나님의 말씀이요(3:34; 7:18; 8:26-28, 38, 40; 14:10, 24; 15:15), 그분의 행동은 아버지의 행동이다(5:17, 36; 6:38; 8:29; 14:10).

◇"말씀은 곧 하나님이시니라": 말씀은 하나님이시다. 말씀 하나님과 하나님 아버지 사이에 완전한 일치가 있다. 따라서 예수님께서 "아버지와 나는 하나이다."라고 말씀하신다(10:30). 이것은 독자가 요한복음을 읽고 최종적으로 도달해야 할 신앙의 최고봉이다.

2 "그가 태초에 하나님과 함께 계셨고"

◇"하나님과 함께 계셨고": 말씀은 하나님이면서 동시에 하나님과 사귐 가운데 계신다.

이상에서 볼 때 '말씀'은 어떤 속성을 가지고 계시는가? 첫째로, 영원성(eternity)이다. 말씀은 어떤 주어진 순간에 존재한 것이 아니다. 태초부터 존재하셨다. 둘째로, 인격성이다. 말씀은 하나님과 교제할 수 있고, 또한 하고 계시는 인격적인 분이시다. 셋째로, 신성이다. 말씀은 하나님이시다. 그러면 '말씀'과 만물, 그리고 사람과의 관계는 어떠한가?

2. 말씀과 만물과의 관계는 어떠합니까(3)? 말씀과 사람과의 관계는 어떠합니까(4)? 빛은 어디에 비추었으며, 이에 대한 어둠의 반응은 어떠했습니까(5)?

3 "만물이 그로 말미암아 지은 바 되었으니 지은 것이 하나도 그가 없이는 된 것이 없느니라"

◇"만물이 그로 말미암아 지은 바 되었으니": '말씀'은 창조주이시다. 창세기 1장에서 천지 만물을 창조하신 그 하나님이 바로 '이 말씀'이시다.

오늘 우리에게 주는 의미는 무엇일까? 힌두교와 불교의 영향을 받은 '뉴 에이지(New age)' 사상은 하나님과 세상 간의 구별을 없애 버린다. 일종의 범신론적 사고를 하고 있다. 자연을 신성화하고 자연을 통해 하나님을 직접 체험할 수 있다고 주장한다. 그러나 우리 하나님은 세상 만물을 창조하신 창조주이시고, 우리와 만물은 그분의 피조물이다.

4 "그 안에 생명이 있었으니 이 생명은 사람들의 빛이라"

◇"그 안에 생명이 있었으니": '그 말씀'은 사람도 창조하셨다. 그뿐만 아니라 창조 이후에도 우주 만물을 계속해서 유지하고 계신다. 사람 생명의 근원은 '말씀'이다. 동시에 '말씀'은 계속해서 그 생명도 유지하신다. "우리가 그를 힘입어 살며 기동하며 존재하느니라"(행 17:28a).

◇"생명": 생명은 그리스도의 선물(10:28)이다. 그분 자신이 생명이시다(14:6).

◇"사람들의 빛이라": 세상을 창조하신 '말씀'이 사람들의 빛이시다. 태초에 천지를 창조하신 그 말씀 하나님은 어둠 속에 빛을 비추셨다. 빛을 비추심으로써 생명 사역을 시작하셨다(창 1:3). '말씀' 하나님은 창조 때부터 생명을 가진 사람들의 빛이시다. 죄와 죽음 때문에 어둠에 갇힌 사람들에게 빛을 비추신다. 빛을 비추심으로 생명을 주신다. 이것이 구

원이다. 세상에 빛을 창조하신 말씀 하나님이 어둠 속에 있는 인간을 구원하기 위해 구원의 빛으로 오셨다. 창조주 하나님이 구원자 하나님이시다. 말씀은 창조주로서 육체적인 생명을 창조하셨다.

5 "빛이 어둠에 비치되 어둠이 깨닫지 못하더라"

◇"어둠": 빛과 어둠을 대조하고 있다. 어둠은 세상과 사탄을 말한다.

◇"깨닫지 못하더라": 두 가지 뜻이 있다. 첫째로, 알지 못했다. 어둠에 갇힌 세상은 빛이신 예수님께서 오셨지만, 알지 못했다. 둘째로, 이기지 못했다. 어둠의 상징인 사탄은 생명을 방해하며 빛을 없애려고 노력했다. 하지만 이기지 못하고 실패했다. 하나님의 첫 창조에서 어둠이 창조의 빛을 이기지 못하듯이(창 1:2-3), 어둠의 세력이 구원 사역의 빛을 막을 수 없다. 세상은 결코 그 빛을 이기지 못한다.

우리에게는 어떻게 적용할 수 있을까? 오늘 우리 시대의 어둠은 우울증이나 자살과 같은 것으로 나타나고 있다. 젊은 사람으로부터 늙은 사람에게까지 자살은 가까이 있다. 세상은 어둠에 빠져 있고, 어둠이 사람의 생명을 사로잡고 있는 것처럼 보인다. 하지만 그 어둠이 결코 빛을 이기지 못한다. 예수님 생명의 빛을 이기지 못한다. 예수님 생명의 빛이 임하면 우울증, 자살과 같은 어둠의 세력을 이길 수 있다.

3. 하나님께서는 누구를 보내셨으며, 그 목적은 무엇입니까(6-8)? 그는 빛에 대하여 어떻게 증언합니까(9-10a)? 세상은 그 빛에 대하여 어떻게 반응했습니까(10b-11)? 그러나 영접하는 자에게는 어떤 권세를 주십니까(12-13)? '하나님께로부터 난 자'란 무슨 뜻일까요?

6 "하나님께로부터 보내심을 받은 사람이 있으니 그의 이름은 요한이라"

◇"요한": 요한복음에서 '요한'은 세례 요한을 말한다. 그는 누구인가?

◇"하나님께로부터 보내심을 받은 사람": 하나님께서 세례 요한을 세상에 보내셨다. 왜 보내셨는가?

7 "그가 증언하러 왔으니 곧 빛에 대하여 증언하고 모든 사람이 자기로 말미암아 믿게 하려 함이라"

◇"증언하러 왔으니": 그는 증언하러 왔다. 사도 요한은 세례 요한이 누구인가보다는 그의 사명이 무엇인가에 중점을 두고 있다. 즉 증언하는 사람이 누구인가보다는 증언의 내용이 무엇인가에 초점을 맞춘다. 그가 증언하는 목적은 무엇인가?

◇"믿게 하려 함이라"(1:8): 증언하는 목적은 사람들이 믿음을 갖게 하는 데 있다.

8 "그는 이 빛이 아니요 이 빛에 대하여 증언하러 온 자라"

◇"그는 이 빛이 아니요": 세례 요한 자신은 자신이 증언해야 하는 그 빛이 아니다. 당시 사람 중 일부는 세례 요한을 그 빛으로 믿었다. 그들은 세례 요한을 믿어서는 안 되고 세례 요한이 증언하는 그 빛을 믿어야 한다.

9 "참 빛 곧 세상에 와서 각 사람에게 비추는 빛이 있었나니"

◇"참 빛": 세례 요한이 뛰어나기는 했지만 '참 빛'은 아니다.

◇"세상에 와서": 세례 요한이 증언하는 참 빛이 이미 세상에 오셨다. 하나님께서 사람의 눈으로 볼 수 있도록, 그들의 지성으로 이해할 수 있도록, 사람들이 그분을 사랑할 수 있도록 찾아오셨다.

10 "그가 세상에 계셨으며 세상은 그로 말미암아 지은 바 되었으되 세상이 그를 알지 못하였고"

◇"세상에 계셨으며": 참 빛이 세상에 오셨지만 실은 세상에 계셨다. 그리고 참 빛은 세상을 지으셨다. 참 빛에 대하여 세상의 반응은 어떠한가?

◇“세상이 그를 알지 못하였고”: 참 빛으로 만들어진 세상은 그 주인을 알지 못했다. 모순이다.

11 “자기 땅에 오매 자기 백성이 영접하지 아니하였으나”

◇“자기 백성”: 유대인을 말한다. 그들은 세상의 대표로 나타난다.

◇“영접하지 아니하였으나”: 참 빛 곧 예수님이 자기 백성에게 왔는데 환영하지도 영접하지도 않았다. 유대인은 예수님을 배척하고 반대했다. 그러나 어떤 사람이 있었는가?

12 “영접하는 자 곧 그 이름을 믿는 자들에게는 하나님의 자녀가 되는 권세를 주셨으니”

◇“영접하는 자 곧 그 이름을 믿는 자들”: 예수님에 대한 긍정적인 반응을 두 동사로 표현한다. “영접한다.” “믿는다.” 믿음이란 예수님을 과거에 한 번 영접한 행위로 끝나는 것이 아니다. 일단 시작하면 끝없이 계속하는 행동이다. 믿음의 현재성 혹은 진행성을 강조한다. 예수님을 일시적으로만 믿다가 중단하거나 배신한 사람은 처음부터 예수님을 한 번도 영접하지 않았거나 믿지 않았음을 의미한다. 믿음의 가치는 그 시작에 있는 것이 아니라 계속성과 연속성에 있기 때문이다.

◇“권세를 주셨으니”: 예수님의 이름을 계속해서 믿는 자에게 하나님의 자녀가 되는 권세를 단번에 주셨다. 하나님의 가족이 되는 것은 오직 은혜를 통해서만 가능하다. 그것은 인간의 성취물이 아닌 하나님의 선물이다. 그런데 그 선물을 받기 위해서는 ‘영접하고’, ‘믿어야’ 한다. 그 이유가 무엇인가?

13 “이는 혈통으로나 육정으로나 사람의 뜻으로 나지 아니하고 오직 하나님께로부터 난 자들이니라”

◇“혈통”: 피를 섞는 것을 포함한 생식 행위나 아이를 낳는 부모의 피를

말한다. 하나님의 자녀는 혈연적으로 되는 것이 아님을 말하고 있다.

◇"육정": 자연적 출생을 뜻한다. 남녀 사이의 육체적인 정욕을 뜻하는 말이다. 하나님의 자녀는 자연적인 출생으로 되지 않는다.

◇"사람의 뜻": 부부생활에서 남성이 주도권을 잡는 것을 말한다. 하나님의 자녀는 남자의 뜻으로 태어나지 않는다. 위의 세 가지는 사람이 예수님을 믿는 것은 출생과 동시에 자연적으로 획득하는 것이 아님을 삼중부정으로 선언하는 것이다.

◇"하나님께로부터 난 자들이니라": 하나님의 자녀는 자연적 출생이 아닌 하나님에 의해서 태어난다. 우리가 예수님을 믿는 것은 우리에게 믿을 수 있는 능력이 있었기 때문이 아니다. 하나님의 은혜로 믿을 뿐이다. 그래서 믿음은 은혜요 선물이다. 그러므로 믿음의 사람은 인간의 자연적 출생으로 난 자들이 아니라 하나님으로 말미암아 영적인 출생을 한 자들이다. 그래서 남들이 믿을 수 없는 예수님을 믿었고, 지금 믿고 있다. 이것이야말로 가장 큰 은혜가 아닐까?

4. '말씀이 육신이 되셨다'는 말은 무슨 뜻입니까(14a)? '거하신다'는 말은 무슨 뜻입니까(14b)? 우리는 그분에게서 무엇을 봅니까(14c)? 예수님이 육신으로 오신 하나님이라는 사실이 오늘 우리에게 주는 의미는 무엇입니까?

14 "말씀이 육신이 되어 우리 가운데 거하시매 우리가 그의 영광을 보니 아버지의 독생자의 영광이요 은혜와 진리가 충만하더라"

◇"말씀": 태초에 계신 그 말씀, 하나님과 함께 계셨던 그 말씀이다(1:1).

◇"육신": 영과 대조하는 말로 사람의 몸을 말한다(골 2:5). 연약하고 상처 입기 쉬운 인간의 실존을 의미한다.

◇"되어"(γίνομαι, *ginomai*): '탄생되다(be begotten / be born)', '~이 되

다(become)'라는 뜻이다. '어떤 사람이나 사물이 그 고유한 특성을 변화하여 이전과는 전혀 다른 존재가 되는 것'을 말한다. 영으로 존재하신 하나님께서 그 영과는 전혀 다른 물질적인 육신이 되셨음을 뜻한다. 영원에 계신 분이 시간 속으로 들어오셨다. 태초에 계신 그 말씀은 피조물인 우리의 연약함을 스스로 입으셨다(롬 8:3). 그분이 곧 예수님이시다. 예수님은 볼 수 있고, 들을 수 있고, 만져 볼 수 있는 사람이 되셨다(요일 1:1). 살과 피를 공간과 시간의 제약 가운데, 또한 피로와 배고픔, 그리고 고통에 민감한 육체적 연약함에 동참하셨다. 그리하여 예수님은 하나님뿐만 아니라 인간에게도 속하셨다.

◇ "거하시매": 문자적으로 '장막을 친다'는 뜻이다. 이 단어는 성막과 관련하여 사용하였다. 하나님께서 그의 백성과 함께 성막(민 35:34, 시 78:60), 성전(대상 23:25), 혹은 예루살렘에 계실 때 사용하였다. 말씀이 육신이 되어 오신 예수님은 이 땅에 하나님의 성막 혹은 성전으로 오셨다. '성막'은 율법이 있는 곳이며, 하나님의 처소이며, 예배의 중심이다. 예수님은 구약의 성막(성전)을 대치하는 새 성막(성전)이시다. 그분은 육신으로 오셔서 '우리 가운데 사셨다.' 그분은 우리와 함께하시는 '임마누엘'이시다(마 1:23).

◇ "독생자": '유일한(only)', '비교할 수 없는'이라는 뜻이다. 그분은 유일한 아들이시다.

◇ "영광": 이 단어는 성막(성전)과 함께 나타났다. 모세가 광야에서 성막을 세웠을 때 구름이 그곳에 임했다(출 40:34). 솔로몬이 성전을 완성하고 하나님께 봉헌할 때도 성전에 구름이 가득 찼다(왕상 8:10). 그 구름은 하나님 영광의 상징이었다(왕상 8:12). 하나님의 영광은 하나님의 성전에만 임한다. 성전은 하나님의 영광이 있는 장소이다(시 26:8), 바로 그곳에서 하나님의 백성은 하나님의 영광을 경험할 수 있다(시

63:2; 96:6). 그런데 그 영광이 예수님께서 이 땅에 오심으로써 이루어졌다. 하나님의 전에만 임하는 영광이 육신으로 이 땅에 오신 예수님께 가득 찬 사실은 그분이 성전으로 오셨음을 증명한다.

◇"영광을 보니": 우리가 아버지 하나님의 영광을 보게 되었다. 육신이 되신 그 말씀은 하나님이시기 때문이다. 성막에 임재하신 여호와께서 그 영광을 보여주셨듯이, 육신이 되어 이 땅에 거하신 예수님도 하나님으로서의 영광을 보여주신다. 그리고 그 예수님께는 은혜와 진리가 가득하시다.

◇"은혜와 진리": 구약에서 자주 사용하는 '인자와 진실'이라는 말과 같다(출 34:6). 즉 자비로운 사랑과 언약을 지키는 성실함을 말한다.

◇"은혜": 은혜는 하나님께서 인간에 대해 값없이 주시는 사랑이다. 인간은 아무런 공로도 없으나 하나님께서 택하시고 사랑하신다. 그리고 그 죄를 용서하신다.

◇"진리"(ἀλήθεια, *ale:theia*): '가려져 있지 않음', '실체(reality)'를 뜻한다. 과거 성막에 거하시는 여호와는 육신으로 오신 하나님의 모습에 대한 '그림자(shadows)'였다. 그 그림자와 비교할 때 성육신하신 예수님은 '진리'이시다.

이 사실이 당시 교회와 오늘 우리에게 주는 의미는 무엇일까? 하나님께서 육신이 되어 이 땅에 오심으로써 구원과 생명의 사역이 일어났다. 인본주의자가 생각하는 식으로 지식, 즉 과학 기술을 쌓고 선행을 장려하여 구원을 얻을 수는 없다. 진정한 구원은 오직 초월자이며 온전한 자이신 하나님에게서만 온다. 그 하나님께서 육신이 되어 이 땅에 오셔서 우리 가운데 함께 계심으로써 구원 사역을 시작하셨다. 이 땅에 육신이 되어 오신 예수님이 새 성전이시기 때문이다. 예수님께 하나님의 영광이 가득 차 있어서 구약 이스라엘 백성이 성전과 성막에서 누렸던 용서의 은혜와 진리를 예수님께로부터 맛보게 된다. 예수님께로부터 반사되는 하나님의 영광은 아무나 눈으로 볼 수 있는 것이 아니고 믿음의 눈으로만 볼 수 있다. 그러므로 많은 사람이 예수님을 보고도 믿지 않았던 반면, 믿음의 눈으로 본 사람은 예수님을 볼 때 하나님의 영광을 더불어 보았다. 그리고 그 예수님을 통하여 생명을 얻었는데, 오늘도 그 사역은 계속되고 있다.

5. 요한은 '그'에 대하여 어떻게 증언합니까(15-16)? '은혜 위에 은혜'란 무슨 뜻일까요? 우리는 왜 '은혜 위에 은혜'를 받습니까(17)? 우리는 누구를 통해서 하나님을 봅니까(18)?

15 **"요한이 그에 대하여 증언하여 외쳐 이르되 내가 전에 말하기를 내 뒤에 오시는 이가 나보다 앞선 것은 나보다 먼저 계심이라 한 것이 이 사람을 가리킴이라 하니라"**

◇"내 뒤에 오시는 이": 예수님을 말한다. 당시 나이가 많은 사람을 젊은 사람보다 더 존경하고 훌륭한 사람으로 대우했다. 사람들은 통상적으로 예수님을 세례 요한보다 더 낮게 여겼다. 세례 요한이 나이가 더 많았기 때문이다. 하지만 이것은 겉보기에만 그럴 뿐이다.

◇"먼저 계심이니라": 예수님은 역사적으로는 세례 요한의 뒤를 따라오셨지만, 신분에서는 요한보다 훨씬 먼저 계셨다. 예수님은 세상에 태어나시기 전에도 말씀으로 존재하셨다.

16 **"우리가 다 그의 충만한 데서 받으니 은혜 위에 은혜러라"**

◇"은혜 위에 은혜": '은혜를 대치하는 은혜', '계속되는 축복'이라는 뜻이다. 모세를 통해 온 '은혜' 위에 예수님을 통해서 온 더 큰 '은혜'가 더해졌다.

◇"위에": '…의 대신에(in exchange for)', '대용하여(as a substitute for)'라는 뜻으로 어떤 새로운 것이 그 역할을 하도록 대체하는 것을 말한다.

17 "율법은 모세로 말미암아 주어진 것이요 은혜와 진리는 예수 그리스도로 말미암아 온 것이라"

◇"율법은 모세", " 은혜와 진리는 예수 그리스도": 옛 은혜와 새 은혜를 비교한다. 옛 은혜는 모세 율법을 통한 은혜이며, 새 은혜는 그리스도의 충만함 가운데서 받는 완성의 은혜이다. 그리스도로부터 받은 은혜가 너무나 크므로 모세 언약을 통한 은혜는 율법이라 불러도 문제가 안 된다. 모세로 말미암은 율법은 새로운 성막으로 오신 예수님으로 말미암은 은혜와 진리를 미리 보여주는 것에 지나지 않는다. 이런 관점에서 모세는 그리스도와 대립하는 사람이 아니라, 그리스도를 증언하는 증인이다. 그러므로 오늘을 살아가는 우리에게 필요한 것은 옛 은혜를 가진 모세의 율법이 아니다. 모세의 언약 아래에서 주신 은혜를 완전히 대치하는 그리스도의 충만한 은혜이다.

18 "본래 하나님을 본 사람이 없으되 아버지 품 속에 있는 독생하신 하나님이 나타내셨느니라"

◇"아버지 품속에 있는": '아버지께서 완전하게 이해하시고 사랑하신다.'라는 뜻이다.

◇"독생하신 하나님": '아버지의 외아들이신 그분'이라는 뜻이다. 그리스도의 신성을 말하고 있다.

◇"나타내셨느니라": 때로는 구약에서도 사람들이 하나님을 보았다(출 24:10). 그런데 하나님을 보면 그 누구도 살 수 없었다(출 33:20). 누구도 하나님을 있는 그대로의 모습으로는 볼 수 없었다. 따라서 하나님을 본 자는 하나님께서 단지 그 상황에 맞게 일시적으로 취하신 형상을 보았을 뿐이다. 하지만 그리스도께서는 지금 하나님을 나타내셨다. 하나님의 품에 계신 독특한 아들 예수님만이 하나님을 가장 분명하고 권위있게 계시하신다. 따라서 예수님을 본 자는 아버지를 보았고, 예수님의

말씀을 듣는 자는 아버지의 말씀을 들은 것이나 다름없다(14:7-10). 예수님께서 이 땅에 오신 목적은 하늘에 계신 아버지를 가르쳐 주기 위함이다. 그리고 우리를 그 하나님께로 인도하기 위해 십자가에서 죽으신다. 예수님은 태초부터 계신 하나님이시다. 세상을 창조하시고 우리를 지으신 그 하나님이시다. 그 하나님께서 육신이 되어 이 땅에 오셔서 우리와 함께 계신다. 누구든지 이 예수님을 믿으면 생명을 얻는다. 요한복음 공부를 통하여 생명 사역이 가득하기를 바란다.

제2강

하나님의 어린양

◇본문 요한복음 1:19-51

◇요절 요한복음 1:29

◇찬송 250장, 251장

1. 유대인들은 왜 종교 지도자들을 요한에게 보냈습니까(19)? 요한은 그 질문에 어떻게 대답합니까(20-23)? '소리'란 무슨 뜻이며, 여기에는 그의 정체성이 어떻게 나타납니까?

2. 그들은 요한의 어떤 점을 문제 삼습니까(24-25)? 그는 어떻게 대답합니까(26-28)?

3. 요한은 예수님을 어떤 분으로 소개합니까(29)? '하나님의 어린양', '지고 간다'는 말은 각각 무슨 뜻입니까? 세상의 근본 문제는 무엇이며, 어떻게 해결할 수 있습니까?

4. 예수님은 언제부터 계셨습니까(30)? 요한이 세례 주는 목적은 무엇입니까(31)? 그는 예수님을 어떻게 알았습니까(32-34)?

5. 두 제자는 예수님을 어떻게 따라갔습니까(35-37)? 예수님께서 그들과 나눈 대화에는 어떤 뜻이 있습니까(38-39)? 안드레가 첫 번째 한 일은 무엇입니까(40-41)? '메시아를 만났다'는 말은 무슨 뜻입니까? 예수님은 시몬의 이름을 왜 바꿔주셨을까요(42)?

6. 빌립은 예수님을 어떤 분으로 증언합니까(43-45)? 나다나엘은 왜 받아들이지 않습니까(46)? 그런 그가 예수님을 어떤 분으로 고백합니까(46-49)? 예수님은 그에게 어떤 큰일을 보이고자 하십니까(50-51)? 이것은 무슨 사건을 말합니까?

제2강

하나님의 어린양

◇본문 요한복음 1:19-51
◇요절 요한복음 1:29
◇찬송 250장, 251장

1. 유대인들은 왜 종교 지도자들을 요한에게 보냈습니까(19)? 요한은 그 질문에 어떻게 대답합니까(20-23)? '소리'란 무슨 뜻이며, 여기에는 그의 정체성이 어떻게 나타납니까?

19 "유대인들이 예루살렘에서 제사장들과 레위인들을 요한에게 보내어 네가 누구냐 물을 때에 요한의 증언이 이러하니라"

◇"유대인": 예수님을 반대하는 예루살렘의 종교 지도자들을 가리킨다. 산헤드린(Sanhedrin) 공회원이다. 산헤드린은 주전 2세기 초부터 주후 66년 로마를 대항하는 전쟁이 일어나기까지 유대민족의 최고 법정기관이었다. 로마가 유대를 점령한 가운데서도 유대인의 일을 조정하였다. 그해 현직 대제사장이 의장을 맡았다. 70인의 다른 장로들이 그 회를 구성하였다. 그들 대부분은 사두개파에 속한 자들이었다. 소수파에 속한 바리새인들도 무시당하지는 않았다.

◇"제사장들과 레위인들": 산헤드린 회원들이다. 레위인들 중에서 제사장들이 나왔기 때문에 같은 의미다. 그들은 요한에게 무엇을 묻는가?

◇"네가 누구냐": 그들은 요한의 정체성에 관해 묻는다. 그것은 "네가 그리스도냐?"라는 뜻이다. 그들은 왜 그렇게 물을까? 요한이 요단 골짜기에서 회개를 외치는 설교자로서의 공적 생애를 시작할 때쯤 약속된 메시아가 곧 나타날지도 모른다는 기대가 상당히 널리 퍼져 있었다. 모세 율법에 대한 해석을 주해한 '미쉬나(Mishna)'에 의하면 거짓 선지자에 대한 규명과 재판이 산헤드린 공의회의 주요 직무 중 하나로 규정되어 있었다. 그들은 요한을 그리스도라고 생각하고 정체를 확인하고자 한다. 왜냐하면 요한의 메시지와 사역을 볼 때 그리스도라고 충분히 생각할 수 있었기 때문이다. 요한은 어떻게 대답하는가?

20 "요한이 드러내어 말하고 숨기지 아니하니 드러내어 하는 말이 나는 그리스도가 아니라 한대"

◇"나는 그리스도가 아니라": 그는 그리스도가 아님을 분명하게 말한다.

21 "또 묻되 그러면 누구냐 네가 엘리야냐 이르되 나는 아니라 또 묻되 네가 그 선지자냐 대답하되 아니라"

◇"엘리야냐": 요한의 사역은 엘리야를 떠올리게 했다(왕상 18장, 말 4:5-6). 당시에는 "엘리야가 온다."라는 말을 "그리스도께서 오신다." 라는 말로 이해했다.

◇"아니라": 요한은 엘리야도 아니다.

◇"그 선지자냐": 모세가 약속한 그 선지자, 즉 그리스도를 뜻한다(신 18:15).

◇"아니라": 세례 요한은 그리스도가 아니다.

22 "또 말하되 누구냐 우리를 보낸 이들에게 대답하게 하라 너는 네게 대하여 무엇이라 하느냐"

◇"너는 네게 대하여 무엇이라 하느냐": "너는 누구냐?" 그들은 요한에게

구체적인 대답을 요구한다. 그는 누구인가?

23 "이르되 나는 선지자 이사야의 말과 같이 주의 길을 곧게 하라고 광야에서 외치는 자의 소리로라 하니라"

◇"선지자 이사야의 말과 같이": 그는 사 40:3에 근거하여 자신의 정체를 밝힌다.

◇"소리": '소리(sound)', '음성(voice)'이라는 뜻이다. 자신은 누군가의 메시지를 전달하는 '전달자'임을 강조한다. 메시지를 전할 때 전하는 사람보다도 그 메시지, 즉 '소리'가 중요하다. 성우가 목소리만 빌려주고 주인공을 드러내는 것과 같다. 요한은 오실 메시아의 길을 예비하는 자에 지나지 않는다. 요한이 중요한 것이 아니라 그가 전하는 메시지가 중요하다. 오늘 예수님의 사역자도 '소리'이다. 우리는 우리를 전하는 것이 아니라 예수님을 전하는 '소리'이다. 그때 종교 지도자들은 요한의 어떤 점을 문제 삼는가?

2. 그들은 요한의 어떤 점을 문제 삼습니까(24-25)? 그는 어떻게 대답합니까(26-28)?

24 "그들은 바리새인들이 보낸 자라"

◇"바리새인": '나누다', '분리하다'에서 유래하여 '분리된 사람'을 뜻한다. 바리새인(the Pharisees)은 유대교에서 영향력 있는 종교 집단의 대표자들이다. 그들은 율법의 개별적 규정을 정확하게 따르고자 했다. 그들은 율법을 지키지 않는 사람들로부터 자신들을 분리했다(135년경). 따라서 바리새인은 율법을 진실하게 지키는 경건한 사람을 가리킨다. 그들은 구약성경 외에 유전을 신앙과 생활의 표준으로 인정했다(마 15:1, 막 7:3). 그들은 금식, 기도, 구제와 같은 경건의 형태와 의식의 준수에

의한 명예와 칭찬을 추구했다. 그들은 선한 천사와 악한 천사의 존재를 믿었다. 메시아에 대한 기대도 품었다. 그들은 헤롯 왕가의 통치와 로마의 다스림에 맞서서 대의를 굳게 지켰다. 그들은 백성에게 큰 영향력을 끼쳤다. 그들의 수는 6,000명 이상이었을 것이다.

◇"사두개인": 사두개인(the Sadducees)은 1세기 이전과 1세기 동안 유대교 안에 있었던 종파이다. 사독은 다윗 시대의 대제사장의 이름이었다(삼하 15:24, 왕상 1:32). 따라서 제사장의 후손들(겔 40:46; 43:19; 44:15; 48:11)과 그들을 따르는 사람을 말할 것이다. 그들은 출생과 부와 공적인 지위에서 특출했다. 그들은 헤롯 왕가와 로마의 호의를 싫어하지 않았다. 그들은 바리새인과 적대 관계에 있었다. 그들은 전통을 거부하면서 구약의 권위를 믿음과 윤리와 관련된 문제에서만 인정했다. 그들은 몸의 부활을 부정하고(마 22:23, 막 12:18, 눅 20:27, 행 23:8) 영혼의 불멸과 천사와 영의 존재도 부인했다(행 23:8). 그들은 세속주의자들이었다. 그들은 무엇을 계속해서 묻는가?

25 "또 물어 이르되 네가 만일 그리스도도 아니요 엘리야도 아니요 그 선지자도 아닐진대 어찌하여 세례를 베푸느냐"

◇"세례": 개종자에게 행하였던 유대인의 의식이었다. 그것은 죄를 씻어내는 것과 한 사람이 새로운 삶으로 들어가는 상징이었다. 따라서 세례를 베풂은 권세의 선언으로 간주했다.

◇"아닐진대 어찌하여 세례를 베푸느냐": 그들은 요한의 권위를 알려고 한다. 영적 권위가 없는 사람은 세례를 줄 수 없기 때문이다. 요한은 무엇이라고 대답하는가?

26 "요한이 대답하되 나는 물로 세례를 베풀거니와 너희 가운데 너희가 알지 못하는 한 사람이 섰으니"

◇"알지 못하는 한 사람": 요한은 그들의 질문에 직접적으로 대답하지 않는다. 오히려 '알지 못하는 한 사람'을 증언한다. 그는 자신의 세례가 '한 사람'을 위한 것임을 증언한다.

27 "곧 내 뒤에 오시는 그이라 나는 그의 신발끈을 풀기도 감당하지 못하겠노라 하더라"

◇"내 뒤에 오시는 그이라": 요한은 그분을 증언하는 '소리'이다.

◇"신발끈": 유대 풍습에 의하면 주인은 초대한 손님이 방문하면 자기 집에서 가장 낮은 종을 시켜 손님의 신발 끈을 풀고 발을 씻기게 하였다. 요한은 자신을 그리스도에 비할 때 가장 비천한 종의 자격에도 미치지 못한다.

28 "이 일은 요한이 세례 베풀던 곳 요단 강 건너편 베다니에서 일어난 일이니라"

3. 요한은 예수님을 어떤 분으로 소개합니까(29)? '하나님의 어린양', '지고 간다.'라는 말은 각각 무슨 뜻입니까? 세상의 근본 문제는 무엇이며, 어떻게 해결할 수 있습니까?

29 "이튿날 요한이 예수께서 자기에게 나아오심을 보고 이르되 보라 세상 죄를 지고 가는 하나님의 어린 양이로다"

◇"이르되": 요한은 자신의 사역을 설명한 후 예수님의 사역을 증언한다. 자기가 '소리'로서 지금까지 증언했던 그분에 대한 실체를 밝힌다.

◇"세상 죄를 지고 가는 하나님의 어린양": "하나님의 어린 양, 곧 세상의 죄를 지고 가는 분."

◇"세상 죄": 모든 사람의 모든 종류의 죄이다. 유대인뿐만 아니라 헬라인을 포함한다. 제한된 의미(유대인 혹은 헬라인)가 아니라 넓은 의미(전

인류)이다. 인류의 본질 문제는 죄이다. 이것을 해결하지 않고서는 어떤 행복도 생명도 없다. 그래서 하늘에 계신 하나님께서 육신이 되어 이 땅에 오셨는데, 하나님의 어린양으로 오셨다. 인류의 본질 문제인 죄를 어떻게 해결하는가?

◇ "지고 간다": '들어 올리다.', '빼앗아 가다(takes away).'라는 뜻이다. 어린양이 '형벌을 담당하는 것', '많은 사람의 죄를 지고 가는 것', '세상의 죄를 지고 가는 것'을 뜻한다(사 53:4-12).

◇ "하나님의 어린양": '하나님이 준비하신 어린양'이라는 뜻이다. 아브라함을 위해 하나님이 준비하신 양(창 22:8, 13)이나 유월절 양(출 12:3), 우리 모두의 죄악을 담당한 양(사 53:6) 등을 말한다. 이스라엘 종교의 핵심에 어린양을 잡는 의식이 자리 잡고 있었다.

여기서 우리는 ' 속죄의 염소(scapegoat , 사람의 죄를 대신 지고 광야에 버려진 염소)' 라는 비유적 표상을 생각할 수 있다. 제사장은 사람의 죄를 짐승에게 전가하고 죄책이 제거되었다는 것을 공표한다. 그리고 그 염소를 광야에 풀어 놓았다(레 16:10). 그런데 매년 죽임당한 양은 기껏해야 이스라엘 족속에 속한 예배자의 죄를 씻어 줄 뿐이었다. 그러나 예수님은 이 세상의 죄를 없애는 어린양이시다. 그 양을 하나님께서 주신다. 우리에게는 우리의 속죄물을 제공할 능력이 전혀 없기 때문이다.

세상의 근본 문제는 무엇이며, 어떻게 해결할 수 있는가? 세상의 근본 문제는 죄이다. 얼마나 많은 사람이 죄책이라는 짓누르는 짐 밑에서 살아남으려고 분투하고 있는가? 하나님의 어린양이신 그리스도는 우리를 위해 그 모든 죄를 지셨다. 즉 예수님은 십자가에서 우리 죄를 위해서 피 흘려 죽으셨다. 이로써 모든 죄를 용서하셨다. 사망에서 생명으로 심판에서 구원으로 인도하셨다. 이 예수님은 언제부터 계셨는가?

4. 예수님은 언제부터 계셨습니까(30)? 요한이 세례 주는 목적은 무엇입니까(31)? 그는 예수님을 어떻게 알았습니까(32-34)?

30 **"내가 전에 말하기를 내 뒤에 오는 사람이 있는데 나보다 앞선 것은 그가 나보다 먼저 계심이라 한 것이 이 사람을 가리킴이라"**

◇"나보다 먼저 계심이라": 그분은 육신의 탄생으로는 요한보다 늦지만 실제로는 먼저 계신다. 하나님이시기 때문이다(1:1).

31 **"나도 그를 알지 못하였으나 내가 와서 물로 세례를 베푸는 것은 그를 이스라엘에 나타내려 함이라 하니라"**

◇"그를 이스라엘에 나타내려 함이라 하니라": 요한도 처음에는 그분에 대해서 알지 못하였다. 그러나 그는 그분을 세상에 드러내려고 세례를 주었다. 그는 예수님을 어떻게 알았는가?

32 **"요한이 또 증언하여 이르되 내가 보매 성령이 비둘기같이 하늘로부터 내려와서 그의 위에 머물렀더라"**

◇"보매 성령이 비둘기같이 하늘로부터 내려와서 그의 위에 머물렀더라": 요한은 성령님이 예수님을 그리스도로 증언하심을 보았다. 그리고 성령님께서 그에게 말씀하신다.

33 **"나도 그를 알지 못하였으나 나를 보내어 물로 세례를 베풀라 하신 그이가 나에게 말씀하시되 성령이 내려서 누구 위에든지 머무는 것을 보거든 그가 곧 성령으로 세례를 베푸는 이인 줄 알라 하셨기에"**

◇"말씀하시되": 성령님께서 요한에게 알려주셨다.

◇"그가 곧 성령으로 세례를 베푸는 이인 줄 알라": 예수님은 성령으로 세례를 주시는 분이다. 이것은 그분을 통해서 우리가 성령 하나님의 생명을 받음을 말한다. 예수님은 우리를 다시 태어나게 하신 분이라는 말과 같다. 곧 성령 하나님과 성자 하나님은 같은 분이시다.

34 "내가 보고 그가 하나님의 아들이심을 증언하였노라 하니라"

◇"보고", "증언하였노라": 요한은 그분을 보고 알았다. 그래서 하나님의 아들로 증언하였다. 그는 또 이튿날 어떻게 증언하는가?

5. 두 제자는 예수님을 어떻게 따라갔습니까(35-37)? 예수님께서 그들과 나눈 대화에는 어떤 뜻이 있습니까(38-39)? 안드레가 첫 번째 한 일은 무엇입니까(40-41)? '메시아를 만났다.'라는 말은 무슨 뜻입니까? 예수님은 시몬의 이름을 왜 바꿔주셨을까요(42)?

35 "또 이튿날 요한이 자기 제자 중 두 사람과 함께 섰다가"

36 "예수께서 거니심을 보고 말하되 보라 하나님의 어린 양이로다"

37 "두 제자가 그의 말을 듣고 예수를 따르거늘"

그때 예수님께서 그들에게 무엇을 물으시는가?

38 "예수께서 돌이켜 그 따르는 것을 보시고 물어 이르시되 무엇을 구하느냐 이르되 랍비여 어디 계시오니이까 하니 (랍비는 번역하면 선생이라)"

◇"무엇을 구하느냐": 이 말은 '내가 무엇을 해주길 원하느냐?'라는 뜻이다. 즉 '너희가 찾아서 구하는 것이 무엇이냐?'는 말이다.

이 질문에는 무슨 뜻이 있는가? 예수님은 당신을 따르는 동기를 분명하게 하기를 바라신다. 오늘 우리가 예수님께 구해야 할 것은 무엇인가? 어떤 사람은 그리스도 안에 있는 궁극적인 가치와 숨겨진 보화에 대해서는 별로 관심을 보이지 않는다. 그러나 그리스도 안에 있는 소망의 소중함을 깨닫는 자는 모든 것을 팔아서라도 그 보화를 살 것이다(마 13:44). 따라서 이 일이야말로 우리가 삶 속에서 가장 명확하게 해야 할 첫 번째 일이다. 제자들의 대답은 무엇인가?

◇"랍비"(ῥαββί, *rhabbi*): '나의 주(my Lord)'를 뜻하는 히브리어 '랍비'의

음역이다. 예수님을 위대한 스승으로 인정하는 커다란 존경심이 담긴 표현이다.

◇"어디 계시오니이까": '당신과 함께하면서 배우고 싶다.'라는 뜻이다. 이 말은 예수님의 주소를 묻는 그 이상의 뜻이다. 이 말은 그분을 정말로 알고 배우려는 뜻이다. 그들은 자신들을 위하여 예수님을 찾기를 원했으며, 요한의 증언이 사실인지를 알려고 한다. 그들은 들은 말씀을 기초로 하여 직접 체험하고자 한다. 예수님의 대답은 무엇인가?

39 "예수께서 이르시되 와서 보라 그러므로 그들이 가서 계신 데를 보고 그 날 함께 거하니 때가 열 시쯤 되었더라"

◇"와서": 예수님은 당신이 계신 곳으로 그들을 초청하신다. 그들은 예수님께로 가야 한다. 랍비들이 사용했던 권위 있는 초청 표현 형식이다.

◇"보라": 제자들은 그들이 원하는 것을 볼 수 있다. 그들이 예수님을 알고 싶고, 배우고자 하는 그 마음을 채울 수 있다.

여기서 무엇을 배울 수 있는가? 예수님을 아는 일은 '와서'로부터 시작한다. 예수님을 믿는 일은 예수님께로 가는 것으로부터 시작한다. 믿음은 앎으로부터 시작한다. 우리가 예수님을 보려면, 믿으려면 먼저 예수님의 초청을 받아들여야 한다. 제자들은 예수님의 초청 앞에서 어떻게 하는가?

◇"가서 계신 데를 보고 그날 함께 거하니": 그들은 따라가서, 보고, 함께 지냈다.

◇"열 시": 오후 4시이다. 하루의 노동 시간이 끝나는 때이다. 그들은 거의 하루 동안 예수님과 함께 했다. 그들은 예수님이 누구인지를 알고 배우기에 충분할 만큼 머물렀다. 예수님을 단순히 이론으로만 알지 못한다. 삶 속에서 알아가야 한다. 그 제자들은 누구인가?

40 "요한의 말을 듣고 예수를 따르는 두 사람 중의 하나는 시몬 베드로의 형

제 안드레라"

안드레는 무엇을 하는가?

41 "그가 먼저 자기의 형제 시몬을 찾아 말하되 우리가 메시야를 만났다 하고 (메시야는 번역하면 그리스도라)"

◇"시몬을 찾아": 그는 형에게 갔다. 그리고 증언한다. 그의 사역은 가정 복음화로부터 시작했다. 그는 무엇을 증언하는가?

◇"메시야"(Μεσσίας, *Messias*): '메시아(Messiah)', '기름 부음을 받은 사람'을 뜻한다. 구약에서 '왕', '제사장', 그리고 '선지자'로 세움을 받을 때 기름을 부었다. 메시아는 예수님을 말하는 고유명사로 바뀌었다.

◇"그리스도"(Χριστός, *Christos*): '그리스도(Christ)'이다. 유대인과 헬라인을 대상으로 해서 두 단어를 사용했다.

◇"우리가 메시야를 만났다": "우리가 (찾던) 그 메시아를 발견했다(We have found the Messiah)." '메시야를 만났다.'라는 말은 무슨 뜻인가? 그는 인류의 구원자요 자신의 구원자를 만났다. 당시 유대인은 오랫동안 그분을 기다렸다. 그들은 정치적으로 로마의 압제를 받고 있었다. 그 메시아가 오셔서 로마의 압제로부터 해방할 것을 기대했다. 그러나 그 메시아는 우리를 죄로부터 구원하신다. 그런데 그 구원자가 오셨다. 안드레는 그분을 만났다. 예수님과 함께 했던 그 저녁은 안드레의 삶을 바꿨다.

이런 그를 통해서 무엇을 배울 수 있는가? 첫째로, 예수님과의 만남은 증언으로 나타난다. 이것이 바로 초기 몇 세기 동안 기독교가 엄청나게 퍼져 나간 비결이다. 친구와 친척, 자기와 가장 가까운 사람에게 메시아를 증언했다. 이것을 우리는 '관계 전도'라고 부른다. 공적으로 복음을 전파하는 것도 중요하지만 개인 증거와 우정 전도도 중요하다.

둘째로, 전도의 원리이다. 전도의 순환 관계는 '예수님에 관해 들음(전도)'-'예수님께 나아옴(인도)'-'예수님을 만남'-'예수님에 대한 인식의 변화'라는 순서로 나타난다. '전도', '인도', '만남', '변화'의 모델은 교회의 성장 모델일 뿐만 아니라 성숙의 모델이다. 내가 먼저 예수님을 만나 깊이 사귀는 가운데 계속해서 변화해야 다른 사람의 변화에 촉매 역할을 할 수 있다. 내가 먼저 변화하지 않으면 다른 사람을 예수님께로 인도할 수 없다.

42 "데리고 예수께로 오니 예수께서 보시고 이르시되 네가 요한의 아들 시몬이니 장차 게바라 하리라 하시니라 (게바는 번역하면 베드로라)"

◇"시몬": '시므온'과 같은 의미이다. 시므온은 레아가 낳은 야곱의 둘째 아들로서 그 이름의 뜻은 '들음'이다(창 29:33). 시므온은 과격하고 성미가 급한 인물이었다(창 34:25-31). 예수님은 그의 이름을 '게바'로 바꾸신다.

◇"게바"(κηφας, *ke·phas*) : 아람어인데, 그 뜻은 '바위(rock)'이다.

◇"베드로"(Πέτρος, *petros*): 헬라어인데, 그 뜻은 '돌(stone)', '반석(rock)'이다. 아람어의 '게바'가 헬라어로는 '베드로'이다. 이튿날에는 또 어떤 일이 일어났는가?

6. 빌립은 예수님을 어떤 분으로 증언합니까(43-45)? 나다나엘은 왜 받아들이지 않습니까(46)? 그런 그가 예수님을 어떤 분으로 고백합니까(46-49)? 예수님은 그에게 어떤 큰일을 보이고자 하십니까(50-51)? 이것은 무슨 사건을 말합니까?

43 "이튿날 예수께서 갈릴리로 나가려 하시다가 빌립을 만나 이르시되 나를 따르라 하시니"

◇"나를 따르라": 유대교에서는 학생이 선생님을 찾아가야 한다. 그러나 예수님은 먼저 빌립을 찾아가셨다. 예수님께서 직접 전도했다. 다른 제자들은 제자들이 전도했다. 빌립은 어떤 사람인가?

44 "빌립은 안드레와 베드로와 한 동네 벳새다 사람이라"

◇"벳새다": 빌립은 벳새다 출신으로 안드레와 베드로와 한 고향 사람이었다. 빌립은 예수님을 만난 후에 무엇을 하는가?

45 "빌립이 나다나엘을 찾아 이르되 모세가 율법에 기록하였고 여러 선지자가 기록한 그이를 우리가 만났으니 요셉의 아들 나사렛 예수니라"

◇"나다나엘": 빌립은 나다나엘을 만나서 예수님을 증언한다. 예수님과의 개인적인 만남은 예수님께 대한 믿음을 굳게 한다. 그리고 증언자가 된다.

◇"기록한 그이를 우리가 만났으니": 예수님은 율법과 예언서로 대표되는 구약의 모든 말씀을 성취하신 메시아이시다. '역사적인 예수님'이 바로 '신앙의 그리스도'이시다. 그러나 나다나엘의 반응은 어떠한가?

46 "나다나엘이 이르되 나사렛에서 무슨 선한 것이 날 수 있느냐 빌립이 이르되 와서 보라 하니라"

◇"나사렛에서 무슨 선한 것이 날 수 있느냐": 그는 빌립의 증언을 거부한다. 왜냐하면 그는 나사렛에 대해서 알고 있기 때문이다. 그의 생각의 뿌리는 단순한 지방색이 아니라 종교에 있다. 메시아에 대한 선지자의 예언에서 나사렛이 언급된 적이 없기 때문이다. 구약은 메시아가 나사렛이 아닌 베들레헴에서 나신다고 예언했다. 그때 빌립은 어떻게 말하는가?

◇"와서 보라": 역사적인 실체를 직접 보고 체험해 보라. 나다나엘은 어떻게 하는가?

47 "예수께서 나다나엘이 자기에게 오는 것을 보시고 그를 가리켜 이르시되 보라 이는 참으로 이스라엘 사람이라 그 속에 간사한 것이 없도다"

◇"나다나엘이 자기에게 오는 것을 보시고": 나다나엘도 빌립의 말을 듣고 예수님께로 간다. 그때 예수님은 그를 어떻게 평가하시는가?

◇"참으로 이스라엘 사람이라": "참 이스라엘 사람(an Israelite indeed /

a true Israelite)."

◇"간사한 것이 없도다": '미끼', '교활', '술책'이라는 뜻이다. 그에게는 거짓이 없다. 예수님은 그를 순수한 사람으로 인정하신다. 예수님은 나다나엘이 "나사렛에서 무슨 선한 것이 날 수 있느냐?"는 반문을 그대로 받아주신다. 그의 주장은 역사적으로도 맞는 말이기 때문이다. 나다나엘은 예수님께 무엇을 묻는가?

48 "나다나엘이 이르되 어떻게 나를 아시나이까 예수께서 대답하여 이르시되 빌립이 너를 부르기 전에 네가 무화과나무 아래에 있을 때에 보았노라"

◇"어떻게 나를 아시나이까": 그는 예수님께서 자기를 아신다고 믿었다.

◇"무화과나무 아래": 랍비 문학에서는 이 말을 "율법을 묵상한다."라는 뜻으로 사용한다. 아마도 그는 창세기 28장을 읽고 있었을 것이다.

◇"보았노라": 예수님은 그를 이미 알고 계셨다. 그는 예수님을 어떤 분으로 고백하는가?

49 "나다나엘이 대답하되 랍비여 당신은 하나님의 아들이시요 당신은 이스라엘의 임금이로소이다"

◇"하나님의 아들": 이 칭호는 예수님이 세례를 받으실 때 성부 하나님께서 주셨다. 지금까지 역사 속에서 어느 인물도 예수님을 하나님의 아들로 고백하지 않았다. 그런데 나다나엘이 처음으로 고백한다.

◇"이스라엘의 임금": 이스라엘이 기다리는 왕이시다. 즉 이스라엘이 오랫동안 기다리는 바로 그분, 메시아이시다. 예수님은 그를 어떻게 축복하시는가?

50 "예수께서 대답하여 이르시되 내가 너를 무화과나무 아래에서 보았다 하므로 믿느냐 이보다 더 큰 일을 보리라"

◇"더 큰 일을 보리라": 예수님이 나다나엘에 대해서 아신 그것보다도 더

큰 일을 말한다. 예수님께서 하나님의 아들이요 이스라엘의 임금으로서 행하시는 놀라운 일이다. 나다나엘은 그 일을 볼 것이다. 그는 또 무엇을 보는가?

51 "또 이르시되 진실로 진실로 너희에게 이르노니 하늘이 열리고 하나님의 사자들이 인자 위에 오르락내리락하는 것을 보리라 하시니라"

◇"오르락내리락하는 것을 보리라": 야곱이 벧엘에서 돌베개를 베고 자다가 꿈에서 본 사닥다리의 환상을 생각나게 한다(창 28장). 야곱은 환상 가운데서 사닥다리가 자기가 누워 있는 곳에서부터 하늘까지 이어졌고, 천사들이 그 사닥다리로 오르내리는 것을 보았다. 야곱은 그곳을 '하나님의 집'이라는 뜻인 '벧엘'이라고 불렀다.

◇"인자": '그 사람의 아들(the Son of Man)'이라는 뜻이다. '인자'는 '사람이 되신 하나님의 아들'을 말한다. 예수님은 당신의 비천한 모습이나 고난을 받는 모습을 말씀하실 때 이렇게 표현했다.

이것은 무슨 사건을 말하는가? 하나님과 인간을 연결하는 유일한 사닥다리는 인자 예수님이시다. 랍비들은 야곱이 하나님의 보좌에 앉았다고 생각했다. 그들은 야곱의 자손인 유대인이 하나님의 보좌에 앉는다고 생각했다. 그러나 더는 야곱의 후손이 하나님의 보좌에 앉지 않는다. '그 사람의 아들' 예수님이 앉으신다. 하나님 계시의 장소가 예수님이요, 하나님의 새로운 거처가 예수님이시다. 예수님은 하나님의 새집, 새 '벧엘'로 이 땅에 오셨다.

그 예수님은 사람을 하나님께로 인도하기 위해서 십자가에서 피 흘려 죽으신다. 그리고 죽은 자 가운데서 사흘 만에 다시 살아나신다. 예수님의 죽음과 부활을 통해서 하늘이 열리고 그동안 죄로 인해 막혔던 하나님과 인간의 관계가 온전히 회복된다. 예수님의 십자가와 부활을 믿는 사람은 하나님의 아들딸이 된다. 나다나엘처럼 예수님을 믿는 사람이 참 이스라엘 사람이다. 이런 사람이 하나님의 백성이고 하나님의 나라에 앉는다.

이상을 통해서 우리는 무엇을 배울 수 있는가? 어린양이신 예수님을 만난 사람의 고백과 그들의 변화를 배운다. 어린양 예수님을 만난 사람은 서로 달랐다. 하지만 그들은 예수님을 믿은 후에는 같이 예수님을 메시아로 고백했다. 그리고 그 예수님을 주위 사람에게 증언했다. 증인의 삶은 꼭 다른 먼 나라로 가서 하는 것이 아니다. 가장 가까운 가족과 친구로부터 시작한다.

제3강

좋은 와인

◇본문　요한복음 2:1−11
◇요절　요한복음 2:11
◇찬송　295장, 289장

1. 가나에 어떤 일이 있습니까(1a)? 당시 결혼식은 어떻게 치렀을까요? 그곳에 누가 초대받았습니까(1b-2)?

2. 결혼식에서 무슨 문제가 생겼습니까(3a)? '포도주가 떨어진 것'이 왜 문제일까요? 그 사실을 누가 예수님께 알렸습니까(3b)? 그녀는 왜 이 사실을 예수님께 알렸을까요?

3. 예수님은 어머니에게 무엇이라고 대답하십니까(4)? '내 때가 아직 이르지 아니하였다.'라는 말은 무슨 뜻일까요? 어머니는 하인들을 어떻게 준비시킵니까(5)? 어떻게 이렇게 준비시킬 수 있었을까요?

4. 그곳에는 무엇이 있습니까(6)? '정결 예식'은 무엇을 말할까요? 예수님은 하인들에게 어떤 방향을 주십니까(7a, 8a)? 그들은 어떻게 순종합니까(7b, 8b)? 하인들을 통해서 무엇을 배울 수 있습니까?

5. 하인들 순종의 열매가 어떻게 나타납니까(9-10)? 항아리의 물이 어떻게 좋은 '와인'으로 변할 수 있습니까(11a)? 예수님께서 첫 표적을 행하신 목적은 무엇입니까(11b)? 결혼식에서 항아리 물을 '와인'으로 변화시키신 데는 무슨 뜻이 있을까요?

제3강
좋은 와인

◇본문　요한복음 2:1-11
◇요절　요한복음 2:11
◇찬송　295장, 289장

1. 가나에 어떤 일이 있습니까(1a)? 당시 결혼식은 어떻게 치렀을까요? 그곳에 누가 초대받았습니까(1b-2)?

1 "사흘째 되던 날 갈릴리 가나에 혼례가 있어 예수의 어머니도 거기 계시고"

◇"사흘째 되던 날": 특정한 날보다는 일반적인 의미이다. 당시 결혼 전통에 따르면 처녀는 넷째 날, 즉 수요일에 결혼했다. 과부는 다섯 번째 날에 결혼했다.

◇"가나": 나다나엘의 고향이다(요 21:2).

◇"혼례": 당시에는 결혼식을 일주일 동안 했다.

◇"예수의 어머니도 거기 계시고": 이 결혼식의 주인공은 예수님의 어머니와 가까운 사람이다.

2 "예수와 그 제자들도 혼례에 청함을 받았더니"

그 결혼식에 무슨 문제가 생겼는가?

2. 결혼식에서 무슨 문제가 생겼습니까(3a)? '포도주가 떨어진 것'이 왜 문제일까요? 그 사실을 누가 예수님께 알렸습니까(3b)? 그녀는 왜 이 사실을 예수님께 알렸을까요?

3 "포도주가 떨어진지라 예수의 어머니가 예수에게 이르되 저들에게 포도주가 없다 하니"

◇"포도주": 포도주는 사람의 마음을 기쁘게 하는 것이지만(시 104:15) 많이 마시는 것을 금지했다(잠 23:31-35; 31:4-5). 제사장과 나신일은 포도주 마시는 것을 금했다(레 10:9, 민 6:3). 포도주를 몰약과 섞어 마취제로 사용했다(막 15:23).

◇"떨어진지라": 결혼식 잔치 중에 포도주가 바닥이 났다(ran out). 포도주가 떨어진 것이 왜 문제일까? 결혼식에서 포도주가 떨어지면 오랫동안 조롱거리가 될 수 있었다. 주인은 손님에게 충분한 포도주를 제공할 책임이 있기 때문이다. 포도주는 단순한 음식을 넘어 잔치의 생명, 잔치의 분위기를 주도한다. 따라서 포도주가 떨어진다는 것은 잔치의 생명과 기쁨이 떨어진 것을 뜻한다. 그 사실을 누가 예수님께 알렸는가?

◇"예수의 어머니가 예수에게 이르되": 보통 여인의 숙소는 포도주를 저장하는 곳과 가까웠기 때문에 예수님 어머니가 포도주가 부족한 사실을 알았을 수 있다. 아니면 잔치를 뒤에서 섬기는 역할을 했을 수 있다. 그래서 그 사실을 알았을 수 있다. 그녀는 그 사실을 왜 예수님께 알렸을까? 그녀는 일반적인 방법으로 그 문제를 해결할 수 없다고 여겼기 때문이다. 포도주를 어디에서 살 수도 없고, 다른 집에서 가져올 수도 없었을 것이다. 그녀는 그 문제를 예수님만이 해결할 수 있다고 생각했다. 그녀는 예수님만을 의지하고 있다. 그런데 예수님의 대답은 무엇인가?

3. 예수님은 어머니에게 무엇이라고 대답하십니까(4)? '내 때가 아직 이

르지 아니하였다.'라는 말은 무슨 뜻일까요? 어머니는 하인들을 어떻게 준비시킵니까(5)? 어떻게 이렇게 준비시킬 수 있었을까요?

4 "예수께서 이르시되 여자여 나와 무슨 상관이 있나이까 내 때가 아직 이르지 아니하였나이다"

◇ "여자여"(γυνή, *gyne*): 호격이다. 여자에 대한 일반적인 호칭이다. 예수님은 '어머니'라는 말 대신에 일반적인 '여인(woman)'이라는 표현을 하셨다.

◇ "무슨 상관이 있나이까"(τίς, *tis*): 의문대명사이다. '누구(who)', '어느 것(which)', '무엇(what)'을 뜻한다. 이 말은 "이것이 나와 무슨 관계가 있는가(what does this have to do with me)?"이다. 예수님과 마리아와의 관계는 일반적인 아들과 어머니의 관계가 아니다. 이제부터는 공적인 관계이다. 예수님은 어머니가 공적인 관계를 인정하기를 바란다. 메시아의 일에는 비록 어머니라도 간섭할 수 없다. 예수님은 일단 거절하신다. 그 이유는 무엇인가?

◇ "때": '시점(point of time)'을 뜻한다. 예수님께서 십자가에서 영광을 받으시는 사건을 가리킨다. 십자가에서 '들어 올림'에서 그 영광은 절정에 달한다.

◇ "이르지 아니하였나이다": 예수님께서는 아직 십자가에서 죽으실 때가 되지 않았다. 그때가 되면 표적을 행하실 것이다. 예수님은 하나님의 때에 따라서 일하신다. 그런데도 그녀는 어떻게 준비하는가?

5 "그의 어머니가 하인들에게 이르되 너희에게 무슨 말씀을 하시든지 그대로 하라 하니라"

◇ "하인": 결혼식에서 일하는 사람이다. 그 집의 종일 수 있다.

◇ "무슨 말씀을 하시든지 그대로 하라": 어머니는 예수님께서 무엇을, 어

떻게 하실지에 대해 알지 못하였다. 그러나 그녀는 예수님이 그 문제를 해결하실 줄 기대한다. 우리는 그것을 '믿음'이라고 말한다. 그녀는 믿음으로 준비했다. 준비는 믿음의 표현이다.

여기서 우리는 무엇을 배우는가? 믿음과 준비이다. 우리는 삶의 현장에서 문제를 만날 때 믿음으로 준비해야 한다. 어떻게 해야 할지 모를 때도 준비를 해야 한다. 예수님께서 일하실 수 있도록 준비해야 한다. 결과적으로 볼 때 아무런 준비가 없으면 아무 일도 일어나지 않는다. 준비할 때 새 역사가 일어난다. 그 준비를 어떻게 해야 하는가?

4. 그곳에는 무엇이 있습니까(6)? '정결 예식'은 무엇을 말할까요? 예수님은 하인들에게 어떤 방향을 주십니까(7a, 8a)? 그들은 어떻게 순종합니까(7b, 8b)? 하인들을 통해서 무엇을 배울 수 있습니까?

6 **"거기에 유대인의 정결 예식을 따라 두세 통 드는 돌항아리 여섯이 놓였는지라"**

◇ "정결 예식": 손에 물을 부어서 씻는 의식적 행위와 그릇을 씻는 행위이다. 항아리에 들어 있는 물로 손발과 그릇을 닦음으로써 마음이 깨끗해진다고 믿었다. 그러나 의식적인 정결 행위는 죄를 깨끗하게 하지 못한다. 인간의 죄를 유대 종교가 해결하지 못한다.

◇ "돌 항아리": 유대의 옛 의식 질서를 대표한다.

◇ "여섯": 6이라는 숫자는 인간의 노력을 상징한다고 볼 수 있다.

정결 예식에서 쓰는 돌 항아리를 통해서 무엇을 말하고 있는가? 포도주가 떨어졌을 때 유대교 정결 예식을 위한 여섯 개 돌항아리는 아무 도움을 주지 못했다. 유대교 정결 예식은 잔치 속에서 생긴 문제, 즉 포도주가 떨어진 문제를 해결하지 못한다. 이것은 유대교의 한계를 보여주고 있다. 그런 유대교는 마치 포도주가 떨어져서 분위기가 깨질 위기에 놓인 결혼식과 같다. 그런 유대교는 새로운 것으로 대치해야 한다.

이것은 요한복음의 중요한 주제이다. 두 개의 흐름이 본문 속에서 흐르고 있다. 한편으로는 인물(어머니, 하인들)을 중심으로, 동시에 '대치'의 개념(돌 항아리, 좋은 포도주)이 흐르고 있다. 그러면 그 '대치'는 누구를 통해서, 어떻게 나타나는가?

7 "예수께서 그들에게 이르시되 항아리에 물을 채우라 하신즉 아귀까지 채우니"

◇"예수께서 그들에게 이르시되": 예수님께서 하인들에게 방향을 주신다. 예수님께서 일하신다. 예수님의 때를 엄격하게 말하면 아직 오지 않았다. 예수님께서 십자가에서 돌아가실 때는 아직 아니지만, 이 사건을 해결하심으로써 그와 같은 영광을 얻고자 하신다. 하인은 예수님의 방향에 어떻게 순종하는가?

◇"아귀까지 채우니": "가득 채웠다." 그들은 온 마음으로 가득 순종했다. 항아리 전체에 들어간 물의 양은 약 570*l*이다. '와인 컵' 한 잔의 양을 0.24*l*로 한다면 약 2,375잔에 해당한다. 많은 사람이 며칠에 걸쳐 마실 수 있는 양이다.

8 "이제는 떠서 연회장에게 갖다주라 하시매 갖다주었더니"

◇"연회장": 식탁을 순서대로 배치하고 요리를 준비하며 음식과 포도주를 미리 맛보는 일을 하는 책임자(master of the feast)이다. 그의 주요한 임무 중 하나는 잔치를 망칠 수 있는 과음을 예방하기 위해 포도주 분배를 조정하는 것이었다. 따라서 이처럼 빨리 포도주가 떨어진 것은 연회장에게 일단의 책임이 있다고도 볼 수 있다. 그런 연회장에게 떠서 갖다주라고 하신다.

◇"갖다주었더니": 하인들은 끝까지 순종한다.

하인에게서 무엇을 배울 수 있는가? 순종이다. 그들은 예수님이 하신 말씀을 정확하게 이해하지 못했을 것이다. 하지만 예수님께 대한 믿음이 있어서 순종했다. 순종은 믿음에서 나온다. 믿음이 있으면 마음으로 순종한다. 그리고 육체적인 어려움과 마음의 갈등을 이길 수 있다. 그들의 순종은 어떤 열매는 맺는가?

5. 하인들 순종의 열매가 어떻게 나타납니까(9-10)? 항아리의 물이 어떻게 좋은 '와인'으로 변할 수 있습니까(11a)? 예수님께서 첫 표적을 행하신 목적은 무엇입니까(11b)? 결혼식에서 항아리 물을 '와인'으로 변화시키신 데는 무슨 뜻이 있을까요?

9 "연회장은 물로 된 포도주를 맛보고도 어디서 났는지 알지 못하되 물 떠온 하인들은 알더라 연회장이 신랑을 불러"

◇"어디서 났는지 알지 못하되", "알더라": 연회장은 포도주가 어디서 났는지 몰랐다. 하지만 하인은 알았다. 영적 비밀을 누가 깨달을 수 있는가? 순종하는 사람이다.

10 "말하되 사람마다 먼저 좋은 포도주를 내고 취한 후에 낮은 것을 내거늘 그대는 지금까지 좋은 포도주를 두었도다 하니라"

◇"좋은 포도주를 두었도다": 일반적으로 먼저 좋은 포도주를 내놓고 손님이 취한 후에 덜 좋은 것을 내놓는다. 그러나 지금의 포도주는 참 좋은 것이다. 지금까지 마셨던 것과 분명한 차별이 있다. 항아리의 물이 어떻게 좋은 와인으로 변할 수 있었는가?

11 "예수께서 이 첫 표적을 갈릴리 가나에서 행하여 그의 영광을 나타내시매 제자들이 그를 믿으니라"

◇"표적"(σημειον, *se:meion*): '표적(sign)', '기사(wonder)'라는 뜻이다. 이 개념은 구약에서 자주 나타났다. 즉 선지자를 통하여 하나님의 말씀

은 반드시 이루어진다는 사실을 증명할 때 나타났다.

◇"첫 표적": '첫 표적'이란 '표적들 가운데 이 처음 표적(This beginning of signs Jesus did)'을 뜻한다. 일곱 개의 표적 중에서 첫 번째 표적이다. 이것은 앞으로 펼쳐질 표적을 이해하는 핵심이기도 하다.

◇"그의 영광을 나타내시매": 예수님이 하나님으로서 영광을 나타내신다. 예수님의 표적은 예수님이 하나님이심을 드러내신다. 예수님의 표적은 하나님의 나라에 대한 약속들이 예수님 안에서, 예수님을 통하여 이루어짐을 입증한다. 예수님께서 처음 표적을 행하신 목적은 무엇인가?

◇"제자들이 그를 믿으니라": 예수님의 제자들이 예수님을 믿었다. 예수님을 하나님의 아들로 믿었다. 그 표적을 통해 하나님이 이 땅에 오셨음을 믿었다.

그러면 예수님께서 처음 표적을 행하는 일에 누가 쓰임 받았는가? 마리아가 쓰임 받았다. 마리아의 믿음이 쓰임 받았다. 그리고 하인의 순종이 쓰임 받았다. 하인의 순종을 통해서 새로운 사역을 하셨다. 포도주가 떨어진 잔치에 기쁨과 생명을 주는 일이 일어났다. 새로운 사역은 언제나 믿음의 사람과 순종의 사람을 통해서 일어난다. 믿음과 순종은 새 역사창조의 자양분이다. 예수님은 구원을 이룰 수 없는 옛 시대를 구원을 이루는 새 시대로 바꾸셨다.

그런데 예수님께서 결혼식에서 항아리 물을 와인으로 변화시키신 데는 어떤 뜻이 있을까? 첫째로, 메마른 삶을 사는 사람에게 풍성한 복을 주신다. 결혼 잔치에서 포도주가 모자라는 경험을 했듯이, 인류는 메말라가고 있다. 죄가 세상에 들어왔을 때 축제는 끝이 났다. 그러나 예수님께서 오심으로써 축제를 즐길 이유가 생겼다. 결혼식 만찬에 중요한 음료로 등장하는 포도주 역시 마찬가지이다. 하나님께서는 그의 백성에게 종말에 주실 모든 축복의 풍성함을 포도주로 표현하셨다. 포도주의 풍성함은 하나님께서 장래 메시아 시대에 주실 복의 풍성함을 가리킨다. 포도주가 너무나 많아서 사람들이 포도주로 옷을 빨 것이다(창 49:11-12). "그

그늘아래 거하는 자가 돌아올찌라 저희는 곡식 같이 소성할 것이며 포도나무같이 꽃이 필 것이며 그 향기는 레바논의 포도주같이 되리라"(호 14:7). 결혼 잔칫집에서 물로 포도주를 만드신 사건은 이 복을 풍성히 나누어주기 위해 메시아 신랑이 오셨음을 계시하신 것이다.

둘째로, '좋은 와인'은 유대교라는 '돌항아리의 물'을 '대치'한다. 예수님은 유대교라는 '물'을 기독교라는 '포도주'로 변화시키신다. 즉 유대교의 옛 시대는 가고 예수 그리스도를 통한 생명을 주는 새 시대, 기쁨을 주는 새 시대가 시작했다. 그림자는 사라지고 실체가 나타난다. 종교 다원주의 시대에서 그 어떤 종교도 진정한 기쁨의 원천은 되지 못한다. 그림자에 불과하다. 오직 기독교만이 생명의 종교이며 기쁨의 종교이다.

제4강

새 성전

◇본문 요한복음 2:12-25
◇요절 요한복음 2:21
◇찬송 216장, 600장

1. 예수님은 언제 예루살렘으로 올라가셨습니까(12-13)? '유월절'은 어떤 날입니까(출 12:15-27)?

2. 예수님은 성전 뜰 안에서 어떤 사람들을 보셨습니까(14)? 예수님은 그들을 보시고 무엇을 하십니까(15-16a)? 예수님은 왜 그렇게 하셨습니까(16b)? '아버지의 집'은 어떤 곳입니까?

3. 그때 제자들은 무엇을 기억합니까(17)? 유대인들은 예수님께 무엇을 요구합니까(18)? 예수님의 대답은 무엇입니까(19)? '사흘 동안에 일으킨다.'라는 말은 무슨 뜻입니까?

4. 유대인들은 어떻게 반문합니까(20)? 예수님은 무엇을 말씀하십니까(21)? '예수님의 육체가 성전'이라는 말은 무슨 뜻입니까? 이 사실이 오늘 우리에게 주는 의미는 무엇입니까? 제자들은 예수님의 말씀을 언제 믿었습니까(22)?

5. 많은 사람은 예수님을 어떻게 믿었습니까(23)? 예수님은 왜 그들에게 자신을 의탁하지도 않으시고 증언도 필요로 하지 않습니까(24-25)? 그들은 믿음이 있는데도 무엇이 문제입니까?

제4강

새 성전

◇본문 요한복음 2:12-25
◇요절 요한복음 2:21
◇찬송 216장, 600장

1. 예수님은 언제 예루살렘으로 올라가셨습니까(12-13)? '유월절'은 어떤 날입니까(출 12:15-27)?

12 "그 후에 예수께서 그 어머니와 형제들과 제자들과 함께 가버나움으로 내려가셨으나 거기에 여러 날 계시지는 아니하시니라"

13 "유대인의 유월절이 가까운지라 예수께서 예루살렘으로 올라가셨더니"

◇"유월절": 유월절은 니산월 14-15일 밤에 행하는 축제이다. 니산월 15-21일까지를 무교절이라고 부른다(출 12:15-27). 나중에 두 절기가 하나의 용어로 결합하여 '유월절'이라고 부른다.

◇"예루살렘으로 올라가셨더니": 유월절이면 모든 유대 성인 남자는 그 절기를 지키러 예루살렘 성전으로 향한다. 예수님도 예루살렘으로 올라가셨다. 예수님은 예루살렘 성전에서 무엇을 보셨는가?

2. 예수님은 성전 뜰 안에서 어떤 사람들을 보셨습니까(14)? 예수님은 그

들을 보시고 무엇을 하십니까(15-16a)? 예수님은 왜 그렇게 하셨습니까(16b)? '아버지의 집'은 어떤 곳입니까?

14 "성전 안에서 소와 양과 비둘기 파는 사람들과 돈 바꾸는 사람들이 앉아 있는 것을 보시고"

◇"보시고": 예수님은 그들을 찾으셨다(found).

◇"소, 양, 비둘기": 성전에서 드리는 희생제물들이다.

◇"돈 바꾸는 사람들": 유대인은 자체적으로 동전을 만들 수 없었다. 그들은 로마 동전을 사용했다. 그 동전에는 로마 황제의 화상이 새겨져 있었다. 제사장은 성전세와 희생제물에 대한 값을 두로인(Tyrian)의 화폐로 지급하도록 했다. 그래서 돈 바꾸는 사람이 필요했다.

그들은 왜 성전 뜰 안에 있는가? 종교 지도자들은 순례자들의 편의를 위해서 유월절 제사에 필요한 짐승을 파는 곳과 성전 세를 위해 외국돈을 환전할 수 있는 장소를 성전 밖에 있는 이방인의 뜰에 개설했다. 노점상의 상행위를 합법적으로 허락했다. 그런데 예수님은 그들을 보시고 무엇을 하시는가?

15 "노끈으로 채찍을 만드사 양이나 소를 다 성전에서 내쫓으시고 돈 바꾸는 사람들의 돈을 쏟으시며 상을 엎으시고"

◇"내쫓으시고", "쏟으시며", "엎으시고": 예수님은 합법적인 상행위를 '내쫓으시고(dorve)', '쏟아 버리시고(poured out)', '엎으셨다(overturned).'

16 "비둘기 파는 사람들에게 이르시되 이것을 여기서 가져가라 내 아버지의 집으로 장사하는 집을 만들지 말라 하시니"

◇"여기서 가져가라": 예수님은 비둘기를 파는 사람도 쫓아내셨다. 예수님은 왜 그렇게 하셨을까?

◇"내 아버지의 집으로 장사하는 집을 만들지 말라": 그들은 '아버지의 집', 즉 성전을 장사하는 집으로 만들었기 때문이다.

'아버지의 집'은 어떤 곳인가? 아버지의 집은 하나님과 그 백성이 잔치하고 교제하는 곳이다. 제사라는 잔치를 통해서 하나님과 그의 백성이 교제한다. 하나님과 피조물의 관계를 훼손하고 교제를 방해하는 것이 죄인데, 그 죄를 제물의 피로 덮어 버림으로써 하나님과 교제를 회복하는 것이 바로 성전 제사의 의미이다. 교제를 통해서 죄가 사라지고 구원을 얻는다. 즉 영원한 생명을 얻는다. 그러므로 성전의 존재 목적은 우리가 죄 용서를 받고 구원을 얻게 하는 데 있다. 영생을 얻게 하는 데 있다. 그런데 지금 그들은 성전의 본질에서 벗어난 행동을 하고 있다. 생명을 얻는 그 사역에 성전이 제 역할을 하지 못하고 있다. 왜냐하면 그들은 성전을 장사하는 곳으로 만들었기 때문이다.

예수님께서 그들을 쫓아내시고 엎으신 데는 무슨 뜻이 있는가? 이런 식의 성전, 즉 희생제물을 드리는 성전은 더는 의미가 없기 때문이다. 양과 소와 비둘기, 성전세를 내는 그런 식의 성전은 더는 의미가 없다. 유대교의 예루살렘 성전은 그 기능을 할 수 없다. 하나님께서 불순종한 유대인의 타락한 성전 제사를 더는 받아주시지 않기 때문이다. 예수님은 하나님께 대한 참된 예배의 길을 열기 위해서 오셨다. 그래서 예수님은 제물용 짐승을 내쫓으신다. 성전에서 희생제물을 드리는 예배는 어떠한 자리도 차지하지 못할 것이기 때문이다. 왜냐하면 예배의 옛 질서에 대한 새 질서, 옛 시대에 대한 새 시대가 왔기 때문이다.

따라서 겉으로는 성전 뜰의 상행위로 말미암아 더러워진 성전을 깨끗하게 청소하는 것처럼 보인다. 하지만 속으로는 기존 성전과 그 기능의 회복 이상의 의미가 있다. 옛 성전을 파괴하고 새 성전을 지으시기 때문이다. 예수님께서 성전에서 팔고 사는 사람만 문제 삼은 것이 아니라, 그 희생제물까지 문제 삼으셨다. 따라서 이것을 단순히 '성전 청결(cleanses the temple)'로 해석하는 것은 옳지 않다. 예루살렘 성전은 더는 성전 기능을 하지 못하고, 그 성전 제사를 중심으로 한 유대교는 하나님과 그 백성이 교제할 수 있는 역할을 하지 못하기 때문이다. 예수님의 행동을 본 제자들은 무엇을 기억하는가?

3. 그때 제자들은 무엇을 기억합니까(17)? 유대인들은 예수님께 무엇을 요구합니까(18)? 예수님의 대답은 무엇입니까(19)? '사흘 동안에 일으킨다.'라는 말은 무슨 뜻입니까?

17 **"제자들이 성경 말씀에 주의 전을 사모하는 열심이 나를 삼키리라 한 것을 기억하더라"**

◇"성경": 이 말씀은 다윗이 그 원수들 앞에서 하나님을 위하여 박해를 받은 사실을 가리킨다(시 69:9).

◇"기억하더라": 그들은 그 말씀을 기억했다. 그들이 그 말씀을 기억한 데는 무슨 뜻이 있는가? 제자들은 그 사건을 보면서 예수님이 유대인 앞에 박해를 받으실 것을 알았다. 제자들은 예수님께서 성전에서 보이신 과격한 행동이 하나님의 성전에 대한 열심으로 이해했다. 제자들은 예수님이 그 열심 때문에 결국 죽음을 당하심을 당시에는 깨닫지 못했다. 하지만 예수님께서 죽으셨다가 다시 살아나신 후에는 깨달았다. 그들은 예수님께서 옛 희생 예배 시대의 성전을 폐하는 일은 그리스도의 십자가와 부활 사건으로만 가능함을 깨달았다. 그때 유대인들은 예수님께 무엇을 요구하는가?

18 **"이에 유대인들이 대답하여 예수께 말하기를 네가 이런 일을 행하니 무슨 표적을 우리에게 보이겠느냐"**

◇"무슨 표적을 우리에게 보이겠느냐": 그들은 예수님께서 이런 일을 행하는 표적을 요구한다. 그들은 이런 일을 할 수 있는 영적 권위를 요구한다. 예수님은 무엇이라고 대답하시는가?

19 **"예수께서 대답하여 이르시되 너희가 이 성전을 헐라 내가 사흘 동안에 일으키리라"**

◇"이 성전을 헐라": 예수님은 그들이 요구하는 표적에 대해서 대답하신

다. 그들이 예루살렘 성전을 헐면 예수님께서 다시 일으키신다. 그들에게 있어서 성전은 삶의 모든 것이다. 그런데 그 성전을 헐라는 말은 엄청난 충격이다.

◇"내가 사흘 동안에 일으키리라": 예수님은 성전을 헐면 사흘 만에 다시 세우신다.

이 말씀은 무슨 뜻인가? 건물 성전은 더는 의미가 없다는 뜻이다. 건물 성전 대신에 예수님의 성전이 등장한다. 그 새로운 성전은 예수님의 죽으심과 부활을 통해서 이루어진다. 부활하신 예수님은 하나님과 그 백성이 교제하는 장이다. 새 시대의 성전은 건물이 아니라 그리스도이시다. 새 성전은 십자가에 달리시고 부활하신 하나님의 아들이시다. 옛 성전에 계셨던 하나님의 임재와 영광은 새 성전으로 이동했다. 그들은 무엇을 다시 묻는가?

4. 유대인들은 어떻게 반문합니까(20)? 예수님은 무엇을 말씀하십니까(21)? '예수님의 육체가 성전'이라는 말은 무슨 뜻입니까? 이 사실이 오늘 우리에게 주는 의미는 무엇입니까? 제자들은 예수님의 말씀을 언제 믿었습니까(22)?

20 "유대인들이 이르되 이 성전은 사십육 년 동안에 지었거늘 네가 삼일 동안에 일으키겠느냐 하더라"

◇"사십육 년 동안에": 헤롯 대왕은 주전 20년경에 성전을 짓기 시작했다. 성전 자체는 완공했지만, 성전이 무너지기 직전, 즉 주후 70년까지 뜰과 부속건물을 지었다. 그 성전을 "사흘 만에 짓는다."라고 하니 받아들일 수 없었다. 예수님은 무엇을 말씀하시는가?

21 "그러나 예수는 성전 된 자기 육체를 가리켜 말씀하신 것이라"

◇"성전 된 자기 육체를": 예수님께서 성전이라고 말씀하신 것은 당신의

육체를 두고 하신 말씀이었다.

이 말씀은 무슨 뜻인가? 건물 성전이 무너지면 예수님께서 다시 새로운 성전을 세우신다. 그 성전은 십자가에서 죽으시고 사흘 만에 다시 살아나시는 예수님을 말한다. 따라서 건물 성전은 더는 예배의 핵심이 아니다. 십자가와 부활을 통한 예수님이 새 성전이시다. 예수님께서는 효능이 없는 유대교 성전의 진정한 의미를 완성하고 대치하여 하나님의 구원을 가져왔음을 강조하신다. 성전 체제를 상징하는 여섯 개의 돌항아리는 그 자체로 아무런 도움이 되지 않았다. 성전 체제의 유대교 내에서는 구원도 잔치도 없었다.

그러나 예수님께서 죽음과 부활을 통해서 성전의 기능을 완성한다. 이제 건물이 중요한 것이 아니라, 예수님의 몸이 중요하다. 예수님께서는 당신의 죽음과 부활을 통해서 하나님의 백성 공동체를 만드신다. 그 공동체가 바로 그분이 짓는 새 성전이다.

이 사실이 당시 요한 공동체에 주는 의미는 무엇인가? 당시 예루살렘 성전은 이미 파괴되었다. 건물 성전은 사라졌다. 물론 그것은 그들의 죄에 대한 벌 때문이었다. 그들은 이런 현실 앞에서 하나님의 함께하심과 교제, 그리고 구원과 생명을 얻는 일에서 갈등하고 있었다. 건물 성전을 대체할 곳을 아직 알지 못하기 때문이다. 그런데 새 성전 시대가 열렸다. 건물 성전이 아닌 예수님 성전 시대가 열렸다. 누구든지 예수님을 그리스도로 믿으면 옛 성전을 통하여 얻었던 영적인 축복을 얻는다.

이 사실을 오늘 우리에게는 어떻게 적용할 수 있는가? 우리는 어디에서 생명을 얻을 수 있는가? 교회이다. 교회란 무엇인가? 교회 건물인가? 건물이 교회는 아니다. 교회 건물이 생명을 주는 것이 아니다. 예수님을 믿음으로 생명을 얻는다. 이제는 예수님이 계시지 않는다. 그러면 누가 성전인가? 예수님을 믿는 우리가 성전이다. 성령 하나님께서 믿는 자와 함께하시기 때문이다. 우리 한 사람 한 사람이 이 시대의 성전이다. 우리는 구약 시대처럼 양을 잡지 않는다. 희생 제사를 지내지 않는다. 오직 믿음으로 구원을 얻기 때문이다. 제자들은 그 말씀을 언제 믿었는가?

22 "죽은 자 가운데서 살아나신 후에야 제자들이 이 말씀하신 것을 기억하고 성경과 예수께서 하신 말씀을 믿었더라"

◇"믿었더라": 그들은 성경과 예수님의 말씀을 동등하게 믿었다. 제자들은 예수님께서 살아나신 후에야 예수께서 당신에 대해서 인용하신 성경 구절들을 깨달았으며, 또 그것이 다 이루어진 것을 믿었다. 많은 사람은 예수님을 어떻게 믿었는가?

5. 많은 사람은 예수님을 어떻게 믿었습니까(23)? 예수님은 왜 그들에게 자신을 의탁하지도 않으시고 증언도 필요로 하지 않습니까(24-25)? 그들은 믿음이 있는데도 무엇이 문제입니까?

23 "유월절에 예수께서 예루살렘에 계시니 많은 사람이 그의 행하시는 표적을 보고 그의 이름을 믿었으나"

◇"표적을 보고": 많은 사람은 예수님이 행하시는 표적을 보고 그 이름을 믿었다. 그러나 예수님은 무엇을 하시는가?

24 "예수는 그의 몸을 그들에게 의탁하지 아니하셨으니 이는 친히 모든 사람을 아심이요"

◇"의탁하지": '신임하다.' '마음을 주다'라는 뜻이다. 사람들은 그리스도를 믿었으나 예수님은 그들을 믿지 않았다. 왜냐하면 예수님은 사람을 아셨기 때문이다. 또 예수님은 무엇도 필요로 하지 않으시는가?

25 "또 사람에 대하여 누구의 증언도 받으실 필요가 없었으니 이는 그가 친히 사람의 속에 있는 것을 아셨음이니라"

◇ "누구의 증언도 받으실 필요가 없었으니": 예수님은 사람에 대해서는 누구의 증언도 필요로 하지 않으신다. 그 이유가 무엇인가?

◇ "친히 사람의 속에 있는 것을 아셨음이니라": 왜냐하면 예수님은 사람의 속을 아셨기 때문이다. 사람의 믿음을 겉만 봐서는 아무 문제가 없었다. 하지만 그 속을 보신 예수님은 그들을 믿지 않으신다.

그 이유는 무엇인가? 그들은 표적을 보고 믿었기 때문이다. 그들은 예수님께서 행하신 표적의 교훈을 보지 못했다. 그들은 표적의 의미를 가르치는 예수님의 말씀을 거부했다. 이런 믿음은 표적 자체를 붙드는 것이다. 건강한 믿음이 아니다. 예수님은 그런 믿음을 인정하지 않으신다. 이런 믿음은 예수님을 공개적으로 배척하고 거역하는 것보다는 긍정적이지만, 온전한 믿음에 도달하기 위해서는 아직도 극복해야 할 장애물이 많기 때문이다.

제5강

거듭남

◇본문 요한복음 3:1-15
◇요절 요한복음 3:3
◇찬송 171장, 289장

1. 니고데모는 어떤 사람입니까(1)? 그는 예수님께 언제 왔으며, 예수님을 어떤 분으로 인정합니까(2)? 예수님은 그에게 무엇이라고 대답하십니까(3)? '거듭난다.'라는 말은 무슨 뜻입니까? 다시 태어나지 않으면 왜 하나님 나라를 볼 수 없습니까?

2. 니고데모는 이 말씀을 어떻게 받아들입니까(4)? 사람이 어떻게 거듭날 수 있습니까(5)? '물과 성령으로 난다.'라는 말은 무슨 뜻입니까? 이 말씀이 니고데모와 오늘 우리에게 주는 의미는 무엇입니까?

3. 왜 성령님으로만 거듭날 수 있습니까(6-7)? 성령님으로 다시 태어난 사람은 마치 무엇과 같습니까(8)? 예수님은 니고데모를 왜 책망하십니까(9-10)?

4. 니고데모의 실제 문제는 무엇입니까(11-12)? '땅의 일', '하늘의 일'은 각각 무엇을 말합니까? 예수님은 왜 '하늘의 일'을 말할 수 있습니까(13)?

5. 모세는 광야에서 왜 뱀을 들었습니까(14a, 민 21:4-9)? '인자도 들려야 한다.'라는 말은 무슨 뜻입니까(14b)? 왜 인자도 들려야 합니까(15)? 현대인은 어디에서 영생을 얻고자 합니까?

제5강
거듭남

◇본문 요한복음 3:1-15
◇요절 요한복음 3:3
◇찬송 171장, 289장

1. 니고데모는 어떤 사람입니까(1)? 그는 예수님께 언제 왔으며, 예수님을 어떤 분으로 인정합니까(2)? 예수님은 그에게 무엇이라고 대답하십니까(3)? '거듭난다.'라는 말은 무슨 뜻입니까? 다시 태어나지 않으면 왜 하나님 나라를 볼 수 없습니까?

1 "그런데 바리새인 중에 니고데모라 하는 사람이 있으니 유대인의 지도자라"

◇"바리새인": '바리새'란 '분리한다'라는 뜻이다. 율법에서 깨끗하지 않다고 하는 것으로부터 분리하려는 태도에서 유래했다. 바리새인은 '에세네파'(엄격한 율법 준수를 강조했다. 그들은 자기만 참된 남은 자라고 확신했다), '사두개파'(세속적이고 정치적인 자들로서 신학적으로는 비정통적이었다. 그들은 부활, 천사, 영을 부정했다)와 함께 유대의 3대 분파 중의 하나이다. 신약 시대에 가장 큰 세력을 지니고 영향력을 발휘했다.

◇"유대인의 지도자": 유대인의 최고 의결기구인 산헤드린(Sanhidrin) 공회의 회원을 말한다. 그는 종교적으로 유대의 최고봉에 서 있었다. 그런 그가 언제 예수님을 찾아왔는가?

2 "그가 밤에 예수께 와서 이르되 랍비여 우리가 당신은 하나님께로부터 오신 선생인 줄 아나이다 하나님이 함께 하시지 아니하시면 당신이 행하시는 이 표적을 아무도 할 수 없음이니이다"

◇"밤": 그는 예수님과 개인적인 만남을 원했을 것이다. 그것은 사람들이 예수님을 둘러싸고 있는 낮에는 어려운 일이었다. 다른 한편으로는 그의 마음 상태를 보여주기도 한다. 그의 마음이 밤처럼 어둡다는 뜻이다.

◇"랍비"(ραββι, *rhabbi*): '나의 주님(my Lord)'에서 유래했다. 존경받는 지위에 있는 사람을 뜻하는 칭호이다. 당시 율법사나 학식 많은 교사를 높여 부르는 말이었다. 그런데 산헤드린 공회원인 니고데모가 예수님을 대단히 높여 부르고 있다. 그는 예수님께 배워야 할 학생의 신분으로 자신을 낮춘다.

◇"하나님께로부터 오신 선생": 그는 예수님을 하나님께서 보내신 선생님으로 인정한다. 그 근거는 무엇인가?

◇"이 표적을 아무도 할 수 없음이니이다": 니고데모가 예수님을 '랍비'요 '하나님께서 보내신 선생'으로 인정하는 것은 예수님께서 행하시는 표적 때문이다. 그 표적은 아무나 할 수 없는 것이기 때문이다. 그런 그에게 예수님은 무엇을 말씀하시는가?

3 "예수께서 대답하여 이르시되 진실로 진실로 네게 이르노니 사람이 거듭나지 아니하면 하나님의 나라를 볼 수 없느니라"

◇"거듭나지": 첫째는, '위로부터 난다(공간적인 의미).'라는 뜻이다. 즉 하나님으로부터 태어남을 말한다. 둘째로, '다시 태어난다(시간적인 의미).'라는 뜻이다. 사도 요한은 이 두 가지 의미를 동시에 사용한다.

◇"하나님 나라를 볼 수 없느니라": '보다'는 말은 '경험하다', '참여하다'라는 뜻이다. 하나님 나라에 참여하는 것을 말한다. 이것은 구원을 받는 것이며, 영생을 얻는 것이다.

다시 태어나지 않으면 왜 하나님 나라를 볼 수 없는가? 하나님의 나라를 보는 일, 즉 영생은 혈통으로나 육정으로나 사람의 뜻으로 얻지 못하기 때문이다(1:13). 오직 하나님께로부터 난 자, 즉 거듭남을 통해서만 얻기 때문이다. 그런데 니고데모는 아직 거듭나지 않았다. 그는 믿음이 있는 것 같지만 실은 바른 믿음이 아니다. 그는 표적만을 보고 믿었다. 이런 믿음은 소용이 없다. 그 표적이 주는 메시지, 즉 예수님이 하나님이신 것을 믿는 것이 중요하다. 거듭난다는 말은 이 믿음을 갖는 것을 의미한다. 그는 예수님을 인정했는데 예수님은 그를 인정하지 않으신다. 그는 거듭나야 하기 때문이다.

2. 니고데모는 이 말씀을 어떻게 받아들입니까(4)? 사람이 어떻게 거듭날 수 있습니까(5)? '물과 성령으로 난다.'라는 말은 무슨 뜻입니까? 이 말씀이 니고데모와 오늘 우리에게 주는 의미는 무엇입니까?

4 "니고데모가 이르되 사람이 늙으면 어떻게 날 수 있사옵나이까 두 번째 모태에 들어갔다가 날 수 있사옵나이까"

◇"두 번째 모태에 들어갔다가": 그는 다시 태어남을 생물학적 의미로 이해했다. 유대교 최고봉의 위치에 있었지만, 영적인 세계를 알지 못했다.

5 "예수께서 대답하시되 진실로 진실로 네게 이르노니 사람이 물과 성령으로 나지 아니하면 하나님의 나라에 들어갈 수 없느니라"

◇"물과 성령으로": '위로부터 태어나는 것', 즉 '하나님으로부터 태어나는 것'을 좀 더 구체적으로 설명한다. '물과 성령으로'라는 말은 '물, 곧 성령님'을 의미한다. 성령 하나님에 의해 '사람이 다시 새롭게 태어난다.'

이 사실이 니고데모에게 주는 의미는 무엇일까? 예수님은 사회적으로나 종교적으로 지위가 높은 사람에게, 그것도 유대교를 대표할 수 있는 인물에게 하나님 나라에 들어가는 전제 조건으로 성령님으로 말미암은 태어남을 가르치신다. 종교 지도자는 메시아가 오시면 구원받을 것을 믿어 의심하지 않았다. 모세의 율법을 연구하고 묵상하며, 순종하며 살아가는 사람에게 구원은 절대적으로 보장된 것이나 다름이 없다고 생각했다. 철저하게 율법을 준수하고 결례 의식을 성실하게 지키는 바리새인에게 구원은 이미 확보해 놓은 상이나 마찬가지였다. 이러한 일반 관념을 생각할 때, 예수님께서 구원의 전제 조건으로 거듭남을 제시했다는 것은 엄청나게 파격적인 일이다. 제아무리 거룩하고 종교적으로 경건한 인물이라 할지라도 구원을 그 종교성 때문에 받을 수 없다. 성령 하나님에 의해서 거듭날 때만이 영생을 보장받는다. 니고데모와 같이 성공한 인물, 지식이 많은 인물, 사람들에게 존경과 부러움을 받는 인물, 철저한 경건의 모습을 지닌 사람일지라도 구원의 절대적인 조건은 거듭남이다. 만일 예수님께서 종교적으로 도덕적으로 사회적으로 손가락질받은 죄인에게 거듭남의 절대적 필요성을 말씀했다면 쉽게 수긍했을 것이다. 그런 그들은 성령님으로 말미암아 거듭나서 새로운 사람이 되어야 구원을 받을 수 있다고 생각하기 때문이다.

그러나 예수님은 거듭남의 절대적 필요성을 니고데모에게 말씀하심으로써 모든 인간은 한 사람도 예외 없이 사회적으로 도덕적으로 손가락질을 받든 혹은 존경을 받든, 인생의 최고 수준에 있든 혹은 밑바닥 수준에 있든 신분 고하를 막론하고 성령님으로 말미암은 태어남이 있어야 비로소 구원을 받을 수 있음을 강조하신다. 모든 사람은 그리스도를 믿음으로만 구원을 얻는다. 왜 성령님으로만 거듭날 수 있는가?

3. 왜 성령님으로만 거듭날 수 있습니까(6-7)? 성령님으로 다시 태어난 사람은 마치 무엇과 같습니까(8)? 예수님은 니고데모를 왜 책망하십니까(9-10)?

6 "육으로 난 것은 육이요 영으로 난 것은 영이니"

◇"영으로 난 것은 영이니": 예수님은 사람의 육적 태어남과 성령님으로 말

미암은 영적 태어남을 구분하신다. 오직 성령님만이 영적인 탄생을 가져온다. 인간의 어떤 노력도 영적인 탄생에 이바지하지 못하고 육적 탄생에 머무를 뿐이다. 인간의 의지나 투쟁이나 공로 등은 전혀 도움을 주지 못한다. 육적 탄생의 결과인 육은 자연적인 탄생으로 말미암아 생긴 인간을 가리킨다. 반면에 영적 탄생을 가져오는 주체는 성령님이시다.

성령님으로 난 결과가 영이란 말은 무엇을 의미하는가? 영은 인간의 구성 요소 중 거듭남에 해당하는 부분이다. 거듭남을 경험하는 것은 인격이지만 인격이 거듭나는 것은 아니다. 즉 인간의 요소 중 마음이나 몸이 아니라 영만 거듭난다. 인간은 영적으로 죽은 존재로 등장한다. 인간의 영이 거듭남의 결과로 살아난다. 죽었던 영이 다시 살아난 사람만이 예수님을 진정으로 믿을 수 있는 능력을 갖춘다.

7 "내가 네게 거듭나야 하겠다 하는 말을 놀랍게 여기지 말라"

◇"네게": '너희가', 복수 인칭 대명사이다. 즉 니고데모뿐만 아니라 모든 사람이 거듭나야 함을 말씀하신다.

8 "바람이 임의로 불매 네가 그 소리는 들어도 어디서 와서 어디로 가는지 알지 못하나니 성령으로 난 사람도 다 그러하니라"

◇"바람"(πνεῦμα, *pneuma*): '영(spirit)', '바람(wind)'을 뜻한다. '성령'과 같은 단어이다. 언어의 유희를 통해서 바람의 속성과 성령님의 속성이 같음을 보여준다.

◇"임의로 불매": 바람은 사람의 뜻과 의지에 따라서 불지 않는다. 자기가 주도적으로 분다.

◇"알지 못하나니": 바람이 부는 소리를 알 수 있어도 방향에 대해서는 알지 못한다. 바람이 부는 방향을 인위적으로 조작하거나 바꿀 수 없다.

◇"성령으로 난 사람": 성령님의 사역도 바람의 속성과 비슷하다. 성령님의 사역인 거듭남은 인간 편에서 노력한다고 해서 얻는 것은 아니다. 성

령님의 주권에 달려 있다.

이 말씀을 우리에게 어떻게 적용할 수 있을까? 어떤 사람은 거듭남을 위해서 어떤 노력을 해야 한다고 생각한다. 뭔가를 준비해야 한다고 오해한다. "거듭나기 위해서 회개해야 한다."라는 말을 한다. 하지만 그 말은 옳지 않다. 만일 우리가 거듭남을 위해 준비할 수 있다면, 그것은 인간의 노력이 거듭남에 간접적으로 이바지하는 것이다. 인간적인 노력은 오직 인간적인 결과만을 가져올 뿐이다. 성령님께서 인간의 마음을 새롭게 하실 때만이 회개하고 거듭날 수 있다. 따라서 거듭남은 오직 하나님의 은혜이다. 니고데모의 대답은 무엇인가?

9 "니고데모가 대답하여 이르되 어찌 그러한 일이 있을 수 있나이까"

◇"어찌 그러한 일이": 그는 여전히 성령님의 주권적 사역을 받아들이지 못한다.

10 "예수께서 그에게 대답하여 이르시되 너는 이스라엘의 선생으로서 이러한 것들을 알지 못하느냐"

◇"이스라엘의 선생": 니고데모는 종교 지도자이며 율법 선생이다. 성령님의 사역은 새로운 것이 아니라 이미 구약성경도 가르치고 있는 내용이다. 구약시대에도 성령님의 사역은 있었다. 그리고 그는 이 사역에 대해서 백성에게 가르쳤다. 그런데 정작 자신은 받아들이지 않는다.

◇"알지 못하느냐": 그의 문제는 이해하지 못하는 것이 아니라 받아들이지 않는 것이다. 즉 영접하지 않음이 그의 문제이다. 예수님께서 그의 문제를 어떻게 지적하시는가?

4. 니고데모의 실제 문제는 무엇입니까(11-12)? '땅의 일', '하늘의 일'은 각각 무엇을 말합니까? 예수님은 왜 '하늘의 일'을 말할 수 있습니까(13)?

11 "진실로 진실로 네게 이르노니 우리는 아는 것을 말하고 본 것을 증언하노라 그러나 너희가 우리의 증언을 받지 아니하는도다"

◇"우리": 예수님은 '복수형'을 말씀하신다. 예수님과 제자들을 말한다.

◇"증언을 받지 아니하는도다": 니고데모의 문제는 예수님의 증언을 받아들이지 않는 데 있다. 그런데 '증언을 받지 않는다.'라는 말이 복수형이다. 또 12절에서는 '너희가'라고 복수형으로 직접 표현하고 있다. 이것은 예수님께서 니고데모 한 사람에게만 말씀하기보다는 니고데모 같은 예루살렘 사람에게 말씀하심을 보여주는 것이다. 거듭나지 못한 사람의 문제는 예수님의 증언을 받아들이지 않는 데 있다.

12 "내가 땅의 일을 말하여도 너희가 믿지 아니하거든 하물며 하늘의 일을 말하면 어떻게 믿겠느냐"

◇"땅의 일": 성령님으로 말미암은 거듭남의 절대적 필요성과 그 신비성을 말한다. '바람'을 말씀하셔서 '땅의 일'로 표현한 것이다.

◇"하늘의 일": 예수님께서 말씀하실 인자의 내려오심과 올라가심(13), 인자의 높이 들림의 절대적 필요성(14), 하나님께서 그의 유일한 아들을 세상에 보내심(16) 등을 가리킨다. 앞에서 말한 '땅의 일'과 구분하신다. 예수님은 왜 '하늘의 일'을 말하시는가?

13 "하늘에서 내려온 자 곧 인자 외에는 하늘에 올라간 자가 없느니라"

◇"하늘에서 내려온 자": 예수님은 하늘에서 이 땅으로 육신이 되어 오셨다.

◇"인자": 예수님께서 가장 선호하신 자기 칭호이다. 이 칭호를 사용하실 때는 '인성'을 강조하실 뿐만 아니라 앞으로 당하실 고난을 암시적으로 나타내셨다.

◇"올라간 자": '하늘에 계신 자'라는 뜻이다. '하늘에서 내려온 자'와 '인자', '하늘에 올라간 자'는 모두 동격이다. 하늘에서 내려온 자, 곧 인자

외에는 그 누구도 하늘에 있는 자가 없다. 따라서 하늘 일을 말할 수 있는 분은 오직 예수님뿐이다. 그러므로 예수님께서 하시는 말씀을 영접할 수 있고, 영접해야 한다.

5. 모세는 광야에서 왜 뱀을 들었습니까(14a, 민 21:4-9)? '인자도 들려야 한다.'라는 말은 무슨 뜻입니까(14b)? 왜 인자도 들려야 합니까(15)? 현대인은 어디에서 영생을 얻고자 합니까?

14 "모세가 광야에서 뱀을 든 것 같이 인자도 들려야 하리니"

◇"뱀을 든 것 같이": 이스라엘은 애굽에서 나와 광야에서 생활할 때 모세에게 불평했다. 하나님은 독사를 보내 그들을 물게 하셨다. 모세의 간청으로 하나님께서 구원의 방도를 마련하셨다. 그것은 구리 뱀을 만들어 장대에 달아 높이 들어 올리고 그 뱀을 바라보는 사람은 살게 하신 것이다(민 21:4-9).

◇"인자도 들려야 하리니": 예수님께서는 민수기 사건을 모형론적으로 당신에게 적용하신다. 그것은 예수님께서 십자가에서 돌아가시는 사건을 말한다. 예수님은 십자가에 들려서 매달리셨다. 예수님께서 십자가에 높이 '들림 받은' 사건과 '영광 받은' 사건을 같은 의미로 사용한다. 십자가 죽음은 고난이나 수난이 아니라 영광의 사건이다.

예수님은 거듭남의 기초 혹은 근거로 인자의 들림의 절대적 필요성과 그 목적을 설명한다. 모세가 광야에서 뱀을 든 것 같이 인자도 반드시 들려야 한다. 니고데모도 모세에 의해 장대에 달려 올려진 구리 뱀처럼 십자가에 들려지는 예수님을 바라볼 때 구원받을 수 있다. 구리 뱀이 하나님께서 출애굽 세대에게 마련해 주신 구원의 방도였듯이, 십자가에 들려지는 그리스도가 하나님께서 오늘 우리에게 마련해 주신 구원의 방도이다. 그러므로 우리는 무엇을 해야 하는가?

15 "이는 그를 믿는 자마다 영생을 얻게 하려 하심이니라"

◇"그를 믿는 자마다": 인자의 들림을 믿는 사람이다.

◇"영생을 얻게 하려 하심이니라": 광야에서 뱀을 바라본 사람만 살아남았다. 이처럼 예수님을 믿는 자만 산다. 즉 하나님께서 제시하신 구원의 방편을 받아들이는 사람만 영생을 얻는다. 영생이란 무엇인가?

◇"영생": 단순히 끝이 없는 존재의 상태가 아니다. 시간이 측정의 기준이 될 수 없는 존재의 상태다. 영원한 생명은 그리스도 안에 있는 삶이다.

모세가 뱀을 든 사건은 그 당시 이스라엘 백성에게 은혜와 자비의 사건이었다. 그렇지만 그때 살아난 사람은 영생을 얻은 것이 아니고 단지 뱀의 독 때문에 죽는 가운데서 살아난 것뿐이다. 그들은 나중에 모두 다시 죽었다. 그러나 인자의 들림은 모세의 구리 뱀을 통한 구원사건보다 엄청나게 큰 사건이다. 인자의 들림은 인자를 믿는 자들에게 영생을 주신다.

현대인은 어디에서 영생을 얻고자 하는가? 유대교의 율법 준수, 플라톤 철학을 통한 지식 얻음, 불교의 깨달음, 스토아 철학자의 자연에의 순응, 흙에서 사는 것을 통해서 얻고자 한다. 하지만 이런 것들은 삶의 질을 높여 줄 수 있으나 영생을 주지 못한다. 현대과학 기술의 혁명 등으로 인간 문제를 해결하려 해도 영생은 없다. 육신적인 것은 단지 육신적인 것에 불과하다. 영생은 그리스도가 가져온 죄를 용서하시는 십자가를 믿음으로만 가능하다. 영생은 사람을 새롭게 태어나게 하시는 하나님의 역사에서 비롯된다. 하나님의 선물이며 결코 사람의 업적에 의한 것이 아니다. 오직 십자가에 들리신 예수 그리스도를 믿는 자만 영생을 얻는다.

사람은 거듭나야만 하나님 나라에 들어가기 때문이다. 사람은 성령 하나님에 의해서만 거듭난다. 세상의 그 어떤 것도, 우리의 그 어떤 것도 거듭나게 하지 못한다. 오직 십자가에 달리신 예수님을 믿는 자만 영생을 얻는다. 이것이 우리가 이 시대에 예수님만을 믿어야 하는 이유이다. 우리가 이 시대에서 예수님을 증언해야 하는 절대적 이유이다.

제6강

믿음과 영생

◇본문 요한복음 3:16-36
◇요절 요한복음 3:16
◇찬송 294장, 458장

1. 하나님은 세상을 어떻게 사랑하십니까(16a)? 독생자를 주신 목적은 무엇입니까(16b-17)? 이 은총은 누구에게만 임합니까? '멸망'과 '영생', '심판'과 '구원'의 기준은 무엇입니까?

2. 독생자를 믿지 않는 자는 어떻게 됩니까(18-19)? 악을 행하는 자는 왜 빛으로 오지 않습니까(20)? 그러나 진리를 따르는 사람을 어떻게 합니까(21)? '진리'는 누구를 말합니까?

3. 요한의 제자와 한 유대인은 무슨 문제로 변론합니까(22-25)? '정결 예식'은 무엇을 말하며, 그들은 왜 변론할까요(26)?

4. 요한은 무엇이라고 대답합니까(27-28)? 요한은 어떤 기쁨으로 가득 차 있습니까(29)? 그는 예수님과 자신을 어떻게 대조합니까(30)? 이 말씀은 우리에게 무엇을 가르쳐 줍니까?

5. 예수님은 무엇을 증언하십니까(31-32a)? 사람들의 반응은 어떠합니까(32b)? 그 증언을 받아들이는 사람은 왜 하나님의 참되심을 인정한 겁니까(33-35)? 아들을 믿는 자와 순종하지 않는 자는 각각 어떻게 됩니까(36)?

제6강

믿음과 영생

◇본문　요한복음 3:16-36
◇요절　요한복음 3:16
◇찬송　294장, 458장

1. 하나님은 세상을 어떻게 사랑하십니까(16a)? 독생자를 주신 목적은 무엇입니까(16b-17)? 이 은총은 누구에게만 임합니까? '멸망'과 '영생', '심판'과 '구원'의 기준은 무엇입니까?

16 "하나님이 세상을 이처럼 사랑하사 독생자를 주셨으니 이는 그를 믿는 자마다 멸망하지 않고 영생을 얻게 하려 하심이라"

◇"세상": 유대적 개념에서는 이스라엘만을 말한다. 그러나 유대인뿐만 아니라 이방인도 포함한다. 하나님께서 택하신 세상이다. 즉 모든 세상 사람을 다 말하는 것은 아니다. 하나님의 사랑의 혜택을 받는 사람을 말한다.

◇"이처럼 사랑하사": 하나님께서 세상을 사랑하는 방법을 보여준다. "하나님께서 이와 같은 방법으로 세상을 사랑하여 그분의 아들을 내어주셨다." 하나님께서 '아들을 주실 정도로 사랑하신 것'이 아니라, 하나님께서 '그토록 세상을 사랑하셔서 아들을 주셨다.'

◇"독생자": '외아들(only Son)'이다.

◇"주셨으니": 하나님은 외아들을 주셨다. 하나님은 예수님을 십자가에 달

려 죽도록 내어주셨다. 하나님은 이런 방법으로 세상을 사랑하신다. 십자가는 우리를 향한 하나님 아버지의 사랑을 보여준다. 우리를 향한 하나님의 사랑은 아들을 주심으로써 절정으로 나타난다. 아들을 주시는 것은 하나님의 본질이 사랑임을 계시한 것이다. 하나님께서 독생자를 주신 목적은 무엇인가?

◇"믿는 자마다 멸망하지 않고 영생을 얻게 하려 하심이라": '멸망'은 영원한 생명과 대조되는 영원한 죽음을 의미한다. 하나님께서 그 아들을 '위'에서 '아래'로 보내셨다. 그리하여 아래의 물리적 시간 세계에 영원을 나타나게 하고, 거짓 세계에 진리를 나타나게 하고, 무능의 세계에 하나님의 전능하심을 나타나게 하고, 갈등과 증오의 세계에 하나님의 사랑을 나타나게 하고, 어둠의 세계에 빛을 나타나게 하셨다. 이것은 순전히 하나님의 사랑 때문이다. 그 목적은 영생을 얻게 하는 데 있다. 성육신의 목적은 십자가에서의 죽으심이고, 십자가에서 죽으심의 목적은 영생이다. 하나님은 그 선물을 누구에게 주시는가?

◇"그를 믿는 자마다": '독생자를 믿는 자'를 말한다. 하나님의 사랑은 온 세상을 향한 것이다. 그러나 그 사랑의 결과인 영생을 얻으려면 아들을 믿어야 한다. 믿는 자가 영생을 얻는다. 하지만 믿지 않으면 멸망한다. 하나님의 선물을 거부하면 멸망한다. 사람이 멸망하기 위해서 무슨 엄청난 죄를 지어야 하는 것은 아니다. 하나님의 선물을 받아들이지 않는 것, 즉 '그분을 믿지 않는 것'이 멸망을 가져온다.

17 "하나님이 그 아들을 세상에 보내신 것은 세상을 심판하려 하심이 아니요 그로 말미암아 세상이 구원을 받게 하려 하심이라"

◇"심판", "구원": 하나님께서 그 아들을 세상에 보내신 것은 세상을 심판하시려는 것이 아니라, 아들을 통하여 세상을 구원하시려는 것이다. "멸망"과 "영생"(16), "심판"과 "구원"(17)을 같은 개념으로 사용한다. '멸

망'과 '영생', '심판'과 '구원'의 기준은 무엇인가? 외아들 예수님을 믿는 믿음이다. 하나님께서는 예수 그리스도를 통해 하나님의 나라와 영생을 주신다. 그 영생을 소유하기 위해서는 위로부터 태어나야 한다. 예수 그리스도를 믿어야 한다. 만일 그리스도를 믿지 않는다면, 그에게는 하나님의 나라가 아니라 하나님의 진노가 임한다. 구원의 기준은 애매하지 않다. 아주 분명한다. 영생의 유일한 길은 그리스도를 믿는 것뿐이다. 따라서 하나님의 선물은 한편으로 부정적인 면이 있다. 모든 인간적인 것에 대한 부정, 니고데모가 대표하는 유대교에 대한 부정, 플라톤 철학이나 스토아 철학과 같은 헬라 지성인에 대한 부정이다. 현대의 과학적 인본주의에 대한 부정이다. 그런데도 우리가 실존의 세계에서, 삶의 현장에서 이 점을 얼마나 마음 깊이 생각하는가? 내가 아는 누군가가 예수님을 안 믿고 있다고 해서 '그는 멸망할 것이다.'라고 생각하는가? 오히려 세상의 기준으로 사람을 평가한다. 그러나 영생은 오직 하나님 곧 창조주께서 아들을 보내고 내어 준 사건을 통해서만 가능하다. 즉 그를 믿는 자만이 영생을 얻는다. 이것을 '영생의 배타성', '구원의 절대성'이라고 부른다. 그 심판은 언제 나타나는가?

2. 독생자를 믿지 않는 자는 어떻게 됩니까(18-19)? 악을 행하는 자는 왜 빛으로 오지 않습니까(20)? 그러나 진리를 따르는 사람을 어떻게 합니까(21)? '진리'는 누구를 말합니까?

18 "그를 믿는 자는 심판을 받지 아니하는 것이요 믿지 아니하는 자는 하나님의 독생자의 이름을 믿지 아니하므로 벌써 심판을 받은 것이니라"

◇"벌써 심판을 받은 것이니라": 아들을 믿는 사람은 심판을 받지 않는다. 그러나 믿지 않는 사람은 이미 심판을 받았다. 심판은 미래적인 것만으로 생각해서는 안 된다. 이미 심판 속에서 살고 있다. 나면서부터 심판

아래 태어났다. 장차 이 세상을 떠나서도 그 심판 속에서 산다.

무엇이 심판을 결정하는가? 심판을 결정하는 일은 예수님을 믿지 않음이다. 예수님을 믿지 않으면 심판을 받는다. 하나님께서 독생자를 십자가에 달리게 하신 목적은 심판이 아니다. 구원과 영생이다. 그러나 심판이 필연적으로 일어난다. 하나님이 심판해서가 아니라 스스로 심판을 선택하기 때문이다. 그 심판은 무엇인가?

19 "그 정죄는 이것이니 곧 빛이 세상에 왔으되 사람들이 자기 행위가 악하므로 빛보다 어둠을 더 사랑한 것이니라"

◇"빛보다 어둠을 더 사랑한 것이니라": 심판은 어둠에서 사는 것이다. 어둠에서 사는 사람은 어둠을 좋아해서 빛으로 나오지 않는다. 이로써 스스로 자신이 어둠의 자식임을 드러낸다. 믿지 않은 자는 스스로 정죄를 받을 수밖에 없다. 그들은 이미 이 세상에서 지옥을 맛보며 살고 있다. 그들은 어둠 속에서 두려움과 슬픔과 절망을 체험한다. 그들은 왜 빛으로 오지 않는가?

20 "악을 행하는 자마다 빛을 미워하여 빛으로 오지 아니하나니 이는 그 행위가 드러날까 함이요"

◇"그 행위가 드러날까 함이요": 어둠을 사랑하는 사람은 빛으로 나오지 않는다. 왜냐하면 빛으로 나오면 자기 악한 행위가 드러나기 때문이다. 그러나 누가 빛으로 나오는가?

21 "진리를 따르는 자는 빛으로 오나니 이는 그 행위가 하나님 안에서 행한 것임을 나타내려 함이라 하시니라"

◇"진리를 따르는 자": 예수님을 따르는 사람은 빛으로 나온다. 왜냐하면 그 행위를 하나님 안에서 행한 것임을 나타내려고 하기 때문이다. 빛이신 예수님 앞에서 사람들은 두 종류로 나뉜다. 그 빛으로 가까이 가는 사람과 그 빛에서 멀어지는 사람이다. 그 빛으로 가까이 가는 사람은 생

명을 얻지만, 그 빛에서 멀어지는 사람은 심판을 받는다. 제자들은 무엇을 하는가?

3. 요한의 제자와 한 유대인은 무슨 문제로 변론합니까(22-25)? '정결 예식'은 무엇을 말하며, 그들은 왜 변론할까요(26)?

22 **"그 후에 예수께서 제자들과 유대 땅으로 가서 거기 함께 유하시며 세례를 베푸시더라"**

◇"세례를 베푸시더라": 예수님은 제자들과 함께 세례를 주셨다.

23 **"요한도 살렘 가까운 애논에서 세례를 베푸니 거기 물이 많음이라 그러므로 사람들이 와서 세례를 받더라"**

◇"요한도": 살렘 근처에 있는 애논에는 물이 많았다. 요한도 그곳에서 세례를 주었다.

24 **"요한이 아직 옥에 갇히지 아니하였더라"**

25 **"이에 요한의 제자 중에서 한 유대인과 더불어 정결 예식에 대하여 변론이 되었더니"**

◇"정결 예식": 여기서는 세례를 말한다. 요한의 세례와 예수님의 세례 중 어느 것이 더 효력이 있는가, 즉 어떤 것이 '깨끗하게(purification) 하는가'에 대해 토론(discussion)했다.

26 **"그들이 요한에게 가서 이르되 랍비여 선생님과 함께 요단 강 저편에 있던 이 곧 선생님이 증언하시던 이가 세례를 베풀매 사람이 다 그에게로 가더이다"**

◇"그들이": 요한의 제자들이 요한에게 가서 말했다.

◇"다 그에게로 가더이다": 요한의 제자들은 요한과 예수님을 경쟁 관계로

생각한다. 요한의 제자들 편에서는 비교의식이 생겼을 것이다. 그러나 요한은 무엇이라고 대답하는가?

4. 요한은 무엇이라고 대답합니까(27-28)? 요한은 어떤 기쁨으로 가득 차 있습니까(29)? 그는 예수님과 자신을 어떻게 대조합니까(30)? 이 말씀은 우리에게 무엇을 가르쳐 줍니까?

27 "요한이 대답하여 이르되 만일 하늘에서 주신 바 아니면 사람이 아무것도 받을 수 없느니라"

◇"하늘에서 주신 바 아니면 사람이 아무것도 받을 수 없느니라": 하나님이 주지 않으면 사람은 아무것도 받을 수 없다. 예수님의 세례는 하나님께서 허락하신 것이다. 예수님의 세례는 정통성(legitimacy)이 있다.

28 "내가 말한바 나는 그리스도가 아니요 그의 앞에 보내심을 받은 자라고 한 것을 증언할 자는 너희니라"

◇"너희니라": "너희 자신이 나를 증언한다(You yourselves bear me witness)." 요한의 제자들은 요한이 했던 "나는 그리스도가 아니고 그분보다 앞서서 보내심을 받은 사람이다."라는 말을 증언할 사람들이다. 요한의 제자들은 요한의 신분에 대해서 잘 알고 있다. 제자들도 이제부터 세례 요한처럼 적극적으로 그리스도를 증언해야 한다. 지금 요한의 마음은 어떠한가?

29 "신부를 취하는 자는 신랑이나 서서 신랑의 음성을 듣는 친구가 크게 기뻐하나니 나는 이러한 기쁨으로 충만하였노라"

◇"신랑": 예수님을 상징한다.

◇"신부": 백성을 표현하고 있다.

◇"친구": 세례 요한이다.

◇ "이러한 기쁨으로 충만하였노라": 신랑의 친구는 신부를 신랑의 방으로 인도하고 밖에서 그 방을 감시한다. 그는 신혼 방에서 들려오는 신랑의 기뻐하는 음성을 들을 수 있지만, 결코 들어가 방해할 수는 없다. 신랑이 신부를 맞이할 때 신랑의 친구는 경쟁심이나 상실감이 아니라 기쁨으로 가득 차는 것이 마땅하다. 결혼식장에서 신랑과 신랑의 친구를 비교하는 것 자체가 있을 수 없는 일이다. 결혼식장에서는 절대적으로 신랑이 주인공이다. 이처럼 요한은 예수님 사역의 결과를 보고 경쟁심이 아니라 기쁨으로 충만한 것이다. 요한의 제자들은 예수님 때문에 마음이 섭섭했다. 하지만 그는 기쁨으로 충만하다. 그러므로 예수님은 어떻게 되셔야 하는가?

30 "그는 흥하여야 하겠고 나는 쇠하여야 하리라 하니라"

◇ "흥하여야": '자라다(grow)', '증가하다(increase)'라는 뜻이다.

◇ "쇠하여야": '보다 못하게 하다(must decrease).'라는 뜻이다.

이 말씀은 우리에게 무엇을 가르쳐 주는가? 요한의 시대는 사라지고 예수님의 시대가 왔다. 메시아를 준비했던 요한은 역사의 무대에서 사라져야 한다. 그 주인공이 오셨기 때문이다. 그 주인공은 이제부터 흥해야 한다. 요한의 태도는 단순한 인간적인 겸손이 아니다. 하나님의 뜻에 순종하는 믿음의 문제였다. 하나님의 사역을 보는 렌즈, 즉 역사관의 문제다. 예수님을 증언하는 우리 또한 이런 렌즈를 가져야 한다. 나는 언제든지 사라져야 한다. 사라질 준비를 해야 한다. 나는 역사의 주인공이 아니다. 언제나 주인공은 예수님이시다. 그분은 무엇을 증언하시는가?

5. 예수님은 무엇을 증언하십니까(31-32a)? 사람들의 반응은 어떠합니까(32b)? 그 증언을 받아들이는 사람은 왜 하나님의 참되심을 인정한 겁니까(33-35)? 아들을 믿는 자와 순종하지 않는 자는 각각 어떻게 됩니까(36)?

31 "위로부터 오시는 이는 만물 위에 계시고 땅에서 난 이는 땅에 속하여 땅에 속한 것을 말하느니라 하늘로부터 오시는 이는 만물 위에 계시나니"

◇"위로부터 오시는 이": 예수 그리스도를 말한다. 예수님은 세상의 그 어떤 것들보다, 어떤 사람보다 위대하시다.

◇"땅에서 난 이": 요한을 말한다. 예수님과는 그 신분에서 본질적 차이가 있다. 예수님과 요한은 경쟁 관계가 아니다. 요한은 땅에 대한 것을 겨우 말할 뿐이다. 반면 예수님은 무엇을 증언하시는가?

32 "그가 친히 보고 들은 것을 증언하되 그의 증언을 받는 자가 없도다"

◇"친히 보고 들은 것을 증언하되": '위로부터 오시는 이', 즉 '하늘로서 오시는 이'는 '위에서 보고 들은 것'을 증언하신다. 믿음의 세계, 생명의 세계, 빛의 세계를 증언하신다. 그런데 이에 대한 반응은 어떠한가?

◇"증언을 받는 자가 없도다": 예수님의 증언이 철저하게 거절당하고 있다. 그만큼 세상은 악하기 때문이다. 그러나 그분의 증언을 받는 자는 어떤 사람인가?

33 "그의 증언을 받는 자는 하나님이 참되시다는 것을 인쳤느니라"

◇"인쳤느니라": 그의 증언을 받아들인 사람은 하나님의 참되심을 인정한 것이다. 일부에서는 예수님의 증언을 철저하게 거절한다. 그러나 예수님의 증언을 받아들이는 사람도 있다. 이런 사람은 하나님의 참되심을 인정하는 것이다. 받아들이는 사람은 자신의 진리를 세우지 않는다. 그는 하나님의 진리를 인증할 뿐이다. 신자가 이처럼 하나님의 진리를 인증할 수 있는 것은 예수님께서 그들에게 하나님의 말씀을 증언해 주시기 때문이다. 증거자 요한이 예수님에 대해서 증언했고, 예수님 자신이 증언하셨다. 또 하나님 아버지 당신이 아들에 대해 증언하신다. 위로부터 오신 예수님은 하나님의 말씀만 전하기 때문에 그분의 증언을 받아

들이는 사람은 하나님이 참되다고 확증하는 것이다.

34 "하나님이 보내신 이는 하나님의 말씀을 하나니 이는 하나님이 성령을 한량 없이 주심이니라"

◇"하나님의 말씀을 하나니": 예수님은 하나님의 말씀을 전하신다.

◇"하나님이 성령을 한량없이 주심이니라": 하나님께서 예수님께 성령님을 아낌없이 주시기 때문이다.

35 "아버지께서 아들을 사랑하사 만물을 다 그의 손에 주셨으니"

◇"주셨으니": 아버지는 아들을 사랑하셔서 모든 것을 아들의 손에 맡기셨다. 그러므로 예수님께 대한 우리의 자세는 어떠해야 하는가?

36 "아들을 믿는 자에게는 영생이 있고 아들에게 순종하지 아니하는 자는 영생을 보지 못하고 도리어 하나님의 진노가 그 위에 머물러 있느니라"

◇"믿는 자에게는": 아들을 믿는 사람에게는 영생이 있다. 아들에게 순종하지 않는 사람은 생명을 얻지 못하고 도리어 하나님의 진노를 받는다. 이 말씀은 16절과 같은 뜻이다. 영생과 진노의 기준은 아들을 믿는 자와 순종하지 않는 것이다. 아들에 대한 반응에 따라서 영생과 진노를 결정한다. 아들에 대한 반응이 절대적 기준이다. 그러므로 우리는 이 렌즈로 우리의 삶을 봐야 한다. 그러면 그 삶이 달라진다. 삶의 과정이 다르고 그 목적이 다르다.

제7강
목마른 영혼을 위한 샘물

◇본문 요한복음 4:1-26
◇요절 요한복음 4:14
◇찬송 526장, 272장

1. 예수님은 갈릴리로 가실 때 어디를 거치십니까(1-4)? 여기에는 어떤 뜻이 있을까요? 예수님께서 '야곱의 우물' 곁에 도착하셨을 때 얼마나 지치셨습니까(5-6)?

2. 예수님은 물을 길으러 온 그녀에게 무슨 부탁을 합니까(7-8)? 그녀의 반응은 어떠하며, 왜 이런 반응을 보입니까(9)? 예수님은 그녀가 무엇을 알기 원합니까(10)?

3. 그녀는 예수님의 말씀을 어떻게 오해합니까(11-12)? 그녀는 왜 예수님을 야곱과 비교할까요? '야곱의 우물물'과 '예수님이 주는 물'은 어떤 차이가 있습니까(13-14a)? 예수님이 주는 물을 마시는 자는 왜 영원히 목마르지 않습니까(14b)? 오늘 우리에게는 어떤 목마름이 있으며, 그 목마름을 어떻게 해결할 수 있습니까?

4. 여자는 '그 물'을 어떻게 생각합니까(15)? 예수님은 어떤 문제로 화제를 바꿉니까(16)? 그녀의 남편 문제는 얼마나 복잡합니까(17-18)? 왜 이렇게 복잡할까요? 그녀는 예수님을 어떤 분으로 인정합니까(19)?

5. 여인은 예수님께 왜 예배의 장소에 대해서 말할까요(20)? 예수님은 장소 대신에 무엇을 말씀하십니까(21-22)? 참 예배란 무엇입니까(23-24)? 여자는 누가 오실 줄 알고 있으며, 그분은 누구십니까(25-26)?

제7강

목마른 영혼을 위한 샘물

◇본문 요한복음 4:1-26
◇요절 요한복음 4:14
◇찬송 526장, 272장

1. 예수님은 갈릴리로 가실 때 어디를 거치십니까(1-4)? 여기에는 어떤 뜻이 있을까요? 예수님께서 '야곱의 우물' 곁에 도착하셨을 때 얼마나 지치셨습니까(5-6)?

1 "예수께서 제자를 삼고 세례를 베푸시는 것이 요한보다 많다 하는 말을 바리새인들이 들은 줄을 주께서 아신지라"

◇"요한보다 많다": 예수님은 점점 더 위대해지고 요한은 점점 더 작아지고 있다(요 3:30).

2 "(예수께서 친히 세례를 베푸신 것이 아니요 제자들이 베푼 것이라)"

3 "유대를 떠나사 다시 갈릴리로 가실새"

◇"유대": 팔레스타인 지역을 부르는 말이다. 유다 지파의 이름을 따서 불렀다. 바벨론 포로 후에는 예루살렘 주변 지역을 이르는 말이었다(학 1:14; 2:22). 유대는 좁은 의미로는 예루살렘 주위의 한정된 지역을 말한다.

◇"갈릴리": 팔레스타인 북쪽을 말한다. 유대인은 앗수르가 북왕국을 멸망

시켰을 때(주전 734-722)부터 마카비 기간(주전 80)까지 갈릴리를 다스리지 못했다. 이방 세력이 지배했다. 따라서 '이방의 갈릴리'(사 9:1)라고도 부른다. 이곳은 숲이 우거진 언덕과 비옥한 평야로 이루어졌다. 예수님이 어린 시절을 보낸 곳이며, 예수님의 공생애 초기 사역을 하신 곳이다(막 1:32-43; 3:10; 6:53-56).

4 "사마리아를 통과하여야 하겠는지라"

◇"사마리아": 북이스라엘의 수도로서 정치와 문화의 중심지였다. 주전 722년 앗수르의 침공으로 이스라엘과 사마리아가 멸망했다(왕하 17:3-6). 그때 앗수르는 사마리아 지방에 살던 이스라엘 백성의 일부를 앗수르가 다스리던 여러 지역으로 옮겼다(왕하 17:24). 앗수르의 영향력이 쇠퇴하고 페르시아, 그리스, 로마가 이스라엘을 차례로 지배할 때마다 사마리아는 그 영향을 받았다. 그 때문에 그들의 종교와 문화는 정통성을 지키기 어려웠다. 유대인은 그런 사마리아 사람을 인정하지 않았고, 접촉을 피했다(4:9).

◇"통과하여야 하겠는지라": 유대에서 갈릴리로 가는 길은 두 가지였다. 하나는 사마리아를 거쳐 가는 지름길이고, 다른 하나는 베레아와 데가볼리를 거쳐 우회하여 가는 길이다. 많은 유대인은 갈릴리로 갈 때 사마리아를 거쳐 가지 않고 멀리 돌아다녔다. 사마리아인과 접촉하는 것을 꺼렸기 때문이다. 서로 만나 이야기하는 것을 원하지 않았고, 물물교환도 하지 않았다. 사마리아 사람이 종교적으로나 문화적으로 순수성을 잃어버렸기 때문이다.

그런데 예수님은 왜 사마리아를 통과하시는가? 단지 지름길이기 때문만은 아니다. 사마리아 사람이 유대인을 미워하고 증오한다는 사실을 몰라서도 아니다. 예수님은 사마리아에도 하나님의 택함 받은 사람이 있음을 아셨기 때문이다. 그들에게도 복음을 전해야 하기 때문이다. 예수님은 복음을 지역감정이나 환경 때문에 제한하지 않으신다. 죄인을 구원하려는 예수님의 사랑을 보여주신다.

5 "사마리아에 있는 수가라 하는 동네에 이르시니 야곱이 그 아들 요셉에게 준 땅이 가깝고"

◇"수가": 세겜 근처의 작은 마을이다. 야곱은 세겜 근처에서 약간의 땅을 샀었다(창 33:18-19). 요셉에게 준 땅이 그 근처에 있었다(창 48:21-22).

6 "거기 또 야곱의 우물이 있더라 예수께서 길 가시다가 피곤하여 우물 곁에 그대로 앉으시니 때가 여섯 시쯤 되었더라"

◇"야곱의 우물": 야곱 때에 사용했던 우물이다. 지금까지 그 우물을 계속해서 사용하고 있다. 대단한 물이다.

◇"피곤하여": 육신으로 오신 모습을 그대로 보여준다. 예수님은 우리처럼 연약하고 지치신다. 우리의 연약함과 피로를 이해하신다.

◇"여섯 시": 정오, 12시이다.

2. 예수님은 물을 길으러 온 그녀에게 무슨 부탁을 합니까(7-8)? 그녀의 반응은 어떠하며, 왜 이런 반응을 보입니까(9)? 예수님은 그녀가 무엇을 알기 원합니까(10)?

7 "사마리아 여자 한 사람이 물을 길으러 왔으매 예수께서 물을 좀 달라 하시니"

◇"물을 길으러": 보통 사람은 더운 한낮보다는 서늘한 저녁에 물을 길었다(창 24:11). 그녀는 주위 사람과의 관계성에 문제가 있는 것처럼 보인다. 사람을 피하여 한낮에 왔을 수 있다. 하지만 모세를 도왔던 젊은 처녀들처럼(출 2:15-17) 정오에 물을 길으러 온 예도 있었다.

◇"물을 좀 달라": 예수님은 피곤하시고 목마르시다. 물이 필요하시다. 그래서 도움을 청하신다.

8 "이는 제자들이 먹을 것을 사러 그 동네에 들어갔음이러라"

◇"제자들이": 제자들이 먹을 것을 사러 갔기 때문에 예수님께서 직접 여인에게 물을 달라고 부탁하셨다. 하지만 또 다른 깊은 뜻이 숨겨져 있다. 여자는 어떻게 반응하는가?

9 "사마리아 여자가 이르되 당신은 유대인으로서 어찌하여 사마리아 여자인 나에게 물을 달라 하나이까 하니 이는 유대인이 사마리아인과 상종하지 아니함이러라"

◇"유대인으로서 어찌하여": 보통의 경우에는 여자가 수줍은 듯 물을 준다. 그런데 이 여자의 반응은 차갑다. 그 이유는 무엇인가?

◇"상종하지 아니함이러라": '상종하다'라는 말은 '…와 관계를 맺는다.' '서로 그릇을 함께 사용한다.'라는 뜻이다. 요세푸스는 사마리아인을 "환경에 따라 자기들의 태도를 바꾸는 믿을 수 없는 부류"로 규정하고, "비열한 속성을 지닌 사람이다."라고 비난했다. 유대인은 사마리아인이 '부정'해서 그들이 사용하는 그릇으로 물을 마시면 의식적으로 부정해진다고 생각했다. 따라서 그들과는 접촉하는 일 자체를 피했다. 그것이 그들의 순결성을 지키는 일로 생각했다.

◇"유대인(남자)", "사마리아 여자": 당시에는 성차별도 심각했다. 남성은 길에서 여성과 대화해서는 안 된다. 다른 사람의 아내는 물론이고 심지어 자기 아내와도 안 된다. 제자들도 먹을거리를 사서 돌아와 예수님께서 여자와 말씀 하시는 것을 이상히 여겼다(4:27).

이런 두 가지 시대 분위기를 생각할 때 여인의 반응은 일리가 있다. 하지만 예수님께서 이런 가치관에 도전하신다. 예수님은 문화와 지역, 그리고 인종과 성차별의 장벽에 도전하신다. 예수님은 그녀에게 무엇을 말씀하시는가?

10 "예수께서 대답하여 이르시되 네가 만일 하나님의 선물과 또 네게 물 좀

달라 하는 이가 누구인 줄 알았더라면 네가 그에게 구하였을 것이요 그가 생수를 네게 주었으리라"

◇"하나님의 선물과 또 네게 물 좀 달라 하는 이가 누구인 줄": 예수님은 그녀가 두 가지를 알기 원하신다. '하나님의 선물'과 '물 좀 달라고 말하는 분'에 대해서 알아야 한다. 그러면 예수님에 대한 자세가 달라질 것이다. 여인은 예수님을 유대인 남자로만 보고 있다. 그러나 예수님은 유대인 남자라는 문화적 역사적 한계를 초월하는 분이시다. 예수님은 유대에 속한 분이 아니고 하나님께 속한 분이시다. 예수님은 '위로부터 오신 분'이시다. 예수님은 여인이 '아래의 관점', 즉 세상 렌즈로 보는 것을 원하지 않으신다. '위의 관점', 즉 영적 렌즈로 보기를 원하신다. 그래야 예수님을 바르게 알 수 있다.

◇"네가 그에게 구하였을 것이요": 여인은 예수님을 '목마른 사람'이고 '유대인 남자'로만 알고 있다. 그래서 예수님께 아무것도 구하지 않는다. 하지만 예수님이 누구신가를 제대로 알게 되면 예수님께 구할 것이다.

◇"생수": 저수지나 웅덩이에 고여 있는 물이 아닌 샘에서 솟아나는 신선한 물이다. 그것은 언젠가 광야로 흘러가 죽음만 있던 곳에 생명을 줄 생명의 물줄기이다. '생수'는 '하나님의 선물'과 같은 말이다. 후에는 '성령님'을 뜻하는 말로 사용한다(요 7:38-39). 그러나 그녀는 예수님의 말씀을 어떻게 오해하는가?

3. 그녀는 예수님의 말씀을 어떻게 오해합니까(11-12)? 그녀는 왜 예수님을 야곱과 비교할까요? '야곱의 우물물'과 '예수님이 주는 물'은 어떤 차이가 있습니까(13-14a)? 예수님이 주는 물을 마시는 자는 왜 영원히 목마르지 않습니까(14b)? 오늘 우리에게는 어떤 목마름이 있으며, 그 목마름을 어떻게 해결할 수 있습니까?

11 "여자가 이르되 주여 물 길을 그릇도 없고 이 우물은 깊은데 어디서 당신이 그 생수를 얻겠사옵나이까"

◇"물 길을 그릇도 없고": 여자는 아직도 예수님의 말씀을 '아래의 관점'으로만 받아들이고 있다. 4세기 기독교 순례자의 기록에 따르면, 이 지역에 약 30m 깊이의 우물이 있었다고 한다.

12 "우리 조상 야곱이 이 우물을 우리에게 주셨고 또 여기서 자기와 자기 아들들과 짐승이 다 마셨는데 당신이 야곱보다 더 크니이까"

◇"야곱이": 야곱의 자손은 그 조상 야곱이 준 우물에서 물을 공급받아 농사도 짓고 목축도 하며 살아왔다. 야곱의 우물은 더 깊은 의미로 시내산 언약 체계, 즉 율법의 언약 체계를 상징한다. 사마리아 여인은 자기네 부족이 하나님께서 자신의 조상 야곱에게 주신 언약으로 생명을 얻을 것으로 생각했다. 야곱의 우물이 그들에게 주는 의미는 대단히 크다.

◇"야곱보다 더 크니이까": 여인은 예수님을 야곱과 비교한다. 예수님께서 '생수'를 준다고 했기 때문이다. 여인은, 예수님이 야곱보다 더 위대해야지 이 야곱의 우물보다 더 좋은 혹은 더 큰 우물을 줄 수 있다고 생각한 것이다. 예수님의 대답은 무엇인가?

13 "예수께서 대답하여 이르시되 이 물을 마시는 자마다 다시 목마르려니와"

◇"다시 목마르려니와": 야곱의 우물물은 좋은 물이다. 지금까지 수많은 사람의 갈증을 채워주었다. 하지만 그 물의 한계는 다시 목마르다는 데 있다. 따라서 목마름을 해결하기 위해서 다시 그 물을 길어 마셔야 한다.

오늘 우리에게 '야곱의 우물물'은 무엇을 상징할까? 지식, 돈, 사랑 등이라고 말할 수 있다. 이런 것은 인류가 발전하고 자라는데, 나름대로 이바지했다. 하지만 그 또한 한계가 있다. 완전한 만족을 주지 못한다. 그것이 아무리 위대하다고 할지라도 '다시 목마르기' 때문이다. 그러나 예수님이 주는 물은 어떤 물인가?

14 "내가 주는 물을 마시는 자는 영원히 목마르지 아니하리니 내가 주는 물은 그 속에서 영생하도록 솟아나는 샘물이 되리라"

◇"내가 주는 물": 예수님께서 주고자 하시는 물, 즉 하나님의 선물이며 생수이다. 이 생수는 야곱의 우물과는 전혀 다르다. 그 본질이 다르다. 야곱의 우물에서 길어 올리는 자연적인 물이 아니라 친히 선물로 주는 영적인 물이다. 그 물의 가장 큰 특징은 무엇인가?

◇"영원히 목마르지 아니하리니": 그 물을 마시면 영원히 목마르지 않다. 그러므로 다시 마실 필요가 없다. 그 물은 왜 영원히 목마르지 않은가?

◇"솟아나는": 이 표현은 '뛰어오르는'과 같은 의미를 지닌 역동적 표현이다. 예수님께서 주시는 물은 그 속에서 영생하도록 솟아나는 샘물이기 때문에 목마르지 않다.

이 사실이 오늘 우리에게 주는 의미는 무엇일까? 사람은 누구나 목마르다. 그리고 그 목마름을 오직 예수님이 주시는 생수를 통해서만 해결할 수 있다. 다른 물을 마셔서는 한계가 있다. 일시적일 뿐이다. 누구든지 예수님의 주시는 생수를 마셔야 한다.

그 물은 구체적으로 무엇을 말하는가? 그 물은 예수님을 믿는 자에게 주시는 성령님이시다. '물'을 성령님의 은유로 사용하고 있는 구약의 관습을 따른 것이다(겔 36:25-27; 47:1-12, 슥 14:8). 누구든지 성령님이 임하시면 더는 목마르지 않다. 사랑, 명예, 돈, 권세 같은 것들에 목말라 하지 않는다. 성령님께서 우리를 만족하게 하시기 때문이다.

누구에게 성령님이 임하시는가? 성령님의 임하심은 예수님의 일방적인 선물이다. 인생의 가장 밑바닥에 있는 수가의 여인을 보자마자 생수를 약속하셨다. 즉 선물로 주고자 하신다. 하나님의 선물은 인간의 자격이나 조건에 달려 있지 않으며 전적으로 하나님의 은혜에 달려 있다. 예수님께서 사마리아로 오신 이유는 이 하나님의 선물, 즉 영생수를 주시기 위함이다. 그래서 사람이 다시는 목마르지 않도록 하기 위함이다. 하지만 아직 이 여인은 그 생수를 마실 준비가 되어 있지 못하다. 어떻게 해야 생수를 마실 수 있는가?

4. 여자는 '그 물'을 어떻게 생각합니까(15)? 예수님은 어떤 문제로 화제를 바꿉니까(16)? 그녀의 남편 문제는 얼마나 복잡합니까(17-18)? 왜 이렇게 복잡할까요? 그녀는 예수님을 어떤 분으로 인정합니까(19)?

15 "여자가 이르되 주여 그런 물을 내게 주사 목마르지도 않고 또 여기 물 길으러 오지도 않게 하옵소서"

◇"물 길으러 오지도 않게": 여인은 '사오정' 같은 반응을 보인다. 그녀는 예수님께서 주고자 하시는 생수를 어떤 '마법의 샘물'로 생각한다. 그런데 여기에는 갈증으로 자기만의 물 긷기를 반복하면서 그 욕구를 충족하지 못하고 공허감과 소외감으로 반복하는 일상을 되풀이하는 인간의 실존이 나타나 있다. 또 욕구 충족의 길을 떠나는 인간 실존의 아픔을 보여준다. 예수님은 그녀에게 무엇을 말씀하시는가?

16 "이르시되 가서 네 남편을 불러 오라"

◇"남편": 예수님은 화제를 여인의 사생활, 남편 문제로 바꾸신다.

17 "여자가 대답하여 이르되 나는 남편이 없나이다 예수께서 이르시되 네가 남편이 없다 하는 말이 옳도다"

◇"남편이 없나이다": 한편으로는 사실이지만 또 한편으로는 거짓이다.

◇"말이 옳도다": 예수님은 그녀의 말을 인정하신다. 그 이유가 무엇인가?

18 "너에게 남편 다섯이 있었고 지금 있는 자도 네 남편이 아니니 네 말이 참되도다"

◇"남편 다섯": 당시 여인은 두 번에서 세 번까지 이혼할 수 있었다. 그런

데 그녀는 다섯 번 이혼했다.

◇"남편이 아니니": 그녀는 다섯 번 결혼하고 이혼한 후 이제는 동거 중이다.

예수님은 왜 "남편을 불러오라."라고 말씀하셨을까? 지금까지 예수님은 '목마름'에 대해서 말씀하셨다. 그런데 갑자기 남편 문제로 화제를 바꾸셨다. 남편 문제는 그녀의 목마름 표출이기 때문이다. 그녀의 갈증은 남자를 향한 애정으로 표출되었고, 사연이 어찌 되었든 간에 별난 개인사를 만들었다. 홀로 물 길어 오는 일은 그녀의 수치이며 죄의식이며 공허한 노동의 반복을 뜻한다. 남편 문제의 복잡함은 목마름에서부터 시작된 것이다. 목마름은 사람을 육신의 본성대로 살게 한다. 야곱의 우물물을 마시고 있는 인간의 한계이다. 그 목마름이 사람에 따라서 어떻게 표출되느냐에 따라 다르다. 어떤 사람은 돈으로, 어떤 사람은 명예로, 어떤 사람은 권세를 얻는 일로 나타난다. 예수님은 그녀의 목마름을 해결해 주고자 남편 문제를 꺼내신 것이다. 여자의 반응은 무엇인가?

19 **"여자가 이르되 주여 내가 보니 선지자로소이다"**

◇"선지자": 선지자는 인생 문제의 본질을 알고 가르쳐 주는 사람이다. 죄 문제 해결에 대한 방향을 제시하고 하나님께로 인도하는 자이다. 여인은 예수님을 인간과 사물을 꿰뚫어 보는 선지자로 생각한다. 여인은 예수님께 무엇을 묻는가?

5. 여인은 예수님께 왜 예배의 장소에 대해서 말할까요(20)? 예수님은 장소 대신에 무엇을 말씀하십니까(21-22)? 참 예배란 무엇입니까(23-24)? 여자는 누가 오실 줄 알고 있으며, 그분은 누구십니까(25-26)?

20 **"우리 조상들은 이 산에서 예배하였는데 당신들의 말은 예배할 곳이 예루살렘에 있다 하더이다"**

◇"이 산": 사마리아 지역에 있는 그리심 산을 말한다. 아브라함과 야곱이

그 근처에서 제단을 세웠다(창 12:6-7; 33:18-20). 사람들은 그 산에서 복을 받았다(신 11:29; 27:12). 사마리아인의 성경에 따르면 모세는 에발 산이 아니라 그리심 산 위에 제단을 세워야 한다고 명령했다(신 27:4-6). 사마리아 사람은 주전 약 400년경에 그리심 산에 성전을 세웠다. 하지만 유대인은 주전 128년에 그 성전을 파괴했다. 그 일은 양자 사이의 적대감을 키웠다.

◇"예배": 여인은 관심을 예배로 돌린다. '예배'는 '신앙' 혹은 '종교'의 문제를 말한다. 모든 인간의 문제는 근원적으로 예배의 문제라고 말할 수 있다. 모든 '세속(secularity)'은 다 '성(sacrament)', 즉 신앙에 뿌리를 두고 있다. 여인의 가슴 아픈 현실은 하나님과 올바른 관계가 정립되지 않음에 그 뿌리가 있었다. 그녀의 '목마름' '남편 문제'는 하나님을 제대로 예배하지 못했기 때문에 생긴 것이다. 그녀의 복잡한 남편 문제는 예배가 없는 데서 왔다. 아니 잘못된 예배로부터 왔다. 그 여인의 상처는 하나님과 올바른 관계를 정립함으로써만 치유된다. 여기서 우리는 인간 문제를 보는 '렌즈'에 대해서 배울 수 있다. 겉으로 드러난 현상만 보고 치료하려고 하면 안 된다. 그 뿌리, 본질, 즉 신앙의 문제로 봐야 한다. 그것을 해결해야 현상을 해결할 수 있다.

◇"예루살렘에 있다": 여인은 예배의 합법적인 장소로서 성전의 위치에 대한 사마리아와 유대의 갈등을 끄집어냈다. '예배'에서 '예배 장소'로 관심이 옮겨간다. '예루살렘'은 예루살렘 성전을 말한다. 유대의 전통은 신 12:1-4에 의하여 예루살렘만이 성전이 있을 수 있는 장소이고, 성전 이외의 다른 장소에서는 절대로 제사 지낼 수 없도록 규정했다. 사마리아와 유대의 이 신학적 갈등은 '어떤 제사가 하나님께서 받으시는 진정한 예배이냐?'를 묻고 있다. 즉 '어디에 영생이 있느냐?'를 묻고 있다. 예수님은 무엇이라고 말씀하시는가?

21 "예수께서 이르시되 여자여 내 말을 믿으라 이 산에서도 말고 예루살렘에서도 말고 너희가 아버지께 예배할 때가 이르리라"

◇"내 말을 믿으라": 지금부터는 예수님의 말씀을 믿어야 한다. 자기 생각, 고정관념, 전통보다도 예수님의 말씀을 믿어야 한다. 그래야 합법적인 예배, 하나님께서 받으시고 기뻐하시는 예배를 할 수 있다. 영생을 얻으려면 예수님의 말씀을 믿고 예수님의 방향대로 순종해야 한다.

◇"예배할 때": 이 말은 '이 산에서나 예루살렘에서도 아버지께 경배하지 않을 그때가 오리라.'라는 뜻이다. 즉 그리심 산이나 예루살렘 성전과 같은 장소가 예배의 핵심이 아니라, 그 '때'가 핵심이다.

◇"때가 이르리라": 이미 그때가 왔다. 이제부터는 예배 장소를 논할 때가 아니다. 그런 시대는 이미 지나갔다. 새 시대가 왔기 때문이다.

22 "너희는 알지 못하는 것을 예배하고 우리는 아는 것을 예배하노니 이는 구원이 유대인에게서 남이라"

◇"알지 못하는 것을": '너희는 무엇인지도 모르고 예배한다.'라는 뜻이다. 사마리아 성경은 오직 모세 오경만을 포함한다. 그들은 하나님을 경배했지만, 그분의 계시 중 많은 것을 받아들이지 않았다. 따라서 하나님에 대해 아는 것이 거의 없었다.

◇"아는 것을 예배하노니": '우리는 우리가 예배드리는 분을 잘 알고 있다.'라는 뜻이다. 유대인은 예배하는 분을 잘 알고 있다.

◇"구원이 유대인에게서 남이라": 구원자가 유대인 중에서 태어난다. 그러므로 어떻게 예배해야 하는가?

23 "아버지께 참되게 예배하는 자들은 영과 진리로 예배할 때가 오나니 곧 이 때라 아버지께서는 자기에게 이렇게 예배하는 자들을 찾으시느니라"

◇"영과 진리": '성령님이 가져다주는 실체'를 뜻한다. 예루살렘 성전에서

예배하는 것이나 그리심 산에서 예배하는 것은 종말의 완성 실체가 오기 전의 '모조품 예배'에 불과하다. 그러면 '성령께서 가져다주시는 실체 예배'는 무엇인가?

◇ "진리": 문자적으로는 '그림자'나 '모조품'의 반대말인 '실체(truth)'를 뜻한다. '진실한 마음', '진지한 태도'를 의미하지 않는다. 예배하는 자가 얼마나 진지하고 간절하게 드리느냐를 말함이 아니다. '진리'란 예수님 자신이며, 그분의 십자가에 달리심이다. 따라서 '영과 진리로 예배한다.'라는 말은 성령님과 진리이신 예수님을 중심으로 하는 새 시대의 예배를 가리킨다. 이제는 민족이나 장소가 문제가 아니다. 어떤 민족의 누구라도 어떤 장소에서든지 복음 안에 있으면 하나님께로 나아가 예배할 수 있다. 예수님께서 하나님의 성령이 충만하게 거하시는 새 성전으로 오셨기 때문이다. 이제부터 참다운 예배는 장소의 문제가 아니라 성령님과 그리스도 중심 예배냐 아니냐에 달려 있다. 이제 성령님의 인도함을 받고 진리이신 예수님으로 하는 예배만이 참 예배이다.

◇ "이 때라": 예배 장소를 초월하는 새로운 예배로서 성령과 진리로 아버지를 경배하는 때가 바로 지금이다. 예배의 장소를 문제 삼는 것은 사실상 예배의 새로운 인격적인 장소로서 예수님께서 오셨다는 사실을 모르는 데서 기인한다. 예수님께서 옛 성전을 대치하는 새로운 인격적인 성전으로 오셨다. 그러므로 '이제'부터는 이런 예배를 해야 한다. 더는 유대교가 정통인지 아니면 사마리아교가 정통인지를 따지는 일은 의미가 없다. 이 두 성전에서는 양을 잡고 소를 잡아 희생 제물을 통해서 예배했다. 하지만 이제는 그 모든 것은 소용이 없다. 예수 그리스도께서 성전을 완성함으로써 새 시대가 열렸기 때문이다.

◇ "이렇게 예배하는 자들을 찾으시느니라": 하나님께서는 예배자가 어느 장소에서 예배하는지에 관심을 두지 않으신다. 예루살렘에서 예배한다

고 받으시는 것도 아니고, 그리심 산에서 예배한다고 거절하시는 것도 아니다. 하나님께서 찾는 예배자는 '영과 진리'로 예배하는 사람이다.

24 "하나님은 영이시니 예배하는 자가 영과 진리로 예배할지니라"

◇"영과 진리": 이제부터는 영과 진리가 아닌 다른 식의 예배는 소용이 없다. 즉 생명을 얻지 못한다. 유대인이나 사마리아인 모두 예전의 성전 예배를 통해서는 구원받을 수 없다. 여자의 고백은 무엇인가?

25 "여자가 이르되 메시아 곧 그리스도라 하는 이가 오실 줄을 내가 아노니 그가 오시면 모든 것을 우리에게 알려 주시리이다"

◇"메시야 곧 그리스도": 여인이 볼 때 예배 문제는 예수님이나 자신과 같은 사람이 결론을 내리기에는 너무나 중요했다. 그것을 이해하기 위해서는 메시아가 오실 때를 기다려야 한다. 여인은 '물 이야기'에서는 겉돌았으나 '남편 이야기'에서 자신을 발견했고, '예배 이야기'로 넘어가서는 핵심을 이해했다. 이 핵심의 실현을 위해 메시아를 기다린다고 고백한다. 그 메시아는 누구신가?

26 "예수께서 이르시되 네게 말하는 내가 그라 하시니라"

◇"내가 그라": '내가 바로 그 사람이다.'라는 말이다. 여인과 대화를 나누고 있는 그 예수님은 여인이 기다리는 그 메시아, 곧 그리스도이시다. 이 시점에서 예수님은 놀랍게도 당신의 정체를 직접 명확하게 밝히신다.

사람은 누구에게나 목마름이 있다. 돈에 목마르고, 지식에 목마르고, 사랑에 목말라 한다. 그 목마름을 어떻게 해결할 수 있는가? 목마름을 해결하려면 예수님이 주시는 물을 마셔야 한다. 즉 예수님을 그리스도로 믿어야 한다. 예수님을 메시아로 믿고 영과 진리로 예배해야 한다. 그러면 다시는 목마르지 않다.

제8강
눈을 들어 보라

◇ 본문　요한복음 4:27-54
◇ 요절　요한복음 4:35
◇ 찬송　515장, 525장

1. 제자들은 예수님께서 여자와 말씀하시는 것을 왜 이상히 여겼을까요(27)? 여자는 어느 정도로 변했습니까(28-30)? 그녀의 변화를 통해서 무엇을 배울 수 있습니까?

2. 제자들이 예수님께 잡수실 것을 청하자 예수님은 무엇이라고 말씀하십니까(31-32)? '예수님의 양식'은 무엇입니까(33-34)? 이 말씀이 오늘 우리에게 주는 의미는 무엇입니까?

3. 추수에 대해서 제자들의 '렌즈'와 예수님의 '렌즈'가 어떻게 다릅니까(35)? '추수'는 무엇을 말하며, 우리는 어떤 렌즈를 가지고 있습니까? '거두는 자'와 '뿌리는 자'의 관계가 어떠합니까(36-38)? 한 사람이 영생을 얻는 데는 어떤 원리가 있습니까?

4. 사마리아인은 왜 예수님을 믿습니까(39)? 예수님을 믿는 사람이 왜 더 많아집니까(40-42)? 사마리아 사람이 '세상의 구주를 만났다.'라는 사실이 주는 의미는 무엇입니까? 갈릴리인은 예수님을 왜 영접합니까(43-45)?

5. 왕의 신하는 예수님께 무엇을 청합니까(46-49)? 예수님은 그에게 어떤 믿음을 심습니까(50)? 그는 '아이가 살아 있다.'라는 말을 들었을 때 무엇에 관심을 품습니까(51-52)? 그의 믿음은 어느 정도 커집니까(53)? 두 번째 표적을 통해서 가르치려는 바는 무엇입니까(54)?

제8강

눈을 들어 보라

◇본문　요한복음 4:27-54
◇요절　요한복음 4:35
◇찬송　515장, 525장

1. 제자들은 예수님께서 여자와 말씀하시는 것을 왜 이상히 여겼을까요(27)? 여자는 어느 정도로 변했습니까(28-30)? 그녀의 변화를 통해서 무엇을 배울 수 있습니까?

27 "이 때에 제자들이 돌아와서 예수께서 여자와 말씀하시는 것을 이상히 여겼으나 무엇을 구하시나이까 어찌하여 그와 말씀하시나이까 묻는 자가 없더라"

◇"이상히 여겼으나": 제자들은 예수님께서 여자와 말하는 것을 보고 놀랐다. 그들도 고정관념에 물들어 있기 때문이다.

◇"묻는 자가 없더라": 그러나 그들은 예수님께 그 이유에 대해서는 묻지 않는다. 감히 묻지 못했다. 그때 여자는 무엇을 하는가?

28 "여자가 물동이를 버려두고 동네로 들어가서 사람들에게 이르되"

◇"물동이를 버려두고", "사람들에게 이르되": 여인의 행동은 뚜렷한 변화를 보인다. 그녀는 우물에 왔던 목적 자체를 일순간 잊었다. 마셔도 다

시 목마를 물을 반복적으로 긷던 물동이를 버려두었다. 그는 자신에게 일어났던 그 만남에 대해서 사람들에게 전한다. 그녀는 그동안 불편하게 여겼던 동네로 들어간다.

29 "내가 행한 모든 일을 내게 말한 사람을 와서 보라 이는 그리스도가 아니냐 하니"

◇"그리스도가 아니냐": 어둠 속에 있던 여인은 대낮의 사람에게 외친다. 자신이 숨기고 싶었던 모든 일을 알리는 것에도 전혀 걱정하지 않는다. 오히려 당당하다. 그녀에게 가장 중요한 일은 오신 그리스도를 알리는 것이다. 그녀가 그리스도를 만나자 더는 은둔자로 살 수 없었다. 그녀를 붙잡았던 자의식이 더는 힘을 쓰지 못한다. 그녀는 그리스도의 증인으로 바뀌었다.

30 "그들이 동네에서 나와 예수께로 오더라"

그녀의 변화를 통해서 무엇을 배울 수 있는가? 한 사람의 변화는 한 동네를 변화시킨다. 한 사람의 중요성을 배운다. 영생수를 마시면 존재와 삶이 바뀐다. 그때 제자들은 예수님께 무엇을 권하는가?

2. 제자들이 예수님께 잡수실 것을 청하자 예수님은 무엇이라고 말씀하십니까(31-32)? '예수님의 양식'은 무엇입니까(33-34)? 이 말씀이 오늘 우리에게 주는 의미는 무엇입니까?

31 "그 사이에 제자들이 청하여 이르되 랍비여 잡수소서"

32 "이르시되 내게는 너희가 알지 못하는 먹을 양식이 있느니라"

◇"너희가 알지 못하는 먹을 양식이 있느니라": 제자들이 예수님께 음식을 드리자 이렇게 말씀하신다. 제자들은 그 말을 어떻게 이해하는가?

33 "제자들이 서로 말하되 누가 잡수실 것을 갖다 드렸는가 하니"

34 "예수께서 이르시되 나의 양식은 나를 보내신 이의 뜻을 행하며 그의 일을 온전히 이루는 이것이니라"

◇"양식": '음식(food/ meat)'이다. 음식은 사람이 살기 위해서 없어서는 안 되는 필수적 수단이다. 밥을 먹지 않으면 죽는다.

◇"나를 보내신 이의 뜻을 행하며 그의 일을 온전히 이루는 이것이니라": 예수님의 음식은 예수님을 보내신 분의 뜻을 행하고, 그분의 일을 이루는 것이다.

무슨 뜻인가? 예수님께 생존의 필수조건은 밥이 아니다. 그것은 하나님의 뜻을 행하며 주어진 사명을 완수하는 일이다. 그 일은 곧 영혼을 살리는 일이다. 예수님께서 수가 여인에게 생명수를 주신 일이 하나님의 뜻을 행하는 일이다. 그것이 곧 예수님의 밥이다.

이 말씀이 오늘 우리에게 주는 의미는 무엇인가? 요즘처럼 먹는 것을 중요하게 여기는 때도 없다. 아니 인류는 언제나 먹는 것을 최고로 여겼다. 그런데 잘 먹는다고 해서 사람이 반드시 잘 사는 것은 아니다. 현대인은 너무 잘 먹어서 병이 난다. 여기에 놀고 즐기는 것을 삶의 에너지라고 말한다. 그러나 예수님은 전혀 다른 개념을 제시하신다. 먹는 것이 아닌 영혼을 살리는 일을 삶의 필수조건으로 제시하신다. 다른 사람에게 전도하고 성경을 가르치는 일이 양식이다. 삶의 목마름, 죄 문제, 그리고 예배에 대해서 배우고 가르치는 일이 삶의 에너지이다. 우리는 무엇으로부터 삶의 에너지를 찾고 있는가? 예수님은 제자들에게 또 어떤 눈을 갖도록 가르치시는가?

3. 추수에 대해서 제자들의 '렌즈'와 예수님의 '렌즈'가 어떻게 다릅니까(35)? '추수'는 무엇을 말하며, 우리는 어떤 렌즈를 가지고 있습니까? '거두는 자'와 '뿌리는 자'의 관계가 어떠합니까(36-38)? 한 사람이 영

생을 얻는 데는 어떤 원리가 있습니까?

35 "너희는 넉 달이 지나야 추수할 때가 이르겠다 하지 아니하느냐 그러나 나는 너희에게 이르노니 너희 눈을 들어 밭을 보라 희어져 추수하게 되었도다"

◇"넉 달이 지나야 추수할 때가 이르겠다": '아직도 추수하려면 넉 달이나 남았다.'라는 말이다. 이 말은 일종의 격언으로서 '일을 서둘 필요가 없다.'라는 뜻이다. 파종과 추수 사이의 기간은 보통 여섯 달이었다. 가장 늦게 씨를 뿌려서 거둘 때까지는 적어도 넉 달의 간격이 필요했다. 이 말에는 제자들의 느슨한 마음을 반영한다. 그러나 예수님은 무엇을 말씀하시는가?

◇"그러나 나는": 그러나 예수님의 시각은 제자들과 다르다.

◇"눈을 들어 밭을 보라": 이 말은 "자기 생각에서 벗어나라."라는 뜻이다. 그들은 안일한 마음이나 느슨한 생각에서 벗어나야 한다. 그리하여 새로운 세계를 봐야 한다.

◇"희어져 추수하게 되었도다": 이미 곡식이 익어서 거둘 때가 되었다.

'추수'는 무엇을 말하는가? 한 사람이 예수님을 믿고 생명을 얻는 것을 말한다. 사마리아 사람이 예수님을 믿는 것을 말한다. 사마리아를 고정관념으로만 보면 그들이 예수님을 믿을 때는 아직도 먼 것처럼 보인다. '넉 달'은 지나야 할 것처럼 보인다. 그러나 지금 사마리아는 이미 곡식이 익어서 추수하게 된 것과 같다. 왜냐하면 영적인 세계와는 멀어 보였던 수가 여인이 변화했기 때문이다. 예수님은 그 여인의 변화를 통해서 사마리아를 보신다. 제자들도 이런 렌즈로 사마리아를 봐야 한다.

오늘 우리는 세상을 어떤 렌즈로 보고 있는가? 이 세상이 변화하려면 많은 시간이 필요하다고 생각할 수 있다. 아예 변화할 수 없다는 부정적인 시각도 있을 수 있다. 그러나 한 영혼의 변화를 통해서 이 세상에 대한 소망을 볼 수 있어야 한다. 어떤 렌즈로 세상을 보고, 캠퍼스를 보고, 영혼을 보느냐에 따라서 그 영혼과 시대의 미래를 결정할 수 있다. '저 친구는 아직 멀었다.' 라고 생각하면 전도할 수 없다. 하지만 '바로 지금이다.' 라고 생각하면 전도할 수 있다. 상한 목자의 마음으로 전도할 수 있다. 그 영혼을 예수님께로 인도할 수 있다.

더 나아가 그 한 사람 때문에 그 지역에 대한 비전을 볼 수 있다. 또 미래에 나타날 복음 사역까지도 볼 수 있다. 한 사람 자체에 두신 비전, 한 사람을 통한 지역 전체에 대한 비전, 그리고 앞으로 일어날 일에 대한 비전을 볼 수 있다. 우리 자신과 양, 그리고 세상에 대해서 이런 렌즈를 가지기를 바란다. 거두는 자와 뿌리는 자의 관계는 어떠한가?

36 "거두는 자가 이미 삯도 받고 영생에 이르는 열매를 모으나니 이는 뿌리는 자와 거두는 자가 함께 즐거워하게 하려 함이라"

◇"거두는 자가 이미 삯도 받고": 추수하는 사람은 품삯을 받고 영원한 생명에 이르는 영혼을 하늘의 곳간에 거두어들인다.

◇"삯을 받고": 한 사람에게 복음을 전하여 그 사람이 예수님을 믿고 영생에 이른 것을 말한다. 전도자에게 믿는 자는 상급이다. 바울 사도는 이렇게 고백했다. "나의 사랑하고 사모하는 형제들, 나의 기쁨이요 면류관인 사랑하는 자들"(빌 4:1). "우리의 소망이나 기쁨이나 자랑의 면류관"(살전 2:19).

◇"뿌리는 자와 거두는 자가 함께 즐거워하게 하려 함이니라": 뿌리는 사람이나 거두는 사람이 다 같이 수고를 한다. 그런데 추수하는 사람은 추수할 때에 뿌린 사람의 수고를 알아야 한다. 왜냐하면 뿌리는 사람이 있었기에 추수하기 때문이다. 추수하는 사람이 뿌리는 사람의 마음을 알 때 뿌리는 사람과 함께 기뻐할 수 있다.

37 "그런즉 한 사람이 심고 다른 사람이 거둔다 하는 말이 옳도다"

◇"한 사람이 심고": 구약의 선지자를 말한다. 세례 요한, 예수님을 말하기

도 한다.

◇"다른 사람이 거둔다": 제자들을 말한다.

38 "내가 너희로 노력하지 아니한 것을 거두러 보내었노니 다른 사람들은 노력하였고 너희는 그들이 노력한 것에 참여하였느니라"

◇"그들이 노력한 것에 참예하였느니라": 제자는 하나님께서 다 해 놓으신 것을 거둘 뿐이다. 예수님은 풍성한 추수를 위해서 씨를 뿌리셨다. 제자들은 그 씨가 맺은 열매를 거둘 뿐이다.

예수님은 사마리아인의 구원을 위해 위험을 무릅쓰고 이곳까지 오셨다. 예수님은 많은 사람의 구원을 위해서 당신을 씨앗으로 뿌리신다. 그것은 곧 십자가에서 죽으시는 일이다. 이 죽음을 통해 많은 열매가 맺힐 것이다. 그 열매를 장차 제자들이 거둘 것이다. 제자들은 수고하지 않은 것을 거둔다. 제자들은 선지자들의 수고에 참여하는 것이다.

한 사람이 영생을 얻는 데는 어떤 원리가 있는가? 뿌리는 사람과 거두는 사람의 합심 동역의 원리가 있다. 한 사람이 생명을 얻는 일에는 나 혼자의 노력으로 되지 않는다. 영적인 뿌림과 추수는 혼자 하는 것이 아니다. 뿌리는 사람과 거두는 사람이 합심하여 이루는 것이다. 서로 돕고 협력해서 한 사람을 키우는 것이다. 씨 뿌림 없이는 추수도 없다. 씨를 뿌리는 사람은 추수의 기쁨을 누리지 못할 수도 있다.

그러나 중요한 점은 씨를 뿌리는 일도 하나님의 일이고, 거두는 일도 하나님의 일이라는 것이다. 서로 협력하여 하나님의 구원 사역을 이루는 것이다. 지금 내가 한 사람을 추수한다면 거기에는 반드시 뿌린 사람이 있었다. 내가 지금 뿌릴지라도 당장에 거두지 못할 수 있다. 그러나 낙심하지 않아야 한다. 오히려 믿음과 소망을 가져야 한다. 왜냐하면 내가 지금 뿌리면 언젠가는 다른 사람이 거둘 수 있기 때문이다. 오늘 나는 뿌리는 사람이면서 동시에 거두는 사람이다. 이 원리를 어디에서 확인할 수 있는가?

4. 사마리아인은 왜 예수님을 믿습니까(39)? 예수님을 믿는 사람이 왜 더 많아집니까(40-42)? 사마리아 사람이 '세상의 구주를 만났다.'라는 사실이 주는 의미는 무엇입니까? 갈릴리인은 예수님을 왜 영접합니까(43-45)?

39 "여자의 말이 내가 행한 모든 것을 그가 내게 말하였다 증언하므로 그 동네 중에 많은 사마리아인이 예수를 믿는지라"

◇"증언하므로": 한 사람의 변화는 절대로 한 사람으로 그치지 않는다. 변화된 그 한 사람은 반드시 가정과 동네와 사회와 국가에 영향을 끼친다. 그녀는 요한공동체가 따라야 할 모범적인 제자이다.

◇"많은 사마리아인이 예수를 믿는지라": 사마리아인은 그 여인의 증언을 통해서 예수님을 믿었다. 그때 그들은 예수님께 무슨 도움을 청하는가?

40 "사마리아인들이 예수께 와서 자기들과 함께 유하시기를 청하니 거기서 이틀을 유하시매"

41 "예수의 말씀을 말미암아 믿는 자가 더욱 많아"

◇"말씀을 말미암아": 그들은 예수님의 말씀을 들었다. 말씀을 듣고서 믿는 사람이 더 많아졌다. 그들은 무엇을 고백하는가?

42 "그 여자에게 말하되 이제 우리가 믿는 것은 네 말로 인함이 아니니 이는 우리가 친히 듣고 그가 참으로 세상의 구주신 줄 앎이라 하였더라"

◇"우리가 친히 듣고", "세상의 구주신 줄 앎이라": 그들이 처음에는 '여인의 말' 때문에 예수님을 믿었다. 여인의 간증이 그들에게 믿음을 심었다. 하지만 이제는 그들이 예수님의 말씀을 직접 듣고 세상의 구주이심을 믿는다. 말씀이 그들 믿음의 뿌리가 되었다. 말씀이 그들의 믿음을 굳게 했다. 말씀에 기초한 믿음이야말로 가장 튼튼하고 건강한 모습이다.

사마리아 사람이 '세상의 구주를 만났다.' 라는 사실이 주는 의미는 무엇인가?

첫째로, 그들은 표적이 아닌 말씀으로 세상의 구주를 만났다. 예수님께서 사마리아에서 행하신 표적은 아무것도 없다. 예루살렘에서는 여러 표적을 행했지만 사람들이 예수님을 믿지 않았다. 종교적으로 보수적이고 정통이라는 사람들은 예수님의 표적에도 불구하고 예수님을 바로 믿지 못했다. 그러나 이단적이고 사교적이라고 무시 받았던 사마리아 사람은 아무런 표적도 없이, 아무런 표적도 요구하지 않고 예수님을 믿었다. 오직 예수님의 말씀 때문에 믿었다. 참으로 건강하고 아름다운 믿음이다. 가장 모범적인 모델이다.

둘째로, 그들은 예수님을 세상 만민의 구주로 믿었다. 그들은 오랫동안 구원받지 못할 사람으로 여김 받았다. 그런 그들에게 구주가 오셨다. 그들도 구원받을 수 있다. 구주는 다윗의 가문에서 나시고 인종적으로는 유대인이시지만 그들을 위해서도 오셨다. 이제 민족적 차별은 더는 존재하지 않는다. 예수님은 유대인만의 구주가 아니라 온 세상 만민의 구주시다. 갈릴리 사람은 예수님을 왜 영접하는가?

43 "이틀이 지나매 예수께서 거기를 떠나 갈릴리로 가시며"

44 "친히 증언하시기를 선지자가 고향에서는 높임을 받지 못한다 하시고"

45 "갈릴리에 이르시매 갈릴리인들이 그를 영접하니 이는 자기들도 명절에 갔다가 예수께서 명절 중 예루살렘에서 하신 모든 일을 보았음이더라"

◇"그를 영접하니", "모든 일을 보았음이더라": 갈릴리 사람들은 예수님을 영접했다. 왜냐하면 예루살렘 성전에서 행하신 일들을 보았기 때문이다. 그들은 사마리아 사람과는 달리 표적에 기초한 믿음에 머물러 있다. 그러나 그곳에 어떤 사람이 있는가?

5. 왕의 신하는 예수님께 무엇을 청합니까(46-49)? 예수님은 그에게 어

떤 믿음을 심습니까(50)? 그는 '아이가 살아 있다.'라는 말을 들었을 때 무엇에 관심을 품습니까(51-52)? 그의 믿음은 어느 정도 커집니까(53)? 두 번째 표적을 통해서 가르치려는 바는 무엇입니까(54)?

46 **"예수께서 다시 갈릴리 가나에 이르시니 전에 물로 포도주를 만드신 곳이라 왕의 신하가 있어 그의 아들이 가버나움에서 병들었더니"**

◇"왕": 갈릴리의 분봉 왕인 헤롯 안티파스(Herod Antipas)를 말한다.

◇"신하가 있어 그의 아들이 병들었더니": 신하의 아들이 병들었다.

47 **"그가 예수께서 유대로부터 갈릴리로 오셨다는 것을 듣고 가서 청하되 내려오셔서 내 아들의 병을 고쳐 주소서 하니 그가 거의 죽게 되었음이라"**

48 **"예수께서 이르시되 너희는 표적과 기사를 보지 못하면 도무지 믿지 아니하리라"**

◇"표적과 기사를 보지 못하면 도무지 믿지 아니하리라": 예수님은 그 아버지가 표적에 근거한 믿음을 가졌다고 지적하신다. 예수님은 그의 믿음을 기뻐하지 않으신다. 그 신하는 어떻게 하는가?

49 **"신하가 이르되 주여 내 아이가 죽기 전에 내려오소서"**

◇"내려오소서": 그 아버지는 예수님께서 직접 내려오셔야만 살릴 수 있다고 생각했다. 예수님은 그에게 어떤 믿음을 심으시는가?

50 **"예수께서 이르시되 가라 네 아들이 살아 있다 하시니 그 사람이 예수께서 하신 말씀을 믿고 가더니"**

◇"가라 네 아들이 살아 있다": 예수님은 내려가지 않으시고 말씀만 하신다. 예수님은 말씀에 기초한 믿음을 심으신다. 표적에만 근거한 믿음에는 한계가 있다. 믿음은 발전하고 자라는 생명체이다. 믿음은 말씀을 통해서 자란다. 그는 이 말씀 앞에서 어떻게 하는가?

◇"말씀을 믿고 가더니": 그는 예수님께서 자기에게 하신 말씀을 믿고 돌아갔다. 그는 처음에는 예수님께서 직접 오셔서 고쳐 주기를 간구했다. 하지만 예수님의 말씀을 듣고는 변했다. 그는 예수님의 말씀만 믿고 갔다. 그는 말씀을 믿는 믿음이 생겼다. 왕의 신하가 표적을 보지 않고 예수님의 말씀만 믿고 집으로 돌아갔다. 그에게 어떤 일이 일어났는가?

51 "내려가는 길에서 그 종들이 오다가 만나서 아이가 살아 있다 하거늘"

52 "그 낫기 시작한 때를 물은즉 어제 일곱 시에 열기가 떨어졌나이다 하는 지라"

◇"때를 물은즉": 그는 아이가 살았다는 자체보다도 언제부터 나았는가에 관심을 가진다. 즉 낫기 시작한 그때를 묻는다.

여기에는 무슨 뜻이 있는가? 그는 예수님의 말씀에 관심을 가진 것이다. 그는 자기 아들이 자기 믿음, 즉 말씀을 믿는 믿음으로 나았는가에 관심을 가진 것이다. 그의 믿음은 점점 커간다. 어느 정도 커지는가?

53 "그의 아버지가 예수께서 네 아들이 살아 있다 말씀하신 그때인 줄 알고 자기와 그 온 집안이 다 믿으니라"

◇"말씀하신 그때인 줄 알고": 그의 믿음의 뿌리는 말씀이다. 말씀에 기초한 믿음은 개인을 넘어서 가족에게로 전파된다.

◇"온 집이 다 믿으니라": 왕의 신하는 자신만 믿은 것이 아니라 자신이 경험한 모든 것을 가족과 함께 나누었다. 이 사람과 가족의 믿음은 표적 자체가 아니라 말씀을 믿음으로 생긴 것이다. 예수님께서 가르치고자 하시는 믿음의 본이다. 이것은 몇 번째 표적인가?

54 "이것은 예수께서 유대에서 갈릴리로 오신 후에 행하신 두 번째 표적이니라"

◇"두 번째 표적": 이것은 예수님께서 행하신 두 번째 표적이다.

두 번째 표적을 통해서 무엇을 가르치는가? 첫째는, 믿음의 뿌리는 말씀이다. 믿음의 뿌리는 표적이 아니다. 말씀이다. 표적을 통해서 믿음을 가질 수 있다. 하지만 표적에 기초한 믿음은 쉽게 흔들릴 수 있다. 말씀에 기초한 믿음으로 바꿔야 한다. 믿음은 말씀으로 자라야 한다. 그것이 건강한 믿음이다. 표적을 기초한 믿음보다도 더 높은 믿음이다.

둘째로, 말씀은 사람을 살리는 생명력이 있다. 예수님은 말씀으로 죽어가는 아들을 살리셨다. 예수님의 말씀을 믿는 자는 생명을 얻는다. 예수님은 생명의 주인이시고, 말씀을 통해서 생명을 주신다.

제9강

돕는 자

◇본문 요한복음 5:1-18
◇요절 요한복음 5:8
◇찬송 95장, 93장

1. '그 후'에 예수님은 어디로 가십니까(1-2)? 그곳에는 어떤 사람들이 있습니까(3a)? 그들은 왜 물의 움직임을 기다리고 있습니까(3b-4)? 그들의 기다림에는 어떤 한계가 있습니까?

2. 거기에는 얼마나 오래된 병자가 있습니까(5)? 예수님은 그에게 무엇을 묻습니까(6)? 왜 그렇게 물으실까요? 병자는 무엇이라고 대답합니까(7)? 그는 지금까지 병이 낫지 못한 것을 무슨 문제로 생각합니까?

3. 그때 예수님은 그에게 무엇을 말씀하십니까(8)? 예수님은 왜 그를 연못으로 데리고 가지 않고 이렇게 도와주십니까? 그 사람은 어떻게 되었습니까(9a)? 이 예수님은 누구십니까?

4. 유대인은 병 나은 사람이 무슨 잘못을 했다고 말합니까(9b-10)? 그들은 왜 '그 사람이 걸어가는 것'보다도 '안식일'이라는데 더 흥분할까요? 그 사람은 자기를 고쳐준 사람이 누구인지 왜 몰랐습니까(11-13)?

5. 예수님은 그 사람에게 무엇을 말씀하십니까(14)? 유대인은 예수님을 왜 박해합니까(15-16)? 예수님은 왜 안식일에 일하십니까(17-18)?

제9강
돕는 자

◇본문　요한복음 5:1−18
◇요절　요한복음 5:8
◇찬송　95장, 93장

1. '그 후'에 예수님은 어디로 가십니까(1-2)? 그곳에는 어떤 사람들이 있습니까(3a)? 그들은 왜 물의 움직임을 기다리고 있습니까(3b-4)? 그들의 기다림에는 어떤 한계가 있습니까?

1 "그 후에 유대인의 명절이 되어 예수께서 예루살렘에 올라가시니라"

◇"유대인의 명절": 유대인의 명절로는 유월절, 오순절, 그리고 초막절이 있다. 본문은 이 명절의 정체를 밝히지 않는다. 다만 유월절로 추정한다. 당시에는 명절에 큰 의미를 두었다. 하나님의 크신 능력과 은총의 사역이 일어난다고 믿었기 때문이다. 그런데 그 명절에 새로운 사역이 일어난다. 그곳은 어디인가?

2 "예루살렘에 있는 양문 곁에 히브리 말로 베데스다라 하는 못이 있는데 거기 행각 다섯이 있고"

◇"양문": 희생제물로 드려지는 양이 들어가는 문이다.
◇"베데스다": '은혜의 집'을 뜻한다.

◇"못": 양을 씻는 연못이다.

3 "그 안에 많은 병자, 맹인, 다리 저는 사람, 혈기 마른 사람들이 누워 [물의 움직임을 기다리니"

◇"많은 병자": 이 연못에는 환자로 구성된 특수한 사회가 있었다. 그들은 세상의 명절을 함께 즐길 수 없는 사람들이다. 왜냐하면 치명적인 병을 앓고 있기 때문이다. 그 병을 나을 수 없기 때문이다. 그들은 세상에서 밀린 자들이다. 하지만 그들에게도 한 가지 희망은 있었다. 그들은 절망 중에도 희망을 안고 이곳으로 왔다. 그 희망은 어떻게 생겼는가?

4 "이는 천사가 가끔 못에 내려와 물을 움직이게 하는데 움직인 후에 먼저 들어가는 자는 어떤 병에 걸렸든지 낫게 됨이러라]"

◇"먼저 들어가는 자는": 그들에 있는 한 가지, 유일한 희망이다. 그것은 물이 움직일 때, 그 물로 가장 먼저 들어가는 환자는 낫는다는 것이다. 그 희망은 실현 가능한가?

◇"가끔": '정해지지 않은 어떤 때'를 말한다. 환자들은 연못에서 정해지지 않은 어떤 때를 기다려야 한다. 천사가 언제 내려올지 알지 못하는 때를 막연하게 기다려야 한다. 천사가 내려오는 것은 말 그대로 '천사의 마음'이기 때문이다. 하지만 많은 환자는 그 막연한 기대에 소망을 걸고 이곳으로 모여들었다. 그들에게는 일종의 미신적인 믿음이 있다고 할 수 있다. 하지만 그 믿음조차도 얼마나 제한적인가?

◇"먼저 들어가는 자": 물이 움직이는 것도 막연하지만 설사 움직였다고 해도 가장 먼저 들어가는 자만 낫는다. 고침을 받을 수 있는 사람은 아주 제한되어 있다. 오직 1등만이 존재한다.

'가끔'과 '먼저'가 존재하는 '베데스다 사회'에서는 어떤 일이 일어날 수 있을까? 기회가 극히 제한되어서 경쟁이 치열하다. 물이 움직일 때 양보라는 미덕을 기대할 수 있을까? "형님 먼저, 아우 먼저"라는 말을 삶에서는 적용하기 어렵다. 이런 모습은 오늘 우리가 사는 삶의 현장과 다르지 않다. '베데스다 연못'은 오늘 우리 삶의 현장의 단면이다. 일반사회에서 밀리고 밀린 자들이 또 다른 경쟁에 시달리고 있다. 그 경쟁에서 가장 밀린 자는 누구인가?

2. 거기에는 얼마나 오래된 병자가 있습니까(5)? 예수님은 그에게 무엇을 묻습니까(6)? 왜 그렇게 물으실까요? 병자는 무엇이라고 대답합니까(7)? 그는 지금까지 병이 낫지 못한 것을 무슨 문제로 생각합니까?

5 "거기 서른여덟 해된 병자가 있더라"

◇"서른여덟 해": 38년 동안 병을 앓았을 수도 있고, 38년 동안 연못에서 생활했을 수도 있다. 그는 오랫동안 병을 앓고 있는 난치 환자이다.

6 "예수께서 그 누운 것을 보시고 병이 벌써 오래된 줄 아시고 이르시되 네가 낫고자 하느냐"

◇"병이 벌써 오래된 줄 아시고": 예수님은 가장 오래된 병을 앓고 있는 그 사람에게 관심을 가지신다. 그 상처와 그 고통, 그리고 그 아픔을 아신다. 예수님은 그에게 무엇을 물으시는가?

◇"네가 낫고자 하느냐": 예수님은 왜 이렇게 물으셨을까? 어떤 환자라도 그 상태로 남아 있기를 원하지 않는다. 하지만 육체의 병은 마음의 병으로 이어진다. 너무나 오랫동안 병마에 시달리다 보면 낫고자 하는 소원을 잃어버린 채 그냥 누워서 지낼 수 있다. 누워있기를 원하지 않으면서도 현실에서는 계속 누워만 있을 수 있다. 예수님은 그에게 낫고자 하는 소원이 아직도 계속 있는지를 물으신 것이다. 그는 무엇이라고 대답하는가?

7 "병자가 대답하되 주여 물이 움직일 때에 나를 못에 넣어 주는 사람이 없어 내가 가는 동안에 다른 사람이 먼저 내려가나이다"

◇"못에 넣어 주는 사람이 없어": 그는 자기가 아직 병을 치료하지 못한 문제를 나름대로 분석하고 있다. 그가 병을 낫지 못한 것은 다른 사람보다 더 빨리 그 물로 갈 수 없었기 때문이다. 왜냐하면 기회가 왔을 때 도와줄 사람이 없기 때문이다. 그는 넣어 줄 사람이 없는 것에 대해서 안타까움을 토로한다. 그런데 그는 예수님께 물이 움직일 때 제일 먼저 연못으로 데려가 달라고 부탁하지도 않는다. 그는 예수님이 누구신지 모른다. 그는 여전히 자기 세계에 갇혀서 통속적인 수단에 의한 치유를 생각하고 있다. 하지만 그는 현실적으로 연못에 가장 먼저 들어갈 가능성은 거의 없다. 그는 '자력 구원'이 불가능한 사람이다. 밖에서 누군가 그를 구원해 주지 않으면 안 된다. 그를 도와주는 사람이 반드시 절대적으로 필요하다. 예수님은 그에게 무엇을 말씀하시는가?

3. 그때 예수님은 그에게 무엇을 말씀하십니까(8)? 예수님은 왜 그를 연못으로 데리고 가지 않고 이렇게 도와주십니까? 그 사람은 어떻게 되었습니까(9a)? 이 예수님은 누구십니까?

8 "예수께서 이르시되 일어나 네 자리를 들고 걸어가라 하시니"

◇"일어나 네 자리를 들고 걸어가라": 이 말씀은 '이미 내가 너를 치료했다. 그러니 너는 일어나 걸어가면 된다.'라는 뜻이다. '저는 스스로 아무것도 할 수 없다.'라고 자신의 무능력을 탄식한 그 병자에게 이 명령은 어쩌면 놀리는 것으로 들릴지도 모른다. 하지만 이 말씀은 육체적인 병처럼 나약해진 그의 소원에 도전을 준다. 예수님은 피할 수 없다고 생각하는 운명에 스스로 잡혀가는 그 병자에게 적극적 행동의 가능성을 제시하셨다. 그 사람은 어떻게 되었는가?

9a "그 사람이 곧 나아서 자리를 들고 걸어가니라"

◇"곧 나아서 자리를 들고 걸어가니라": 보통은 예수님께 대한 믿음이 치료에서 필수적이었다(막 5:34). 하지만 그 사람은 예수님이 누구인지도 몰랐다(5:13). 예수님은 믿음이 없다고 해서 그 능력을 제한하지는 않으셨다. 상황에 따라서 예수님은 일방적으로 치료의 능력을 베푸신다.

이 예수님은 누구신가? 첫째로, 예수님은 자기가 '원하는 자'를 고치시는 분이다. 이 사람에게는 예수님을 믿는 믿음이 전혀 없다. 그런데도 예수님은 이 매력적이지 못한 인물에게 치유의 능력을 발휘하신다. 때로 예수님은 왕의 신하와 같이 간청하기를 원하신다(4:47). 때로 예수님께서 역사하시기 전에 믿음을 요구하기도 한다.

그러나 예수님께서는 우리의 도움이나 우리의 허락이나 심지어 우리의 믿음도 필요하지 않으신다. 일방적인 능력과 은총을 드러내기 위해서이다. 예수님께서 이 연못에서 발견한 수많은 병자 중에서 굳이 믿음 없는 이 사람을 택하여 치유한 사건을 통해 계시하고자 하신 것도 바로 이점이다. 예수님의 선물은 겉으로 볼 때 받을 만한 가치가 없는 사람에게도 주어진다. 예수님은 자기가 '원하는 자'를 살릴 권세가 있다는 것을 나타내기 위함이다. 예수님은 자신이 '원하는 자'에게 영적 생명을 주시는 분이다.

둘째로, 예수님 자신이 참으로 돕는 분이시다. 만일 베데스다 연못이 실제로 치료하는 능력의 도구였다면, 예수님은 천사가 내려와 물을 움직일 때 그 사람이 다른 사람보다 먼저 연못으로 들어가도록 도와주었을 것이다. 그러나 예수님은 "일어나 네 자리를 들고 걸어가라."라고 말씀하심으로써 병을 치료하는 능력이 연못의 물이 아니라 예수님 자신이심을 선포하신다. 그러므로 연못에 요행을 걸고 있는 사람은 예수님께 희망을 두어야 한다. 예수님께 도움을 청해야 한다.

현대인은 어디서 인생의 고질적인 병을 치료받고자 하는가? 아픈 상처를 어디서 치유하고자 하는가? 인생의 본질 문제인 죄를 어디에서 해결하려고 하는가? 어떤 이는 말로는 낫고 싶다고 하지만 실은 포기하고 살아간다. 하루하루를 그냥 산다. 어떤 이는 항간의 미신에서 치료받고자 한다. 혹은 기약 없는 요행을 기다리는 사람도 있다. 하지만 이로 인해서 치열한 생존경쟁에서 지치고 피곤하여 그 상처는 더 깊어만 간다.

인생 '대박'의 꿈을 꾸는 사람이 과연 인생의 '대박'을 실현하는가? 헛된 미신이나 기망 없는 요행으로는 이런 꿈을 이루지 못한다. 살아 계신 하나님의 아들 예수님을 만나야 한다. 그리할 때 우리의 오래된 고질적인 문제도 해결 받는다. 오직 예수님만이 인생의 병을 고치신다. 오직 예수님이 우리의 구원자이시다. 예수님만이 우리 인생의 진정한 돕는 자이시다.

4. 유대인은 병 나은 사람이 무슨 잘못을 했다고 말합니까(9b-10)? 그들은 왜 '그 사람이 걸어가는 것'보다도 '안식일'이라는데 더 흥분할까요? 그 사람은 자기를 고쳐준 사람이 누구인지 왜 몰랐습니까(11-13)?

9 b "이 날은 안식일이니"

◇"안식일이니": 안식일은 창조 사역의 일곱 번째 날일뿐만 아니라(창 2:3), 하나님께서 이스라엘 백성을 애굽에서 구원하신 일을 기념하는 날이었다(신 5:15). 그들이 안식일을 지키는 일은 여호와께 대한 헌신의 기준이었다. 그들은 안식일에 일하지 않았다(출 23:12).

10 "유대인들이 병 나은 사람에게 이르되 안식일인데 네가 자리를 들고 가는 것이 옳지 아니하니라"

◇"옳지 아니하니라": 유대인들의 관심은 그 환자가 치유 받은 것보다 안식일을 바르게 지키지 않음에 있다. 그들은 사람의 생명이 살아난 것보다 안식일 규정을 어긴 일에 더 관심을 가졌다.

11 "대답하되 나를 낫게 한 그가 자리를 들고 걸어가라 하더라 하니"

◇"나를 낫게 한 그가": 그는 자기가 스스로 안식일을 어긴 것이 아님을 주장한다.

12 **"그들이 묻되 너에게 자리를 들고 걸어가라 한 사람이 누구냐 하되"**

◇"누구냐": 유대인들은 안식일 규정을 어긴 그 사람을 알고자 한다.

13 **"고침을 받은 사람은 그가 누구인지 알지 못하니 이는 거기 사람이 많으므로 예수께서 이미 피하셨음이라"**

◇"알지 못하니": 그러나 정작 나음을 받은 사람은 그분이 누구신지를 알지 못한다.

5. 예수님은 그 사람에게 무엇을 말씀하십니까(14)? 유대인은 예수님을 왜 박해합니까(15-16)? 예수님은 왜 안식일에 일하십니까(17-18)?

14 **"그 후에 예수께서 성전에서 그 사람을 만나 이르시되 보라 네가 나았으니 더 심한 것이 생기지 않게 다시는 죄를 범하지 말라 하시니"**

◇"성전": 이 사람이 성전에 온 것은 정상적인 사회생활을 하기 위해서 제사장으로부터 건강검진을 받고자 함이다. 제사장이 건강진단을 하고 '정상'이라고 해야만 정상적인 생활을 할 수 있었다.

◇"더 심한 것": 38년 동안 병을 앓는 것보다 더 심한 것을 말한다. 죽음을 말할 수도 있고, 심판을 말할 수도 있다.

◇"다시는 죄를 범하지 말라": '죄짓기를 중단하라.'라는 뜻이다. 이것은 어떤 구체적인 동작을 말하는 것이 아니라 원리적인 동작, 즉 일반적인 동작을 말한다. 이것은 미래에 대한 경계요 당부이다. 앞으로 삶을 어떻게 살아야 할 것인가를 가르치고 있다.

15 **"그 사람이 유대인들에게 가서 자기를 고친 이는 예수라 하니라"**

◇"자기를 고친 이는 예수라": 그 사람은 예수님을 만나고 나서야 예수님을 알았다. 그리고 그는 유대인들에게 그 사실을 알린다.

16 "그러므로 안식일에 이러한 일을 행하신다 하여 유대인들이 예수를 박해하게 된지라"

◇"예수를 박해하게 된지라": 유대 종교 당국자들이 예수님을 박해하기 시작했다. 왜냐하면 그들이 볼 때 예수님은 안식일을 어겼기 때문이다. 예수님의 대답은 무엇인가?

17 "예수께서 그들에게 이르시되 내 아버지께서 이제까지 일하시니 나도 일한다 하시매"

◇"내 아버지께서 이제까지 일하시니 나도 일한다": 예수님의 답변은 두 가지를 전제하신다. 하나님이 예수님의 아버지라는 것과 예수님은 아들로서 아버지가 하시는 일을 따라 해야 한다는 것이다. 이것은 유대인들에게 충격이다. 안식일에 일하는 이유에 대한 변호를 넘어서 예수님 자신의 신적인 정체성의 선언이기 때문이다.

◇"이제까지 일하시니": 일하시는 하나님의 모습을 보여준다. 하나님은 창조 이래로 지금까지 쉬지 않고 일하신다. 하나님은 안식일에도 일하신다. 그 일의 핵심은 사람의 생명을 살리는 일이다. 예수님도 이 땅에 일하러 오셨다. 생명을 살리는 일을 하기 위해서 오셨다. 그러나 유대인은 어떻게 반응하는가?

18 "유대인들이 이로 말미암아 더욱 예수를 죽이고자 하니 이는 안식일을 범할 뿐만 아니라 하나님을 자기의 친 아버지라 하여 자기를 하나님과 동등으로 삼으심이러라"

◇"더욱 예수를 죽이고자 하니": 유대인들은 예수님을 박해한 데서 그치지 않고 죽이려고 한다. 두 가지 이유 때문이다.

◇"안식일을 범할 뿐만 아니라": 첫째로, 유대인들은 예수님이 안식일을 범했다고 생각한다.

◇"하나님과 동등으로 삼으심이러라": 둘째로, 유대인들은 예수님이 신성모독죄를 범했다고 생각한다. 하나님을 자기 아버지라고 부르는 것은 자신을 아버지와 동등한 분으로 간주하는 것이다. 하지만 예수님은 하나님과 동등하시다.

우리가 삶의 현장에서 스스로 도저히 극복할 수 없는 위기를 만날 때 어떻게 하는가? 우리를 진정으로 돕는 분은 누구신가? 우리는 삶의 현장에서 내 의지와는 다르게 자꾸만 밀리면 포기하기 쉽다. 말로는 "일어날 수 있다. 일어나야 한다."라고 하지만 실제로는 희망을 품지 못한다. 더러 어떤 사람은 자기를 도와줄 누군가를 찾으며 기다린다. 하지만 그런 사람을 만나는 일도 쉽지 않다. 그러다 보면 더욱더 밀리고 만다. 누가 우리를 진정으로 도와주시는가? 예수님이시다. 예수님은 우리를 찾아오신다. 그리고 도와주신다. 이 예수님께 소망을 두는 자, 이 예수님의 도움을 받는 자, 일어나 걸어갈 수 있다.

제10강

듣는 자

◇본문　요한복음 5:19-47
◇요절　요한복음 5:24
◇찬송　540장, 285장

1. 예수님은 어떻게 일하십니까(19-20)? 예수님께서 하시는 '더 큰 일'은 무엇을 말합니까(21-22)? 아버지는 아들에게 왜 심판하는 일을 맡기셨습니까(23)? 예수님께서 죽은 자를 살리시고, 심판도 하신 데는 무슨 뜻이 있습니까?

2. 예수님의 말씀을 듣는 사람은 어떤 은혜를 받습니까(24)? 인간 실존에 대해서 무엇을 배울 수 있습니까? 사망의 세계에서 사는 사람이 어떻게 생명의 세계로 옮겨집니까(25)? 오늘 내가 말씀을 듣는 일이 얼마나 중요합니까?

3. 아버지께서는 아들에게 어떤 권세를 주셨습니까(26-27)? 어떤 때가 오며, 그때 사람들은 어떤 모습으로 나옵니까(28-29)? '생명의 부활', '심판의 부활'은 무엇을 말하며, 무엇이 그것을 결정합니까?

4. 예수님의 심판은 왜 의롭습니까(30)? 예수님의 심판이 의롭다는 사실을 누가 증언합니까(31-37a)? 하지만 그들은 이 증거를 왜 듣지 못합니까(37b-38)? 유대인이 말씀을 듣지 못하는 이유는 무엇입니까(39-40)?

5. 그들은 왜 예수님을 일부러 거부했습니까(41-42)? 하나님을 사랑하는 마음과 성경 공부와의 관계가 어떠합니까? 그들은 예수님을 왜 영접하지 않습니까(43-44)? 우리가 예수님의 말씀을 믿으려면 어떻게 해야 합니까?

제10강

듣는 자

◇본문 요한복음 5:19-47
◇요절 요한복음 5:24
◇찬송 540장, 285장

1. 예수님은 어떻게 일하십니까(19-20)? 예수님께서 하시는 '더 큰 일'은 무엇을 말합니까(21-22)? 아버지는 아들에게 왜 심판하는 일을 맡기셨습니까(23)? 예수님께서 죽은 자를 살리시고, 심판도 하신 데는 무슨 뜻이 있습니까?

19 "그러므로 예수께서 그들에게 이르시되 내가 진실로 진실로 너희에게 이르노니 아들이 아버지께서 하시는 일을 보지 않고는 아무것도 스스로 할 수 없나니 아버지께서 행하시는 그것을 아들도 그와 같이 행하느니라"

◇"아들이 아버지께서 하시는 일을 보지 않고는": 예수님은 아들이신 당신과 아버지이신 하나님과의 관계에 대해서 말씀하신다. 유대인이 예수님의 아들 됨에 대해서 문제로 삼았기 때문이다. 예수님이 당신을 하나님과 동등으로 삼는 것에 대해 크게 당황하고 분노하여 죽이려 했기 때문이다(18). 예수님은 당신에 대해서 변증하신다. 그 주제가 본문 전체에 흐르고 있다.

◇"아무것도 스스로 할 수 없나니": 아들의 무능력을 말하는 것이 아니다.

'하지 않음'을 강하게 표현한 것이다. 예수님은 하나님의 아들로서 아버지를 떠나서는 결코 아무것도 할 수 없고 아무것도 하지 않으신다(can do nothing by himself). 왜냐하면 예수님과 하나님은 한 분이시기 때문이다. 그러면 어떻게 일하시는가?

◇"아버지께서 행하시는 그것을 아들도 그와 같이 행하느니라": 예수님은 모든 일에 있어서 아버지의 하시는 일을 보고 하신다(he can do only what he sees his Father doing). 아버지가 행하시는 그것을 아들도 똑같이 하신다. 오직 아버지의 말씀과 뜻대로만 행하신다. 하나님 아버지와 동등한 위치에 있는 아들 예수님의 모든 활동의 근거가 아버지에게 있다.

그러므로 아들이신 예수님께서 안식일에 일하시는 데는 무슨 뜻이 있는가? 아들이 안식일에도 일하는 것은 아버지가 안식일에도 일하는 것을 본받아서 그대로 한 일이다. 예수님이 안식일에 하는 일은 아버지를 본받아서 하는 많은 일들 가운데 하나일 뿐이다. 이것은 고대 사회의 '가업 계승'이라는 그림을 사용하여 설명하신 것이다. 예수님은 당신과 하나님의 관계를 고대 사회에서 일반화된 가업의 비밀을 전승하는 그림에 빗대어 설명하신다. 가업이 아버지로부터 아들로 계승될 때 아들은 아버지가 하는 것을 보고 그대로 따라 한다. 이렇게 가업을 전수하면 그 가업의 비법이 형성된다. 아버지는 왜 아들에게 이런 특권을 주시는가?

20 "아버지께서 아들을 사랑하사 자기가 행하시는 것을 다 아들에게 보이시고 또 그보다 더 큰 일을 보이사 너희로 놀랍게 여기게 하시리라"

◇"사랑하사": 아버지께서 아들을 사랑하시기 때문이다. 하나님과 예수님의 관계는 사랑으로 맺어졌다. 사랑이 모든 것을 보이고 행하게 하심의 뿌리이다.

◇"다 아들에게 보이시고": 사랑으로 맺어진 두 분은 모든 것을 다 보이신다. 비밀이 없으시다. 아버지는 아들에게 계시하시고 아들은 그 계시를

받아서 그대로 행하신다.

◇“그보다 더 큰 일을 보이사”: ‘38년 된 병자’를 살린 일보다 더 큰 일도 보이신다. ‘더 큰 일’은 무엇을 말하는가?

21 “아버지께서 죽은 자들을 일으켜 살리심 같이 아들도 자기가 원하는 자들을 살리느니라”

◇“죽은 자”: ‘38년 된 병자’와 같은 사람이나 영적으로 죽은 사람을 말한다.

◇“살리느니라”: 이 땅에서 생명을 얻는 것을 말한다. 미래에 있을 육체적 부활을 말한다. 영원한 생명을 누리는 것을 말한다. 그 생명을 누가 누리는가?

◇“원하는 자”: 예수님께서는 아무나 살리는 것은 아니다. 무조건 모든 사람을 살리는 것은 아니다. 예수님께서 원하시는 어떤 사람만을 살린다. 따라서 영생은 우리의 공로로 얻는 것이 아니다. 오직 예수님의 일방적인 은혜로 얻는다. 예수님은 살리는 일뿐만 아니라 무슨 일도 하시는가?

22 “아버지께서 아무도 심판하지 아니하시고 심판을 다 아들에게 맡기셨으니”

◇“심판”: 예수님은 살리는 일뿐만 아니라 심판하는 일도 하신다. 왜냐하면 아버지께서 그 아들에게 맡기셨기 때문이다. 심판권은 두 가지 면을 가지고 있다. 하나는 심판의 긍정적인 결과인 영생을 주는 것이고, 다른 하나는 심판의 부정적인 결과인 멸망이다. 예수님은 믿는 자에게는 영생을 주시고 믿지 않는 자에게는 심판을 선언하신다. 아버지는 왜 아들에게 심판을 맡기셨는가?

23 “이는 모든 사람으로 아버지를 공경하는 것 같이 아들을 공경하게 하려 하심이라 아들을 공경하지 아니하는 자는 그를 보내신 아버지도 공경하지 아니하느니라”

◇“공경하게”: 아들을 공경하지 않는 사람은 아버지도 공경하지 않는다.

공경에서도 아버지와 아들은 동등하다. 유대인은 '하나님을 공경한다.' 라고 생각했다. 하지만 하나님의 아들이신 예수님을 공경하지 않으면 하나님 아버지도 공경하지 않는 것이다.

예수님께서 죽은 사람을 살리시고, 심판도 하신 데는 무슨 뜻이 있는가? 예수님이 하나님이심을 증언한다. 유대인은 하나님만이 죽은 자를 살릴 수 있다고 믿었다. 또 사람을 심판하시는 분은 오직 하나님뿐이심을 믿었다. 그 일은 하나님이 가지신 위대한 권능 중에서 가장 큰 것이다. 그런데 예수님이 그 큰 일을 하신다. 그렇다면 그분은 하나님이시다. 왜 예수님을 공경해야 하는가?

2. 예수님의 말씀을 듣는 사람은 어떤 은혜를 받습니까(24)? 인간 실존에 대해서 무엇을 배울 수 있습니까? 사망의 세계에서 사는 사람이 어떻게 생명의 세계로 옮겨집니까(25)? 오늘 내가 말씀을 듣는 일이 얼마나 중요합니까?

24 "내가 진실로 진실로 너희에게 이르노니 내 말을 듣고 또 나 보내신 이를 믿는 자는 영생을 얻었고 심판에 이르지 아니하나니 사망에서 생명으로 옮겼느니라"

◇"내 말을 듣고 나를 보내신 이를 믿는 자는": 예수님을 공경한다는 말은 예수님의 말씀을 듣는 것이다. 그리고 그것은 예수님을 보내신 하나님을 믿는 일이다. 말씀을 들음과 믿음은 연결된다. 믿음은 들음에서 나오기 때문이다. 말씀을 듣지 않고서는 믿음을 가질 수 없다. 믿지 않음은 듣지 않음에서 온다. 예수님의 말씀을 듣는 사람은 어떤 은혜를 받는가?

◇"영생을 얻었고": 영생을 얻었다(has eternal life). 이것을 '현재적 영생'이라고 부른다. 현재적 의미의 영생은 하나님 아버지와 그 아들 예수 그리스도와 인격적 관계를 맺는 것을 말한다. 하나님께서 주시는 은혜와 복을 누리며 사는 것을 말한다. 영생에는 '미래적 영생'도 있다. 그것은

우리가 죽어서 천국에 들어가는 것을 말한다.

◇"심판에 이르지 아니하나니": 심판은 미래적으로는 영원한 형벌을 받는 것을 말한다. 동시에 현재적 의미도 있다. 오늘의 삶 속에서도 이미 심판은 있다.

◇"사망에서 생명으로 옮겼느니라": 과거의 어느 시점에 사망에서 생명으로 이미 옮겨졌다(has passed from death to life). 예수님을 믿는 사람은 현재 생명의 영역에서 살고 있다. 38년 된 병자가 예수님의 말씀을 들음으로 사망의 세계인 베데스다 연못에서 생명의 세계인 세상으로 옮겨졌다.

◇"사망": 영적인 죽음을 말한다. 즉 예수님을 모르고 사는 상태를 말한다.

◇"생명": 이 사망으로부터 다시 살아나는 상태를 말한다. 지금 예수님을 믿고 있는 사람이 누리는 상태를 말한다.

여기서 우리는 인간 실존에 대해서 무엇을 배울 수 있는가? 세상은 두 세계가 존재한다. '사망의 세계'와 '생명의 세계'이다. 사람도 두 종류가 있다. 사망의 세계에서 사는 사람과 생명의 세계에서 사는 사람이 있다. 심판 아래에 있는 사람이 있고, 생명을 누리는 사람이 있다. 이 인간 실존을 알아야 한다.

'생명의 세계에서 산다.'라는 말은 무슨 뜻인가? '이미 구원을 받았다'는 뜻이다. '그러나 아직' 구원을 완성한 것은 아니다. 이것을 '실현된 종말론(realized eschatalogy)'과 '미래적 종말론(future eschatalogy)'의 긴장 가운데서 살고 있다고 말한다. 미래적 종말론이란 아직 구원이 완성되지 않았음을 말한다. 이것을 '아직 아니(not yet)'라고 말한다. 반면 실현된 종말론은 '이미(already)', 즉 '벌써 구원을 받았다.'라는 뜻이다. 구원이 지금 여기에 있다는 뜻이다. 우리는 '이미'와 '그러나 아직 아니'의 긴장 가운데 살고 있다. 사망의 세계에서 사는 사람이 어떻게 생명의 세계로 옮겨지는가?

25 "진실로 진실로 너희에게 이르노니 죽은 자들이 하나님의 아들의 음성을

들을 때가 오나니 곧 이때라 듣는 자는 살아나리라"

◇"듣는 자는 살아나리라": 죽은 자들이 예수님의 말씀을 들으면 살아난다. 이 말씀은 미래 시상이지만(will live), 그 내용은 현재형이다. 만일 누구든지 하나님 아들의 음성을 들으면 살아난다. 아들의 음성을 들으면 사망의 세계에서 사는 사람이 생명의 세계로 옮겨진다.

오늘 내가 말씀을 듣는 일이 얼마나 중요한가? 우리가 성경을 바르게 배우고 바르게 실천하는 일이 얼마나 중요한가? 우리는 왜 매 주일 말씀을 배우고 설교를 듣는가? 그 원론적 해답이 여기에 있다. 죽음과 생명의 갈림길이 말씀의 들음과 듣지 않음에 있다. 우리는 주님의 말씀을 듣는 일에 힘써야 한다. 그러면 성령님께서 인도하신다. 성령님께서 말씀을 들을 수 있도록 도와주시면 나는 말씀을 듣고 죽음에서 살아난다. 그리고 생명의 세계로 옮겨져서 생명을 누리며 산다. 성령님께 내가 말씀을 잘 듣고 잘 순종할 수 있도록 은총을 주시기를 바란다. 아버지께서 아들에게 어떤 권세를 주셨는가?

3. 아버지께서는 아들에게 어떤 권세를 주셨습니까(26-27)? 어떤 때가 오며, 그때 사람들은 어떤 모습으로 나옵니까(28-29)? '생명의 부활', '심판의 부활'은 무엇을 말하며, 무엇이 그것을 결정합니까?

26 "아버지께서 자기 속에 생명이 있음같이 아들에게도 생명을 주어 그 속에 있게 하셨고"

◇"생명을 주어": 하나님께서 예수님께 생명을 주셔서 생명 사역을 하도록 하셨다. 예수님께 생명을 살리는 권세를 주셨다. 또 무슨 권세를 주셨는가?

27 "또 인자 됨으로 말미암아 심판하는 권한을 주셨느니라"

◇인자": 하늘의 심판대에 앉아 책을 펴는 심판의 상황에서 나타난다(단 7:10). 예수님은 인자의 모습으로 하늘로부터 오신 분이다.

◇"심판": 예수님은 생명을 살리는 권세와 함께 심판의 권세도 가지셨다. 어떤 때가 오는가?

28 "이를 놀랍게 여기지 말라 무덤 속에 있는 자가 다 그의 음성을 들을 때가 오나니"

◇"무덤 속에 있는 자": 이 땅에서 살다가 죽어서 무덤에 있는 사람을 말한다. 그 안에는 예수님을 믿고 죽은 사람도 있고, 예수님을 믿지 않고 죽은 사람도 있다.

◇"음성을 들을 때가 오나니": 그들이 예수님의 말씀을 들을 때가 온다. 그 때는 예수님께서 다시 오실 때이다. 그때는 심판의 때이다. 그때 그들은 어떤 모습으로 나오는가?

29 "선한 일을 행한 자는 생명의 부활로, 악한 일을 행한 자는 심판의 부활로 나오리라"

◇"선한 일을 행한 자": 예수님의 말씀을 듣고 믿는 사람이다.

◇"악한 일을 행한 자": 예수님의 말씀을 듣지 않고 믿지 않는 사람이다.

왜 이렇게 표현할까? 신자와 불신자를 행위의 관점에서 보기 때문이다. '선한 일'이란 아들의 음성을 듣고 순종하는 삶을 말한다. '악한 일'은 아들의 음성을 듣지 않고 순종하지 않는 삶을 말한다. 말씀을 듣지 않고서는 선을 행할 수 없다. 말씀을 듣지 않고서 행하는 선이란 지극히 제한적이며 자기중심적이며 상대적이다. 말씀과 믿음에 근거한 선만이 절대적이다. 삶의 열매가 어떻게 나타나는가?

◇"생명의 부활로": 말씀을 듣고 믿음으로 산 사람은 생명의 부활로 나온다. 신자는 비록 죽을지라도 예수님께서 다시 오실 때 무덤에서 예수님과 함께 나온다.

◇"심판의 부활로": 그러나 믿음으로 살지 않은 사람은 심판의 부활로 나온다. 그는 지옥의 형벌을 받는다. 이 땅에서 어떻게 살았느냐에 따라서

인생의 열매가 다르다. 이 일은 심판의 권세를 가지신 예수님께서 다시 오시는 그날, 즉 최후의 심판 때에 이루어진다. 그러므로 오늘 우리가 말씀을 듣는 일이 얼마나 중요한가? 예수님의 심판은 왜 의로운가?

4. 예수님의 심판은 왜 의롭습니까(30)? 예수님의 심판이 의롭다는 사실을 누가 증언합니까(31-37a)? 하지만 그들은 이 증거를 왜 듣지 못합니까(37b-38)? 유대인이 말씀을 듣지 못하는 이유는 무엇입니까(39-40)?

30 "내가 아무 것도 스스로 할 수 없노라 듣는 대로 심판하노니 나는 나의 뜻대로 하려 하지 않고 나를 보내신 이의 뜻대로 하려 하므로 내 심판은 의로우니라"

◇"나를 보내신 이의 뜻대로 하려 하므로": 예수님은 하나님으로부터 받은 심판의 권세를 행하신다. 따라서 그 심판은 의롭다. 이 사실을 어떻게 증명할 수 있는가?

31 "내가 만일 나를 위하여 증언하면 내 증언은 참되지 아니하되"

◇"나를 위하여 증언하면": 예수님은 당신을 증언하지 않으신다. 아무리 옳다고 하더라도 본인 혼자만의 증언으로는 최종적인 판결을 내리기에는 충분하지 않다. 예수님에 대해서 누가 증언하시는가?

32 "나를 위하여 증언하시는 이가 따로 있으니 나를 위하여 증언하시는 그 증언이 참인 줄 아노라"

◇"따로 있으니": 구약에서 중요한 사건에 대해서 판결을 할 때는 반드시 두세 사람의 증인이 있어야 했다(신 19:15). 예수님은 두세 사람을 법적인 증인으로 세우신다. 세례 요한, 예수님이 하시는 사역, 하나님, 그리고 성경이다. 첫 번째 증인은 누구인가?

33 "너희가 요한에게 사람을 보내매 요한이 진리에 대하여 증언하였느니라"

◇"요한": 첫 번째 증인은 요한이다. 요한이 예수님을 증언한 일을 유대인이 직접 들었다. 그러나 예수님은 왜 사람에게서 증언을 취하지 않으시는가?

34 "그러나 나는 사람에게서 증언을 취하지 아니하노라 다만 이 말을 하는 것은 너희로 구원을 받게 하려 함이니라"

◇"사람에게서 증언을 취하지 아니하노라": 예수님은 사람의 증언을 필요로 하지 않으신다. 그런데도 왜 증인으로 내세우신가?

◇"너희로 구원을 받게 하려 함이니라": 예수님께서 요한을 증인으로 내세우는 이유는 듣는 사람이 구원을 받게 하려 함이다. 요한은 그만큼 사람들에게 권위가 있었다. 요한은 어떤 사람이었는가?

35 "요한은 켜서 비추이는 등불이라 너희가 한때 그 빛에 즐거이 있기를 원하였거니와"

◇"켜서 비추이는 등불": '타오르고 빛나는 등불(a burning and shining lamp)'이다. 촛불이나 횃불처럼 타서 스스로 없어지는 것을 말한다. 요한은 예수님을 증언할 때 이런 식으로 했다. 그는 오직 예수님만을 높였다. 자신은 쇠하고 예수님은 흥하도록 했다.

◇"즐거이 있기를 원하였거니와": 사람들은 그의 빛 속에서 즐거워하려 했다(you were willing to rejoice for a while in his light). 그들은 그 빛을 보고 대단히 좋아했다. 그러나 예수님은 또 어떤 증거를 제시하시는가?

36 "내게는 요한의 증거보다 더 큰 증거가 있으니 아버지께서 내게 주사 이루게 하시는 역사 곧 내가 하는 그 역사가 아버지께서 나를 보내신 것을 나를 위하여 증언하는 것이요"

◇"내가 하는 그 역사": 예수님이 하나님으로부터 위임받아 행하고 있는

일 자체가 큰 증거이다. 더 중요한 증인은 누구신가?

37 "또한 나를 보내신 아버지께서 친히 나를 위하여 증언하셨느니라 너희는 아무 때에도 그 음성을 듣지 못하였고 그 형상을 보지 못하였으며"

◇"아버지께서 친히 나를 위하여 증언하셨느니라": 하나님께서 친히 예수님을 증언하신다. 예수님의 심판이 의롭다는 사실을 증언하고 있다. 그런데도 그들은 예수님의 말씀 앞에서 어떻게 했는가?

◇"그 음성을 듣지 못하였고 그 형상을 보지 못하였으며": 그러나 그들은 하나님께서 증언하는데도 듣지 못했다. 그 형상을 보지도 못했다. 그 결과 그들은 어떻게 되었는가?

38 "그 말씀이 너희 속에 거하지 아니하니 이는 그가 보내신 이를 믿지 아니함이라"

◇"거하지 아니하니": 그 말씀이 그들 속에 들어 있지 않았다. 왜냐하면 하나님께서 보내신 예수님을 믿지 않았기 때문이다.

그 많은 증언이 있는데도 예수님을 믿지 못하는 이유는 무엇인가? 말씀이 그 안에 없기 때문이다. 말씀을 들어야 믿음이 생긴다. 그런데 예수님을 믿지 않으면 말씀이 내 안에서 일하지 못한다. 믿어야 말씀에 순종할 수 있다. 들음과 믿음, 믿음과 순종은 하나이다.

물론 내가 말씀을 듣고자 한다고 해서 들을 수 있는 것만은 아니다. 내가 믿고자 한다고 해서 믿을 수 있는 것도 아니다. 성령님께서 도와주셔야 한다. 그래서 믿음을 가진다는 것은 은혜 위의 은혜이다. 하나님의 선물이고 축복이다. 유대인이 말씀을 듣지 못하는 이유는 무엇인가?

39 "너희가 성경에서 영생을 얻는 줄 생각하고 성경을 연구하거니와 이 성경이 곧 내게 대하여 증언하는 것이니라"

◇"성경을 연구하거니와": 유대인은 성경을 부지런히 연구했다. 그들은 성

경 자체에서 영생을 얻는 줄로 생각했기 때문이다. 그들은 성경을 생명의 원천으로 생각했다. 그러나 성경의 핵심은 무엇인가?

◇"내게 대하여 증언하는 것이니라": 성경의 핵심은 예수님을 증언하는 것이다. 따라서 성경 공부의 목적도 예수님을 배우고 믿는 데 있어야 한다. 예수님을 믿음으로 영생을 얻는 데 있어야 한다. 생명은 성경에서 오는 것이 아니라 성경이 증언하는 하나님의 아들 예수님을 믿음으로 얻는다. 성경이 증언하는 예수님을 믿지 않고 생명을 얻는 길은 절대로 없다. 그러나 그들은 어떻게 했는가?

40 **"그러나 너희가 영생을 얻기 위하여 내게 오기를 원하지 아니하는도다"**

◇"오기를 원하지 아니하는도다": 그들이 예수님을 믿지 않은 근본 원인은 '무지(모름)'에 있었다기보다는 '무의지(하기 싫음)'에 있었다. 그들은 일부러 예수님께로 가지 않았다. 그들은 성경을 열심히 공부했는데, 그 성경이 증언하는 예수님을 받아들이지 않았다. 성경을 연구하는 사람이 그리스도를 찾지 않으면 그 연구는 의미가 없다. 왜냐하면 그런 식의 연구는 단순한 '문헌 연구'에 불과하기 때문이다. 그런 성경 공부는 수단을 목적으로 착각한 데서 왔다. 그들은 왜 고의적으로 거부했는가?

5. 그들은 왜 예수님을 일부러 거부했습니까(41-42)? 하나님을 사랑하는 마음과 성경 공부와의 관계가 어떠합니까? 그들은 예수님을 왜 영접하지 않습니까(43-44)? 우리가 예수님의 말씀을 믿으려면 어떻게 해야 합니까?

41 **"나는 사람에게서 영광을 취하지 아니하노라"**

◇"사람에게서 영광을 취하지 아니하노라": 예수님은 사람에게서 영광을 취하지 않으신다. 하지만 그들은 사람에게서 영광을 취했다. 그들의 문

제는 사람에게서 영광을 취하는 데 있다. 사람에게서 영광을 취하면 어떻게 되는가?

42 "다만 하나님을 사랑하는 것이 너희 속에 없음을 알았노라"

◇"없음을": 사람에게서 영광을 취하는 자는 하나님을 사랑하지 않는다. 예수님에 대한 네 가지 증언에도 그들이 예수님을 믿지 않는 것은 하나님을 사랑하지 않기 때문이다.

하나님을 사랑하는 마음과 성경 공부와의 관계가 어떠한가? 하나님을 사랑하지 않고 하는 성경 공부는 의미가 없다. 예수님을 믿고자 하는 마음 없이 성경을 공부하면 소용이 없다. '하나님을 사랑하는 마음'은 '예수님을 믿고자 하는 마음'이다. 성경은 예수님을 증언하고 예수님을 믿도록 하는 책이기 때문이다. 성경 공부는 매우 소중하고 아름답다. 하지만 더 중요한 것은 그 마음이다. 하나님을 사랑하는 마음, 예수님을 영접하려는 마음이 무엇보다도 중요하다. 오늘 우리는 어떤 마음으로 성경 공부를 하는가? 하나님을 사랑하지 않는 그들은 예수님을 어떻게 대하는가?

43 "나는 내 아버지의 이름으로 왔으매 너희가 영접하지 아니하나 만일 다른 사람이 자기 이름으로 오면 영접하리라"

◇"영접하지 아니하나": 그들은 아버지 하나님의 이름으로 오신 예수님을 영접하지 않았다. 그들이 예수님을 영접하지 않는 것은 하나님을 영접하지 않는 것이다. 그리고 그것은 곧 자기 영광, 자기 사랑 때문이다. 만일 다른 사람이 자기 이름으로 오면 영접할 것이다.

44 "너희가 서로 영광을 취하고 유일하신 하나님께로부터 오는 영광은 구하지 아니하니 어찌 나를 믿을 수 있느냐"

◇"서로 영광을 취하고": 그들은 서로 영광을 취하였다. 그들은 서로 "당신은 위대한 랍비입니다."라며 존경을 표했다. 또 "당신은 참으로 존경받

을만한 바리새인입니다."라고 칭찬했다.

이런 모습을 오늘 우리 안에서 찾아볼 수 있는가? 어떤 사람은 성경을 깊이 있게 연구한다. 그러면서 온갖 인간적인 이론을 만들어 낸다. 사람은 그런 사람을 '위대한 신학자' '대단한 성경 선생'이라고 칭찬한다. 사람의 영광을 취하는 전형이다. 하지만 이런 사람은 예수님을 믿지 않기 때문에 의미가 없다. 그들은 고소당하고 만다. 누가 그들을 고소하는가?

45 **"내가 너희를 아버지께 고발할까 생각하지 말라 너희를 고발하는 이가 있으니 곧 너희가 바라는 자 모세니라"**

◇"모세": 모세가 그들을 고발한다. 모세는 유대인이 가장 존경하는 인물이다. 그들은 모세처럼 말씀을 사랑하고 말씀대로 살고자 했다. 그런데 모세가 왜 그들을 고소하는가?

46 **"모세를 믿었더라면 또 나를 믿었으리니 이는 그가 내게 대하여 기록하였음이라"**

◇"믿었으리니": 누구든지 모세를 믿는다면 예수님을 믿는다. 왜냐하면 모세가 예수님께 대하여 기록했기 때문이다. 그런데 유대인은 모세를 믿는다고 말했다. 하지만 모세가 증언한 예수님을 믿지 않았다. 그들은 모세를 믿지 않은 것이다. 모세를 이용한 것이다. 그래서 모세가 그들을 고발한다. 모세를 믿지 않으면 어떻게 되는가?

47 **"그러나 그의 글도 믿지 아니하거든 어찌 내 말을 믿겠느냐 하시니라"**

◇"어찌 내 말을 믿겠느냐": 모세의 증언도 믿지 않으면 예수님의 말씀도 믿지 못한다. 그들은 구약 성경을 연구는 했으나 믿지는 않았다. 성경을 바르게 연구하면 반드시 예수님을 믿는다. 왜냐하면 성경은 예수님을 증언하기 때문이다. 따라서 성경을 깊이 연구한다고 하면서 예수님을 믿지 않는다면, 그 사람은 성경을 잘못 배우는 것이다. 성경을 이용하는

것이다. 따라서 성경이 그 사람을 하나님께 고발할 것이다.

우리가 예수님의 말씀을 믿으려면 어떻게 해야 하는가? 성경을 믿어야 한다. 성경을 의심하면, 성경을 거부하면 인생의 터가 무너진다. 그러나 성경을 믿으면 예수님의 말씀을 믿는다. 예수님의 말씀을 믿으면 예수님을 믿는다. 예수님을 믿으면 살아난다. 믿음은 들음에서 나온다. 말씀을 듣는 사람이 살아난다.

제11강

원대로 주신 분

◇본문 요한복음 6:1-15
◇요절 요한복음 6:11
◇찬송 549장, 310장

1. 많은 사람이 예수님을 왜 따랐습니까(1-2)? 예수님은 어디에 앉으셨으며, 그때는 언제입니까(3-4)?

2. 예수님은 큰 무리가 자기에게로 오는 것을 보시고 빌립에게 무슨 질문을 하십니까(5)? 그 의도가 무엇입니까(6)? 빌립의 어떤 점을 시험하고자 하신 겁니까? 그의 대답은 무엇입니까(7)? 그의 대답에는 어떤 문제가 있습니까?

3. 안드레는 예수님께 무슨 제안을 합니까(8-9a)? 그러면서도 그는 어떤 마음을 가졌습니까(9b)? 그런데도 그는 어떻게 이런 제안을 할 수 있을까요? 그때 예수님은 제자들에게 어떤 방향을 주십니까(10)?

4. 예수님은 그들을 어떻게 친히 먹이십니까(11)? '떡을 가져', '원대로 주시니라.'라고 하신 이 예수님은 어떤 분이십니까? 오늘 우리는 이 예수님 안에서 무엇을 할 수 있습니까? 예수님은 그들이 배부른 후에 무슨 방향을 주십니까(12-13)? '남은 조각이 열두 바구니에 찼다.'라는 말은 무엇을 말할까요?

5. 사람들은 예수님을 어떤 분으로 생각합니까(14)? 그들은 왜 예수님을 억지로 임금 삼고자 합니까(15a)? 예수님은 왜 산으로 떠나가십니까(15b)?

제11강
원대로 주신 분

◇본문 요한복음 6:1-15
◇요절 요한복음 6:11
◇찬송 549장, 310장

1. 많은 사람이 예수님을 왜 따랐습니까(1-2)? 예수님은 어디에 앉으셨으며, 그때는 언제입니까(3-4)?

1 "그 후에 예수께서 디베랴의 갈릴리 바다 건너편으로 가시매"

◇"디베랴": 갈릴리 서쪽에 있는 도시인데, 지금은 '티베리아스(Tiberias)'이다. 구약 시대 때는 납달리의 성읍이었다(수 19:35). 주후 25년경 분봉 왕 헤롯 안디바가 갈릴리와 베레아의 수도로 삼을 목적으로 그 도시를 세웠다. 그 이름을 디베료(Tiberius)의 황제의 이름을 따서 지었다. 이곳은 교통의 요충지이며, 자연환경이 뛰어나 유명한 휴양지였다.

◇"갈릴리 바다": 바다처럼 큰 호수이기 때문에 '바다'라고 부른다. 게네사렛(눅 5:1)이라고도 부른다. 베드로, 안드레, 야고보, 그리고 요한 등이 이 바다를 중심으로 생활했다(마 4:18). 많은 사람이 예수님을 왜 따랐는가?

2 "큰 무리가 따르니 이는 병자들에게 행하시는 표적을 보았음이러라"

◇"표적": 예수님께서 갈릴리 바다 동편으로 건너갔을 때 많은 사람이 예

수님을 따랐다. 왜냐하면 예수님께서 병자들에게 행하신 표적을 보았기 때문이다. 그들은 현실 문제해결에 관심이 쏠려 있다. 현실 문제에서 가장 심각한 것은 병 고침과 배고픔이다. 병과 배고픔은 인류 문제의 실상이다. 그때 예수님은 무엇을 하시는가?

3 "예수께서 산에 오르사 제자들과 함께 거기 앉으시니"

4 "마침 유대인의 명절인 유월절이 가까운지라"

◇"유월절": 오늘 본문의 배경이다. 예수님께서 유월절을 대신하신다. 이제는 새로운 유월절을 지켜야 한다. 구약의 유월절은 예수님의 그림자였다. '유월'의 실체는 예수님이시다. 그 일을 어떻게 시작하는가?

2. 예수님은 큰 무리가 자기에게로 오는 것을 보시고 빌립에게 무슨 질문을 하십니까(5)? 그 의도가 무엇입니까(6)? 빌립의 어떤 점을 시험하고자 하신 겁니까? 그의 대답은 무엇입니까(7)? 그의 대답에는 어떤 문제가 있습니까?

5 "예수께서 눈을 들어 큰 무리가 자기에게로 오는 것을 보시고 빌립에게 이르시되 우리가 어디서 떡을 사서 이 사람들을 먹이겠느냐 하시니"

◇"큰 무리가 자기에게로 오는 것을 보시고": 예수님은 산에서 많은 사람이 오는 것을 보셨다.

◇"어디서 떡을 사서 이 사람들을 먹이겠느냐": 예수님은 빌립에게 물으신다. "우리가 어디서 떡을 사서 이 사람들로 먹이겠느냐?" 이 말씀은 "이 사람들이 먹을 빵을 어디서 살 수 있겠느냐(Where shall we buy bread for these people to eat)?"는 뜻이다. 예수님은 왜 빌립에게 물으셨을까?

6 "이렇게 말씀하심은 친히 어떻게 하실지를 아시고 빌립을 시험하고자 하

심이라"

◇"시험하고자 하심이라": 예수님께서 빌립에게 물으신 것은 빌립을 시험하기 위함이다. 예수님께서 어떻게 해야 할지 몰라서 해결책을 물으신 것은 아니다. 빌립에게 어떤 아이디어를 얻고자 한 것은 아니다. 주님은 이미 다 준비하고 계셨다.

예수님은 무엇을 시험하고자 하신 것인가? 예수님께 대한 믿음을 확인하고자 하신다. 빌립이 예수님께서 친히 이 문제를 해결하실 것이라는 믿음을 갖고 있는가를 알고자 하신다. 빌립이 과연 예수님을 하나님으로 믿고 있는가를 시험하고자 하신 것이다. 빌립이 예수님을 하나님으로 믿으면 이 문제를 해결할 수 있기 때문이다. 따라서 믿음이 이 문제해결의 열쇠이다. 그리고 이 믿음은 목자로서 자질과 능력으로 나타난다. 빌립은 이 시험 문제를 어떻게 푸는가?

7 "빌립이 대답하되 각 사람으로 조금씩 받게 할지라도 이백 데나리온의 떡이 부족하리이다"

◇"이백 데나리온": 당시 노동자 200일 어치의 품삯이다. 많은 사람에게 조금씩만 먹일지라도 이 막대한 돈이 필요하다.

◇"부족하리이다": 빌립에게 있어서 그 일은 불가능하다. 이백 데나리온의 돈이 없기 때문이다. 현실적으로 볼 때 이 대답은 너무나 당연하다.

그런데도 그의 대답에는 어떤 문제가 있는가? 그에게 예수님이 계시지 않는다. 예수님을 하나님으로 믿지 못했다. 그는 예수님께서 이 사람들을 먹이실 것이라는 사실을 알지 못했다. 믿음이 없기 때문이다. 믿음이 없으면 예수님을 생각하지 못한다. 현실에 말려들고 만다. 그때 누가 나타나는가?

3. 안드레는 예수님께 무슨 제안을 합니까(8-9a)? 그러면서도 그는 어떤 마음을 가졌습니까(9b)? 그런데도 그는 어떻게 이런 제안을 할 수 있을까요? 그때 예수님은 제자들에게 어떤 방향을 주십니까(10)?

8 "제자 중 하나 곧 시몬 베드로의 형제 안드레가 예수께 여짜오되"

◇"안드레": 벳새다의 어부 출신이다. 빌립과 같은 고향 출신이다. 베드로와 형제 사이이다. 그런데 그는 빌립과는 다른 제안을 한다. 무엇이라고 제안하는가?

9 "여기 한 아이가 있어 보리떡 다섯 개와 물고기 두 마리를 가지고 있나이다 그러나 그것이 이 많은 사람에게 얼마나 되겠사옵나이까"

◇"한 아이": 그는 예수님께 보리빵 다섯 개와 생선 두 마리를 가지고 있는 소년을 소개한다. 안드레 자신이 그것을 가지고 온 것은 아니다. 그는 그것을 가지고 있는 어린아이를 예수님께 소개할 뿐이다. 그 보리빵 다섯 개와 물고기 두 마리는 일반 서민의 도시락이다.

◇"물고기": 소금에 절여 말린 물고기를 말한다.

◇"이 많은 사람에게 얼마나 되겠사옵나이까": 안드레 역시 확신이 없기는 마찬가지이다. 그도 현실과 예수님 사이에서 갈등하고 있다.

그런데도 그는 어떻게 이런 제안을 할 수 있을까? 어떻게 보리빵 다섯 개와 물고기 두 마리로 먹여보자고 할 수 있을까? 그는 예수님을 하나님으로 믿는 믿음이 있었다. 예수님께서 친히 어떻게 먹이실 것을 믿었다. 믿음이 있어서 숫자에 지배를 당하지 않았다. 이 많은 사람이라는 숫자와 보리 빵 다섯 개라는 숫자는 비교할 수 없다. 숫자에 눌릴 수밖에 없는데도 전혀 눌리지 않았다. 현실보다도 예수님께 대한 기대가 좀 더 컸기 때문이다. 그렇다고 해서 그가 확실한 믿음을 가진 것은 아니다.

어떤 점에서 보면 빌립과 차이가 없는 것 같다. 하지만 빌립보다 조금 더 믿음이 있었다. 그러나 이 '작은 믿음'은 결과적으로는 '엄청난 믿음'으로 발전한다. '작은 믿음'이 '큰 믿음'이다. 안드레의 믿음이 완벽한 것은 아니다. 성숙한 것도 아니다. 아직 어리고 작고 보잘것 없는 믿음이다. 마치 보리빵 다섯 개 같은 믿음이다. 그때 예수님을 무엇을 하시는가?

10 **"예수께서 이르시되 이 사람들로 앉게 하라 하시니 그곳에 잔디가 많은지라 사람들이 앉으니 수가 오천 명쯤 되더라"**

◇"앉게 하라": 예수님은 그들을 앉히도록 하신다. 해는 저물고 먹을 것은 없는데 무엇 때문에 이 굶주린 사람들을 앉으라고 하시는가? 주님께서 그들에게 은총을 베풀고자 하신다. 먹이고자 하신다. 예수님은 안드레가 소개한 어린아이를 보고 친히 먹이고자 하신다. 그리고 제자들은 그 예수님께 순종하며 동역한다. 그들은 식탁을 마련한다. 예수님은 그들을 어떻게 먹이시는가?

4. 예수님은 그들을 어떻게 친히 먹이십니까(11)? '떡을 가져', '원대로 주시니라.'라고 하신 이 예수님은 어떤 분이십니까? 오늘 우리는 이 예수님 안에서 무엇을 할 수 있습니까? 예수님은 그들이 배부른 후에 무슨 방향을 주십니까(12-13)? '남은 조각이 열두 바구니에 찼다.'라는 말은 무엇을 말할까요?

11 **"예수께서 떡을 가져 축사하신 후에 앉아 있는 자들에게 나눠 주시고 물고기도 그렇게 그들의 원대로 주시니라"**

◇"가져": 예수님은 보리빵 5개와 물고기 말린 것 2마리를 받으셨다(took). 이것은 오천 명에 비하면 정말로 적은 양이다. 배고픈 사람에게는 혼자 먹기에도 부족한 양이다. 그러나 예수님은 그 적은 것을 받으신다.

◇"축사": 하나님께서 주심을 믿고 감사 기도하신다(he had given thanks).

◇"나눠 주시고": 감사 기도하신 후에 앉아 있는 사람들에게 나누어 주셨다(distributed). 예수님께서 친히 사람들에게 먹을 것을 나누어주셨다.

◇"원대로 주시니라": 사람들은 각각 자기들이 원하는 만큼 배불리 먹었다. 오천 명이 원하는 대로 배부르게 먹었다. 빌립은 '조금씩 받게' 해도

불가능하다고 말했다. 하지만 예수님은 원대로 먹이셨다. 예수님은 하나님이시기 때문입니다.

이 예수님을 통해서 무엇을 배울 수 있는가? 첫째로, 예수님은 적은 것도 받으신다. 주님께는 많은 것만 필요한 것은 아니다. 큰 것만 받으시는 것은 아니다. 오히려 적은 것을 받으신다. 아무리 적은 것일지라도 받으시고 쓰신다. 예수님은 안드레의 미성숙한 믿음, 적은 믿음, 연약한 믿음을 받으신다. 그러므로 우리도 적은 믿음 앞에서 부담스러워하지 않아야 한다. 자의식 들지 않아야 한다. 받으실 것을 믿고 주님께 가까이 드리면 된다. 그러면 그것을 주님께서 받으셔서 쓰신다.

둘째로, 예수님은 원대로 먹이신다. 하나님께서는 40년 동안 광야에서 이스라엘 백성을 원대로 먹이셨다. 어떤 사람이 엘리사에게 보리빵 20개를 가지고 왔다. 엘리사는 그 빵과 새 곡식으로 100명을 먹이고도 남았다(왕하 4:42). 예수님은 당신의 백성에게 생명의 떡을 원대로 주신다. 예수님 안에는 풍성함이 있다. 반면 예수님 밖에는 주림뿐이다. 생명의 세계와 사망의 세계의 또 다른 모습이다.

한 아들이 풍성함을 기대하고 가출한다. 하지만 그는 집을 나서는 순간 궁핍을 온몸으로 체험한다. 그는 아버지 집을 기억한다. 아버지 집의 결정적 이미지가 무엇이었는가? “내 아버지에게는 양식이 풍족한 품꾼이 얼마나 많은가 나는 여기서 주려 죽는구나.” 아버지 집의 이미지는 풍성함이다. 세상은 궁핍함이다. 궁핍에 시달린 그는 결국 풍요한 아버지 집으로 돌아온다. 아버지는 살진 송아지를 잡는다. 원대로 먹인다(눅 15:11-23).

우리가 이 예수님을 믿음으로 ‘보리빵 믿음’을 들고 나갈 수 있다. 주님께서 받으시고 쓰셔서 한국교회와 세계의 영혼을 풍성하게 먹여주시기를 바란다. 예수님은 남은 조각을 어떻게 하도록 하시는가?

12 “그들이 배부른 후에 예수께서 제자들에게 이르시되 남은 조각을 거두고 버리는 것이 없게 하라 하시므로”

◇“거두고”: 이것은 예수님께서 친히 먹이셨음을 기억하도록 하신 것이다.

동시에 그것이 얼마나 풍성했는지를 보여준다.

13 "이에 거두니 보리떡 다섯 개로 먹고 남은 조각이 열두 바구니에 찼더라"

◇"열두 바구니": 먹고 남은 부스러기를 제자들이 모았더니 열두 광주리에 가득 찼다. '열두 바구니'는 이스라엘 '열두 지파'를 생각나게 한다. '새 이스라엘'을 상징적으로 말한다. 새롭게 이루어지는 하나님 나라, 이 시대 새 백성, 온 인류를 말한다. 예수님께서 그들을 먹이시는 생명의 주인이시다. 예수님께서 유월절 절기를 능가하는 분이시다. 그 빵을 먹은 사람들은 어떤 반응을 보이는가?

5. 사람들은 예수님을 어떤 분으로 생각합니까(14)? 그들은 왜 예수님을 억지로 임금 삼고자 합니까(15a)? 예수님은 왜 산으로 떠나가십니까(15b)?

14 "그 사람들이 예수께서 행하신 이 표적을 보고 말하되 이는 참으로 세상에 오실 그 선지자라 하더라"

◇"그 선지자": 하나님께서 이스라엘 백성 가운데 일으킬 모세와 같은 선지자를 말한다(신 18:15-19). 즉 메시아를 말한다. 당시 유대인은 첫 번째 구속자 모세가 광야에서 만나를 내리게 한 것같이 마지막 구속자도 만나를 주실 것으로 생각했다. 사람들은 이 사건을 보고 그것이 주는 메시지를 어느 정도 파악했다. 기본적으로는 바른 이해를 했다. 그러나 그들은 무엇을 하는가?

15 "그러므로 예수께서 그들이 와서 자기를 억지로 붙들어 임금으로 삼으려는 줄 아시고 다시 혼자 산으로 떠나 가시니라"

◇"억지로 붙들어 임금으로 삼으려는 줄 아시고": 그들은 예수님을 억지로라도 왕으로 삼고자 했다. 그들은 예수님을 빵 문제를 해결해 줄 왕으로

오해했다.

그들은 왜 그렇게 했을까? 그들은 시대를 초월한 인류의 절실한 필요의 문제를 대변하고 있다. 인간에게 빵 문제는 생존을 위한 기본 요건임에도 불구하고 타락 이후의 자연환경은 그 요건을 보장해주지 않는다. 따라서 인간은 이 문제를 해결하기 위하여 씨족과 부족사회를 이루고 나라를 만들었다. 그리고 배부르고 등을 따뜻하게 해 줄 인물을 그들의 지도자와 왕으로 세웠다. 예수님을 억지로 왕으로 세우려고 하는 처사는 지극히 당연해 보인다. 그러나 예수님은 어떻게 하시는가?

◇"혼자 산으로 떠나가시니라": 예수님은 그들의 요구를 거절하셨다. 예수님께서 그들의 요구를 거절하신 것은 선지자가 아니기 때문이 아니다. 빵 문제를 해결하는 선지자로만 보는 그들의 요구가 잘못되었기 때문이다. 예수님은 인류의 본질 문제인 죄를 해결하러 오셨다.

제12강

영생의 양식

◇본문 요한복음 6:16-40
◇요절 요한복음 6:27
◇찬송 452장, 488장

1. 제자들은 언제 바다에 내려갔습니까(16-17)? 그들은 예수님께서 바다 위로 걸어서 오시는 모습을 보고 왜 두려워합니까(18-19)? 예수님은 그들을 어떻게 안심시킵니까(20)? 이 예수님은 누구십니까? 그들은 무엇을 합니까(21)?

2. 이튿날 사람들은 예수님을 찾기 위해서 얼마나 애씁니까(22-25)? 그들은 왜 그토록 예수님을 찾는 겁니까(26)? 그들의 문제는 무엇입니까?

3. 예수님은 그들에게 무슨 방향을 주십니까(27)? '썩을 양식을 위하여 일한다.' '영생하도록 있는 양식을 위하여 일한다.'라는 말은 무슨 뜻입니까? 오늘 우리는 무엇을 위하여 예수님을 찾고 있습니까?

4. '하나님의 일'은 무엇을 말합니까(28-29)? 그들은 예수님께 어떤 표적을 원합니까(30-31)? 그들이 그토록 원하는 빵의 진실은 무엇입니까(32-33)? 그들이 그 빵을 먹으려면 어떻게 해야 합니까(34-35)? 우리는 어떻게 인간의 실존 문제인 굶주림과 갈증을 해결할 수 있습니까?

5. 그들의 문제는 무엇입니까(36)? 그들은 왜 예수님을 믿지 않습니까(37)? 하나님께서 예수님을 이 땅에 보내신 뜻은 무엇입니까(38-40)? 누가 이런 은총을 덧입습니까?

제12강

영생의 양식

◇본문 요한복음 6:16-40
◇요절 요한복음 6:27
◇찬송 452장, 488장

1. 제자들은 언제 바다에 내려갔습니까(16-17)? 그들은 예수님께서 바다 위로 걸어서 오시는 모습을 보고 왜 두려워합니까(18-19)? 예수님은 그들을 어떻게 안심시킵니까(20)? 이 예수님은 누구십니까? 그들은 무엇을 합니까(21)?

16 "저물매 제자들이 바다에 내려가서"

◇"바다": 갈릴리 호수는 길이가 21km, 폭이 13km에 달한다. 해수면보다 210m가 낮은 내륙 분지에 자리 잡고 있다. 언덕과 산으로 둘러싸여 있다. 서편 해안은 600m, 동편 해안은 1,200m 이상으로 높다.

17 "배를 타고 바다를 건너 가버나움으로 가는데 이미 어두웠고 예수는 아직 그들에게 오시지 아니하셨더니"

◇"오시지 아니하셨더니": 저녁 시간에는 배를 타고 가기에는 좋지 않은 시간이다. 이미 어두워졌는데도 예수님은 아직 그들이 있는 곳으로 오시지 않았다. 그들은 주님 없이 배를 타고 바다를 건넌다. 뭔가 초조하

고 불안하다. 불길한 일이 일어날 것을 예고하고 있다. 그때 무슨 일이 일어나는가?

18 "큰 바람이 불어 파도가 일어나더라"

◇"파도": 제자들은 이 정도의 일은 예상했다. 갈릴리 바다는 지중해의 시원한 공기와 뜨거워진 광야의 공기와 충돌하면서 자주 강한 바람과 폭우가 일어났기 때문이다.

19 "제자들이 노를 저어 십여 리쯤 가다가 예수께서 바다 위로 걸어 배에 가까이 오심을 보고 두려워하거늘"

◇"십여 리쯤 가다가": 그들은 그런 파도 앞에서도 배를 저어 나간다.

◇"바다 위를 걸어": 이 모습은 예수님의 정체를 보여주고 있다. 구약에서 물을 다스리며 물 위를 걸을 수 있는 분은 여호와 하나님밖에 없다(욥 9:8). 예수님께서 여호와 하나님만이 하실 수 있는 일을 하신다. 왜냐하면 예수님은 여호와 하나님이시기 때문이다.

◇"두려워하거늘": 그들은 예수님께서 물 위를 걸어오신 모습을 보고 두려워한다. 예수님의 초자연적인 모습을 보았기 때문이다. 예수님은 그들을 어떻게 안심시키는가?

20 "이르시되 내니 두려워하지 말라 하신대"

◇"내니"(Ἐγώ εἰμι, *ego eimi*): '나다(It is I).'라는 뜻인데, 구약에서 여호와 하나님을 소개할 때 했던 표현이다. 1인칭 자기소개 진술(first person self-introduction statement)이다. 이 말은 "나는 너희가 알고 있는 예수다."와 신적 계시의 의미인 "나는 스스로 있는 자다(I AM WHO I AM, 출 3:14, 사 41:4; 43:10, 13)."를 동시에 포함하고 있다. 예수님은 여호와 하나님과 같은 분이시다.

두 가지 형태로 나온다. 하나는, 서술부(predicate)가 없는 절대적인 진술(I AM)이다(6:20; 8:24, 28, 58; 13:19; 18:5-6). 다른 하나는, 서술부가 있는 진술(I am …)이다(6:35, 41, 48; 8:12; 9:5; 10:9, 11, 14; 11:25; 14:6; 15:1, 5). 절대적인 진술이든 서술부를 가진 상대적인 진술이든 모두 여호와 하나님의 선언 형식에 따른 예수님의 하나님으로서의 선언이다. 절대적인 진술은 예수님이 하나님이심을 강조한다. 서술부를 가진 상대적인 진술은 하나님이신 예수님의 사명과 관련해 인간에게 어떤 구원의 기능을 하시는지를 강조한다. "나는 생명의 떡이요"(6:34, 41, 48), "세상의 빛이요"(8:12; 9:5), "양의 문이요"(10:9), "선한 목자요"(10:11, 14), "부활과 생명이요"(11:25), "길 진리 생명이요"(14:6), "참 포도나무요"(15:1, 5).

◇"두려워 말라": 이것은 구약에서 여호와 하나님께서 그 백성에게 주신 말씀이다(사 41:10). 이 말씀 또한 예수님이 여호와이심을 보여준다. 제자들의 두려움은 파도 때문보다도 하나님으로서의 예수님에 대한 모습 때문이다. 그런데 예수님께서 그 두려움을 없애신다. 그들의 반응은 어떠한가?

21 "이에 기뻐서 배로 영접하니 배는 곧 그들이 가려던 땅에 이르렀더라"

◇"기뻐서 배로 영접하니": 그들은 두려움이 사라지고 기쁨이 임했다. 그리고 예수님을 배로 영접했다.

◇"땅에 이르렀더라": 예수님께서 배에 타시자 즉시 그들이 가려는 곳에 도착했다. "그들이 평온함으로 말미암아 기뻐하는 중에 여호와께서 그들이 바라는 항구로 인도하시는도다"(시 107:30). 이튿날에 사람들은 무엇을 하는가?

2. 이튿날 사람들은 예수님을 찾기 위해서 얼마나 애씁니까(22-25)? 그들은 왜 그토록 예수님을 찾는 겁니까(26)? 그들의 문제는 무엇입니까?

22 "이튿날 바다 건너편에 서 있던 무리가 배 한 척 외에 다른 배가 거기 없는 것과 또 어제 예수께서 제자들과 함께 그 배에 오르지 아니하시고 제자들만 가는 것을 보았더니"

23 "(그러나 디베랴에서 배들이 주께서 축사하신 후 여럿이 떡 먹던 그곳에 가까이 왔더라)"

24 "무리가 거기에 예수도 안 계시고 제자들도 없음을 보고 곧 배들을 타고 예수를 찾으러 가버나움으로 가서"

◇"예수를 찾으러": 사람들이 예수님을 찾고 있다. 찾기 위해 힘쓰고 애쓴다. 예수님은 사람들의 요구를 정면으로 거절하셨다. 하지만 그들은 예수님을 계속해서 찾는다. 예수님에 대한 집착을 버리지 않았다.

25 "바다 건너편에서 만나 랍비여 언제 여기 오셨나이까 하니"

◇"만나": 그들은 마침내 예수님을 찾았다. 기쁘고 반가웠다. 목마른 사슴이 시냇물을 찾은 것과 같은 기분이다. 그들은 왜 이토록 예수님을 찾는 것인가?

26 "예수께서 대답하여 이르시되 내가 진실로 진실로 너희에게 이르노니 너희가 나를 찾는 것은 표적을 본 까닭이 아니요 떡을 먹고 배부른 까닭이로다"

◇"표적을 본 까닭이 아니요 떡을 먹고 배부른 까닭이로다": 그들이 예수님을 찾는 이유는 표적의 뜻을 깨달았기 때문이 아니라 떡을 먹고 배가 불렀기 때문이다.

그들의 문제는 무엇인가? 예수님을 찾는 동기이다. 그들은 예수님을 찾기는 하지만 그 동기가 잘못되었다. 그들은 예수님께서 표적을 베푸신 의미를 알아야 했다. 하지만 그들은 이해하지 못했다. 그들은 예수님의 표적을 보고 나서 더는 굶주림이 없는 메시아 왕국을 꿈꿨다. 예수님은 그들에게 무슨 방향을 주시는가?

3. 예수님은 그들에게 무슨 방향을 주십니까(27)? '썩을 양식을 위하여 일한다.' '영생하도록 있는 양식을 위하여 일한다.'라는 말은 무슨 뜻입니까? 오늘 우리는 무엇을 위하여 예수님을 찾고 있습니까?

27 "썩을 양식을 위하여 일하지 말고 영생하도록 있는 양식을 위하여 하라 이 양식은 인자가 너희에게 주리니 인자는 아버지 하나님께서 인치신 자니라"

◇ "일하라": 예수님을 찾는 것을 말한다. 예수님을 찾기 위해서 애를 쓰는 것을 말한다. 이것을 우리는 '신앙생활'이라고 말한다.

◇ "썩을 양식": 빵을 말한다. 빵은 썩고, 그것을 먹는 육신도 썩는다.

"일하지 말라"는 말은 무슨 뜻인가? 예수님을 찾는 목적을 빵에 두지 말아야 한다. 빵을 얻기 위해서 아무 일도 하지 말라는 말은 아니다. 우리 신앙의 목적을 빵에 두지 말아야 한다. 어디에 둬야 하는가? "영생하도록 있는 양식"이어야 한다. 그것은 무엇인가? 영원한 생명이다. 신앙생활의 목적, 예수님을 찾는 목적은 영생이다. 영생을 얻기 위해서 예수님을 찾아야 한다. 그 양식을 누가 주시는가?

◇ "인자가 너희에게 주리니": 그 양식을 인자가 주신다. 아버지 하나님께서 인자를 인정하셨기 때문이다. 영생하도록 있는 양식을 위해서 예수님을 찾으면 그 영생을 예수님이 주신다. 우리가 찾는다고 우리가 공로로 얻는 것은 아니다. 예수님께서 우리에게 선물로 주신다.

오늘 우리는 무엇을 위하여 예수님을 찾고 있는가? 어떤 사람은 이 세상에서 잘 먹고 잘살기 위해서 예수님을 찾는다. 신앙생활의 목적이 '빵'에 있다. 그것을 우리는 '세속주의'라고 부른다. 이 시대 '교회의 세속화'가 얼마나 심각한 일인가? 그 뿌리에는 잘못된 신앙생활의 목적이 있다. 예수님을 찾는 바른 목적은 영생을 얻는 데 있다. 영적으로 풍성하고 부유한 삶을 사는 데 목적을 둬야 한다. 이것을 우리는 '건강한 신앙생활', '바른 신앙생활'이라고 부른다. 우리 자신과 교회가 예수님께서 원하시는 그런 신앙생활의 목적을 품기를 바란다. 그리하여

'바르고 건강한 교회'로 자라서 세상에 소금과 빛으로 쓰임 받기를 바란다. 그들은 무엇을 묻는가?

4. '하나님의 일'은 무엇을 말합니까(28-29)? 그들은 예수님께 어떤 표적을 원합니까(30-31)? 그들이 그토록 원하는 빵의 진실은 무엇입니까(32-33)? 그들이 그 빵을 먹으려면 어떻게 해야 합니까(34-35)? 우리는 어떻게 인간의 실존 문제인 굶주림과 갈증을 해결할 수 있습니까?

28 "그들이 묻되 우리가 어떻게 하여야 하나님의 일을 하오리이까"

◇"어떻게 하여야": 그들은 '영생하도록 있는 양식을 위하여 일하라.'라는 예수님의 말씀을 '하나님의 일'로 받아들였다. 동시에 그들은 뭔가를 해야 한다고 생각했다. 어떤 점에서 물론 이 양식을 얻기 위해서 뭔가를 해야 한다. 문제는 그것을 문자적으로 어떤 일로 보는 것이다. 그 일은 무엇인가?

29 "예수께서 대답하여 이르시되 하나님께서 보내신 이를 믿는 것이 하나님의 일이니라 하시니"

◇"믿는 것이": 하나님의 일은 하나님께서 보내신 분을 믿는 것이다. 예수님을 믿는 것이 하나님의 일이다.

이 말씀을 통해서 무엇을 배울 수 있는가? 사람들은 예수님을 열심히 찾았다. 그런데 그 목적은 빵을 얻는 데 있었다. 그러나 그 목적은 예수님을 믿는 데 있어야 한다. 그들에게 빵을 얻는 일은 실존의 문제였다. 그러나 정말 더 중요하고 시급한 일은 예수님을 믿는 일이다. 왜냐하면 영생을 얻기 때문이다. 영생이야말로 가장 시급하고 중요한 일이기 때문이다. 그들은 계속해서 무엇을 요구하는가?

30 "그들이 묻되 그러면 우리가 보고 당신을 믿도록 행하시는 표적이 무엇이니이까, 하시는 일이 무엇이니이까"

◇“표적”: 그들은 예수님을 믿을 수 있는 표적을 구한다. 예수님이 하시는 일을 알고 싶어 한다. 이런 뜻이다. “당신이 메시아이신 것을 우리가 믿기를 원한다면 더 많은 표적을 보여주셔야 하지 않나요?” 그들은 지금까지 표적을 보았고, 그 표적 때문에 예수님을 찾았다. 그런데 또 표적을 구한다. 그들이 원하는 표적은 무엇인가?

31 “기록된바 하늘에서 그들에게 떡을 주워 먹게 하였다 함과 같이 우리 조상들은 광야에서 만나를 먹었나이다”

◇“만나”: 그들은 조상들이 광야에서 먹었던 만나 사건을 기억한다. 그들이 원하는 것, 그들의 관심은 오직 빵이다. 그들은 그만큼 배가 고프기 때문이다. 사람이 자신의 절박한 현실 문제에 매이면 오직 그것만 생각한다. 그러나 그들이 그토록 원하는 빵의 진실은 무엇인가?

32 “예수께서 이르시되 내가 진실로 진실로 너희에게 이르노니 모세가 너희에게 하늘로부터 떡을 준 것이 아니라 내 아버지께서 너희에게 하늘로부터 참 떡을 주시나니”

◇“참 떡”: 하늘에서 그들에게 빵을 주신 분은 모세가 아니다. 하늘에서 참 빵을 주시는 분은 하나님 아버지시다. 그 빵은 어떤 빵인가?

33 “하나님의 떡은 하늘에서 내려 세상에 생명을 주는 것이니라”

◇“생명을 주는”: 하나님의 빵은 하늘에서 내려와 세상에 생명을 준다. 하나님께서 주시는 빵의 출처는 하늘이며, 그 역할은 세상에 생명을 주는 것이다. 예수님은 하늘에서 내려오셨고, 세상에 생명을 주신다. 그들은 무엇을 원하는가?

34 “그들이 이르되 주여 이 떡을 항상 우리에게 주소서”

그들이 그 빵을 먹으려면 어떻게 해야 하는가?

35 "예수께서 이르시되 나는 생명의 떡이니 내게 오는 자는 결코 주리지 아니할 터이요 나를 믿는 자는 영원히 목마르지 아니하리라"

"오는 자", "믿는 자": 예수님께 오고, 그분을 믿는 자가 주리지 않고 목마르지 않다. 사람은 '2%'의 물만 부족해도 갈증을 느낀다. 그 부족한 '2%' 때문에 고통당한다. 그런데 예수님께 나가면 그 '2%'를 채울 수 있다. 그 이유가 무엇인가?

◇"나는 생명의 떡이니": 예수님이 생명의 빵이다. 생명의 떡은 예수님 자신이다. 예수님의 정체를 직접 표현하신다. 사람들은 모세 시대에 먹었던 그 신비한 빵을 달라고 한다. 그런데 예수님 자신이 바로 빵이다. 하나님께로부터 온 생명의 빵이다. 예수님은 자신을 주고자 하신다.

우리는 어떻게 인간의 실존 문제인 굶주림과 갈증을 해결할 수 있는가? 모든 사람은 빵을 먹어야 한다. '빵'은 사람의 양식이다. 그런데 아무리 먹어도 '굶주림'과 '갈증'이 찾아온다. 이 문제를 해결하기가 만만하지 않다. 그래서 빵에 매인다. 사람은 이 문제를 해결하기 위해서 몸부림을 친다. 당시 사람들은 예수님께서 행하시는 표적을 통해서 해결하려고 했다. 하지만 예수님은 당신을 믿음으로 해결할 수 있다고 가르치신다. 예수님께 나가면 더는 굶주리지 않고 더는 목마르지 않다. 예수님이 생명의 빵이기 때문이다. 그러나 그들의 문제는 무엇인가?

5. 그들의 문제는 무엇입니까(36)? 그들은 왜 예수님을 믿지 않습니까(37)? 하나님께서 예수님을 이 땅에 보내신 뜻은 무엇입니까(38-40)? 누가 이런 은총을 덧입습니까?

36 "그러나 내가 너희에게 이르기를 너희는 나를 보고도 믿지 아니하는도다 하였느니라"

◇"믿지 아니하는도다": 그러나 그들의 문제는 예수님을 보고도 믿지 않는 것이다. 그들이 굶주리고 목마른 것은 빵이 없고 물이 없어서가 아니다. 빵과 물이 있는데도 먹지 않기 때문이다. 예수님을 믿지 않기 때문이다.

그들은 왜 예수님을 믿지 않는가?

37 "아버지께서 내게 주시는 자는 다 내게로 올 것이요 내게 오는 자는 내가 결코 내쫓지 아니하리라"

◇"다 내게로 올 것이요": 아버지께서 예수님께 주시는 사람은 다 예수님께로 온다. 또 예수님께로 오는 사람은 예수님이 물리치지 않으신다. 무슨 뜻인가? 사람들이 예수님을 믿지 않는 것은 아버지께서 그들을 예수님께로 보내지 않으셨기 때문이다. 아무나 예수님을 믿는 것은 아니다. 아버지께서 선택하신 사람만 믿는다. 한 번 선택받은 사람은 예수님께서 끝까지 지키신다. 그러므로 예수님을 믿는 것은 예수님께서 나에게 행하신 가장 큰 표적이다. 가장 큰 은혜이다. 예수님은 왜 내쫓지 않으시는가?

38 "내가 하늘에서 내려온 것은 내 뜻을 행하려 함이 아니요 나를 보내신 이의 뜻을 행하려 함이니라"

◇"나를 보내신 이의 뜻": 그것은 예수님이 예수님의 뜻을 행하려고 하늘에서 내려온 것이 아니기 때문이다. 예수님을 보내신 분의 뜻을 행하려고 오셨기 때문이다. 예수님은 당신의 뜻이 아닌 하나님의 뜻을 행하신다. 하나님께서 예수님을 보내신 뜻은 무엇인가?

39 "나를 보내신 이의 뜻은 내게 주신 자 중에 내가 하나도 잃어버리지 아니하고 마지막 날에 다시 살리는 이것이니라"

◇"하나도 잃어버리지 아니하고", "다시 살리는 이것이니라": 예수님을 보내신 분의 뜻은 한 사람도 잃어버리지 않고 마지막 날에 모두 살리는 일이다. 누구든지 예수님께로 가기만 하면 영생을 보장받는다. 하나님은 모든 사람이 예수님을 믿고 마지막 날에 영생의 부활에 참여하기를 원하신다.

40 "내 아버지의 뜻은 아들을 보고 믿는 자마다 영생을 얻는 이것이니 마지막 날에 내가 이를 다시 살리리라 하시니라"

◇"다시 살리리라": 아버지의 뜻은 믿는 자가 지금 영생을 얻고, 마지막 날에 다시 살아나는 것이다. 예수님을 믿는 사람은 두 가지 의미에서 영생을 누린다. 현재의 영생과 미래의 영생이다. 현재의 영생은 미래의 영생으로 이어진다.

누가 이런 은총을 덧입는가? 영생하도록 있는 양식을 위해서 일하는 사람이다. 예수님을 찾는 동기와 목적이 바른 사람이다. 믿는 자가 영생을 얻는다.

제13강

영생의 말씀

◇본문 요한복음 6:41-71
◇요절 요한복음 6:68
◇찬송 200장, 205장

1. 유대인은 왜 수군거립니까(41-42)? 어떤 사람이 예수님께로 옵니까(43-46)? 예수님은 다시 무엇을 선언하십니까(47-48)?

2. 예수님의 빵과 조상이 먹었던 만나는 어떻게 다릅니까(49-50)? 예수님의 빵을 먹으면 왜 죽지 않습니까(51a)? 예수님이 주실 빵은 무엇을 말합니까(51b)? 이 사실이 오늘 우리에게 주는 의미는 무엇입니까?

3. 유대인들은 왜 서로 다툽니까(52)? 생명을 얻으려면 어떻게 해야 합니까(53-54)? 왜 이런 자에게만 생명이 있습니까(55-59)? 예수님은 사람들에게 빵 문제 해결보다도 무엇이 더 중요함을 가르치십니까?

4. 그때 어떤 사람은 예수님의 말씀을 어떻게 생각합니까(60)? 예수님은 그들에게 무엇을 말씀하십니까(61-62)? 사람을 살리는 것은 무엇입니까(63)? 믿지 않는 사람은 어떻게 됩니까(64:65)?

5. 그 말씀 앞에서 많은 사람이 어떻게 합니까(65-66)? 그러나 베드로는 무슨 고백을 합니까(67-69)? 그의 고백을 통해서 무엇을 배울 수 있습니까? 그 제자 중에는 어떤 사람도 있습니까(70-71)? 우리가 예수님을 따르는 목적이 무엇이어야 합니까?

제13강

영생의 말씀

◇본문 요한복음 6:41-71
◇요절 요한복음 6:68
◇찬송 200장, 205장

1. 유대인은 왜 수군거립니까(41-42)? 어떤 사람이 예수님께로 옵니까(43-46)? 예수님은 다시 무엇을 선언하십니까(47-48)?

41 "자기가 하늘에서 내려온 떡이라 하시므로 유대인들이 예수에 대하여 수군거려"

◇"하늘에서 내려온 떡": 유대인들은 예수님께서 "하늘에서 내려온 빵이다."라고 말씀하셨으므로 수군거렸다. 왜냐하면 그들은 예수님께서 하늘로부터 내려온 빵일 수 없다고 생각하기 때문이다. 그들의 수군거림은 출애굽한 조상이 광야에서 만나와 관련해 불평한 것을 상기시킨다(출 16:3). 그들이 예수님을 생명의 빵으로 받아들이지 못한 이유가 무엇인가?

42 "이르되 이는 요셉의 아들 예수가 아니냐 그 부모를 우리가 아는데 자기가 지금 어찌하여 하늘에서 내려왔다 하느냐"

◇"요셉의 아들": 그들은 예수님을 인간적으로만 보고 있다. '아래 세상'의 렌즈로 '위에서 오신 분'을 보면 이해할 수 없고 믿을 수 없다. 그들이

예수님을 바로 보려면 그 렌즈를 바꿔야 한다. 어떤 사람이 예수님께로 오는가?

43 "예수께서 대답하여 이르시되 너희는 서로 수군거리지 말라"

◇"수군거리지 말라": 그들은 인간적인 렌즈로 보고 트집 잡아서는 안 된다.

44 "나를 보내신 아버지께서 이끌지 아니하시면 아무도 내게 올 수 없으니 오는 그를 내가 마지막 날에 다시 살리리라"

◇"아버지께서 이끌지 아니하시면": 아버지께서 택하신 자가 있는데, 그 사람은 반드시 예수님께로 온다. 반대로 하늘에서 생명의 빵으로 자신을 보내신 아버지께서 이끌지 않으면 누구도 올 수 없다. 예수님께 오고 안 오고는 사람의 의지가 아니라 하나님 아버지의 강력한 주권 사역이다.

45 "선지자의 글에 그들이 다 하나님의 가르치심을 받으리라 기록되었은즉 아버지께 듣고 배운 사람마다 내게로 오느니라"

◇"선지자의 글": 구약성경도 이를 뒷받침하고 있다.

◇"듣고 배운 사람": 아버지께 듣고 배운 사람은 예수님께로 온다. 구약성경을 배운 사람, 말씀을 배우고 영접한 사람만 예수님께로 온다. 믿음은 들음에서 나기 때문이다. 이 말이 무엇을 말하는 것은 아닌가?

46 "이는 아버지를 본 자가 있다는 것이 아니니라 오직 하나님에게서 온 자만 아버지를 보았느니라"

◇"아니니라": 이 말은 "하나님께로부터 온 사람 외에 누가 아버지를 보았다."라는 것을 뜻하지 않는다. 하나님께로부터 온 사람만이 아버지를 보았다. 성경을 공부한다고 해서, 하나님께서 이끄셨다고 해서 하나님을 직접 본다는 말은 아니다. 오직 예수님만이 하나님을 직접 보셨다. 예수님은 다시 무엇을 선언하시는가?

47 "진실로 진실로 너희에게 이르노니 믿는 자는 영생을 가졌나니"

◇"믿는 자": 믿는 사람은 영생을 가졌다. 영생은 예수님을 믿음으로만 누린다. 그 이유가 무엇인가?

48 "내가 곧 생명의 떡이니라"

◇"내가"(εγω, *ego*): '나(I)', 오직 나를 강조한다(I am).

◇"떡": 빵은 고기와 함께 가장 중요한 양식이었다. 예수님만이 생명의 빵이다. 예수님을 먹어야만 영생을 얻는다. 지금 유대인이 구하는 빵은 생명을 주지 못한다. 심지어 조상이 먹었던 그 '만나'도 마찬가지다. 예수님의 빵과 조상이 먹었던 만나는 어떻게 다른가?

2. 예수님의 빵과 조상이 먹었던 만나는 어떻게 다릅니까(49-50)? 예수님의 빵을 먹으면 왜 죽지 않습니까(51a)? 예수님이 주실 빵은 무엇을 말합니까(51b)? 이 사실이 오늘 우리에게 주는 의미는 무엇입니까?

49 "너희 조상들은 광야에서 만나를 먹었어도 죽었거니와"

◇"죽었거니와": 조상은 광야에서 만나를 먹었어도 죽었다. 만나는 당시 배고픔은 해결해 주었지만, 영생을 주지는 못했다. '만나'조차도 사람을 살리지 못하는 '썩을 양식'(27)에 불과하다. 무엇이 사람을 살리는가?

50 "이는 하늘에서 내려오는 떡이니 사람으로 하여금 먹고 죽지 아니하게 하는 것이니라"

◇"하늘에서 내려오는 떡": 하늘에서 내려오는 빵을 먹으면 죽지 않는다. 왜냐하면 예수님만이 하늘에서 내려오는 빵이기 때문이다. 이것이 '만나'와 예수님이 주시는 빵의 본질적 차이이다. 그러므로 유대인은 '공짜 점심'을 원하기보다는 생명의 빵을 추구해야 한다. 왜 예수님의 빵을 먹

으면 죽지 않는가?

51 **"나는 하늘에서 내려온 살아 있는 떡이니 사람이 이 떡을 먹으면 영생하리라 내가 줄 떡은 곧 세상의 생명을 위한 내 살이니라 하시니라"**

◇"하늘에서 내려온 살아 있는 떡이니": 예수님은 하늘에서 내려온 살아 있는 빵이다. 즉 사람에게 생명을 주는 빵, 사람을 살리는 빵이다. 따라서 그 빵을 먹는 사람은 누구나 영원히 살 것이다.

◇"먹으면": 예수님을 믿는 자를 말한다. 세상 사람 전부가 생명의 빵으로부터 생명을 얻는 것은 아니다. 먹는 사람만 그렇다. 사람이 죽지 않고 살기 위해서는 생명의 빵을 먹어야 한다. 예수님이 주실 빵은 무엇을 말하는가?

◇"내 살이니라": 예수님이 줄 빵은 예수님의 살이다. 그것은 세상에 생명을 준다. 예수님께서 십자가에서 우리 죄를 위해서 돌아가실 것을 말한다.

이 사실이 오늘 우리에게 주는 의미는 무엇인가? 예수님은 십자가에서 하나님의 어린양으로 돌아가신다. 예수님은 유월절 어린양으로 죽으신다(1:29). 예수님은 세상 죄를 짊어지셨다. 우리의 죄와 죽음을 짊어지셨다. 그 예수님이 하늘에서 내려온 살아 있는 빵이다. 그 예수님이 사람에게 생명을 주신다. 누구든지 그분을 믿으면 산다. 우리가 누리는 생명은 은혜이다. 그러나 그들은 왜 서로 다투는가?

3. 유대인들은 왜 서로 다툽니까(52)? 생명을 얻으려면 어떻게 해야 합니까(53-54)? 왜 이런 자에게만 생명이 있습니까(55-59)? 예수님은 사람들에게 빵 문제 해결보다도 무엇이 더 중요함을 가르치십니까?

52 **"그러므로 유대인들이 서로 다투어 이르되 이 사람이 어찌 능히 자기 살을 우리에게 주어 먹게 하겠느냐"**

◇"자기 살": 그들의 가치관은 아직도 '아래'에 머물러 있다. 율법에 따르

면 유대인은 절대 피를 먹으면 안 된다(레 17:10–14). 그들 중 일부는 예수님의 말씀을 받아들였다. 하지만 일부는 자기 생각에 사로잡혀 있다. 그들은 서로 다툴 수밖에 없다. 예수님은 그들에게 다시 무엇을 선포하시는가?

53 "예수께서 이르시되 내가 진실로 진실로 너희에게 이르노니 인자의 살을 먹지 아니하고 인자의 피를 마시지 아니하면 너희 속에 생명이 없느니라"

◇"살", "피": 예수님께서 십자가에서 돌아가시는 모습을 말한다.

◇"먹는다," "마신다": 예수님의 십자가의 죽음을 자신을 위한 대속의 죽음으로 믿는 것을 말한다. 예수님의 살을 먹지 아니하고 피를 마시지 아니하면 생명이 없다. 누구에게 생명이 임하는가?

54 "내 살을 먹고 내 피를 마시는 자는 영생을 가졌고 마지막 날에 내가 그를 다시 살리리니"

◇"영생을 가졌고": 예수님의 살을 먹고 피를 마시는 사람은 영원한 생명을 가지고 있다. 그리고 마지막 날에 예수님께서 그 사람을 살릴 것이다. 왜 이런 은총을 덧입는가?

55 "내 살은 참된 양식이요 내 피는 참된 음료로다"

◇"참"(ἀληθής, *ale:the:s*): '참된(true)', '실제의(real)', '진짜의(genuine)'라는 뜻이다. '거짓'에 대한 반대 개념이다. 즉 실체를 말한다. 지금까지 그들이 먹고 마셨던 빵은 '거짓'이었다. '그림자'였다. 이제부터 먹고 마시는 예수님의 살과 피가 실체이다. 그림자에는 생명이 없다. 오직 실체이신 예수님 안에만 생명이 있다. 이런 사람에게 임하는 은총은 무엇인가?

56 "내 살을 먹고 내 피를 마시는 자는 내 안에 거하고 나도 그의 안에 거하나니"

◇"거하고": '머무른다(stay).' '남아 있다(remain).'라는 뜻이다. 예수님의 살을 먹고 피를 마시는 사람은 예수님 안에 있다. 그리고 예수님도 그 사람 안에 있다. 예수님의 대속적 죽음을 믿음으로 받아들인 사람은 예수님과 하나가 되어 함께 산다. 이 신비한 연합은 예수님께서 성령님을 통해 신자 안에서 사심으로써 가능한 일이다.

57 "살아 계신 아버지께서 나를 보내시매 내가 아버지로 말미암아 사는 것 같이 나를 먹는 그 사람도 나로 말미암아 살리라"

◇"살리라": 살아 계신 아버지께서 예수님을 보내셨다. 예수님이 아버지 때문에 사는 것과 같이 예수님을 먹는 사람도 예수님 때문에 살 것이다. 예수님은 아버지와 아들의 관계를 자신과 그를 먹는 자의 관계에 적용하여 설명하신다. 생명의 예수님을 먹는 자는 그로 말미암아 산다(롬 6:3-4).

58 "이것은 하늘에서 내려온 떡이니 조상들이 먹고도 죽은 그것과 같지 아니하여 이 떡을 먹는 자는 영원히 살리라"

◇"영원히 살리라": 예수님이 주시는 생명의 빵은 유대인의 조상들이 광야에서 먹었지만 죽지 않고 영원히 살게 하지 못한 만나와는 근본적으로 다르다. 생명의 빵은 그것을 받아먹는 자를 영원히 살게 한다. 이 말씀을 어디에서 가르치셨는가?

59 "이 말씀은 예수께서 가버나움 회당에서 가르치실 때에 하셨느니라"

예수님은 사람들에게 빵 문제 해결보다도 무엇이 더 중요함을 가르치시는가? 인간의 우선적 과제는 빵 문제 해결이 아니다. 죄로 인한 죽음 문제 해결이다. 물론 예수님도 육신을 지닌 사람에게 빵이 없어선 안 될 것으로 알았기 때문에 빵을 만들어서 주셨다. 그런데도 사람의 궁극적 목적은 빵이 아니다. 사람은 빵으로만 사는 존재가 아니기 때문이다(마 4:4). 영생을 추구해야 할 존재이다. 그때 어떤 사람의 반응은 어떠한가?

4. 그때 어떤 사람은 예수님의 말씀을 어떻게 생각합니까(60)? 예수님은 그들에게 무엇을 말씀하십니까(61-62)? 사람을 살리는 것은 무엇입니까(63)? 믿지 않는 사람은 어떻게 됩니까(64:65)?

60 "제자 중 여럿이 듣고 말하되 이 말씀은 어렵도다 누가 들을 수 있느냐 한대"

◇"제자 중 여럿": 열두 제자와 함께 그곳에 있는 어떤 사람을 말한다.

◇"어렵도다": 어떤 사람은 그 말씀이 어렵다고 말했다. 그들은 영적 어둠에 갇혀 있다. 그들은 이 말씀을 왜 어려워할까? 그것은 의사소통이나 교육학적 기법의 문제가 아니다. 이해의 문제가 아니다. 믿음의 문제이다. 그들이 그것을 원하지 않기 때문이다. 믿지 않고자 하기 때문이다. 우리가 메시지를 들을 때 영접하려고 하면 그 메시지가 어렵지 않다. 받아들이려고 하지 않으면 어렵다. 마음의 자세가 중요하다. 예수님은 그들에게 무엇이라고 말씀하시는가?

61 "예수께서 스스로 제자들이 이 말씀에 대하여 수군거리는 줄 아시고 이르시되 이 말이 너희에게 걸림이 되느냐"

◇"수군거리는": 열두 제자도 수군거렸다. 그들도 말씀을 어렵게 생각했다. 말씀이 걸림이 되었다.

◇"걸림이 되느냐": 예수님은 생명을 주기 위해서, 즉 믿음을 심기 위해서 말씀을 가르치셨다. 그런데 그 가르침이 오히려 걸림이 될 수 있다. 받아들이면 생명인데 안 받아들이면 걸림이 된다. 그들은 말씀 앞에서 어떻게 해야 하는가?

62 "그러면 너희는 인자가 이전에 있던 곳으로 올라가는 것을 본다면 어떻게 하겠느냐"

◇"인자": '사람의 아들(the Son of man)'인데, 예수님을 뜻한다.

◇"이전에 있던 곳": 예수님께서 육신이 되어 오시기 전, 즉 하나님 나라를 말한다.

◇"올라가는 것": 예수님께서 하나님 나라로 가는 것을 뜻한다. 제자들이 예수님의 죽음에 관한 말씀에 걸려 넘어진다면, 그 뒤에 이어질 부활과 승천을 본다면 어떻게 될 것인가? 제자들이 십자가를 이해하지 못하면 부활과 승천도 받아들일 수 없다. 십자가와 부활을 소화하면 승천도 믿게 된다. 재림도 영접하게 된다. 십자가에 대한 영접은 더 깊은 믿음으로 이끄는 기초이다. 사람을 살리는 것은 무엇인가?

63 "살리는 것은 영이니 육은 무익하니라 내가 너희에게 이른 말은 영이요 생명이라"

◇"이른 말은 영이요 생명이라": 예수님의 말씀이 영이다. 생명을 주신다. 생명은 빵이 주는 것은 아니라 예수님의 말씀이 준다.

그런데도 사람은 왜 무익한 육에게 미련을 가질까? 사람은 왜 육을 얻기 위해서 애를 쓸까? 현실적으로 뭔가를 주는 것처럼 보이기 때문이다. 일시적인 효과가 있기 때문이다. 일단은 배가 부르기 때문이다. 그러나 예수님의 말씀이 생명이다. 우리가 빵보다도 말씀을 사랑해야 하는 이유가 여기에 있다. 말씀을 배우고 들어야 하는 이유가 여기에 있다. 예수님을 믿는 자가 산다. 그러나 그들 중에 어떤 사람이 있는가?

64 "그러나 너희 중에 믿지 아니하는 자들이 있느니라 하시니 이는 예수께서 믿지 아니하는 자들이 누구며 자기를 팔 자가 누구인지 처음부터 아심이러라"

◇"믿지 아니하는 자": 열두 제자 가운데도 믿지 않는 사람이 있다. 예수님은 처음부터 믿지 않는 사람이 누구이며, 자기를 넘겨줄 사람이 누구인지를 알고 계셨다. 아무리 생명의 말씀과 함께 있을지라도 믿지 않는 사

람이 있다. 어떻게 이런 일이 가능한가?

65 **"또 이르시되 그러므로 전에 너희에게 말하기를 내 아버지께서 오게 하여 주지 아니하시면 누구든지 내게 올 수 없다 하였노라 하시니라"**

◇"아버지께서 오게 하여 주지 아니하시면": 아버지께서 허락하신 사람이 아니고는 아무도 예수님께로 올 수 없다. 예수님께로 가는 것은 철저하게 하나님의 선택으로부터 시작한다. 그 말씀 앞에서 많은 사람이 어떻게 하는가?

5. 그 말씀 앞에서 많은 사람이 어떻게 합니까(65-66)? 그러나 베드로는 무슨 고백을 합니까(67-69)? 그의 고백을 통해서 무엇을 배울 수 있습니까? 그 제자 중에는 어떤 사람도 있습니까(70-71)? 우리가 예수님을 따르는 목적이 무엇이어야 합니까?

65 **"또 이르시되 그러므로 전에 너희에게 말하기를 내 아버지께서 오게 하여 주지 아니하시면 누구든지 내게 올 수 없다 하였노라 하시니라"**

◇"아버지께서 오게 하여 주지 아니하시면": 하나님께서 택하지 않는 자는 예수님께 올 수 없다. 배반자가 되고 만다. 그렇다고 해서 배반의 책임이 없어지는 것은 아니다. 배반의 책임은 자기에게 있다.

66 **"그때부터 그의 제자 중에서 많은 사람이 떠나가고 다시 그와 함께 다니지 아니하더라"**

◇"떠나가고": 예수님의 말씀을 듣고는 많은 사람이 떠났다. 그들은 왜 떠났을까? 그들이 예수님을 따르는 목적과 예수님께서 그들에게 주고자 하신 것이 달랐기 때문이다. 그들은 빵을 얻고자 했는데, 예수님은 빵을 주지 않으셨다. 다른 한편으로는 아버지께서 그들을 부르지 않으셨기 때문이다. 열두 제자는 어떻게 하는가?

67 "예수께서 열두 제자에게 이르시되 너희도 가려느냐"

◇"너희도": 예수님은 열두 제자에게 '예수님을 따르는 목적'에 대해서 확인하신다. 그들은 다시 선택의 길에 섰다. 자신을 점검해야 한다. 그들은 예수님을 왜 따르는가?

68 "시몬 베드로가 대답하되 주여 영생의 말씀이 주께 있사오니 우리가 누구에게로 가오리이까"

◇"베드로": 베드로가 제자들의 대변자로서 결단을 고백한다.

◇"우리가 누구에게로 가오리이까": 그들은 예수님을 떠나지 않는다.

◇"영생의 말씀이 주께 있사오니": 왜냐하면 주님께 영생의 말씀이 있기 때문이다. 그들이 예수님을 따르는 목적은 빵이 아니라 영생의 말씀이다. 예수님께서 주고자 하신 것과 그들이 얻고자 하는 것이 같다. 따라서 그들은 예수님을 떠나지 않는다. 그들은 예수님을 계속 따르고자 한다. 그들이 믿고 따르는 예수님은 누구신가?

69 "우리가 주는 하나님의 거룩하신 자이신 줄 믿고 알았사옵나이다"

◇"믿고 알았사옵나이다": 그들은 예수님을 믿고 알았다.

◇"하나님의 거룩하신 자": 예수님은 하나님이시다.

베드로의 고백을 통해서 무엇을 배울 수 있는가? 첫째로, 예수님을 따르는 목적이 영생의 말씀이어야 한다. 사람들은 '영생의 말씀' 때문에 떠났다. 그런데 제자는 오히려 '영생의 말씀' 때문에 남는다. 영생의 말씀은 어떤 사람에게는 실망을 준다. 예수님을 떠나게 만든다. 그러나 어떤 사람에게는 소망을 준다. 예수님의 제자로 평생을 살게 한다. 오늘 우리는 무엇 때문에 예수님을 따르고 있는가?

둘째로, 교회의 존재 목적이 영생의 말씀을 증언하는 데 있어야 한다. 역사적으로 교회가 이 존재 목적이 흔들릴 때가 많았다. 지금도 일부에서는 이 고유 목적이 흔들린다. 교회는 세상에 빵도 줘야 한다. 그러나 그 중심에는 영생의 말씀이 있어야 한다. 교회가 영생의 말씀을 증언하기 때문에 교회를 떠나는 사람도 있다. 그런데도 우리는 계속해서 영생의 말씀을 증언해야 한다. 여기에 생명이 있기 때문이다. 그 제자 중에는 어떤 사람도 있는가?

70 "예수께서 대답하시되 내가 너희 열둘을 택하지 아니하였느냐 그러나 너희 중의 한 사람은 마귀니라 하시니"

◇"마귀니라": 열두 제자 중에 한 사람은 마귀이다. 이것은 대단히 충격적인 말이다. 남는 사람 중에도 마귀가 있기 때문이다. 베드로는 '우리가'(68)라고 말함으로써 열두 제자로서의 팀을 자랑했다. 하지만 그중에 한 사람에게는 문제가 있다. 공동체가 절대적으로 다 같을 수는 없다. 그 마귀는 누구를 가리키는가?

71 "이 말씀은 가룟 시몬의 아들 유다를 가리키심이라 그는 열둘 중의 하나로 예수를 팔 자러라"

◇"유다": 그 마귀는 유다이다. 그는 예수님을 팔 사람이다. 그는 예수님께로부터 빵을 얻고자 했기 때문에 결정적인 순간에 떠났다.

제14강

하나님의 뜻을 행하는 사람

◇본문　요한복음 7:1-36
◇요절　요한복음 7:17
◇찬송　542장, 546장

1. 예수님은 왜 갈릴리에 계십니까(1)? 어떤 때가 가까웠습니까(2)? 그때 예수님의 형제들은 예수님께 무슨 제안을 합니까(3-4)? 그들이 이런 제안을 하는 이유는 무엇입니까(5)? "예수님을 믿지 않는다."라는 말은 무슨 뜻입니까?

2. 예수님은 그들에게 무엇을 가르치십니까(6)? 세상은 왜 예수님을 미워합니까(7)? 예수님은 언제 예루살렘으로 올라가십니까(8-10)? 예수님에 대한 사람들의 반응이 어떠합니까(11-13)?

3. 예수님께서 성전에서 가르치실 때 유대인들은 왜 놀랍니까(14-15)? 예수님의 메시지는 누구한테서 왔습니까(16)? 이 사실을 어떻게 알 수 있습니까(17-18)? 우리가 '하나님의 뜻을 행한다.'라는 말은 어떻게 하는 겁니까?

4. 종교 지도자들인 그들의 문제는 무엇입니까(19)? 그들은 어떻게 반발합니까(20)? 그들은 왜 안식일에도 할례를 줍니까(21-22)? 그들은 예수님을 어떻게 판단해야 합니까(23-24)?

5. 그들은 왜 예수님을 그리스도로 인정하지 못합니까(25-27)? 예수님은 어디에서 오셨습니까(28-29)? 사람들은 예수님을 왜 믿습니까(30-31)? 예수님은 어디로 가십니까(32-36)? 그들이 하나님의 뜻대로 행하려면 어떻게 해야 합니까?

제14강
하나님의 뜻을 행하는 사람

◇본문　요한복음 7:1-36
◇요절　요한복음 7:17
◇찬송　542장, 546장

1. 예수님은 왜 갈릴리에 계십니까(1)? 어떤 때가 가까웠습니까(2)? 그때 예수님의 형제들은 예수님께 무슨 제안을 합니까(3-4)? 그들이 이런 제안을 하는 이유는 무엇입니까(5)? "예수님을 믿지 않는다."라는 말은 무슨 뜻입니까?

1 "그 후에 예수께서 갈릴리에서 다니시고 유대에서 다니려 아니하심은 유대인들이 죽이려 함이러라"

◇"갈릴리에서 다니시고": 예수님은 갈릴리에서 사역하셨다. 왜냐하면 유대 사람들이 예수님을 죽이려고 했기 때문이다. 예수님은 사람들과의 충돌을 피하신다. 아직은 때가 아니기 때문이다. 그런데 어떤 때가 가까웠는가?

2 "유대인의 명절인 초막절이 가까운지라"

◇"초막절": 이스라엘 남자는 의무적으로 예루살렘 성전에 참석해야 하는 3대 절기 중의 하나이다. 이스라엘 전 지역과 심지어 외국에서도 큰 무

리가 예루살렘으로 몰려들어 7일간의 축제를 했다. 그 축제에 참여하는 자들은 잎이 무성한 가지들로 직접 만든 임시 숙소에서 생활했다. 그것을 옥상, 집 주위, 들판에 세웠다. 그 축제에는 아침마다 실로암 못에서 물을 길어 제단에 붓는 의식(본문의 배경), 밤에 여인의 뜰에 세워진 거대한 가지가 달린 촛대들의 불빛에서 축하하는 것(8:12의 배경) 등이 있었다. 초막절은 9월말이나 10월초에 있어서 기혼 샘에서 물을 길어 붓는 의식은 그 해의 풍성한 수확을 위해 비를 간구하는 의미를 담고 있다. 동시에 하나님께서 광야 생활 중에 물을 주심을 감사한다. 초막절의 핵심 중 하나는 물이다. 그때 형제들은 예수님께 무슨 말을 하는가?

3 "그 형제들이 예수께 이르되 당신이 행하는 일을 제자들도 보게 여기를 떠나 유대로 가소서"

◇"유대로 가소서": 동생들은 예수님께서 갈릴리를 떠나서 유대로 가시기를 원한다.

◇"제자들도 보게": 많은 사람이 예수님을 떠났다(6:60, 66). 그런 상황을 지켜본 동생들은 안타까웠다. 예수님께서 축제 기간에 예루살렘으로 가시면 더 큰 일을 할 수 있기 때문이다. 더 많은 사람이 모일 것이기 때문이다.

4 "스스로 나타나기를 구하면서 묻혀서 일하는 사람이 없나니 이 일을 행하려 하거든 자신을 세상에 나타내소서 하니"

◇"나타내소서": 알려지기를 바라면서 숨어서 일하는 사람은 없다. 그들은 예수님이 일을 하실 바에는 적극적으로 세상에 드러내시기를 바란다. 예수님께서 일하시려면 당당하고 공개적으로 온 세상이 알도록 하라는 뜻이다. 형제들은 예수님이 행하시는 능력을 의심하지 않는다. 예수님이 성공적인 인물이 되기를 바란다. 그러기 위해서는 초야에 묻혀 있지

말고 대도시로 나가서 적극적으로 알려야 한다. 그들이 그런 제안을 하는 이유는 무엇인가?

5 "이는 그 형제들까지도 예수를 믿지 아니함이러라"

◇"믿지 아니함이러라": 그들은 예수님을 믿지 않았다. 무슨 뜻인가? 그들은 예수님을 하나님으로 믿지 않았다. 그들은 예수님께서 십자가에서 어린양으로 죽으실 것을 믿지 않았다. 그들은 예수님이 성공과 영광의 길을 가실 것으로 믿었다. 그들은 예수님의 정체성을 오해했다. 그들이 예수님의 정체성을 모르기 때문에 그 사역의 방법도 오해했다. 그들은 예수님이 성공과 영광스러운 길을 가기를 원했다. 그러나 예수님은 고난의 길을 가신다.

우리가 예수님을 바르게 믿을 때 그 사역, 가시는 길에 대해서도 바르게 믿을 수 있다. 오늘날 교회에서 가장 큰 문제 중의 하나는 세속화이다. 교회의 사역을 세상적 방법으로 이루려는 것을 말한다. 그것은 예수님의 정체성을 모르는 데서부터 온다. 예수님을 바르게 알면 고난의 길을 간다. 성공과 출세가 아닌 충성과 헌신의 길을 간다. 예수님은 그들에게 무엇을 가르치시는가?

2. 예수님은 그들에게 무엇을 가르치십니까(6)? 세상은 왜 예수님을 미워합니까(7)? 예수님은 언제 예루살렘으로 올라가십니까(8-10)? 예수님에 대한 사람들의 반응이 어떠합니까(11-13)?

6 "예수께서 이르시되 내 때는 아직 이르지 아니하였거니와 너희 때는 늘 준비되어 있느니라"

◇"내 때": 예수님의 때는 아직 오지 않았다. 예수님께서 십자가에서 죽으시고 부활하심으로써 영광을 얻으시는 때다. 그때는 하나님의 구속 사역의 일정에 의해서 이루어진다. 하나님께서 주도권을 가지고 일하신다.

◇"너희 때": 그들의 뜻에 따라서 정할 수 있다.

◇"늘 준비되어 있느니라": 형제들의 '때'는 '항상 현재적'이다. 그들은 하나님의 '때'를 무시하거나 고려하지 않기 때문에 스스로 자신의 삶을 결정한다. 그래서 '늘 준비되어 있다.' "예수님의 때"와 "동생의 때"를 대조한다. 세상은 왜 예수님을 미워하는가?

7 "세상이 너희를 미워하지 아니하되 나를 미워하나니 이는 내가 세상의 일들을 악하다고 증언함이라"

◇"너희를 미워하지 아니하되": 세상은 그들을 미워할 수 없다. 그들은 세상에 속했다. 그들은 하나님의 때가 아닌 자기 때에 의해서 살기 때문이다

◇"나를 미워하나니": 그러나 세상은 예수님을 미워한다.

◇"악하다고 증언함이라": 왜냐하면 예수님께서 세상에서 하는 일을 악하다고 증언하기 때문이다. 예수님과 세상은 충돌한다.

8 "너희는 명절에 올라가라 내 때가 아직 차지 못하였으니 나는 이 명절에 아직 올라가지 아니하노라"

◇"올라가지 아니하노라": 예수님은 당신의 때에 따라서 움직이신다. 동생의 충고대로 움직이지 않으신다.

9 "이 말씀을 하시고 갈릴리에 머물러 계시니라"

예수님은 언제 올라가시는가?

10 "그 형제들이 명절에 올라간 후에 자기도 올라가시되 나타내지 않고 은밀히 가시니라"

◇"은밀히 가시니라": 예수님은 초막절 중반에 올라가셨다. 형제들은 예수님께 '세상에 나타내소서.'라고 했다. 하지만 예수님은 아무도 모르게 올라가셨다. 예수님은 당신의 때에 따라서 움직이신다.

11 "명절 중에 유대인들이 예수를 찾으면서 그가 어디 있느냐 하고"

◇"유대인들": 종교 지도자들을 말한다. 그들은 왜 예수님을 찾는가?

12 "예수에 대하여 무리 중에서 수군거림이 많아 어떤 사람은 좋은 사람이라 하며 어떤 사람은 아니라 무리를 미혹한다 하나"

◇"수군거림이 많아": 사람들이 예수님에 대해서 말들이 많았다. 예수님에 대해서 긍정적인 평가와 부정적인 평가가 공존했다. 따라서 종교 지도자들 편에서는 그런 백성이 부담스러웠다.

13 "그러나 유대인들을 두려워하므로 드러나게 그에 대하여 말하는 자가 없더라"

그때 예수님은 무엇을 하시는가?

3. 예수님께서 성전에서 가르치실 때 유대인들은 왜 놀랍니까(14-15)? 예수님의 메시지는 누구한테서 왔습니까(16)? 이 사실을 어떻게 알 수 있습니까(17-18)? 우리가 '하나님의 뜻을 행한다.'라는 말은 어떻게 하는 겁니까?

14 "이미 명절의 중간이 되어 예수께서 성전에 올라가사 가르치시니"

◇"성전에 올라가 가르치시니": 예수님은 예루살렘 성전에서 가르치신다. 예수님의 정체에 대한 은밀한 논쟁이 벌어지고 있는 상황에서 예수님은 성전에서 가르치신다. 예수님은 당신이 의도하신 것과는 다르게 사람들 앞에 공개적으로 등장하신다. 예수님의 가르침 앞에서 지도자들의 반응은 어떠한가?

15 "유대인들이 놀랍게 여겨 이르되 이 사람은 배우지 아니하였거늘 어떻게 글을 아느냐 하니"

◇"배우지 아니하였거늘": 이 말은 공식적인 교육을 받지 못한 보통 사람

을 말한다. 예수님은 사람, 즉 '랍비' 밑에서 배우지 않았다. 예수님의 메시지는 누구한테서 왔는가?

16 "예수께서 대답하여 이르시되 내 교훈은 내 것이 아니요 나를 보내신 이의 것이니라"

◇"나를 보내신 이의 것이니라": 예수님은 아버지의 말을 하고 아버지의 일을 한다. 다른 사람들이 랍비한테 배웠다면, 예수님은 성부로부터 배웠다. 따라서 그 가르침은 권세가 있고, 그것을 듣는 사람은 놀랄 수밖에 없다. 예수님은 당신의 가르침의 권위를 간접적으로 강조하신다. 예수님의 가르침이 하나님한테서 왔다는 사실을 어떻게 알 수 있는가?

17 "사람이 하나님의 뜻을 행하려 하면 이 교훈이 하나님께로부터 왔는지 내가 스스로 말함인지 알리라"

◇"행하려 하면": 누구든지 하나님의 뜻대로 행하려고 하면 그 가르침이 하나님한테서 왔는지, 사람한테서 왔는지 알 수 있다. 예수님은 누구의 영광을 구하시는가?

18 "스스로 말하는 자는 자기 영광만 구하되 보내신 이의 영광을 구하는 자는 참되니 그 속에 불의가 없느니라"

◇"보내신 이의 영광을 구하는 자": 자기 마음대로 말하는 사람은 자기의 영광을 구한다. 하지만 자기를 보내신 분의 영광을 구하는 사람은 진실하며 그 사람 속에는 불의가 없다.

그들은 예수님 말씀의 권위를 어떻게 알 수 있는가? 하나님의 뜻대로 살려고 하면 된다. 하나님은 단지 우리의 호기심을 채워 주려고 당신의 뜻을 보여주시지 않는다. 우리가 하나님의 뜻을 행할 준비를 할 때 하나님은 당신의 완벽한 시간에 그 뜻을 알려주신다. 오직 하나님의 뜻을 행할 준비를 한 사람만이 말씀의 진리를 깨닫는다. 우리가 말씀에 순종할 때 그 말씀이 하나님께로부터 왔음을 알 수 있다.

무디(D. L. Moody): "순종은 하나님의 뜻을 배우는 좋은 학교이다."라고 말했다. 하나님의 뜻은 머리로 알 수 있는 것이 아니다. 머리로 이해한다고 해서 사람이 변화하는 것은 아니다. 삶 속에서 행함으로만 변화할 수 있다. 우리의 삶은 행함으로 변화한다. "행함이 없는 것은 믿음이 아니다."

우리가 '하나님의 뜻을 행한다.'라는 말은 어떻게 하는 것인가? 말씀을 배우는 것으로 그치지 않고 삶 속에서 순종하는 것을 말한다. 말씀대로 사는 것을 말한다. 그것은 예전과는 다른 성숙함을 나타내는 것이다. 우리가 상대방을 배려하고, 희생하고, 헌신하고, 그런 삶을 실제로 사는 것을 말한다. 우리가 실제 삶에서 그렇게 살아보면 내가 하나님의 뜻을 행하고 있음을 깨닫는다.

우리가 양을 섬겨 볼 때 목자의 마음을 알고, 목자로 자란다. 성경을 가르쳐 볼 때 성경 교사로 자란다. 이런 삶의 행함을 통해서 하나님의 뜻이 무엇인가를 정확하게 알아간다. 이런 행함이 없으면 목자의 마음, 하나님께서 우리에게 두신 소원, 계획 등을 제대로 알지 못한다. 나에게 두신 하나님의 뜻을 알려면 그 말씀대로 살아볼 때 정확하게 알 수 있다. 삶의 체험이 그런 점에서 중요하다. 행동은 가치관에서 나온다. 이런 모습이 건강한 모습이며 성숙한 모습이고, 영향력 있는 모습이다. 종교 지도자들인 그들의 문제는 무엇인가?

4. 종교 지도자들인 그들의 문제는 무엇입니까(19)? 그들은 어떻게 반발합니까(20)? 그들은 왜 안식일에도 할례를 줍니까(21-22)? 그들은 예수님을 어떻게 판단해야 합니까(23-24)?

19 "모세가 너희에게 율법을 주지 아니하였느냐 너희 중에 율법을 지키는 자가 없도다 너희가 어찌하여 나를 죽이려 하느냐"

◇"율법을 지키는 자가 없도다": 그들은 종교 지도자들로서 모세의 율법을 지켜야 한다. 그런데 그들 중에는 그 율법을 지키는 사람이 없다. 왜냐하면 그들은 예수님을 죽이려고 하기 때문이다. 그들은 율법에서 증언

하는 예수님을 죽이려고 한다. 그들은 모세의 율법을 정면으로 어기고 있다. 그러나 그들은 예수님께 어떻게 반발하는가?

20 "무리가 대답하되 당신은 귀신이 들렸도다 누가 당신을 죽이려 하나이까"

21 "예수께서 대답하여 이르시되 내가 한 가지 일을 행하매 너희가 다 이로 말미암아 이상히 여기는도다"

◇"한 가지 일을 행하매": 그것은 '38년 된 병자'를 안식일에 살린 사건이다. 그들은 이 한 가지 일을 가지고 예수님을 영접하지 않았다. 예수님을 죽이려고까지 한다. 왜냐하면 예수님이 안식일을 어겼다고 생각하기 때문이다. 하나님을 모독했다고 생각하기 때문이다. 그러나 그들은 안식일에 무슨 일을 하고 있는가?

22 "모세가 너희에게 할례를 행했으니 (그러나 할례는 모세에게서 난 것이 아니요 조상들에게서 난 것이라) 그러므로 너희가 안식일에도 사람에게 할례를 행하느니라"

◇"할례": 유대인은 사내아이로 태어나면 난지 팔일에 할례를 베푼다. 모세가 그들에게 할례법을 주었다. 할례는 모세에게서 비롯한 것이 아니라 조상들에게서 비롯했다. 할례는 아브라함으로부터 시작했기 때문이다. 그래서 그들은 안식일에도 사람에게 할례를 준다. 할례 규정이 안식일 규정보다 앞서기 때문이다.

23 "모세의 율법을 범하지 아니하려고 사람이 안식일에도 할례를 받는 일이 있거든 내가 안식일에 사람의 전신을 건전하게 한 것으로 너희가 내게 노여워하느냐"

◇"사람의 전신을 건전하게 한 것으로": 모세의 율법을 어기지 않으려고 안식일에도 할례를 받는다. 그런데 예수님께서 안식일에 한 사람의 몸 전체를 성하게 해주었다고 해서 화를 내는 것은 옳지 않다. 남성의 특정

부위에 행하는 할례를 안식일에 허용한다. 그렇다면 한 사람의 전신을 치유하는 행위를 안식일에 허용하는 일은 지극히 당연하다. 당시 랍비들은 이런 논법을 사용하여 옳고 그름을 가르쳤다. 예수님은 랍비 중의 랍비이시다. 그러므로 그들은 어떻게 판단해야 하는가?

24 **"외모로 판단하지 말고 공의롭게 판단하라 하시니라"**

◇"공의롭게": 그들은 겉모양으로 판단하지 말고 공의로 판단해야 한다. 그들은 예수님의 안식일 치료 행위를 겉모양으로만 판단해서는 안 된다. 율법에 근거해서 판단해야 한다. 사람들은 예수님을 어느 정도 인정하는가?

5. 그들은 왜 예수님을 그리스도로 인정하지 못합니까(25-27)? 예수님은 어디에서 오셨습니까(28-29)? 사람들은 예수님을 왜 믿습니까(30-31)? 예수님은 어디로 가십니까(32-36)? 그들이 하나님의 뜻대로 행하려면 어떻게 해야 합니까?

25 **"예루살렘 사람 중에서 어떤 사람이 말하되 이는 그들이 죽이고자 하는 그 사람이 아니냐"**

26 **"보라 드러나게 말하되 그들이 아무 말도 아니하는도다 당국자들은 이 사람을 참으로 그리스도인 줄 알았는가"**

◇"그리스도인 줄 알았는가": 지도자들이 예수님께 아무말도 못하는 것을 보면 그들도 예수님을 그리스도로 아는 것은 아닌가? 예수님께서 이처럼 분명하게 말씀하셔서도 지도자들은 아무 대꾸를 못 한다. 그것은 예수님을 그리스도로 인정했기 때문이 아닌가? 그들은 왜 예수님을 그리스도로 인정하지 않는가?

27 **"그러나 우리는 이 사람이 어디서 왔는지 아노라 그리스도께서 오실 때에**

는 어디서 오시는지 아는 자가 없으리라 하는지라"

◇"어디서 왔는지 아노라": 그들은 예수님의 출생, 고향 등에 관한 프로필(profile)을 다 알고 있다. 그래서 그들은 예수님을 그리스도로 믿지 않는다.

◇"어디서 오시는지 아는 자가 없으리라": 그들은 그리스도께서 오실 때 어디서 오시는지 몰라야 한다고 생각했다. 그들은 그리스도는 신비하게 나타나야 한다고 생각했다. 그들은 다시 이상한 논리를 들어서 예수님을 거부한다. 예수님을 믿으려면 정말로 믿을 만한 근거가 많다. 그러나 예수님을 믿지 않으려고 하면 그 또한 근거가 많다. 우리의 마음이 중요하다. 성령님의 은총이 필요하다. 그때 예수님은 무엇을 하시는가?

28 "예수께서 성전에서 가르치시며 외쳐 이르시되 너희가 나를 알고 내가 어디서 온 것도 알거니와 내가 스스로 온 것이 아니니라 나를 보내신 이는 참되시니 너희는 그를 알지 못하나"

◇"나를 알고 내가 어디서 온 것도 알거니와": 그들은 예수님을 알고, 예수님이 어디에서 왔는지를 알고 있다.

◇"너희는 그를 알지 못하나": 하나님의 백성 유대인이 하나님을 모른다. 자칭 하나님을 가장 잘 섬긴다는 사람들이 정작 하나님을 모른다. 왜냐하면 그들이 예수님을 모르기 때문이다. 그들은 메시아를 오랫동안 기다렸음에도 불구하고, 메시아가 눈앞에 계신데도 모른다. 이것이 그들 문제의 본질이다.

29 "나는 아노니 이는 내가 그에게서 났고 그가 나를 보내셨음이라 하시니"

◇"나는 아노니": 그러나 예수님은 그분을 아신다. 왜냐하면 예수님은 그분에게서 오셨기 때문이다. 그리고 그분은 예수님을 보내셨기 때문이다. 예수님은 곧 하나님이시다. 이 말을 듣고 그들은 무엇을 하려고 하는가?

30 "그들이 예수를 잡고자 하나 손을 대는 자가 없으니 이는 그의 때가 아직 이르지 아니하였음이러라"

◇"때": 예수님께서 체포되어 십자가에서 죽으시는 때를 말한다. 예수님은 예수님의 때에 따라서 일하시고, 죽으신다. 사람이 그때를 어찌하지 못한다. 그러나 어떤 사람도 있는가?

31 "무리 중의 많은 사람이 예수를 믿고 말하되 그리스도께서 오실지라도 그 행하실 표적이 이 사람이 행한 것보다 더 많으랴 하니"

◇"예수를 믿고 말하되": 많은 사람은 예수님을 그리스도로 믿는다. 왜냐하면 앞으로 그리스도가 나타날지라도 예수님이 지금까지 행한 표적들보다 더 행할 수는 없기 때문이다. 이런 말들이 누구에게까지 들렸는가?

32 "예수에 대하여 무리가 수군거리는 것이 바리새인들에게 들린지라 대제사장들과 바리새인들이 그를 잡으려고 아랫사람들을 보내니"

33 "예수께서 이르시되 내가 너희와 함께 조금 더 있다가 나를 보내신 이에게로 돌아가겠노라"

◇"돌아가겠노라": 예수님은 백성과 함께 조금만 더 머물러 계신다. 아직 때가 아니기 때문이다. 예수님의 체포는 종교 지도자들의 뜻이 아닌 하나님의 뜻대로 된다.

34 "너희가 나를 찾아도 만나지 못할 터이요 나 있는 곳에 오지도 못하리라 하시니"

◇"오지 못하리라": 그때 그들은 예수님을 찾아도 만나지 못한다. 예수님이 계신 곳에 올 수가 없기 때문이다. 예수님께서 십자가에 죽으시고 살아나셔서 하나님의 나라로 가신다. 그들은 그 예수님을 찾을 수도 만날 수도 없다. 그들은 이 말씀을 어떻게 오해하는가?

35 **"이에 유대인들이 서로 묻되 이 사람이 어디로 가기에 우리가 그를 만나지 못하리요 헬라인 중에 흩어져 사는 자들에게로 가서 헬라인을 가르칠 터인가"**

◇"이방인": 헬라 말을 쓰는 흩어진 유대인들이 아니라, 흩어진 유대인들과 함께 사는 이방인을 말한다.

36 **"나를 찾아도 만나지 못할 터이요 나 있는 곳에 오지도 못하리라 한 이 말이 무슨 말이냐 하니라"**

그들이 하나님의 뜻대로 행하려면 어떻게 해야 하는가? 먼저 말씀을 깨달아야 한다. 말씀을 깨달으려면 예수님과 그 사역을 보는 렌즈를 바꿔야 한다. 예수님과 그 사역을 어떤 렌즈로 보느냐에 따라서 믿음과 불신, 영접과 거부가 결정된다. 즉 자신의 고정관념으로만 보면 예수님을 믿지 못한다. 예수님의 말씀에 근거해서 볼 때 예수님을 영접할 수 있다.

우리는 세상에서 살기에 세상 렌즈 자체를 완전히 부인할 수는 없다. 그러나 그런 렌즈로만 세상을 보고 나를 보고, 하나님의 사역을 본다면 세상 사람과 다를 바가 없다. 세상에서 살지라도, 세상 렌즈로 볼 수밖에 없음에도 예수님의 삶의 방식을 따라가야 한다. 따라서 오늘 우리는 세상의 렌즈를 교정하는 대안 공동체가 되어야 한다. 그 일은 우리가 하나님의 뜻을 행하려고 하는 데서부터 시작한다.

제15강

생수의 강

◇본문 요한복음 7:37-52
◇요절 요한복음 7:38
◇찬송 191장, 182장

1. 때는 언제입니까(37a, 신 16:13-15)? 그날 예수님은 회중에게 무엇이라고 외치십니까(37b)? 예수님께로 가서 마시는 사람은 어떤 은총을 덧입습니까(38)? 예수님께서 이 말씀을 통해서 가르치려는 바는 무엇입니까?

2. '생수의 강'은 누구를 말합니까(39a)? '성령님을 생수의 강'으로 표현한 데는 무슨 뜻이 있습니까?

3. 이 성령님은 언제 오십니까(39b)? '영광을 받지 않으셨으므로'라는 말은 무슨 사건을 말합니까? '성령님이 아직 계시지 아니하시더라.'라는 말씀은 무슨 뜻입니까? 이 말씀을 우리에게는 어떻게 적용할 수 있습니까?

4. 이 말씀을 들은 사람들의 반응은 어떻게 나뉩니까(40-44)? 종교 지도자들은 왜 예수님을 믿지 않습니까(45-49)?

5. 누가 그들의 문제를 지적합니까(50-51)? 그들은 왜 니고데모의 말에 귀를 기울이지 않습니까(52)?

제15강

생수의 강

◇본문 요한복음 7:37-52
◇요절 요한복음 7:38
◇찬송 191장, 182장

1. 때는 언제입니까(37a, 신 16:13-15)? 그날 예수님은 회중에게 무엇이라고 외치십니까(37b)? 예수님께로 가서 마시는 사람은 어떤 은총을 덧입습니까(38)? 예수님께서 이 말씀을 통해서 가르치려는 바는 무엇입니까?

37 "명절 끝날 곧 큰 날에 예수께서 서서 외쳐 이르시되 누구든지 목마르거든 내게로 와서 마시라"

◇"명절 끝날 곧 큰 날에": 초막절의 가장 중요한 날인 마지막 날이다. 초막절 첫째 날과 여덟째 날에 각각 거룩한 모임이 있었다(신 16:13-17, 레 23:34-36). 성회가 있는 그 두 날은 다른 날들과는 달리 안식일처럼 일상적인 일을 하지 않았다. 축제 기간 첫째 날에서부터 일곱째 날까지 제사장들은 성전에서 실로암 못으로 가는 행렬을 하루에 한 번씩 인도했다. 그때 한 제사장은 금주전자에 실로암 못의 물을 떠 담는다. 그리고 합창한다. "너희가 기쁨으로 구원의 우물들에서 물을 길으리로다"(사 12:3). 그들은 즐거운 나팔소리와 함께 예루살렘 성전으로 행진

하여 제단 옆에 있는 대야에 물을 붓는 의식을 행한다. 동시에 제단 다른 편에 있는 대야에는 포도주를 부었다. 백성은 물이 제단 위에 쏟아지는 것을 보면서 삶 속에 기쁨이 넘칠 것을 기대했다. 제8일, 마지막 날에는 물을 긷는 대신 하나님께 희생제물을 드렸다. 그날 예수님은 회중에게 무엇이라고 외치시는가?

◇"누구든지 목마르거든 내게로 와서 마시라": 그들은 초막절에 물을 길으면서 하나님께서 주시는 생수를 기억했다. 풍요로운 삶을 기대했다. 그러나 그 물은 본질에서 그들의 목마름을 없애지 못한다. 삶의 기쁨을 채우지 못한다. 일시적으로만 해결하기 때문이다.

누가 목마름을 본질로 없애는가? 예수님이 없애신다. 초막절 '물 행사'의 실체는 무엇인가? 예수님이시다. 이제부터는 예수님께로 가야 한다. 실로암 연못은 그림자였고, 예수님이 실체이다. 예수님께로 가서 마시는 사람은 어떤 은총을 덧입는가?

38 "나를 믿는 자는 성경에 이름과 같이 그 배에서 생수의 강이 흘러나오리라 하시니"

◇"나를 믿는 자": 예수님께로 가서 마시는 사람이다.

◇"배": '사람의 인격'이나 '내면'을 뜻한다. 그 사람의 존재 자체를 말한다.

◇"강": '강들'로 복수형이다. '풍성한 물', '흐르는 물(running water)', '많은 양의 물(floods)'을 뜻한다.

◇"흘러나오리라": '흘러넘친다.'라는 뜻인데, 물의 풍성함을 뜻한다.

◇"그 배에서 생수의 강이 흘러나리라": 그 인격, 그 사람에게서 생수의 강이 '풍성하게 넘쳐흐른다.'

두 가지로 해석할 수 있다. 하나는, "누구든지 목마르거든 내게로 와서 마셔라. 나를 믿는 자여." 그러면 '배'를 수식하는 인칭 대명사 '그'는 '예수님'을 말한다. 따라서 '그 배'는 '예수님의 배'를 말한다. 예수님의 배에서 생수의 강물이 흘러넘친다. 다른 하나는, '그 배'를 '예수님을 믿는 자의 배'로 보는 것이다. 즉 예수님을 믿는 사람에게서 생수의 강물이 흘러넘친다. 두 가지 해석의 핵심은 같다. 예수님이 풍성한 생명수의 근원이시며 제공자이시다. 따라서 누구든지 이 생명수를 받아서 마시면 그 사람에게서도 생수의 생물이 솟아난다.

◇"성경에 이름과 같이": 구체적인 성경보다는 몇몇 성경을 재해석하신 것이다.

예수님께서 이 말씀을 통해서 가르치려는 바는 무엇인가? 예수님이 누구시며, 그 예수님을 믿는 자는 어떻게 되는가에 대해서 가르치신다. 첫째로, 예수님의 정체성을 가르치신다. 예수님은 물 근원이시다. 구약에서 "성전에서 나오리라고 약한 그 물"을 예수님이 주신다. 예수님은 구약 성경에서 예언하신 내용을 이루신다. 유대인은 하나님께서 40년 동안 광야에서 백성에게 풍성한 물을 공급하신 사실을 알고 있다(출 17:6, 민 20:7-11, 시 105:40-41). 또 초막절 기간에 읽었던 말씀도 알고 있다. "그날에 생수가 예루살렘에서 솟아나서 절반은 동해로 절반은 서해로 흐를 것이라 여름에도 겨울에도 그러하리라"(슥 14:8). 여기서 예루살렘은 하나님의 전이 있는 곳이므로, 하나님께서 약속한 그 물은 예루살렘 성전에서 나올 물이다. 그 물이 흘러 하나는 동쪽으로 흘러 사해에, 다른 하나는 서쪽으로 흘러 지중해에 각각 도달한다. 이 말씀은 에스겔의 예언에도 나타나 있다. 그는 동쪽을 향한 성전의 문지방 밑에서 물이 흘러나오는 것을 보았다. 그는 그 물이 아라바 방향으로 내려가서 사해 바다를 살리고, 그 물이 도달하는 곳마다 생물들이 살아나는 놀라운 역사를 보았다. 그 자신은 친히 천사의 인도를 받아 물을 건넜다. 그런데 처음에는 에스겔의 발목까지 찼던 물이 나중에는 너무나 많이 흘러나와서 더는 건너지 못할 정도로 큰 강을 이루었다(겔 47:1-9). 초막절에서 물을 나르는 의식을 행하면서 이런 말씀들을 상징으로 나타냈었다. 그러나 이제 예수님께서 그것들이 현실로 나타났음을 선포하신다. 예수님은 초막절을 완성하는 분이시다.

둘째로, 이 예수님을 믿는 자 또한 생명의 풍성함을 누린다. 사람은 누구나 목마르다. 이성에 목말라 하고, 사랑에 목말라 하고, 쾌락과 돈에 목말라 한다. 아무리 먹고 마셔도 족함을 모르고 목말라 한다. 그보다 심각한 문제는 영혼의 목마름이다.

이 목마름을 누가 해결할 수 있는가? 사람이 만든 종교는 결코 영혼을 만족시킬 수 없다. 오직 하나님께서 공급하시는 생수만이 영혼을 만족시킨다. 더 나아가 다른 사람에게까지 이 풍성한 생명을 줄 수 있다. 풍성한 생수의 강은 나를 만족시키는 것으로 그치지 않는다. 다른 사람에게 흘러넘쳐서 생명을 준다. 이 생수의 강은 누구를 말하는가?

2. '생수의 강'은 누구를 말합니까(39a)? '성령님을 생수의 강'으로 표현한 데는 무슨 뜻이 있습니까?

39 a "이는 그를 믿는 자들이 받을 성령을 가리켜 말씀하신 것이라"

◇"그를 믿는 자들이 받을 성령을 가리켜": 이것은 예수님을 믿은 사람이 받을 성령님을 가리켜서 하신 말씀이다. 생수의 강들은 성령님을 말한다.

'성령님을 생수의 강'으로 표현한 데는 무슨 뜻이 있는가? 성령님의 풍성함, 흘러넘침을 상징한다. 예수님께로 가서 마시는 자, 즉 예수님을 믿는 자는 성령님의 풍성함을 체험한다. 성령님의 풍성함을 통해서 더는 목마르지 않는다. 더는 생명의 메마름에 시달리지 않는다. 그 사람에게는 생명의 풍성함이 임하기 때문이다. 더 나아가 다른 사람에게도 이런 풍성함을 전할 수 있다. 이 성령님은 언제 오시는가?

3. 이 성령님은 언제 오십니까(39b)? '영광을 받지 않으셨으므로'라는 말은 무슨 사건을 말합니까? '성령님이 아직 계시지 아니하시더라.'라는 말씀은 무슨 뜻입니까? 이 말씀을 우리에게는 어떻게 적용할 수 있습니까?

39 b "(예수께서 아직 영광을 받지 않으셨으므로 성령이 아직 그들에게 계시지 아니하시더라)"

◇"아직 영광을 받지 않으셨으므로": 예수님께서 십자가에서 죽으시는 사건을 말한다(12:23). 예수님께서 십자가에서 죽지 않으셨기 때문에 아직 성령님이 제자들에게 계시지 않는다. 성령님은 예수님께서 죽으시고 부활하신 후에 오신다.

◇"성령이 아직 그들에게 계시지 아니하시더라": 이 말씀은 무슨 뜻인가? 성령님께서 예수님의 십자가의 영화사건 이전에는 존재하지 않으셨다는 말인가? 구약에서 성령님은 계셨다. 지금도 성령님은 계신다. 제자들이 예수님을 그리스도로 믿도록 하신 일은 성령님의 사역이었다. 믿음의 고백은 성령님의 역사 없이는 불가능하다. 예수 그리스도를 믿는 사람은 성령님께서 이미 함께하시는 사람이다.

그러면 무슨 뜻인가? 두 가지 의미로 해석한다. 첫째는, 성령님의 '충만함'을 뜻한다. '성령님께서 아직 예수님께서 약속하신 형식으로는 계시지 않는다.'라는 말이다. 예수님의 십자가 영광으로 말미암아 오실 엄청나게 풍성한 성령님은 이전 성령님의 사역과는 차이가 있다. 너무나 풍성해서 이전 성령님의 사역은 마치 없었던 것이나 다름이 없다. 승천 이전 시기에도 제자들은 구원의 생명을 누렸다. 하지만 승천 이후에 보혜사 성령님을 통해서 누리는 구원의 생명은 '생수의 강'처럼 풍성하게 경험할 것이다. 성령님은 예수님께서 이미 시작하신 구원 사역을 지속 · 심화 · 확대하시는 영이시다. 성령님은 우리에게 믿음을 이해하는 깊이나 구원의 은총을 과거 시대보다 훨씬 풍성하고 강력하게 주신다.

그리고 성령님은 믿는 사람의 마음속에 영원토록 함께 계신다. 성령님은 일시적으로 잠깐 신자에게 계셨다가 나갔다가 하시는 분이 아니다. 성령님은 믿는 자에게 언제나 함께 계신다. 이 성령님은 역사 속에서는 오순절 이후에 교회에 오셨다. 그리고 지금도 함께 계신다.

둘째로, 성령님의 '정도(양)'을 말하는 것이 아니라 '기능(function)'을 뜻한다. 예수님이 계실 때의 성령님과 예수님께서 죽으신 후의 성령님은 다른 성령님이 아니다. 정도의 문제도 아니다. 그 하시는 기능이 다를 뿐이다. 우리는 예수님이 죽으신 후에 일하시는 성령님을 '보혜사'라고 부른다. 보혜사는 우리에게 모든 것을 가르치고 예수님께서 제자들에게 말한 모든 것을 생각나게 하신다(14:26).

이 말씀을 우리에게는 어떻게 적용할 수 있는가? 이 사건은 제자들에게 일어난 특수한 상황이다. 따라서 이 상황을 오늘 우리에게 문자적으로 적용할 수 없다. 당시 제자들처럼 오늘 우리에게 두 번의 사건으로 성령님은 오시지 않는다. 우리는 단회적인 사건으로 받아들여야 한다. 제자들에게는 미래적인 사건이지만 우리에게는 이미 일어난 과거 사건이기 때문이다. 그러므로 오늘 우리가 예수님을 믿으면 그 배에서 생수의 강이 흘러넘친다. 성령 하나님께서 흘러넘쳐서 만족을 주신다. 당시 제자들에게는 두 번의 사건으로 임했던 일이 우리에게는 한 번의 사건으로 임한다. 오늘 우리에게는 두 가지 사건이 동시에 일어난다. 이 말씀 앞에서 사람들의 반응은 어떻게 엇갈리고 있는가?

4. 이 말씀을 들은 사람들의 반응은 어떻게 나뉩니까(40-44)? 종교 지도자들은 왜 예수님을 믿지 않습니까(45-49)?

40 "이 말씀을 들은 무리 중에서 어떤 사람은 이 사람이 참으로 그 선지자라 하며"

◇"그 선지자": 모세를 통해 약속하신 메시아를 뜻한다.

41 "어떤 사람은 그리스도라 하며 어떤 이들은 그리스도가 어찌 갈릴리에서 나오겠느냐"

◇"그리스도가 어찌 갈릴리에서 나오겠느냐": 그리스도는 갈릴리에서 나올 수 없기 때문이다. 그들은 예수님을 갈릴리 출신으로 오해했다.

42 "성경에 이르기를 그리스도는 다윗의 씨로 또 다윗이 살던 마을 베들레헴에서 나오리라 하지 아니하였느냐 하며"

◇"베들레헴": 성경은 그리스도가 다윗의 후손 가운데서 날 것이며, 다윗이 살았던 베들레헴에서 날 것이라고 말하기 때문이다. 그들은 예수님께서 베들레헴에서 탄생하고 갈릴리에서 생활하셨음을 몰랐다.

43 "예수로 말미암아 무리 중에서 쟁론이 되니"

◇"쟁론": 사람들 속에서 분열이 일어났다. 예수님의 현재 모습을 인정하는 사람과 출신 성분을 주장하는 사람 사이에 나눔이 생겼다.

44 "그 중에는 그를 잡고자 하는 자들도 있으나 손을 대는 자가 없었더라"

45 "아랫사람들이 대제사장들과 바리새인들에게로 오니 그들이 묻되 어찌하여 잡아 오지 아니하였느냐"

◇"잡아 오지": 종교 지도자들은 아랫사람을 통해서 예수님을 체포하려고 한다.

46 "아랫사람들이 대답하되 그 사람이 말하는 것처럼 말한 사람은 이때까지 없었나이다 하니"

◇"이때까지 없었나이다": 아랫사람들은 예수님의 말씀을 듣고 보통 분이 아님을 인정한다. "그 사람이 말하는 것처럼 말한 사람은 지금까지 아무도 없었다."

47 "바리새인들이 대답하되 너희도 미혹되었느냐"

◇"미혹되었느냐": 그들은 아랫사람들이 예수님께 미혹되었다고 여긴다. 이것은 스스로 모순을 드러내는 말이다. 왜냐하면 예수님의 영향력을 인정하기 때문이다.

48 "당국자들이나 바리새인 중에 그를 믿는 자가 있느냐"

◇"믿는 자가 있느냐": 그들은 예수님을 믿지 않는다. 자기들을 지혜롭다고 여기기 때문이다. 동시에 그들은 자기 신분으로 아랫사람들의 논리를 막고자 한다. 권위로 눌러버린다.

49 "율법을 알지 못하는 이 무리는 저주를 받은 자로다"

◇"율법을 알지 못하는": 아랫사람이 미혹되는 것은 율법을 모르기 때문이다. 율법을 모르는 사람은 저주받은 사람이다. 누가 그들의 문제를 지적하는가?

5. 누가 그들의 문제를 지적합니까(50-51)? 그들은 왜 니고데모의 말에 귀를 기울이지 않습니까(52)?

50 "그중의 한 사람 곧 전에 예수께 왔던 니고데모가 그들에게 말하되"

◇"니고데모": 밤에 예수님을 찾아갔던 그 니고데모의 변화된 모습을 본다(3:2). 그는 성령님을 통하여 위로부터 다시 태어난 사람이다. 그는 무엇이라고 말하는가?

51 "우리 율법은 사람의 말을 듣고 그 행한 것을 알기 전에 심판하느냐"

◇"심판하느냐": 우리의 율법은 먼저 그 사람의 말을 들어보거나 그가 하는 일을 알아보지 않고서는 그를 심판하지 않는다. 바리새인은 율법을 잘 안다고 큰소리를 쳤다. 그러나 니고데모가 보니 실제로는 율법대로 행하지 않는다. 율법을 잘 알면 율법대로 행해야 한다. 그들은 무엇이라고 대답하는가?

52 "그들이 대답하여 이르되 너도 갈릴리에서 왔느냐 찾아보라 갈릴리에서는 선지자가 나지 못하느니라 하였더라"

◇"나지 못하느니라": 율법에 의하면 갈릴리에서는 선지자가 나오지 않는다. 그런데 선지자 요나는 갈릴리 가스헤퍼 출신이었다(왕상 14:25). 이런 사소한 것에 매이면 생수의 강물을 마시지 못한다. 성령님의 은총을 덧입지 못한다.

제16강

용서

◇본문 요한복음 7:53-8:12
◇요절 요한복음 8:11
◇찬송 258장, 283장

1. 이튿날 이른 아침 예수님은 어디로 가셔서 무엇을 하십니까(7:53-8:2)? 그때 종교 지도자들은 누구를 끌고 왔습니까(3)? 그들은 예수님께 무엇을 묻습니까(4-5)? 왜 물은 겁니까(6a)?

2. 예수님은 어떻게 대응하십니까(6b)? 그들이 계속해서 묻자 무엇이라고 대답하십니까(7-8)? 예수님은 여인과 사람들을 어떤 존재로 보십니까?

3. 그들이 예수님의 말씀을 들었을 때 어떻게 반응합니까(9a)? 그들은 자신들을 어떤 존재로 인정한 겁니까? 오직 누구만 남았습니까(9b)? 이 사실은 예수님이 어떤 분이심을 말합니까?

4. 예수님은 그 여인에게 무엇을 묻습니까(10)? 오직 누구만 그녀를 정죄할 수 있습니까? 그러나 예수님은 어떻게 하십니까(11a)? 예수님은 왜 그녀를 정죄하지 않습니까? 오늘 우리에게 용서의 은총은 어떻게 임합니까?

5. 용서받은 그녀는 어떻게 살아야 합니까(11b)? 다시는 죄를 짓지 않으려면 어떻게 해야 합니까(12)? 유혹이 많은 세상에서 어떻게 아름답고 순결한 삶을 살 수 있습니까?

제16강
용서

◇본문　요한복음 7:53-8:12
◇요절　요한복음 8:11
◇찬송　258장, 283장

1. 이튿날 이른 아침 예수님은 어디로 가셔서 무엇을 하십니까(7:53-8:2)? 그때 종교 지도자들은 누구를 끌고 왔습니까(3)? 그들은 예수님께 무엇을 묻습니까(4-5)? 왜 물은 겁니까(6a)?

53 **"[다 각각 집으로 돌아가고"**

◇"집으로": 유대인의 명절인 초막절(7:2) 행사를 마치고 사람들은 각각 집으로 돌아갔다. 초막절은 올리브, 포도 등을 추수하여 저장한 후 지키는 감사 절기이다(레 23:34-41). 곡식을 거두고 저장한 후 지키는 절기라 하여 '수장절'(출 23:16), '장막절'로도 부른다.

8:1 **"예수는 감람산으로 가시니라"**

◇"감람산": 예루살렘 동쪽에 있는 산이다. 그 산에는 감람나무가 많아서 '감람산'으로 불렀다.

2 **"아침에 다시 성전으로 들어오시니 백성이 다 나아오는지라 앉으사 그들을 가르치시더니"**

◇"성전으로 들어오시니": 예수님도 초막절 행사를 마치고 집으로 가셨다. 다음 날 아침 다시 성전으로 오셨다. 그때 종교 지도자들은 누구를 끌고 왔는가?

3 "서기관들과 바리새인들이 음행 중에 잡힌 여자를 끌고 와서 가운데 세우고"

◇"음행": 성적으로 부도덕한 행위를 말한다.

◇"여자": 이 여인이 부도덕한 행위를 한 사실 자체는 부인할 수 없다. 그러나 종교 지도자들의 행동에는 의심쩍은 면이 있다. 여인 혼자 저지르지 않은 죄에 대해서 여인에게만 모든 책임을 추궁하고 있다. 종교 지도자들의 술수를 엿볼 수 있다.

4 "예수께 말하되 선생이여 이 여자가 간음하다가 현장에서 잡혔나이다"

◇"현장에서 잡혔나이다": 이 여인은 간음죄를 마음으로 지은 것이 아니라 실제로 지었다. 그 여인을 현장에서 체포했다.

5 "모세는 율법에 이러한 여자를 돌로 치라 명하였거니와 선생은 어떻게 말하겠나이까"

◇"모세는 율법": 모세의 율법은 간음죄를 범한 여인뿐 아니라 그 상대방도 함께 처벌하도록 했다(레 20:10).

◇"선생은 어떻게 말하겠나이까": 그들은 예수님의 의견을 묻는다. 하지만 그 속에는 음흉한 계략이 숨겨져 있다.

6a "그들이 이렇게 말함은 고발할 조건을 얻고자 하여 예수를 시험함이러라"

◇"고발할 조건을 얻고자": 종교 지도자들은 예수님의 의견을 묻는 것이 아니다. 그들의 목적은 예수님을 덫에 걸리게 하는 데 있다. 그들은 여인의 삶에 관해서는 관심이 없다. 그들은 자신들의 기득권을 유지하려

는 데만 그 목적이 있다. 그들은 악한 의도를 품었다.

◇ "예수를 시험함이러라": 그들의 의도는 예수님을 시험하는 데 있다. 이것이 왜 예수님께 시험일까? 예수님께서 "돌로 쳐서 죽이라."고 한다면, 예수님의 가르침인 사랑과 충돌하기 때문이다. 반면 그 여인을 돌로 쳐서 죽이는 것을 반대하면, 모세의 율법을 무시했다는 고발을 당할 수 있다. 종교 지도자들은 예수님을 함정으로 몰고 있다.

종교 지도자들은 이 여인과 예수님을 어떻게 생각하고 있는가? 자기들은 의롭고, 여인은 흉악하고, 예수님도 문제가 있다고 생각한다. 예수님께서 안식일 법을 어겼기 때문이다. 따라서 그들은 예수님을 제거의 대상으로 보고 있다. 이것을 통해서 당시 지도자들의 내면 상태, 혹은 예수님께 대한 자세, 즉 하나님 앞에서의 자신의 모습이 다 드러난다. 그들은 자기만 옳고 다 그르다고 생각한다. 이 위기의 순간에 예수님은 무엇을 하시는가?

2. 예수님은 어떻게 대응하십니까(6b)? 그들이 계속해서 묻자 무엇이라고 대답하십니까(7-8)? 예수님은 여인과 사람들을 어떤 존재로 보십니까?

6 b "예수께서 몸을 굽히사 손가락으로 땅에 쓰시니"

◇ "땅에 쓰시니": 예수님은 뭔가를 쓰신다. 상황을 진정시키려고 하신다.

7 "그들이 묻기를 마지 아니하는지라 이에 일어나 이르시되 너희 중에 죄 없는 자가 먼저 돌로 치라 하시고"

◇ "묻기를 마지아니하는지라": 그들은 자기 의로움으로 의기양양하다. 예수님을 재촉하고 있다.

◇ "돌로 치라": 예수님도 이 여인의 죄와 그 형벌을 인정하신다. 즉 여인은 돌에 맞아 죽을 만한 죄를 지었다. 여인에 대한 관점은 바리새인이나 예수님이나 같다. 왜냐하면 그녀는 현행범이고 드러난 죄인이기 때문이

다. 예수님과 종교 지도자들의 차이점은 무엇인가? 누가 이 여인을 심판할 수 있느냐는 점이다.

◇"죄 없는 자": 그 여인이 비록 현행범일지라도 종교 지도자들이 심판할 수 없다. 왜냐하면 같은 죄인이기 때문이다. 종교 지도자들은 자기들이 이 여인을 심판할 수 있다고 생각했지만, 예수님은 정말 그런가 생각해 보라는 것이다.

8 "다시 몸을 굽혀 손가락으로 땅에 쓰시니"

◇"땅에 쓰시니": 예수님은 흥분한 청중에게 자기를 돌아볼 시간을 주신다. 상대방에게만 향한 손가락만 보지 말고 자기 자신에게로 향한 손가락도 한 번 보라는 것이다.

일반적으로 보통 사람은 자기가 다른 사람과 비교하여 조금 나으면 완전히 낫다고 생각한다. 상대적 우월감에 사로잡혀 산다. 그러나 엄밀한 의미에서는 같다. 여인이 '드러난 죄인'이라면 종교 지도자들은 '드러나지 않은 죄인'일 뿐이다. 본질상 사람은 모두가 다 죄인이다. 예수님은 대중심판에 영합하지 않으신다. 예수님은, 자신은 숨긴 채 남의 죄를 지적하고 정죄하기에 급급한 사람의 이중성을 보신다. 누가 감히 이 세상의 죄인을 향해 돌을 던질 수 있는가?

3. 그들이 예수님의 말씀을 들었을 때 어떻게 반응합니까(9a)? 그들은 자신들을 어떤 존재로 인정한 겁니까? 오직 누구만 남았습니까(9b)? 이 사실은 예수님이 어떤 분이심을 말합니까?

9 "그들이 이 말씀을 듣고 양심에 가책을 느껴 어른으로 시작하여 젊은이까지 하나씩 하나씩 나가고 오직 예수와 그 가운데 섰는 여자만 남았더라"

◇"양심에 가책을 느껴": 그들의 양심은 아직은 살아 있다.

◇"말씀을 듣고": 주님의 말씀이 잠자고 있던 그들의 양심을 깨웠다. 자기

가 세상에서 가장 의로운 사람이라고 착각하고 오해하는 사람이 어떻게 자기를 볼 수 있는가? 예수님의 말씀을 들어야 한다. 예수님의 말씀만이 우리의 진짜 모습, 실체를 보게 한다. 즉 다른 사람과의 비교, 사람들의 목소리, 세상 풍조 등은 결코 자기의 진짜 모습을 보지 못하게 한다. 종교 지도자가 간음한 여인 앞에만 서면 언제나 의로움으로 가득 찰 수밖에 없었던 것은 그 사람과 비교했기 때문이다. 그러나 주님 앞에서 서니 참 자기, 죄인인 자기를 보았다. 주님의 말씀은 우리를 가장 잘 볼 수 있는 '최고의 거울'이다.

◇"하나씩 하나씩 나가고": 자신이 이 여인보다 낫다는 상대적 우월감에 사로잡혀 기세등등했던 사람들이 다 발길을 돌렸다. 남에게 돌을 던질 자격이 있다고 믿었던 사람들이 심판자 앞에서 자기가 돌에 맞을 자임을 깨달았다. 남을 정죄하기 좋아하는 사람은 남보다 앞서 자신이 먼저 하나님 앞에 나갈 필요가 있다. 하나님은 외면적 행위만이 아니라 그 내면과 동기까지 살피시기 때문이다.

◇"예수와 그 가운데 서 있는 여자만 남았더라": 정죄할 수 없는 모든 사람이 떠났다. 그곳에 남은 예수님만이 그 여인을 정죄할 수 있다.

4. 예수님은 그 여인에게 무엇을 묻습니까(10)? 오직 누구만 그녀를 정죄할 수 있습니까? 그러나 예수님은 어떻게 하십니까(11a)? 예수님은 왜 그녀를 정죄하지 않습니까? 오늘 우리에게 용서의 은총은 어떻게 임합니까?

10 "예수께서 일어나사 여자 외에 아무도 없는 것을 보시고 이르시되 여자여 너를 고발하던 그들이 어디 있느냐 너를 정죄한 자가 없느냐"

◇"너를 고소하던 그들이 어디 있느냐 너를 정죄한 자가 없느냐": 예수님은 여자와 사람들 사이의 관계를 다시 가르쳐 주신다. 동시에 여자 자신

의 실존을 깨우쳐 주신다. 여인은 정죄 받아야 할 죄를 지은 죄인이다. 하지만 그런 그녀를 정죄할 사람은 종교 지도자들은 아니다. 누가 이 여인을 정죄할 수 있는가?

11 a "대답하되 주여 없나이다 예수께서 이르시되 나도 너를 정죄하지 아니하노니"

◇"없나이다": 그 여인을 정죄할 수 있는 사람은 아무도 없다.

◇"나도 너를 정죄하지 아니하노니": 그 여인을 정죄할 수 있는 분은 오직 예수님뿐이시다. 예수님은 죄가 없으시기 때문이다. 예수님은 하나님이시기 때문이다. 하지만 그런 예수님도 정죄하지 않으신다. 예수님은 그녀의 죄를 용서하신다.

예수님은 어떻게 그녀의 죄를 용서하시는가? 예수님께서 대신 형벌을 받으신다. 용서를 위해서 예수님께서 그 형벌을 감당하신다. 예수님께서 그 죄의 형벌을 친히 감당하심으로 없애신다. 이 용서는 십자가 대속의 죽음을 통해서 이루어지는 것이다. 죄인인 그녀는 아무런 대가도 내지 않고 오직 은혜로만 얻는다. 그러나 정죄하지 않으시는 예수님 편에서는 그 형벌에 대한 대가를 지급하신다. 그러니까 용서는 값싼 것이면서 동시에 값비싼 것이다. 오직 예수님의 십자가 죽음만이 용서할 수 있는 그것도 그 희생을 감당하셨기 때문이다. 용서는 그냥 이루어지는 것이 아니다. 아무나 할 수 있는 것도 아니다. 대가가 지급되기 때문이다.

이 말씀이 오늘 우리에게는 어떻게 다가오는가? 우리는 삶의 현장에서 자주 정죄를 당한다. 즉 정죄 의식에 시달린다. 왜냐하면 우리는 원하지 않지만 어쩔 수 없이 죄를 짓기 때문이다. 부끄러운 일을 행하기 때문이다. 이런 우리를 향해서 사람들은 무언의 돌멩이를 던진다. 우리 스스로 정죄 받는다. 그로 인한 스트레스가 얼마나 큰가? "난 네가 지난여름 무엇을 했는지 알고 있다."라는 말이 내 마음을 짓누른다. 불면증에 시달리고, 공부에 전념하지 못한다. 삶이 엉망이 된다. 어떻게 해야 하는가? 주님의 말씀을 들어야 한다. 주님의 용서 은총을 영접해야 한다. 그러면 더는 정죄는 없다. 정죄 의식에서 벗어나 자유할 수 있다.

5. 용서받은 그녀는 어떻게 살아야 합니까(11b)? 다시는 죄를 짓지 않으려면 어떻게 해야 합니까(12)? 유혹이 많은 세상에서 어떻게 아름답고 순결한 삶을 살 수 있습니까?

11 b "가서 다시는 죄를 범하지 말라 하시니라]"

◇"다시는 죄를 범하지 말라": 용서는 죄로부터의 명확한 단절을 요구한다. 회개는 죄로부터의 분명한 단절을 요구하기 때문에 삶의 변화가 필요하다. 주님으로부터 용서를 받는다는 것은 이제부터 주님의 영광을 위해 산다는 것을 의미한다. 하나님한테서 오는 용서는 하나님 쪽으로의 삶을 요구하신다. 용서받은 자에 대한 책임감 있는 삶을 말한다.

12 "예수께서 또 말씀하여 이르시되 나는 세상의 빛이니 나를 따르는 자는 어둠에 다니지 아니하고 생명의 빛을 얻으리라"

◇"예수께서 또 말씀하여": 예수님께서 초막절 마지막 날에 생명수에 관해 말씀하시는 것을 들었던 사람들에게 다시 말씀하신다. 집으로 돌아간 사람들은 종교 지도자들과 함께 온 사람들로 보인다. 고소하던 사람들이 다 떠나가고 여인도 돌려보낸 다음에 함께 있었던 백성에게 계속해서 가르치신다.

◇"나는 세상의 빛이니": '나는 … 이다.'의 형식을 지닌 예수님의 자기 설명에 대한 강조법으로 자신이 하나님이심을 선포하는 표현 방법이다.

◇"세상의 빛": '세상을 비추는 빛'을 말한다. 예수님은 모든 만물의 창조자라는 의미에서 사람의 빛이시다(1:4). 또 사람을 구원하기 위해 세상에 오셨다는 의미에서 예수님은 모든 사람의 빛이시다(1:9). 말씀이 육신이 되어 오신 것은 빛의 오심이기 때문에 예수님께 나오는 자는 빛으

로 나오는 것이다(3:21).

이 말씀은 초막절에 제단에 물을 붓는 의식에 참여했던 여인들의 촛불 행진을 상기시킨다. 초막절에 행했던 빛의 행사를 통해 유대인은 조상들의 광야 생활을 이끌어 주었던 불기둥을 재현하고자 했다. 예수님은 횃불의 빛이 환히 밝혀진 자리에서 자신을 빛으로 계시하신다.

◇"나를 따르는 자": 세상의 빛이신 예수님을 믿는 자를 말한다.

◇"어둠에 다니지 아니하고 생명의 빛을 얻으리라": 예수님을 믿는 자가 생명의 빛을 얻는다. 예수님께 나오지 않는 자는 어둠에 머물러 있을 뿐만 아니라 어둠을 사랑하는 자이다(3:19-20). 그러나 예수님께 나와서 예수님을 따르는 자는 어둠 가운데 행하지 아니하고 생명의 빛을 소유한다.

◇"생명의 빛": '생명을 가져오는 빛'이라는 뜻이다. '세상의 빛'이라는 의미를 구체적으로 설명한다. 예수님은 빛으로 오셔서 어둠을 몰아내신다. 그러므로 예수님을 따르는 자는 어둠과 무지에서 해방되어 빛과 진리 가운데 행한다. 죽음에서 벗어나 생명으로 나아간다.

이 세상의 빛을 바리새인과 아침부터 간음한 여인과 어떻게 연결할 수 있을까? 바리새인은 어둠에 갇혔다. 예수님을 모른다. 연약한 여인의 아픔을 이해하지 못하고 이용한다. 용서를 모른다. 또 여인은 어둠에 갇혔다. 정욕의 노예가 되었다. 바리새인과 여인은 어둠에 다니는 자의 전형이다. 그러나 세상의 빛 예수님이 바리새인에게 빛이 되어 생명을 주신다. 여인에게 빛이 되어 생명을 주신다. 세상 사람은 자기감정과 세상 풍조를 따른다. 이런 삶은 어둠에 다니는 것이다. 세상의 빛 예수님을 따르는 사람은 사람을 사랑하고, 순결한 삶을 살며 영생을 누린다.

제17강

진리가 자유롭게 하리라

◇본문 요한복음 8:13-59
◇요절 요한복음 8:32
◇찬송 268장, 516장

1. 예수님의 증언이 참인데도 바리새인은 왜 예수님도 하나님도 모릅니까(13-19)? 그들은 왜 죄 가운데서 죽습니까(20-24a)? 그들이 죄에서 죽지 않으려면 어떻게 해야 합니까(24b)? 이 말씀을 통해서 무엇을 배울 수 있습니까?

2. 그들은 언제 예수님과 하나님을 알게 됩니까(25-29)? 그 말씀 앞에서 사람들의 반응은 어떠합니까(30)? 그때 예수님은 그들에게 무엇을 말씀하십니까(31a)? '말에 거한다.'라는 말은 무슨 뜻입니까?

3. 그들이 예수님의 말씀 안에 머물러 있으면 어떤 사람이 됩니까(31b-32)? '진리를 안다.'라는 말은 무슨 뜻입니까? 그 예수님께서 어떤 은혜를 베푸십니까? 자유는 무엇을 말합니까?

4. 그들은 어떻게 반응합니까(33)? 그들은 자유를 어떻게 얻는다고 생각합니까? 예수님은 그들에게 어떤 실존을 깨우치십니까(34-35)? 누가 종에게 자유를 줍니까(36)?

5. 그들은 아브라함의 자손인데도 왜 예수님을 죽이려고 합니까(37-40)? 그들은 왜 예수님의 말씀을 깨닫지 못합니까(41-46)? 누가 예수님의 말씀을 듣습니까(47)? 말씀을 듣는 것과 소속의 관계가 어떠합니까?

6. 어떤 사람이 죽음을 영원히 보지 않습니까(48-51)? 예수님과 아브라함의 관계는 어떠합니까(52-59)? 이 예수님은 누구십니까?

제17강

진리가 자유롭게 하리라

◇본문 요한복음 8:13-59
◇요절 요한복음 8:32
◇찬송 268장, 516장

1. 예수님의 증언이 참인데도 바리새인은 왜 예수님도 하나님도 모릅니까(13-19)? 그들은 왜 죄 가운데서 죽습니까(20-24a)? 그들이 죄에서 죽지 않으려면 어떻게 해야 합니까(24b)? 이 말씀을 통해서 무엇을 배울 수 있습니까?

13 "바리새인들이 이르되 네가 너를 위하여 증언하니 네 증언은 참되지 아니하도다"

◇"네 증언은 참되지 아니하도다": 바리새인이 예수님께 말하였다. "당신이 스스로 자신에 대하여 증언하니 당신의 증언은 참되지 못하다." 그들은 예수님께서 '세상의 빛'이라고 하신 데에 대해서 반발한다. 예수님은 무엇이라고 대답하시는가?

14 "예수께서 대답하여 이르시되 내가 나를 위하여 증언하여도 내 증언이 참되니 나는 내가 어디서 오며 어디로 가는 것을 알거니와 너희는 내가 어디서 오며 어디로 가는 것을 알지 못하느니라"

◇"내가 어디서 오며 어디로 가는 것을 알거니와": 예수님의 증언이 참인

이유는 예수님은 어디에서 와서 어디로 가는지를 아시기 때문이다. 예수님은 하나님한테서 오셔서 하나님께로 가신다. 예수님은 하나님이시다. 예수님은 하나님이시기에 예수님이 스스로 증언하실지라도 참이다. 그들이 예수님의 증언을 받아들이지 못하는 이유는 무엇인가?

◇"내가 어디서 오며 어디로 가는 것을 알지 못하느니라": 그들은 예수님이 어디에서 왔는지도 모르고 어디로 가는지도 모른다. 그들은 예수님의 정체를 모른다. 그들은 예수님이 하나님이심을 모른다. 그들은 어둠 속에 있기 때문이다. 그래서 그들은 예수님의 증언을 받지 못한다.

예수님은 왜 당신의 증언이 참임을 주장하시는가? 예수님의 증언을 인정하지 않으면 예수님의 가르침을 인정하지 않기 때문이다. 예수님의 가르침을 인정하지 않으면 믿음을 가질 수 없기 때문이다. 믿음의 기초는 예수님의 증언을 참으로 인정하는 데서부터 시작한다. 그들이 예수님의 정체를 모르는 이유는 무엇인가?

15 "너희는 육체를 따라 판단하나 나는 아무도 판단하지 아니하노라"

◇"육체를 따라": 사람의 외적 모습에 따라 판단한다. 그들은 사람이 정한 기준을 따라 판단한다. 그들은 인간적인 기준으로 예수님을 판단하기 때문에 예수님의 정체를 알지 못하고 있다. 예수님은 어떻게 판단하시는가?

16 "만일 내가 판단하여도 내 판단이 참되니 이는 내가 혼자 있는 것이 아니요 나를 보내신 이가 나와 함께 계심이라"

◇"나를 보내신 이가 나와 함께 계심이라": 예수님이 판단하면 그 판단은 참되다. 왜냐하면 그것은 예수님 혼자 있는 것이 아니라 예수님을 보내신 아버지께서 함께 계시기 때문이다. 예수님 한 사람의 증언이 아니라 두 사람의 증언이다. 따라서 그 판단은 참되다.

17 "너희 율법에도 두 사람의 증언이 참되다 기록되었으니"

◇"율법": 율법에도 두 사람이 증언하면 참되다고 하였다.

18 "내가 나를 위하여 증언하는 자가 되고 나를 보내신 아버지도 나를 위하여 증언하시느니라"

◇"증언하시느니라": 예수님과 하나님이 예수님을 위하여 증언하신다. 사람이 예수님의 증언을 떠나서 아버지로부터 독립적인 증언을 받을 수 그것은 예수님을 통해서만 가능하다(5:37). 아들에 대한 아버지의 증언은 내가 예수님을 믿음으로만 알 수 있다. 따라서 보통 사람의 눈에는 예수님의 자기 증언이 둘로 보이지 않는다. 하나로 보일 수밖에 없다. 예수님께서 자신과 아버지가 자신에 대해 증언하신다고 말씀하시자 무엇을 묻는가?

19 "이에 그들이 묻되 네 아버지가 어디 있느냐 예수께서 대답하시되 너희는 나를 알지 못하고 내 아버지도 알지 못하는도다 나를 알았더라면 내 아버지도 알았으리라"

◇"네 아버지가 어디 있느냐": "당신 아버지가 도대체 어디에 있습니까?"

◇"나를 알았더라면 내 아버지도 알았으리라": 그들은 예수님도 모르고 아버지도 모른다. 왜냐하면 그들이 예수님을 알았더라면 아버지도 알았을 것이기 때문이다. 하나님의 아들 예수님을 떠나서는 아버지를 알 수 없다. 예수님을 아는 것이 아버지를 아는 유일하고 배타적인 길이다. 예수님을 알지 못하면 아버지도 모른다. 예수님을 아는 자만이 아버지를 안다. 따라서 예수님을 모르는 그들은 아버지도 모른다. 그들의 반응은 어떠한가?

20 "이 말씀은 성전에서 가르치실 때에 헌금함 앞에서 하셨으나 잡는 사람이 없으니 이는 그의 때가 아직 이르지 아니하였음이러라"

◇"잡는 사람이 없으니": 예수님은 이 메시지를 성전에서 전하셨다. 하지

만 아무도 예수님을 체포하지 못했다. 왜냐하면 예수님의 때가 아직 이르지 않았기 때문이다.

◇"헌금함": 성전 여인의 뜰 안에 있었다. 이 예물함이 13개 정도 있었다. 헌금함은 산헤드린 공회가 모이는 곳에서 아주 가까웠다. 예수님은 그들에게 다시 어떤 메시지를 전하시는가?

21 "다시 이르시되 내가 가리니 너희가 나를 찾다가 너희 죄 가운데서 죽겠고 내가 가는 곳에는 너희가 오지 못하리라"

◇"내가 가리니": 예수님은 십자가의 죽음을 말씀하신다. 예수님은 십자가의 죽음을 통해서 하나님으로서 당신의 정체를 밝히신다.

◇"너희 죄 가운데서 죽겠고": 그들은 예수님을 찾다가 자기 죄로 죽을 것이다. 왜냐하면 그들은 십자가에 돌아가신 예수님을 믿지 않기 때문이다. 예수님을 믿지 않고 찾기만 하면 죄를 용서받지 못한다. 따라서 죄 가운데서 죽는다. 그들은 그 말씀을 어떻게 오해하는가?

22 "유대인들이 이르되 그가 말하기를 내가 가는 곳에는 너희가 오지 못하리라 하니 그가 자결하려는가"

◇"자결하려는가": 그들은 예수님이 자살하려는 것으로 오해했다. 예수님을 믿지 않으면 자기 생각에서 벗어나지 못한다.

23 "예수께서 이르시되 너희는 아래에서 났고 나는 위에서 났으며 너희는 이 세상에 속하였고 나는 이 세상에 속하지 아니하였느니라"

◇"아래에서 났고"/ "위에서 났고", "이 세상에 속하였고"/ "속하지 아니하였느니라": 그들은 아래에서 났고 예수님은 위에서 나셨다. 그들은 이 세상에 속하였고 예수님은 이 세상에 속하지 않으셨다. 예수님과 유대인은 뿌리와 소속, 즉 신분이 질적으로 다르다. 예수님은 하나님한테서 오셨고, 하나님의 나라 소속이다. 아래에 속한 사람은 어떻게 되는가?

24 "그러므로 내가 너희에게 말하기를 너희가 너희 죄 가운데서 죽으리라 하였노라 너희가 만일 내가 그인 줄 믿지 아니하면 너희 죄 가운데서 죽으리라"

◇"너희 죄 가운데서 죽으리라": 아래에서 난 그들은 죄 가운데서 죽는다. 그들이 죄에서 죽지 않으려면 어떻게 해야 하는가?

◇"그인 줄 믿지 아니하면": 그들이 죄에서 죽지 않으려면 "내가 그인 줄" 믿어야 한다. 그들이 "내가 그인 줄" 믿지 않으면 죄 가운데서 죽는다.

이 말씀을 통해서 무엇을 배울 수 있는가? 첫째로, 예수님은 하나님이시다. "내가 그인 줄"은 무슨 뜻인가? "나는 바로 그다(ἐγώ εἰμι, I am what I am)." 이 말은 "나는 여호와로다."와 같은 말이다. 예수님은 구약의 여호와 하나님과 같은 분이시다. 예수님은 "나는 세상의 빛이다."라고 말씀하셨다.

둘째로, 예수님은 죄 가운데서 죽을 사람을 살리신다. 사람은 죽을 수밖에 없는 존재이다. 그런데 사람이 죽는 것은 죄 때문이 아니다. 죄를 용서하시는 예수님을 믿지 않기 때문이다. 예수님이 '그인 줄' 믿지 않기 때문에 자기 죄 가운데서 죽는다. 그러므로 가장 치명적인 죄는 예수님을 하나님으로 믿지 않는 것이다. 그러나 누구든지 예수님을 믿으면 죄를 용서받는다. 죄 가운데서 죽지 않고 산다. 그들은 무엇을 묻는가?

2. 그들은 언제 예수님과 하나님을 알게 됩니까(25-29)? 그 말씀 앞에서 사람들의 반응은 어떠합니까(30)? 그때 예수님은 그들에게 무엇을 말씀하십니까(31a)? '말에 거한다.'라는 말은 무슨 뜻입니까?

25 "그들이 말하되 네가 누구냐 예수께서 이르시되 나는 처음부터 너희에게 말하여 온 자니라"

◇"네가 누구냐": 그들은 예수님의 정체에 관심을 둔다.

◇"나는 처음부터 너희에게 말하여 온 자니라": 예수님은 처음부터 그들에게 당신의 정체를 말씀하셨다. 예수님은 "세상의 빛이시다."

26 "내가 너희에게 대하여 말하고 판단할 것이 많으나 나를 보내신 이가 참되시매 내가 그에게 들은 그것을 세상에 말하노라 하시되"

◇"그에게 들은 그것을 세상에 말하노라": 예수님은 그들에 대하여 말하고 또 심판할 것이 많이 있다. 그러나 예수님은 하나님한테서 들은 대로 말씀하신다. 예수님은 철저하게 하나님의 뜻대로 말씀하신다.

27 "그들은 아버지를 가리켜 말씀하신 줄을 깨닫지 못하더라"

◇"깨닫지 못하더라": 그러나 그들은 예수님이 아버지에 대해서 말씀하심을 깨닫지 못하였다. 그들은 예수님과 하나님이 한 분이심을 깨닫지 못한다. 그들은 언제 이 사실을 깨닫는가?

28 "이에 예수께서 이르시되 너희가 인자를 든 후에 내가 그인 줄을 알고 또 내가 스스로 아무것도 하지 아니하고 오직 아버지께서 가르치신 대로 이런 것을 말하는 줄도 알리라"

◇"인자를 든 후에": 예수님께서 십자가에서 죽으시는 사건을 말한다.

◇"내가 그인 줄을 알고": 그들은 예수님께서 십자가에서 죽으시고 살아나신 후에야 예수님이 하나님이심을 깨닫는다.

◇"말하는 줄도 알리라": 그들은 예수님의 십자가와 부활 후에 예수님은 하나님 중심으로 일하셨음을 알게 된다. 그들은 예수님과 하나님의 관계에 대해서 깨닫는다. 하나님은 누구신가?

29 "나를 보내신 이가 나와 함께 하시도다 나는 항상 그가 기뻐하시는 일을 행하므로 나를 혼자 두지 아니하셨느니라"

◇"나를 보내신 이": 보냄을 받은 이(the sent one/ the agent)는 보낸 이(the sender/ the commissioner)와 같다. 보냄을 받은 이는 보낸 이를 대표하고 그의 권한을 대행한다. 그분의 전권대사(the plenipotentiary)다.

◇"혼자 두지 아니하셨느니라": 예수님을 보내신 하나님은 예수님과 함께

계신다. 예수님을 혼자 버려두지 않으신다. 왜냐하면 예수님을 아버지께서 기뻐하시는 일을 하기 때문이다. 이 말씀 앞에서 사람들의 반응은 어떠한가?

30 "이 말씀을 하시매 많은 사람이 믿더라"

그러므로 예수님은 그들에게 무엇을 말씀하시는가?

31 a "그러므로 예수께서 자기를 믿은 유대인들에게 이르시되 너희가 내 말에 거하면"

◇"믿은 유대인들에게": 예수님은 '자기를 믿은 유대인'에게 말씀하신다. 예수님이 보실 때 그들의 믿음은 부족하다. 믿는다고 해서 다 믿음이 아니다. 예수님께서 원하시는 믿음, 인정하시는 믿음이 있다. 그 믿음은 무엇인가?

◇"거하면"(μενω, *meno:*): '머무른다(remain/ abide).' '마음에 새긴다.'라는 뜻이다.

◇"내 말에 거하면": 예수님을 믿은 유대인은 예수님의 말에 머물러야 한다. 그들이 예수님의 말씀 안에 머물러 있으면 어떤 사람이 되는가?

3. 그들이 예수님의 말씀 안에 머물러 있으면 어떤 사람이 됩니까(31b-32)? '진리를 안다.'라는 말은 무슨 뜻입니까? 그 예수님께서 어떤 은혜를 베푸십니까? 자유는 무엇을 말합니까?

31 b "참으로 내 제자가 되고"

◇"제자": 첫째로, 그들이 예수님의 말씀 안에 머물러 있으면 예수님의 참 제자가 된다.

'참 제자'는 어떤 사람인가? 예수님의 말씀에 머물러서 그 말씀을 마음에 새기며 사는 사람이다. 말씀을 그 사람의 인생관과 가치관으로 삼고 사는 사람이다. 참 제자는 '예수님이 하나님이시다.'라는 사실을 믿는 정도가 아니라, 그분의 말씀에 순종하여 사는 사람이다. 참 제자는 예수님의 가르침을 듣고 좋아하는 정도가 아니라 그 말씀을 삶의 뿌리로 삼는 사람이다. 말씀을 믿음과 삶의 원리로 삼는 사람이다. 이것은 자기 생각, 세상 풍조, 헛된 사상과 종교철학을 붙들고 사는 사람과는 반대 개념이다. 예수님은 단순히 믿는 사람을 원하지 않고 참 제자의 삶을 원하신다. 그들이 예수님의 말씀에 머물러 있으면 또 어떤 사람이 되는가?

32 "진리를 알지니 진리가 너희를 자유롭게 하리라"

◇"진리를 알지니": 둘째로, 그들은 진리를 알게 될 것이다.

◇"진리": '그림자', '가짜'와 대조되는 '실체'를 말한다. 그 실체는 예수님이시다(14:6). 예수님은 진리를 가르치시는 분일 뿐만 아니라 진리 자체이시다. 예수님의 말씀을 마음에 새기고 살면 예수님을 알게 된다.

◇"안다": 예수님을 하나님으로 아는 것을 말한다. 추상명사로서의 진리가 아니라 예수님이 진정 누구신가를 삶으로 아는 것을 말한다. 즉 인격적으로 예수님을 체험하는 것을 말한다. 육신이 되신 예수님, 어린양으로 죽으시는 예수님, 세상의 빛이신 예수님을 인격적으로 알고 고백하는 것을 말한다. 그러면 그 예수님께서 우리에게 어떤 은혜를 베푸시는가?

◇"진리가 너희를 자유롭게 하리라": 진리가 그들을 자유롭게 할 것이다.

◇"자유": 죄와 죽음으로부터의 자유이다. 죄와 죽음으로부터의 자유는 인간 본질 문제를 해결하는 것이다. 자유란 내가 좋아하는 것이면 무엇이든 하는 것이 아니다. 내가 해야만 하는 것을 하는 것이다. 우리의 자유는 우리가 원하는 대로 하는 자유가 아니라, 우리의 타락한 마음의 통제를 받는 것에서 하나님이 원하시는 것을 하는 자유이다. 사람은 돈, 권력, 쾌락, 심지어 종교에도 매인다. 그러나 예수님을 알면 이런 것에서 벗어난다. "진리가 자유롭게 하리라."라는 말씀은 "아들이 자유롭게 하

면 너희가 참으로 자유로우리라."(36)라는 말씀과 이어진다.

우리가 예수님을 믿고, 그 말씀 안에서 살면 참 제자가 된다. 참 제자는 예수님을 안다. 예수님을 알면 예수님께서 우리를 죄와 죽음으로부터 자유롭게 하신다. 이것이 예수님께서 원하시는 믿음이며, 삶이다. 예수님의 말씀에 머무르면 이런 이 믿음을 체험한다. 이 말씀을 들은 그들은 어떻게 반응하는가?

4. 그들은 어떻게 반응합니까(33)? 그들은 자유를 어떻게 얻는다고 생각합니까? 예수님은 그들에게 어떤 실존을 깨우치십니까(34-35)? 누가 종에게 자유를 줍니까(36)?

33 "그들이 대답하되 우리가 아브라함의 자손이라 남의 종이 된 적이 없거늘 어찌하여 우리가 자유롭게 되리라 하느냐"

◇"아브라함의 자손이라": 하나님께로부터 선택받은 사람을 말한다. 그들은 하나님의 백성이다. 이것은 그들의 자부심이었다.

◇"남의 종이 된 적이 없거늘": 그들은 역사에서 여러 번 남의 종으로 살았다. 그들은 애굽에서 430년간 종살이를 했다. 바벨론에서 70년간 포로 생활을 했다. 예수님 당시에는 로마의 식민 통치 아래에 있었다.

그들은 왜 그런 현실을 부인하는 것인가? 그들은 '자유'를 정치적 자유로 생각하지 않았다. 그들은 '죄의 종살이를 한 적이 없다.'라고 말한다. 그들은 하나님께로부터 율법을 받았기 때문이다. 율법을 통해서 이미 죄에서 벗어났다고 생각했다.

그들은 자유를 어떻게 얻는다고 생각하는가? 그들도 예수님과 같은 개념으로 자유를 생각한다. 즉 죄로부터의 자유를 말한다. 예수님과 다른 점은 무엇인가? 그 자유를 얻는 방법이다. 그들은 아브라함의 자손이라는 혈통이 자유를 준다고 생각한다. 그러나 예수님은 예수님이 자유를 주신다고 말씀하신다. 예수님은 그들에게 어떤 실존을 깨우치시는가?

34 "예수께서 대답하시되 진실로 진실로 너희에게 이르노니 죄를 범하는 자마다 죄의 종이라"

◇"죄를 범하는 자마다 죄의 종이라": 죄를 짓는 사람, 즉 계속해서 죄를 짓는 사람은 죄의 종이다.

인간의 실존에 대해서 무엇을 알 수 있는가? 죄의 속박은 아브라함의 자손을 포함하여 죄를 짓는 모든 사람에게 실재한다. 누구도 그것에서 벗어날 수 없다. 겉으로 자유롭다고 해서 자유 한 것은 아니다. 그 삶이 어떠하냐가 결정한다. 죄를 지으면 그 사람은 죄의 종이다.

루터(Martin Luther)는 인간의 의지를 한 마리의 '말(Horse)'로 묘사했다. "말의 선택은 그것을 탄 기수의 뜻대로 제한된다. 그 기수는 하나님일 수도 있고 마귀일 수도 있다. 인간은 다른 어떤 권위에도 구애받지 않고 자신이 원하는 대로 할 수 있는 독자적인 개인이라는 개념은 사실 인간이 만들어 낸 허상일 뿐이다. 이 '자유로운' 사람이란 결코 존재한 적이 없으며 앞으로도 존재하지 않을 하나의 신화이다. 우리는 누군가를 섬기도록 만들어진 의존적 존재이다." 종과 아들의 차이는 무엇인가?

35 "종은 영원히 집에 거하지 못하되 아들은 영원히 거하나니"

◇"종은 영원히 집에 거하지 못하되": 종은 아들이 아니다. 언제든지 팔릴 수 있다. 그러므로 하나님의 가족이 될 수 없다. 아브라함의 후손이라고 해도 아무 소용이 없다. 아무리 그 조상이 뛰어난 존재라고 해도 아들의 권한을 얻는 데는 전혀 도움을 주지 않는다.

주인은 누구인가? 죄다. 죄는 사람의 상전이다. 그리고 사람은 그의 종이다. 종이 누구에게 속하여 있든지 간에 상전의 집에서 영원히 존재하지 못한다. 그는 다른 상전에게로 쉽게 팔릴 수 있다. 그러나 아들은 어떠한가?

◇"아들은 영원히 거하나니": 아들은 언제까지나 그 집에 머물러 있다. 왜냐하면 그는 그 집안의 상속자이기 때문이다. 한 번 아들이면 영원히 아

들이다. 누가 종에게 자유를 주는가?

36 "그러므로 아들이 너희를 자유롭게 하면 너희가 참으로 자유로우리라"

◇"아들": 예수님이시다. 진리이시다.

◇"자유로우리라": 아들이신 예수님은 종을 자유롭게 하려고 오셨다. 예수님은 죄의 종을 자유롭게 하려고 오셨다. 예수님이 자유롭게 하면 그는 영원토록 자유롭다. 유대인조차도 '아브라함의 자손'이라는 외적인 조건이 자유롭게 하는 것이 아니다. 예수님이 자유롭게 하신다. 이처럼 신분, 인간 조건, 환경 등이 자유를 주지 못한다. 오직 하나님이신 예수님만이 우리를 자유롭게 하신다. 왜냐하면 예수님은 십자가에서 우리 죄를 위해서 죽으시고 다시 살아나셨기 때문이다. 누구든지 예수님의 말씀 안에서 살면, 이 예수님을 알고 그 예수님께서 주시는 자유를 누린다. 말씀 안에서 살지 않으면 어떻게 되는가?

5. 그들은 아브라함의 자손인데도 왜 예수님을 죽이려고 합니까(37-40)? 그들은 왜 예수님의 말씀을 깨닫지 못합니까(41-46)? 누가 예수님의 말씀을 듣습니까(47)? 말씀을 듣는 것과 소속의 관계가 어떠합니까?

37 "나도 너희가 아브라함의 자손인 줄 아노라 그러나 내 말이 너희 안에 있을 곳이 없으므로 나를 죽이려 하는도다"

◇"아브라함의 자손인 줄 아노라": 예수님은 그들이 아브라함의 자손임을 인정하신다. 그들은 혈통적으로는 아브라함의 자손이다. 하지만 그 속은 아니다. 왜냐하면 그 자손처럼 행동하지 않기 때문이다. 자손은 그 아버지를 닮아야 한다. 그 아버지처럼 행해야 한다.

◇"자손"(σπερμα, *sperma*): '씨(seed)', '후손(descendants)'이라는 뜻이다.

◇"내 말이 너희 속에 있을 곳이 없으므로 나를 죽이려 하는도다": 그들은

아브라함의 자손이라고 하면서 오히려 예수님을 죽이고자 한다. 아브라함의 자손이라면 예수님도 아브라함의 자손이기 때문에 예수님을 영접해야 한다.

38 "나는 내 아버지에게서 본 것을 말하고 너희는 너희 아비에게서 들은 것을 행하느니라"

◇"본 것을 말하고", "들은 것을 행하느니라": 예수님은 아버지께서 보여주신 것을 말한다. 그들은 들은 대로 행해야 한다. 그러나 그들은 예수님이 말씀하신 것과 다르게 행동한다. 그 아버지가 다르기 때문이다.

39 "대답하여 이르되 우리 아버지는 아브라함이라 하니 예수께서 이르시되 너희가 아브라함의 자손이면 아브라함이 행한 일들을 할 것이거늘"

◇"자손"(τεκνον, *teknon*): '아이(child)' '아들딸'을 뜻한다. 37절의 '자손'과 다른 표현을 사용했다. 여기서는 엄마 아빠와 아들딸의 사이처럼 신뢰의 끈이 친밀함을 나타낸다.

◇"아브라함이 행한 일들을 할 것이거늘": 아브라함의 아들딸은 그 아빠처럼 살아야 함을 강조하고 있다. 무늬만 자손이어서는 안 된다. 그들은 아브라함의 자손이 아니다. 그들은 어떻게 살고 있는가?

40 "지금 하나님께 들은 진리를 너희에게 말한 사람인 나를 죽이려 하는도다 아브라함은 이렇게 하지 아니하였느니라"

◇"이렇게 하지 아니하였느니라": 아브라함은 그런 일을 하지 않았다. 아브라함의 삶과 '그 자손'의 삶이 일치하지 않는다. 그러므로 그들은 아브라함의 자손이 아니다. 그들의 아비는 누구인가?

41 "너희는 너희 아비가 행한 일들을 하는도다 대답하되 우리가 음란한 데서 나지 아니하였고 아버지는 한 분뿐이시니 곧 하나님이시로다"

◇“아비가 행한 일들을 하는도다”: 그들은 그들의 아비가 한 일을 하고 있다.

◇“음란한 데서 나지 아니하였고”: ‘사생아(illegitimate)가 아니다.’ ‘성적 부도덕(sexual immorality)에서 태어나지 않았다.’라는 뜻이다. 그들은 하나님의 적통자임을 강조한다. 아브라함의 합법적인 아들딸이다. 예수님은 무엇을 말씀하시는가?

42 “예수께서 이르시되 하나님이 너희 아버지였으면 너희가 나를 사랑하였으리니 이는 내가 하나님께로부터 나와서 왔음이라 나는 스스로 온 것이 아니요 아버지께서 나를 보내신 것이니라”

◇“하나님이 너희 아버지였으면 너희가 나를 사랑하였으리니”: 하나님은 그들의 아버지가 아니시다. 하나님이 그들의 아버지시라면 그들은 예수님을 사랑할 것이다. 왜냐하면 예수님은 하나님한테서 오셨기 때문이다. 같은 아버지를 둔 형제는 서로 싸우지 않는다.

43 “어찌하여 내 말을 깨닫지 못하느냐 이는 내 말을 들을 줄 알지 못함이로다”

◇“깨닫지 못하느냐”, “들을 줄 알지 못함이로다”: 그들이 예수님의 말씀을 깨닫지 못하는 것은 듣지 않기 때문이다. 말씀을 들으면 깨닫는다. 그들은 왜 예수님의 말씀을 듣지 않는가?

44 “너희는 너희 아비 마귀에게서 났으니 너희 아비의 욕심대로 너희도 행하고자 하느니라 그는 처음부터 살인한 자요 진리가 그 속에 없으므로 진리에 서지 못하고 거짓을 말할 때마다 제 것으로 말하나니 이는 그가 거짓말쟁이요 거짓의 아비가 되었음이라”

◇“아비 마귀에게서 났으니”: 그들이 말씀을 듣지 않는 이유는 그들이 아비 마귀에서 났기(You are of your father the devil) 때문이다. 그들은 마귀의 아들딸이다.

◇“너희 아비의 욕심대로 너희도 행하고자 하느니라”: 그래서 그들은 그

아비의 욕망대로 하려고 한다. 마귀는 누구인가?

◇"처음부터 살인한 자요 진리가 그 속에 없으므로 진리에 서지 못하고": 그는 처음부터 살인자였고 진리 편에 서지 않았다. 마귀는 아담과 하와를 거짓말로 유혹했다. 그는 진리와는 전혀 상관이 없다.

◇"거짓을 말할 때마다 제 것으로 말하나니 이는 그가 거짓말쟁이요 거짓의 아비가 되었음이라": 그는 거짓말을 할 때, 자신의 성격으로 말한다. 그는 거짓말쟁이며 거짓말의 아버지이기 때문이다.

45 "내가 진리를 말하므로 너희가 나를 믿지 아니하는도다"

◇"믿지 아니하는도다": 그들은 예수님께서 진리를 말씀하시기 때문에 예수님을 믿지 않는다. 그들은 거짓말의 전문가를 아버지로 모시며 살기 때문에 진리를 받아들이지 못한다.

46 "너희 중에 누가 나를 죄로 책잡겠느냐 내가 진리를 말하는데도 어찌하여 나를 믿지 아니하느냐"

누가 마귀의 자식으로 살 수밖에 없는가? 예수님을 믿지 않는 사람이다. 예수님의 말씀을 듣지 않는 사람이다. 예수님의 말씀을 듣지 않으면 마귀의 자식으로 살 수밖에 없다. 제3의 길은 없기 때문이다. 예수님을 믿지 않으면, 예수님의 말씀에 거하지 않으면, 예수님의 제자가 안 되면 마귀의 자식이 되고 만다. 그러므로 말씀 안에서 사는 사람이 예수님의 참 제자다. 누가 예수님의 말씀을 듣는가?

47 "하나님께 속한 자는 하나님의 말씀을 듣나니 너희가 듣지 아니함은 하나님께 속하지 아니하였음이로다"

◇"하나님께 속한 자": '하나님의 사람'이다. 하나님의 사람이 하나님의 말씀을 듣는다. 하나님의 사람은 성령 하나님의 거듭남의 역사를 통해서 태어난다.

말씀을 듣는 것과 소속의 관계가 어떠한가? 우리는 누구에게 속했느냐에 따라서 그 주인의 말을 듣는다. 하나님께 속한 사람은 하나님의 말씀을 듣는다. 마귀에게 속한 사람은 마귀의 말을 듣는다. 예수님의 말씀을 안 듣는 사람은 당연히 마귀에게 속했다고 할 수밖에 없다. 유대인은 어떻게 반발하는가?

6. 어떤 사람이 죽음을 영원히 보지 않습니까(48-51)? 예수님과 아브라함의 관계는 어떠합니까(52-59)? 이 예수님은 누구십니까?

48 "유대인들이 대답하여 이르되 우리가 너를 사마리아 사람이라 또는 귀신이 들렸다 하는 말이 옳지 아니하냐"

◇"사마리아 사람": 그들은 예수님을 '사마리아 사람'이나 '귀신이 들린 사람'으로 여긴다. 그들은 예수님을 이방 사람과 귀신의 사람으로 몰고 간다. 그들이 예수님을 이렇게 말하는 것은 마귀의 자식이기 때문이다. 예수님은 무엇이라고 말씀하시는가?

49 "예수께서 대답하시되 나는 귀신 들린 것이 아니라 오직 내 아버지를 공경함이거늘 너희가 나를 무시하는도다"

◇"아버지를 공경함이거늘", "무시하는도다": 예수님은 아버지를 공경하신다(honor). 그러나 그들은 예수님을 공경하지 않는다(dishonor). 예수님은 하나님을 어떻게 공경하시는가?

50 "나는 내 영광을 구하지 아니하나 구하고 판단하시는 이가 계시니라"

◇"내 영광을 구하지 아니하나": 예수님은 당신의 영광을 구하지 않는다. 모든 일을 하나님께 맡기신다.

51 "진실로 진실로 너희에게 이르노니 사람이 내 말을 지키면 영원히 죽음을 보지 아니하리라"

◇"내 말을 지키면": 예수님의 말씀을 지키는 사람은 결코 죽음을 보지 않

을 것이다(he will never see death).

죽음 문제는 인류의 영원한 관심사이다. 유대 신학의 중대 관심사였다. 그런데 오직 예수님의 말씀을 지키면 죽음을 영원히 맛보지 않는다. 이것은 육체의 부활을 염두에 두고 하신 말씀이기 때문에 육체적인 죽음을 부인하는 것은 아니다. 영원한 죽음인 심판의 부활에 대한 말씀이다.

52 "유대인들이 이르되 지금 네가 귀신 들린 줄을 아노라 아브라함과 선지자들도 죽었거늘 네 말은 사람이 내 말을 지키면 영원히 죽음을 맛보지 아니하리라 하니"

◇"죽었거늘": 그들은 예수님의 말씀을 오해한다. 예수님께서 육체적인 죽음을 부인한 것처럼 생각했다.

53 "너는 이미 죽은 우리 조상 아브라함보다 크냐 또 선지자들도 죽었거늘 너는 너를 누구라 하느냐"

◇"너는 너를 누구라 하느냐": 그들은 예수님의 정체를 다시 묻는다. 그들은 자기들이 원하는 대답을 듣고자 하기 때문이다. 예수님은 무엇이라고 대답하시는가?

54 "예수께서 대답하시되 내가 내게 영광을 돌리면 내 영광이 아무것도 아니거니와 내게 영광을 돌리시는 이는 내 아버지시니 곧 너희가 너희 하나님이라 칭하는 그이시라"

◇"내가 내게 영광을 돌리면 내 영광이 아무것도 아니거니와": 내가 나를 높이면 그 영광은 아무것도 아니다. 예수님은 "너는 너를 누구라 하느냐?"는 질문에 "나는 나 자신에게 영광을 돌리지 않는다."라고 대답하신다. 예수님은 당신을 스스로 영화롭게 하지 않으신다. 그들이 아버지라고 주장하는 하나님께서 예수님을 영화롭게 하신다. 예수님은 당신이 하나님이심을 선언하신다.

55 "너희는 그를 알지 못하되 나는 아노니 만일 내가 알지 못한다 하면 나도 너희같이 거짓말쟁이가 되리라 나는 그를 알고 또 그의 말씀을 지키노라"

◇"그를 알고", "말씀을 지키노라": 유대인은 하나님을 알지 못하지만, 예수님은 아버지를 아신다. 따라서 예수님은 하나님의 말씀을 지킨다.

56 "너희 조상 아브라함은 나의 때 볼 것을 즐거워하다가 보고 기뻐하였느니라"

◇"나의 때": '예수님의 날(my day)'을 말한다. 예수님의 성육신과 구원 사역을 말한다. 그들은 하나님께서 아브라함에게 메시아가 오실 그날을 계시하셨다고 믿었다.

◇"즐거워하다가": 아브라함은 즐거워했다.

◇"보고 기뻐하였느니라": 그날을 보고 기뻐했다.

언제 아브라함이 예수님의 날을 보고 기뻐하였는가? 이삭이 태어날 때이다. 아브라함이 25년 만에 얻은 아들의 이름은 '웃음'이라는 뜻인 '이삭'이다. 아브라함은 그 아들을 얻은 날 매우 기뻤다(창 17:12; 21:6). 아들을 낳아서 기쁘기도 했지만, 하나님의 약속이 이루어졌기 때문이다. 더 나아가 그 약속을 통해 메시아의 오심을 기대했기 때문이다. 이삭의 태어남은 메시아 탄생을 보여주는 것이기 때문이다. 그래서 아브라함은 기뻤다.

57 "유대인들이 이르되 네가 아직 오십 세도 못 되었는데 아브라함을 보았느냐"

◇"오십": 원로로 대접받는 나이였다. 예수님은 아직 그런 지위를 가지지 못하였다고 생각한다. 예수님은 무엇이라고 말씀하시는가?

58 "예수께서 이르시되 진실로 진실로 너희에게 이르노니 아브라함이 나기 전부터 내가 있느니라 하시니"

◇"내가 있느니라": "내가 …이다(εγω ειμι, 에고 에이미, I AM)."라는 뜻이다. 이것은 하나님의 이름을 뜻한다(출 3:14).

이 예수님은 누구신가? 예수님은 아브라함 이전부터 존재하고 계셨던 하나님이시다. 구약의 여호와 하나님과 같은 분이다.

59 "그들이 돌을 들어 치려하거늘 예수께서 숨어 성전에서 나가시니라"

◇"돌로 치려하거늘": 그들은 예수님이 하나님이시라는 말에 더는 참지 못한다. 그들은 예수님이 하나님을 모독한 것으로 생각했다.

우리는 무엇을 배우는가? 예수님의 말씀을 듣고, 그 말씀에 거해야 한다. 그 말씀대로 살아야 한다. 그래야 참 제자이다.

제18강

세상의 빛

◇본문 요한복음 9:1-12
◇요절 요한복음 9:5
◇찬송 384장, 330장

1. 제자들은 날 때부터 시각장애인 된 사람을 보고 무엇을 묻습니까(1-2)? 그들의 질문 속에는 무엇이 전제되어 있나요? 예수님은 그 장애인을 어떤 렌즈로 보십니까(3)?

2. 하나님의 하시는 일은 누가 언제 행해야 합니까(4)? '낮', '밤'은 각각 어떤 때를 말합니까? 지금은 어느 때입니까(5)? 그러므로 지금은 무엇을 행해야 할 때입니까?

3. 예수님은 어떻게 일하십니까(6)? 왜 그렇게 일하십니까? 예수님은 그 사람에게 무엇을 말씀하십니까(7a)? 예수님께서 그 사람에게 원하시는 일은 무엇입니까?

4. 그 사람은 어떻게 되었습니까(7b)? 그 사람이 보게 된 비결은 무엇입니까? 사람들은 그 사람에 관해 무엇을 말합니까(8-9a)? 그는 자기의 정체를 얼마나 분명하게 밝힙니까(9b)?

5. 사람들은 그에게 무엇을 묻습니까(10)? 그 사람은 자신에게 일어난 일에 관해 어떻게 증언합니까(11-12)? 그로부터 무엇을 배울 수 있습니까?

제18강

세상의 빛

◇본문 요한복음 9:1−12
◇요절 요한복음 9:5
◇찬송 384장, 330장

1. 제자들은 날 때부터 시각장애인 된 사람을 보고 무엇을 묻습니까(1-2)? 그들의 질문 속에는 무엇이 전제되어 있나요? 예수님은 그 장애인을 어떤 렌즈로 보십니까(3)?

1 "예수께서 길을 가실 때에 날 때부터 맹인 된 사람을 보신지라"

◇"날 때부터 맹인 된 사람": 이 사람은 선천성 시각장애인이다. 삶의 무거운 짐을 지고 태어났다. 인간 불행의 대변자라고 할 수 있다. 그는 왜 이런 불행을 타고났을까? 그 불행의 원인은 무엇인가?

2 "제자들이 물어 이르되 랍비여 이 사람이 맹인으로 난 것이 누구의 죄로 인함이니이까 자기니이까 그의 부모니이까"

◇"랍비": '나의 주(my Lord)'라는 뜻에서 유래했다. 존경받는 지위에 있는 사람을 뜻하는 칭호이다.

◇"누구의 죄로 인함이니이까": 제자들은 시각장애의 원인을 죄에서 찾고 있다. 그들은 이 사람의 불행을 죄의 결과라고 전제하고 있다. "죄 없이

는 죽음이 없고, 부정함 없이는 불행이 없다."라는 원리에 기초하고 있다. 그들은 다만 그 죄가 '누구의 죄냐?'라는 문제만 남아 있을 뿐이다.

◇"자기이니까": '그 자신이 죄를 범한 것인가?' 일부 유대인은 태아가 자궁에서 심각한 죄를 범할 수 있다고 생각했다.

◇"부모이니까": '부모의 죄를 자식에게 전가한 것인가?' 부모의 죄 때문에 끔찍한 형벌이 자식에게 임한다고 생각했다.

제자들은 죄와 고통과의 관계를 어떻게 보고 있는가? 당시 유대인은 병이나 불행의 원인을 인과론적으로 보고 죄의 결과라고 생각했다. 욥의 세 친구가 바로 이런 인과론의 대표자일 것이다. 엘리바스, 빌닷, 소발 등은 삼단논법의 추론을 펼친다(욥 4:7-8; 8:20; 20:19). "하나님은 악인들에게만 재난을 내리신다. 너는 재난을 당했다. 그러므로 너는 악한 게 틀림없다." 그러나 죄와 죽음이 항상 1대1로 상응하지는 않는다. 그러므로 누가 어떤 죄를 지어서 그 결과로 고난받는 것이 명백하면 회개를 권고할 것이다. 그렇지 않으면 고난받는 사람을 위로하고 하나님의 사랑을 확신하도록 해야 한다. 왜냐하면 예수님은 전혀 다른 렌즈로 보시기 때문이다. 예수님은 어떤 렌즈로 보시는가?

3 "예수께서 대답하시되 이 사람이나 그 부모의 죄로 인한 것이 아니라 그에게서 하나님이 하시는 일을 나타내고자 하심이라"

◇"죄로 인한 것이 아니라": 예수님은 시각장애의 원인을 죄로 보지 않으신다. 현재 불행의 원인을 죄에서 찾는 것을 철저히 거부하신다. 그러면 그 불행을 어떻게 봐야 하는가?

◇"하나님의 하시는 일을 나타내고자 하심이니라": '하나님의 일들을 그 사람의 생애를 통해 나타내기 위해서이다.'라는 뜻이다. 그의 장애를 통해서 하나님의 전능하심, 하나님의 영광, 하나님의 사랑을 드러내실 것이다. 예수님께는 그 불행의 원인을 따지는 것보다 그 불행을 없애는 일이 더 중요하다. 예수님은 죄를 언급하기보다는 치유를 말씀하신다. 예

수님은 장애조차도 하나님의 사랑과 능력을 나타내는 도구로 사용하신다. 이런 점에서 볼 때 장애도 하나님이 하고자 하시는 일을 드러내는 '위장된 축복'일 수 있다.

2. 하나님의 하시는 일은 누가 언제 행해야 합니까(4)? '낮', '밤'은 각각 어떤 때를 말합니까? 지금은 어느 때입니까(5)? 그러므로 지금은 무엇을 행해야 할 때입니까?

4 "때가 아직 낮이매 나를 보내신 이의 일을 우리가 하여야 하리라 밤이 오리니 그때는 아무도 일할 수 없느니라"

◇"때가 아직 낮이매": 아직은 일할 시간이다. 예수님께서 십자가에 돌아가시지 않고 살아 계심을 상징한다. 그러므로 무엇을 해야 하는가?

◇"나를 보내신 이의 일을 우리가 하여야 하리라": 하나님께서 예수님을 세상에 보내셔서 하고자 하는 일들이 있다. 그 일들은 곧 생명을 살리는 일이다. 불행을 없애고 행복을 주는 일이다. 질병을 없애고 건강을 주는 일이다. 운명을 딛고 일어서게 하는 일이다. 그 일들은 여러 사람 중에서 여러 모양으로 나타난다. 그 일을 누가 해야 하는가?

◇"우리가 하여야 하리라": 예수님만이 아니라 제자들도 하나님이 원하시는 일을 해야 할 책임이 있다. 예수님은 제자들과 함께 일하기를 원하신다. 그런데 그 일을 하는 데는 때가 있다. 즉 시간이 제한되어 있다.

◇"밤이 오리니": 당시는 일을 낮에만 할 수 있고 밤에는 할 수 없었다. 밤에는 어두웠기 때문이다. 낮에만 일해야 해서 시간이 제한되어 있었다. 이것은 예수님께서 십자가에 돌아가실 것을 상징한다. 예수님께서 이 세상에 계속 계시지 않아서 시간이 제한되어 있다. 그러므로 예수님과 제자들 모두 하나님에 의해 정해진 '때'를 가지고 있다. 하나님의 일, 즉 생명을 살리는 일을 하는 데는 여유 부릴 수 없다. 긴급성을 강조한다.

이 사실이 오늘 우리에게 주는 의미는 무엇인가? 예수님은 제자들에게 장애인의 치유 사건을 보는 시각을 제시하신다. 제자들이 관심을 가져야 할 것은 불행의 원인이 아니다. 그들은 하나님의 일을 할 수 있는 제한된 기회를 놓치지 않아야 한다. 그리고 그 일을 지금 해야 한다. 지금은 일할 때이다. 하나님을 위해 일할 수 있는 삶이란 오직 한 번밖에 없어서 때가 긴박하다. 우리에게 또 다른 '삶'은 없다. 그러므로 오늘 우리는 생명 살리는 일에 힘을 쏟아야 한다. 이렇게 말씀하시는 예수님은 누구신가?

5 "내가 세상에 있는 동안에는 세상의 빛이로라"

◇"세상에 있는 동안": '예수님께서 이 세상에 살아 계시는 동안'을 말한다. 예수님께서 십자가에서 돌아가실 것을 염두에 두고 하신 말씀이다.

◇"세상의 빛": 인류와 모든 피조물에 생명을 주는 생명의 빛이시다. 어둠과 절망을 몰아내는 희망의 빛이시다. 예수님은 날 때부터 시각장애인의 어둠과 절망을 없애는 생명의 빛이시다. 예수님은 어떻게 그에게 생명을 빛을 비추시는가?

3. 예수님은 어떻게 일하십니까(6)? 왜 그렇게 일하십니까? 예수님은 그 사람에게 무엇을 말씀하십니까(7a)? 예수님께서 그 사람에게 원하시는 일은 무엇입니까?

6 "이 말씀을 하시고 땅에 침을 뱉어 진흙을 이겨 그의 눈에 바르시고"

◇"땅에 침을 뱉어 진흙을 이겨 그의 눈에 바르시고": 시각장애인은 예수님께 치유를 부탁하지 않았다. 하지만 예수님은 당신을 보내신 아버지의 일을 하기 위해서 그를 치유하신다. 그런데 왜 진흙을 이겨 눈에 바르셨을까? 그 사람의 믿음을 격려하기 위해서 물질적인 상징이 필요했기 때문이다. 그 사람에게 순종의 중요성을 가르치고자 하신다. 예수님

께서 그 사람에게 원하시는 일은 무엇인가?

7 a **"이르시되 실로암 못에 가서 씻으라 하시니 (실로암은 번역하면 보냄을 받았다는 뜻이라)"**

◇"가서 씻으라": 예수님께서 현장에서 치유하지 않으시고 실로암 못으로 보낸 일은 예상 밖의 일이다. 예수님은 순종을 원하신다.

◇"실로암": 바위를 판 못으로 예루살렘 남쪽 끝에 있다. 히스기야 왕이 개발한 주요 급수 시설이 일부를 이루었다. 그 뜻은 '보낸다.' '보냄을 받았다.'이다. '실로암'의 말뜻을 설명함으로써 예수님의 숨은 의도를 드러내고 있다. 하나님으로부터 '보냄을 받은' 예수님은 그를 보내신 이의 뜻을 이루기 위해 실로암으로 그 사람을 '보내신다.'

4. 그 사람은 어떻게 되었습니까(7b)? 그 사람이 보게 된 비결은 무엇입니까? 사람들은 그 사람에 관해 무엇을 말합니까(8-9a)? 그는 자기의 정체를 얼마나 분명하게 밝힙니까(9b)?

7 b **"이에 가서 씻고 밝은 눈으로 왔더라"**

◇"가서 씻고": 그 사람은 예수님의 말씀에 그대로 순종했다. 하나님으로부터 보냄을 받으신 예수님께서 그를 보내셨는데, 그도 보냄을 받았다. 그 보냄에 그는 순종했다. 그 순종의 결과는 무엇인가?

◇"밝은 눈으로 왔더라": 날 때부터 보지 못한 그 사람이 마침내 보게 되었다. 그 사람이 보게 된 비결은 무엇인가? 그는 실로암 못에서 씻을 때 시력을 얻었지만, 실제로는 '보냄을 받은 자'의 능력을 통해서 얻은 것이다. 즉 진흙이나 연못물이 아니라 그리스도의 말씀에 대한 순종이 그의 눈을 뜨게 해준 것이다. 세상의 빛이신 예수님이 그 사람에게 인격적으로 일하셨다. 이 사건은 일찍이 요단강에서 문둥병을 고침받은 나아

만을 생각나게 한다(왕하 5:1-14).

우리는 무엇을 배울 수 있는가? 순종이다. 인간의 불행, 어려움, 아픔, 질병 등의 문제 앞에서 어떻게 하나님의 하시는 일을 나타낼 수 있는가? 그것은 예수님의 말씀에 순종함으로 가능하다. 순종을 통해서 운명을 이길 수 있다. '세상의 빛'이 한 사람에게 인격적으로 역사하려면 순종이 있어야 한다. 순종을 통해서 세상의 빛이신 예수님이 한 개인에게 인격적으로 역사하신다. 사람들은 그에 관해 무엇을 말하는가?

8 "이웃 사람들과 전에 그가 걸인인 것을 보았던 사람들이 이르되 이는 앉아서 구걸하던 자가 아니냐"

◇"걸인": 그는 거지였는데, 구걸은 당시 시각장애인이 생계를 유지하기 위한 유일한 수단이었다. 그가 눈을 뜨고 왔을 때 사람의 반응은 어떠한가?

9 "어떤 사람은 그 사람이라 하며 어떤 사람은 아니라 그와 비슷하다 하거늘 자기 말은 내가 그라 하니"

◇"그 사람이라", "아니라", "비슷하다": 어떤 사람은 그를 알아보았고, 어떤 사람은 그를 알아보지 못했다. 그의 눈이 밝아졌기 때문이다. 그는 자신의 정체를 어떻게 밝히는가?

◇"내가 그니라": 이 표현은 예수님께서 당신을 계시하실 때 사용하신 것과 같다. 이 사람은 "내가 바로 그 시각장애인이다."라고 증언한다.

5. 사람들은 그에게 무엇을 묻습니까(10)? 그 사람은 자신에게 일어난 일에 관해 어떻게 증언합니까(11-12)? 그로부터 무엇을 배울 수 있습니까?

10 "그들이 묻되 그러면 네 눈이 어떻게 떠졌느냐"

◇"어떻게 떠졌느냐": 사람들은 그가 "눈을 어떻게 떴는지"를 물었다.

11 "대답하되 예수라 하는 그 사람이 진흙을 이겨 내 눈에 바르고 나더러 실로암에 가서 씻으라 하기에 가서 씻었더니 보게 되었노라"

◇"예수라 하는 그 사람": 그는 예수님께서 행하신 대로 순종했다고 대답한다. 이로써 자신이 예수님으로부터 보냄을 받은 존재라는 사실을 강조한다. 그는 자신의 과거를 분명하게 기억하고 있다. 그리고 그 과거 속에서 새 일을 행하신 분이 예수님이심을 증언한다. 이것이 바로 우리의 간증이어야 한다.

12 "그들이 이르되 그가 어디 있느냐 이르되 알지 못하노라 하니라"

◇"알지 못하노라": 안타깝게도 그 사람은 예수님이 어디로 가셨는지를 모른다. 그가 아는 사실은 오직 자신이 치료를 받았다는 것과 그를 치료한 분이 예수님이라는 것이다.

내게도 운명이 있는가? 나는 그 운명을 어떻게 보고 있는가? 내가 그 운명을 이길 수 있는가? 믿음으로 이길 수 있다. 믿음은 운명과 충돌한다. 우리가 믿음으로 예수님의 말씀에 순종하면 운명을 딛고 일어설 수 있다. 나아가 운명에 시달리는 이웃에게 그 기쁜 소식을 전할 수 있다.

제19강

한 가지 아는 것

◇본문 요한복음 9:13-41
◇요절 요한복음 9:25
◇찬송 542장, 543장

1. 사람들은 전에 시각장애인이었던 사람을 왜 바리새인에게 데리고 갑니까(13-15)? 그들은 왜 분쟁했나요(16)? 그 사람은 예수님을 어떤 분으로 증언합니까(17)?

2. 유대인들은 무엇조차도 믿지 않습니까(18)? 그 부모는 왜 '예수님이 눈을 뜨게 했다.'라고 고백하지 못합니까(19-23)? 당국자들은 그를 어떻게 협박합니까(24)?

3. 그러나 그는 무엇이라고 증언합니까(25)? 우리가 삶에서 '한 가지 아는 것'은 무엇입니까? 그는 얼마나 당당하게 증언합니까(26-27)? 그는 예수님을 어떤 분으로 믿고 있습니까(28-30)? 그 근거가 무엇입니까(31-33)?

4. 그는 어떤 어려움을 만났습니까(34)? 예수님은 그를 어떻게 도와줍니까(35-37)? 이 예수님은 어떤 분이십니까? 그는 무엇이라고 고백합니까(38)? 그의 믿음이 여기까지 자란 비결은 무엇일까요?

5. 예수님께서 세상에 오신 목적은 무엇입니까(39)? 누가 죄인입니까(40-41)? 왜 '본다고 하는 자'가 죄인입니까?

제19강

한 가지 아는 것

◇본문　요한복음 9:13-41
◇요절　요한복음 9:25
◇찬송　542장, 543장

1. 사람들은 전에 시각장애인이었던 사람을 왜 바리새인에게 데리고 갑니까(13-15)? 그들은 왜 분쟁했나요(16)? 그 사람은 예수님을 어떤 분으로 증언합니까(17)?

13 "그들이 전에 맹인이었던 사람을 데리고 바리새인들에게 갔더라"

14 "예수께서 진흙을 이겨 눈을 뜨게 하신 날은 안식일이라"

◇"안식일이라": 예수님께서 전에 시각장애인이었던 사람의 눈을 뜨게 하신 날은 안식일이었다. 그래서 사람들은 그를 바리새인에게 데리고 갔다. 예수님께서 안식일을 어겼음을 고발하려는 것이다.

15 "그러므로 바리새인들도 그가 어떻게 보게 되었는지를 물으니 이르되 그 사람이 진흙을 내 눈에 바르매 내가 씻고 보나이다 하니"

16 "바리새인 중에 어떤 사람은 말하되 이 사람이 안식일을 지키지 아니하니 하나님께로부터 온 자가 아니라 하며 어떤 사람은 말하되 죄인으로서 어떻게 이러한 표적을 행하겠느냐 하여 그들 중에 분쟁이 있었더니"

◇"분쟁이 있었더니": 그들은 의견이 서로 갈렸다. "안식일을 지키지 않는 것으로 보아 그는 하나님에게서 온 사람이 아니다." "죄인이 어떻게 그러한 표징을 행할 수 있겠는가?"

◇"안식일을 지키지 아니하니": 그들은 한 사람이 눈을 뜬 것보다도 안식일을 어긴 일을 더 크게 보았다. 그들은 안식일을 그만큼 잘 지켰기 때문이다. 그들이 볼 때 진흙을 눈에 바르는 것은 안식일에 해서는 안 될 일을 한 것이다. 그 사람은 예수님을 어떤 분으로 증언하는가?

17 **"이에 맹인 되었던 자에게 다시 묻되 그 사람이 네 눈을 뜨게 하였으니 너는 그를 어떠한 사람이라 하느냐 대답하되 선지자니이다 하니"**

◇"선지자": 그는 예수님을 선지자로 믿었다. 그는 예수님을 죄인으로 생각하지 않았다. 그러나 유대인은 무엇을 하는가?

2. 유대인들은 무엇조차도 믿지 않습니까(18)? 그 부모는 왜 '예수님이 눈을 뜨게 했다.'라고 고백하지 못합니까(19-23)? 당국자들은 그를 어떻게 협박합니까(24)?

18 **"유대인들이 그가 맹인으로 있다가 보게 된 것을 믿지 아니하고 그 부모를 불러 묻되"**

◇"믿지 아니하고": 그들은 그 사람이 눈을 떴다는 사실을 믿지 않았다. 그들은 변화의 실체를 믿지 않았다.

◇"그 부모를 불러 묻되": 그들은 그 부모를 불러 물었다.

19 **"이는 너희 말에 맹인으로 났다 하는 너희 아들이냐 그러면 지금은 어떻게 해서 보느냐"**

20 **"그 부모가 대답하여 이르되 이 사람이 우리 아들인 것과 맹인으로 난 것**

을 아나이다"

◇"아나이다": 그 부모는 이 사람이 자기 아들인 것과 시각장애인이었던 것을 인정한다. 그러나 무엇을 인정하지 않는가?

21 "그러나 지금 어떻게 해서 보는지 또는 누가 그 눈을 뜨게 하였는지 우리는 알지 못하나이다 그에게 물어 보소서 그가 장성하였으니 자기 일을 말하리이다"

◇"어떻게 해서 보는지", "누가 그 눈을 뜨게 하였는지": 그 부모는 아들이 눈뜨는 과정을 모른다. 눈을 뜨게 한 사람도 모른다. 그들은 왜 그렇게 소극적인 자세를 취하는가?

22 "그 부모가 이렇게 말한 것은 이미 유대인들이 누구든지 예수를 그리스도로 시인하는 자는 출교하기로 결의하였으므로 그들을 무서워함이러라"

◇"출교": 회당에서 쫓겨나는 것(put out of the synagogue)을 말한다. 당국자는 "예수님을 그리스도로 고백하는 자를 회당에서 추방해야 한다."라고 정했다. 출교는 공동체에서 영원히 저주를 받는 것과 다름이 없었다. 그 부모는 삶에서 불이익을 받을 것을 염려하여 진실을 고백하지 못했다. 당국자들은 그 사람을 어떻게 협박하는가?

24 "이에 그들이 맹인이었던 사람을 두 번째 불러 이르되 너는 하나님께 영광을 돌리라 우리는 이 사람이 죄인인 줄 아노라"

◇"이 사람이 죄인인 줄 아노라": 그들은 예수님을 죄인으로 몰아간다. 이런 상황에서 예수님을 인정하면 그 사람도 죄인으로 여기겠다는 일종의 협박이다. 그러나 그는 무엇이라고 증언하는가?

3. 그러나 그는 무엇이라고 증언합니까(25)? 우리가 삶에서 '한 가지 아는 것'은 무엇입니까? 그는 얼마나 당당하게 증언합니까(26-27)? 그

는 예수님을 어떤 분으로 믿고 있습니까(28-30)? 그 근거가 무엇입니까(31-33)?

25 "대답하되 그가 죄인인지 내가 알지 못하나 한 가지 아는 것은 내가 맹인으로 있다가 지금 보는 그것이니이다"

◇"한 가지 아는 것": 그는 자기 속에서 일어난 한 가지 변화(One thing I do know)를 놓치지 않는다. 그는 그 한 가지 사실을 붙듦으로써 위협을 이긴다. 그것은 무엇인가?

◇"내가 맹인으로 있다가 지금 보는 그것이니이다": 내가 과거에는 맹인이었지만 지금은 본다는 것이다. 그가 한 가지 아는 것은 자신의 과거와 현재가 완전히 달라졌다는 것이다. 그는 자신의 과거와 현재를 분명하게 알고 있다.

우리가 삶 속에서 '한 가지 아는 것'은 무엇인가? 예수님을 믿기 전과 믿은 후에 일어난 내 삶의 변화이다. 가장 기본적으로는 구원의 은혜이다. 그리고 구속사역에 쓰임 받는 은혜이다. 사람에 따라서 덤으로 받은 은혜가 있다. 돈, 취업, 명예, 아들딸, 행복 등을 받았다. 그런데 우리는 삶 속에서 이런 은혜를 쉽게 잊어버릴 수 있다. 당연한 것으로 생각할 수 있다. 특히 어려움이 생기면 그것들을 슬쩍 놓아버린다. 세상과 타협할 수 있다. 하지만 그 한 가지를 끝까지 붙들어야 한다. 바로 거기에 생명이 있다. 위대함이 있다. 그들은 다시 무엇을 묻는가?

26 "그들이 이르되 그 사람이 네게 무엇을 하였느냐 어떻게 네 눈을 뜨게 하였느냐"

그는 얼마나 당당하게 증언하는가?

27 "대답하되 내가 이미 일렀어도 듣지 아니하고 어찌하여 다시 듣고자 하나이까 당신들도 그의 제자가 되려 하나이까"

◇"그의 제자가 되려 하나이까": 그는 이미 그들에게 말했었다. 하지만 그

들은 받아들이지 않았다. 그래서 그는 묻는다. "왜 다시 들으려고 하는가? 그분의 제자가 되려는 것인가?" 그는 자신을 예수님의 제자로 전제한다. 그의 믿음은 사람들에게 예수님을 간증하는 동안에 자라고 있다. 간증하는 동안에 한 가지 아는 것을 붙들었기 때문이다. 그것을 통해서 그는 예수님의 제자로서의 정체성을 더욱 굳게 한다. 그러나 그들은 어떻게 반응하는가?

28 "그들이 욕하여 이르되 너는 그의 제자이나 우리는 모세의 제자라"

◇"모세의 제자라": 그들은 눈을 뜬 그 사람을 예수님의 제자로 인정한다. 그들은 모세를 높이고 예수님을 낮춘다. 그 이유는 무엇인가?

29 "하나님이 모세에게는 말씀하신 줄을 우리가 알거니와 이 사람은 어디서 왔는지 알지 못하노라"

◇"어디서 왔는지 알지 못하노라": 그들은 하나님께서 모세에게 말씀하신 줄을 안다. 즉 모세를 하나님의 종으로 인정한다. 그러나 예수님을 모른다. 모르는 것이 아니라 받아들이지 않는 것이다. 그러나 그는 예수님을 어떤 분으로 믿는가?

30 "그 사람이 대답하여 이르되 이상하다 이 사람이 내 눈을 뜨게 하였으되 당신들은 그가 어디서 왔는지 알지 못하는도다"

◇"그가 어디서 왔는지 알지 못하는도다": 예수님께서 내 눈을 뜨게 하셨다면 그분이 어디서 왔는지를 알 수 있지 않은가? 그분은 하나님께로부터 오신 분이다. 하나님께로부터 오셔야만 눈을 뜨게 할 수 있기 때문이다. 메시아가 오셔서 하실 일 중의 하나는 눈을 뜨게 하는 일이다. 예수님께서 그 일을 하셨다. 그렇다면 그분은 그리스도이시다. 모세의 제자라고 하면서 어떻게 이 사실을 모를 수 있는가? 그가 예수님을 이렇게 믿는 근거는 무엇인가?

31 "하나님이 죄인의 말을 듣지 아니하시고 경건하여 그의 뜻대로 행하는 자의 말은 들으시는 줄을 우리가 아나이다"

◇"우리가 아나이다": 하나님은 죄인의 말은 듣지 않으신다. 하지만 하나님을 경배하고 그분의 뜻을 행하는 사람의 말은 들어주신다. 하나님께서 예수님의 말씀을 들으셔서 그를 치유하셨다. 하나님께서 예수님의 말을 들으신 것은 예수님이 죄인이 아니기 때문이다.

◇"우리": 자신을 '우리'라는 공동체로 표현한다. 예수님의 제자 공동체를 말한다.

32 "창세 이후로 맹인으로 난 자의 눈을 뜨게 하였다 함을 듣지 못하였으니"

◇"창세 이후로": 선천성 시각장애인의 눈을 뜨게 한 사건은 창조 이래로 한 번도 없었다. 따라서 자기가 눈을 뜬 것은 정말로 중요한 사건이다. 메시아의 오심을 나타내는 사건이다.

33 "이 사람이 하나님께로부터 오지 아니하였으면 아무 일도 할 수 없으리이다"

◇"하나님께로부터 오지 아니하였으면": 예수님이 하나님께로부터 오신 분이 아니라면 아무 일도 하지 못하셨을 것이다. 예수님께서 이런 놀라운 일을 하신 것은 그분이 하나님한테서 오셨음을 증언한다. 다른 어떤 설명도 필요하지 않다. 그는 어떤 어려움을 겪는가?

4. 그는 어떤 어려움을 만났습니까(34)? 예수님은 그를 어떻게 도와줍니까(35-37)? 이 예수님은 어떤 분이십니까? 그는 무엇이라고 고백합니까(38)? 그의 믿음이 여기까지 자란 비결은 무엇일까요?

34 "그들이 대답하여 이르되 네가 온전히 죄 가운데서 나서 우리를 가르치느냐 하고 이에 쫓아내어 보내니라"

◇"쫓아내어 보내니라": 그는 쫓겨났다. 유대인은 나사렛 예수님을 믿는

사람을 이단으로 정죄하여 출교했다. 이 사람은 눈 뜨기 전보다 상황이 더 나빠졌다. 믿음으로 산다고 했는데 더 안 좋아질 때가 있다. 참으로 힘든 일이 아닐 수 없다. 예수님께서 그를 어떻게 도와 주시는가?

35 "예수께서 그들이 그 사람을 쫓아냈다 하는 말을 들으셨더니 그를 만나사 이르시되 네가 인자를 믿느냐"

◇"네가 인자를 믿느냐": '인자'라는 표현은 십자가에서 높임을 받게 될 예수님의 역할과 기능을 강조한다. 예수님께서는 십자가에서 영광을 받으실 것을 전제하면서 이 질문을 하신다. "십자가에서 죽으실 예수님을 믿느냐?" 그는 무엇이라고 고백하는가?

36 "대답하여 이르되 주여 그가 누구시오니이까 내가 믿고자 하나이다"

◇"누구시오니까": 그는 예수님을 알고자 한다. 처음에 그는 '예수라는 사람'(11), 다음은 '선지자'(17), 다음은 '하나님께서 들으시는 분'(31), 다음은 '하나님께로부터 오신 분'(33)으로 말했다.

◇"내가 믿고자 하나이다": 그는 예수님을 '인자'로 믿는 단계에까지 왔다.

37 "예수께서 이르시되 네가 그를 보았거니와 지금 너와 말하는 자가 그이니라"

◇"그이니라": "너는 이미 그를 보았다. 너와 말하고 있는 사람이 바로 그이다." 예수님께서 당신을 인자로 밝히신다.

이 예수님은 어떤 분이신가? 예수님은 좋은 목자이시다. 예수님은 쫓겨난 그를 그냥 버려두지 않으신다. 예수님은 그에게 오셔서 위로하고 보호하고 돕는다. 그리고 가장 핵심적인 '인자'로서의 예수님께 대한 믿음을 심으신다. 이 믿음만이 영생을 주기 때문이다. 예수님은 선한 목자이시다(10:11). 그는 무엇이라고 고백하는가?

38 "이르되 주여 내가 믿나이다 하고 절하는지라"

◇"믿나이다": 그는 예수님을 믿는다. 그는 예수님을 메시아로 믿는다.

그의 믿음이 여기까지 올 수 있었던 비결은 무엇일까? 첫째로, 그는 예수님의 말씀만 듣고 다른 사람의 말을 듣지 않았다. 처음에는 일반 유대인들이, 나중에는 종교 지도자들까지 가세하여 그를 설득했다. 예수님께 대한 부정적인 생각을 가지도록 유도했다. 하지만 그는 그들의 말을 듣지 않았다.

둘째로, 그는 한 가지 아는 것을 붙들었다. 예수님의 말씀만을 붙들었기에 한 가지 아는 것을 붙들 수 있었다. 한 가지 아는 것을 붙들었기에 끝까지 예수님의 말씀만을 들을 수 있었다. 그는 육신의 눈만이 아니라 영혼의 눈까지 떴다.

우리는 삶의 현장에서 예수님을 그리스도로 믿고 산다. 하지만 우리도 주위에서 협박을 받는다. 그들의 협박이 두렵다. 이런 모습은 당시 요한 공동체의 어두운 모습이기도 했다. 그들은 믿음으로 살면서도 유대인이 무서워서 이중생활을 했다. 그러나 그런 어려움 속에서도 예수님의 말씀을 들으면서 한 가지 아는 것을 붙들어야 한다. 그러면 그 어려움을 이길 수 있다. 예수님의 증인으로 살 수 있다. 예수님께서 세상에 오신 목적은 무엇인가?

5. 예수님께서 세상에 오신 목적은 무엇입니까(39)? 누가 죄인입니까(40-41)? 왜 '본다고 하는 자'가 죄인입니까?

39 "예수께서 이르시되 내가 심판하러 이 세상에 왔으니 보지 못하는 자들은 보게 하고 보는 자들은 맹인이 되게 하려 함이라 하시니"

◇"심판하러 이 세상에 왔으니": 예수님은 이 세상을 심판하러 오셨다. 심판의 내용은 긍정적인 면과 부정적인 면이 있다.

◇"보지 못하는 자들은 보게 하고 보는 자들은 맹인이 되게 하려 함이라": 심판의 긍정적인 면은 보지 못하는 자들이 본다는 것이다. 부정적인 면은 보는 자들이 보지 못한다는 것이다. 긍정적으로는 시각장애인의 육적인 눈과 영적인 눈이 다 열렸다. 부정적으로는 영적인 무지 때문에 멀쩡한 눈을 가지고 있는 지도자들이 영적으로 시각장애인이 되었다.

40 **"바리새인 중에 예수와 함께 있던 자들이 이 말씀을 듣고 이르되 우리도 맹인인가"**

41 **"예수께서 이르시되 너희가 맹인이 되었더라면 죄가 없으려니와 본다고 하니 너희 죄가 그대로 있느니라"**

◇"본다": 바리새인의 영적인 시각을 의미한다.

◇"죄가 그대로 있느니라": 그들이 본다고 생각하면 그들의 죄는 그대로 남아 있다.

그들이 왜 죄인인가? 그들은 스스로 영적으로 바른 시각을 가지고 있다고 생각했다. 따라서 예수님으로부터 새로운 영적인 시각을 얻을 필요성을 느끼지 않았다. 이처럼 영적 시각이 없는 자들은 세상의 빛으로 오신 예수님으로부터 어떤 도움도 받지 않는다. 그들의 눈은 절대로 열리지 않는다. 왜냐하면 그들은 본다고 생각하기 때문이다. 그 결과 그들은 죄를 벗지 못한다. 그래서 그들은 죄인이다.

제20강

참 목자

◇본문 요한복음 10:1–18
◇요절 요한복음 10:11
◇찬송 569장, 570장

1. 어떤 사람이 절도며 강도입니까(1)? 목자는 어디로 들어갑니까(2)? 양은 왜 목자를 따릅니까(3-5)? '그들은' 예수님께서 비유로 하신 말씀을 왜 깨닫지 못합니까(6)?

2. 예수님은 무엇을 다시 가르치십니까(7)? 양은 예수님보다 먼저 온 사람의 말을 왜 듣지 않습니까(8)? 예수님의 문으로 들어가는 양은 어떻게 됩니까(9)?

3. 예수님이 오신 목적은 도둑과 어떻게 다릅니까(10)? 예수님은 왜 양의 생명을 더 풍성하게 하십니까(11)? 예수님만이 '참 목자'라는 사실이 오늘 우리에게 주는 의미는 무엇입니까?

4. '삯꾼'은 양에게 위기가 닥칠 때 왜 달아납니까(12-13)? 예수님은 어떤 점에서 참 목자이십니까(14-15)? 예수님은 어떤 양도 인도하고자 하십니까(16)? 왜 그들도 인도하고자 하십니까?

5. 아버지 하나님께서 왜 예수님을 사랑하십니까(17)? 예수님은 왜 목숨을 스스로 버리십니까(18)?

제20강

참 목자

◇본문　요한복음 10:1–18
◇요절　요한복음 10:11
◇찬송　569장, 570장

1. 어떤 사람이 절도며 강도입니까(1)? 목자는 어디로 들어갑니까(2)? 양은 왜 목자를 따릅니까(3-5)? '그들은' 예수님께서 비유로 하신 말씀을 왜 깨닫지 못합니까(6)?

1 "내가 진실로 진실로 너희에게 이르노니 문을 통하여 양의 우리에 들어가지 아니하고 다른 데로 넘어가는 자는 절도며 강도요"

◇"진실로"(αμὴν, *ame:n*): 히브리어 '아멘('amen)'의 음역어인데, '확실한', '진실한'이라는 뜻이다. 예수님은 '진실로'를 강조하심으로써 그 말씀을 확실하고 신빙성 있게 만드셨다.

◇"너희": 바리새인(9:40)을 말한다. 그들은 시각장애인의 치유 사건을 통해서 나타나신 예수님을 세상의 빛으로 받아들이기를 거부하였다. 그뿐만 아니라 그들은 일반 백성이 예수님을 영접하지 못하도록 방해했다. 그런 그들에게 예수님은 무슨 말씀을 하시는가?

◇"양의 우리": 양이 거처하는 곳이다. 양은 이곳을 들어오고 나가며 꼴을 먹는다. 양은 이 우리에서 쉬며 보호를 받는다. 양은 우리 안에 있을 때

안전하다. 그런데 그곳에 불법으로 접근하는 사람이 있다.

◇"다른 데로 넘어가는 자": 양 우리의 문으로 들어가지 않는 자가 있다. 양에게 정상적인 방법으로 접근하지 않는 사람이 있다. 그들은 양 우리의 울타리를 넘거나 개구멍을 뚫고 들어간다. 양에게 다가가는 동기가 불순하기 때문이다. 동기가 불순하여서 불순한 방법으로 다가간다. 그는 어떤 사람인가?

◇"절도": 간교하게 혹은 몰래 남의 것을 훔치는 자이다.

◇"강도": 폭력을 써서 남의 것을 훔치는 자이다.

예수님은 바리새인이 절도와 강도 같은 사람이라고 말씀하신다. 그들은 종교 지도자였다. 하지만 예수님의 눈에는 백성의 것을 훔치는 강도에 불과했다. 그러면 누가 참 목자인가?

2 "문으로 들어가는 이는 양의 목자라"

◇"문으로 들어가는 이": 예수님은 양의 문을 거부하는 자와는 정반대인 사람을 소개하신다. 양에게 정상적인 방법으로 다가가는 사람이 있다. 양에게 당당하게 다가가는 사람이 있다. 왜냐하면 그 동기가 선하기 때문이다. 그는 누구인가?

◇"목자"(ποιμήν, *poime·n*): 목자는 양을 지키고 돌보는 사람이다. 목자는 양에게 필요한 풀을 찾아 배불리 먹였다. 새로운 목초지를 찾아 양을 거느리고 자주 이동했다. 목자는 양이 길을 잃지 않도록 잘 돌봤다. 자신을 보호할 능력이 없는 양을 야생동물이나 도둑으로부터 안전하게 보호했다. 따라서 목자는 조심성과 인내심, 정직성을 보여주었다. 건조한 여름철에 좋지 못한 토양에서 양이 인적 드문 지역을 지날 때, 새 목초지를 발견하는 것, 그리고 제대로 풀과 물을 먹이고, 휴식을 취하게 하는 일은 쉽지 않았다. 목자는 양을 지키는 야간 파수의 임무에서 헌신을 증명했다. 그 점에서 삯꾼과 달랐다. 구약성경은 여호와를 이스라엘의 유

일한 목자로 불렀다. 메시아를 하나님께서 보내신 목자로 불렀다. 목자를 보고 문지기는 무엇을 하는가?

3 "문지기는 그를 위하여 문을 열고 양은 그의 음성을 듣나니 그가 자기 양의 이름을 각각 불러 인도하여 내느니라"

◇"문지기": 양의 우리를 책임지고 있는 자이다.

◇"그를 위하여 문을 열고": 문지기는 목자를 먼저 알아보고 문을 열어준다.

◇"양은 그의 음성을 듣나니": 양은 목자의 음성을 안다. 양은 목자의 음성에만 반응을 보인다. 목자는 그 양을 어떻게 인도하는가?

◇"자기 양의 이름을 각각 불러": 목자는 아무렇게나 양을 부르지 않고 오직 자신에 속한 양의 이름만 부른다. 양의 이름을 '각각' 부른다. 양의 신체적 특성에 따라 이름을 붙인다. "긴 귀", "흰 코", "순둥이", "날쌘돌이."

◇"인도하여 내느니라": '앞장서서 인솔한다.'라는 뜻이다. 목초지는 넓은 지역에 걸쳐 드문드문 흩어져 있다. 양은 길을 잘 분간하지 못한다. 그리고 야수도 많다. 이런 환경에서 목자가 인도하는 역할은 아주 중요하다. 구체적으로 어떻게 인도하는가?

4 "자기 양을 다 내놓은 후에 앞서가면 양들이 그의 음성을 아는 고로 따라오되"

◇"앞서가면": 목자는 양을 앞에서 인도한다. 목자는 양을 뒤에서 몰지 않는다.

◇"따라오되": 목자가 양을 앞서서 가면 양은 목자의 뒤를 따라간다. 왜냐하면 양은 목자의 목소리를 알기 때문이다. 여기서 중요한 것은 양이 목자의 음성을 안다는 점이다. 양은 낯선 사람에 대해서는 어떻게 하는가?

5 "타인의 음성은 알지 못하는 고로 타인을 따르지 아니하고 도리어 도망하느니라"

◇"따르지 아니하고": 양은 낯선 사람에 대해서는 철저히 배타적이다. 왜냐하면 그 음성을 알지 못하기 때문이다.

6 "예수께서 이 비유로 그들에게 말씀하셨으나 그들은 그가 하신 말씀이 무엇인지 알지 못하니라"

◇"알지 못하니라": 예수님은 당신과 백성의 관계를 '목자와 양의 관계'로 비유하셨다. 하지만 바리새인은 그 뜻을 깨닫지 못했다. 그들은 예수님의 양이 아니기 때문이다.

이 비유에서 예수님과 시각장애인의 관계는 어떠한가? 유대인은 그가 눈을 떴을 때 온갖 방법을 동원하면서 예수님을 따르지 못하게 만류했다. 하지만 그는 그들의 말을 듣지 않았다. 오히려 그는 그들에게 예수님이 하나님께로부터 오셨음을 주장하다가 쫓겨났다. 그러나 예수님께서 그를 찾아가 말을 걸자 예수님의 말씀을 알아듣고 그를 인자로 믿었다. 이것은 양이 타인에게는 부정적이고 자기 목자에 대해서는 긍정적인 모습을 보여준다. 그는 예수님의 양이고 예수님은 그의 목자이시다. 종교 당국자는 타인, 곧 담을 넘어 들어가는 도적과 같은 자이다.

오늘 우리는 누구의 음성을 듣는가? 가장 중요한 문제 앞에서, 결정적인 순간에 누구의 말을 듣는가? 양은 자기 목자의 말을 듣는다. 예수님은 우리의 목자이시다. 그러므로 그 양인 우리는 예수님의 말씀을 들어야 한다. 예수님의 양이 아닌 사람은 예수님의 말씀을 듣지 않는다.

2. 예수님은 무엇을 다시 가르치십니까(7)? 양은 예수님보다 먼저 온 사람의 말을 왜 듣지 않습니까(8)? 예수님의 문으로 들어가는 양은 어떻게 됩니까(9)?

7 "그러므로 예수께서 다시 이르시되 내가 진실로 진실로 너희에게 말하노니 나는 양의 문이라"

◇"나는": '나는 … 이다.'라는 표현이다.

◇"양의 문": 당시 '산간 벽촌의 양 우리'는 돌을 쌓아 담을 만들었다. 그 우리에는 문이 따로 있지 않았고 담의 한 부분을 터놓아 입구를 대신했다. 밤이 되면 양치기는 자기 몸으로 그 문을 가로막고 잔다.

이것은 어떤 의미인가? 하나님 나라에 들어가는 것을 연상하게 하는 '그림 언어'이다. 예수님은 하나님 나라의 문 역할을 한다. 예수님은 양이 하나님 나라로 들어가는 문이다. 하나님 나라로 들어가는 문인 예수님을 통해서 들어가야만 구원이 있다. 예수님 외에는 문이 아니다. 그러면 예수님 외에 있는 것은 무엇인가?

8 "나보다 먼저 온 자는 다 절도요 강도니 양들이 듣지 아니하였느니라"

◇"나보다 먼저 온 자": 예수님 이전에 있었던 거짓 목자를 말한다. 유대인과 바리새인이다.

◇"절도요 강도": 그들은 양을 해치는 도둑이며 강도이다. 겉으로는, 말로는 양을 돕고 살리는 것처럼 보이지만 실상은 양을 파멸로 이끌기 때문이다.

9 "내가 문이니 누구든지 나로 말미암아 들어가면 구원을 받고 또는 들어가며 나오며 꼴을 얻으리라"

◇"내가 문이니": 예수님이 구원으로 들어가는 유일한 문이다. 그 안에는 안전이 있고 풍성한 꼴이 있다. 사람은 예수님 안에서 그들이 필요로 하는 모든 것을 공급받는다.

◇"들어가면": 예수님의 음성을 듣는 것을 말한다. 예수님의 말씀을 영접하고 그 말씀대로 사는 것이다.

◇"구원": '보호받고 안전하게 생활한다.'라는 의미이다.

3. 예수님이 오신 목적은 도둑과 어떻게 다릅니까(10)? 예수님은 왜 양의

생명을 더 풍성하게 하십니까(11)? 예수님만이 '참 목자'라는 사실이 오늘 우리에게 주는 의미는 무엇입니까?

10 "도둑이 오는 것은 도둑질하고 죽이고 멸망시키려는 것뿐이요 내가 온 것은 양으로 생명을 얻게 하고 더 풍성히 얻게 하려는 것이라"

◇"도둑이 오는 것은 도둑질하고 죽이고 멸망시키려는 것": 도둑의 관심은 양의 안전과 생명에 있지 않다. 양에게 유익을 주고자 함이 아니다. 오직 자신의 유익에 있다. 따라서 양을 도둑질하고 죽이고 멸망시킨다. 그러나 예수님이 오신 목적은 무엇인가?

◇"생명을 얻게 하고 더 풍성히 얻게 하려는 것이라": 예수님의 관심은 양의 생명에 있다. 그분은 양이 생명을 풍성히 얻을 수 있도록 한다. 그분은 누구신가?

11 "나는 선한 목자라 선한 목자는 양들을 위하여 목숨을 버리거니와"

◇"나는": 세상에는 많은 목자가 있다. 그중에는 가짜 목자도 많다. 그러나 '나', 오직 예수님만이 진짜 목자다. 선한 목자 예수님을 인류의 목자라고 주장하거나 주장되지만 구원할 능력이 없는 모든 자와 대조한다.

◇"선한": '선한(good)', '진짜(only one)'라는 뜻이다. 가짜에 대한 반대 개념이다. 그 진짜 목자의 핵심은 무엇인가?

◇"목숨을 버리거니와": '참 목자'는 양을 위해서 자기의 목숨을 버린다. 참 목자의 핵심은 양을 위해서 목숨을 버리는 것이다. 양이 생명의 위협을 받을 때 양을 보호하기 위해서 목자가 대신 죽는다. 그리고 목자의 죽음을 통해 양은 구원을 얻는다.

이런 모습을 어디에서 볼 수 있는가? 다윗을 통해 엿볼 수 있다. 다윗은 자기 양을 보호하기 위해서 사자와 싸우면서 대단한 위험에 처했다. 하지만 그렇다고 해서 자기 목숨을 버리면서까지 양을 살리지는 않았다. 실제로 자기 목숨과 양의 목숨을 바꾸는 목자는 거의 없었다. 그런데 예수님은 실제로 그렇게 하신다. 양을 위해서 자기 목숨을 버리신다. 자기 자식을 위해서 목숨을 버리는 부모가 더러 있다. 하지만 양을 위해서 자신을 희생하는 사람은 없을 것이다. 그러나 예수님은 그렇게 희생하셨다. 예수님이 말씀하는 참 목자의 특징은 지금까지 나타난 일반적인 좋은 목자의 특징과도 전혀 다르다. 예수님은 당신을 참 목자라는 새로운 차원, 더 높은 차원에서 강조하신다.

최근 일부에서는, "서양 사상은 한계에 부딪혔고 오로지 동양 사상에 구원의 길이 있다."라고 주장한다. 하지만 동양의 인본주의 철학이나 종교 등도 우리에게 구원을 주지 못한다. 구원은 오직 예수님을 통해서만 가능하다. 우리 시대는 타 종교와의 대화를 부르짖고 종교 다원주의를 부르짖는다. 기독교 구원의 절대성에 대해 도전하는 시대이다. 하지만 기독교 신앙을 제외한 어떤 종교나 어떤 사상도 그 근원은 다 인간의 한계를 벗어나지 못한다. 구원은 예수님의 십자가를 통해서만 이루어진다. 예수님은 오늘 우리에게도 참 목자이시다.

그러면 우리는 어떻게 살아야 하는가? 우리는 예수님께서 우리를 위해 당신의 몸을 내어주신 것같이 우리 몸을 내어줄 수는 없다. 그러나 다른 사람을 위해 우리 몸을 내어줄 다른 방법이 있다. 시간을 내어줄 수 있다. 사랑과 섬김과 희생을 내어줄 수는 있다. 무엇보다도 참 목자 예수님을 전하고, 그 모습을 닮아가는 삶을 살 수 있다. 우리는 '작은 목자'로 살아갈 수 있다. 아니 살아가야 한다. 선한 목자에 비해 삯꾼은 어떻게 사는가?

4. '삯꾼'은 양에게 위기가 닥칠 때 왜 달아납니까(12-13)? 예수님은 어떤 점에서 참 목자이십니까(14-15)? 예수님은 어떤 양도 인도하고자 하십니까(16)? 왜 그들도 인도하고자 하십니까?

12 "삯꾼은 목자가 아니요 양도 제 양이 아니라 이리가 오는 것을 보면 양을 버리고 달아나나니 이리가 양을 물어 가고 또 헤치느니라"

◇"삯꾼": 급료를 받고 일하는 사람, 즉 고용인을 말한다. 그들의 관심사는 양이 아니라 삯이다.

◇"양을 버리고 달아나나니": 삯꾼은 참 목자가 아니므로 양이 위험에 빠지면 버리고 달아난다. 그는 도둑이나 강도보다는 낫게 보인다. 하지만 결정적인 순간에는 다르지 않다. 왜냐하면 둘 다 양에게 관심이 있지 않고 자기 유익에 관심이 있기 때문이다.

13 "달아나는 것은 그가 삯꾼인 까닭에 양을 돌보지 아니함이나"

◇"삯꾼인 까닭에": 양은 삯꾼의 소유가 아니므로 양을 구하기 위해 희생을 무릅쓸 이유가 없다. 삯꾼은 그저 월급만 받으면 되며 대적이 자신의 생명이나 안전을 위협하지 않는 범위 내에서만 양을 보호하면 된다.

14 "나는 선한 목자라 나는 내 양을 알고 양도 나를 아는 것이"

◇"나는 내 양을 알고 양도 나를 아는 것이": 선한 목자 예수님은 자기 양을 알고, 그의 양도 예수님을 안다.

우리는 무엇을 배우는가? 예수님이 나를 아신다. 나의 아픔을, 고민을 아신다. 누군가가 나를 알아줄 때 알아만 줘도 상처가 치유된다. 엄마가 아들을 안다고는 하는데 잘 모른다. 자기중심적으로 키운다. 아내가 남편을 안다고 하는데 실은 잘 모른다. 부부 사이에도 알아만 줘도 얼마나 행복한가? 그런데 예수님은 우리를 아신다. 그리고 우리도 예수님을 안다. 예수님은 우리를 어느 정도 아시는가?

15 "아버지께서 나를 아시고 내가 아버지를 아는 것 같으니 나는 양을 위하여 목숨을 버리노라"

◇"아버지께서 나를 아시고 내가 아버지를 아는 것 같으니": 예수님과 양의 앎의 관계는 마치 하나님과 예수님의 앎의 관계와 같다. 그만큼 상호 깊은 관계이다.

◇"목숨을 버리노라": 양을 아시는 예수님은 양을 위해 목숨을 버리신다.

예수님은 양을 아시는데 왜 목숨을 버리실까? 예수님은 우리의 연약함과 허물과 죄를 아신다. 그 죄는 예수님의 십자가의 죽음을 통해서만 해결된다. 따라서 우리의 죄를 아신 주님께서 우리를 위하여 목숨을 버리신다. 예수님은 누구에게도 관심을 가지시는가?

16 **"또 이 우리에 들지 아니한 다른 양들이 내게 있어 내가 인도하여야 할 터이니 그들도 내 음성을 듣고 한 무리가 되어 한 목자에게 있으리라"**

◇"이 우리에 들지 아니한": 예수님을 아직 참 목자로 믿지 못하는 사람들을 말한다. 여기에는 미래에 나타날 세계적 범위의 교회를 엿볼 수 있다.

◇"다른 양들": 그들은 아직 그리스도에게 인도되지 못했다. 하지만 그들은 이미 그리스도께 속한 양이다.

◇"한 무리가 되어 한 목자에게 있으리라": 하나님의 모든 백성은 같은 목자를 가진다. 예수님 안에서 모든 인류는 하나다. 예수님은 모든 인류의 목자이시다.

5. 아버지 하나님께서 왜 예수님을 사랑하십니까(17)? 예수님은 왜 목숨을 스스로 버리십니까(18)?

17 **"내가 내 목숨을 버리는 것은 그것을 내가 다시 얻기 위함이니 이로 말미암아 아버지께서 나를 사랑하시느니라"**

◇"아버지께서 나를 사랑하시느니라": 아버지께서 예수님을 사랑하시는 이유는 예수님께서 자원해서 당신의 생명을 내어놓기 때문이다. 예수님께서 스스로 양을 위해 생명을 내어놓는 것은 생명을 다시 얻기 위함이다.

18 **"이를 내게서 빼앗는 자가 있는 것이 아니라 내가 스스로 버리노라 나는 버릴 권세도 있고 다시 얻을 권세도 있으니 이 계명은 내 아버지에게서 받았노라 하시니라"**

◇"스스로 버리노라": 예수님은 양을 위해서 스스로 그 목숨을 버리신다. 예수님은 목숨을 내놓을 권세도 있고, 그것을 다시 찾을 권세도 있다. 예수님은 아버지께 순종하는 마음으로 죽음을 선택하셨다.

예수님이 우리의 참 목자이시고, 우리는 그의 양이라는 사실이 오늘 우리에게는 어떤 의미인가? 종교 다원주의의 영향으로 교회와 우리의 신앙이 자칫 세속화되기 쉽다. 구원의 절대성이 흔들리기 쉽다. 하지만 예수님만이 오늘 우리에게도 참 목자이시다. 그리고 우리는 그분의 좋은 양이다. 우리는 이 땅에서 참 목자를 닮아가는 '작은 목자'로 살아야 한다. 그리하여 아직 우리 안에 들지 아니한 양도 예수님의 양이 되는 그 사역에 쓰임 받을 수 있기를 기도한다.

제21강

그 일은 믿으라

◇본문 요한복음 10:19-42
◇요절 요한복음 10:38
◇찬송 342장, 380장

1. 유대인들 가운데 다시 어떤 분쟁이 일어났습니까(19-21)? 그들은 언제 무엇을 예수님께 요구합니까(22-24)? 그들의 문제는 무엇입니까(25-26)?

2. 누가 예수님을 따릅니까(27)? 이 말씀을 우리에게는 어떤 적용할 수 있습니까? 예수님을 따르는 사람은 어떤 선물을 받습니까(28)? 또 그들은 누구의 보호를 받습니까(29-30)? 이 말씀 앞에서 우리는 어떻게 살 수 있습니까?

3. 유대인들은 예수님을 왜 다시 돌로 치려고 합니까(31-33)? 그들이 예수님을 바르게 알려면 무엇부터 알아야 합니까(34-36)? 성경을 바르게 아는 일이 얼마나 중요합니까?

4. 그들은 어떻게 해야 합니까(37-38a)? "그 일은 믿으라."라는 말은 무슨 뜻입니까? 그들이 그 일을 믿으면 어떻게 됩니까(38b)? 예수님께서 행하신 일은 무엇이며, 그것을 믿는 것이 왜 중요합니까?

5. 그러나 그들은 어떻게 반응합니까(39)? 예수님은 다시 어디로 가십니까(40)? 예수님께 대한 그곳 사람들의 반응은 어떠합니까(41-42)? 이런 그들로부터 무엇을 배울 수 있습니까?

6. 예수님은 다시 어디로 가십니까(39-40)? 예수님께 대한 그곳 사람들의 반응은 어떠합니까(41-42)? 이런 그들로부터 무엇을 배울 수 있습니까?

제21강

그 일은 믿으라

◇본문 요한복음 10:19-42
◇요절 요한복음 10:38
◇찬송 342장, 380장

1. 유대인들 가운데 다시 어떤 분쟁이 일어났습니까(19-21)? 그들은 언제 무엇을 예수님께 요구합니까(22-24)? 그들의 문제는 무엇입니까(25-26)?

19 "이 말씀으로 말미암아 유대인 중에 다시 분쟁이 일어나니"

◇"이 말씀으로": "예수님이 선한 목자라."고 말씀하시자 유대인들 가운데 다시 분열이 일어났다. 그중에 많은 사람은 어떻게 말하는가?

20 "그중에 많은 사람이 말하되 그가 귀신 들려 미쳤거늘 어찌하여 그 말을 듣느냐 하며"

◇"귀신 들려": 그들은 "예수님을 귀신들려서 미친 사람이다."라고 말한다. 그들은 예수님의 말씀을 받아들이기 싫으면 상투적으로 이렇게 말한다(8:47). '미쳤다'라는 표현은 '귀신 들림'의 결과이다. 따라서 그들은 예수님의 말씀을 들을 필요가 없다고 합리화한다. 그러나 또 다른 사람은 무엇이라고 말하는가?

21 "어떤 사람은 말하되 이 말은 귀신 들린 자의 말이 아니라 귀신이 맹인의 눈을 뜨게 할 수 있느냐 하더라"

◇"귀신 들린 자의 말이 아니라": 일부는 "예수님의 말씀은 귀신 들린 자의 말이 아니다."라고 말한다. 귀신은 시각장애인의 눈을 뜨게 할 수 없기 때문이다. 그들이 이런 논쟁을 할 때는 언제인가?

22 "예루살렘에 수전절이 이르니 때는 겨울이라"

◇"수전절(修殿節, the feast of dedication/ Hanukkah(깨끗하게 했다), the feast of Lights)": 헬라 제국의 4대 분할 왕국 중의 하나인 시리아 왕국의 셀류쿠스 왕 안디오커스 에피파네스(Andiochus Ephiphanes) 4세는 주전 168년 예루살렘에 들어가 성전을 더럽히고 유대인을 박해했다. 율법책을 불태우고 할례를 받지 못하게 했고, 성전에 제우스 신상을 갖다 놓고 돼지를 잡아 제사를 지냈다. 그때 유대의 제사장 마타디아스(Mattathias)의 다섯 아들 중 유다 마카비(Judah Maccabees)를 중심으로 헬라와 전쟁을 했다. 그 전쟁에서 승리했다. 주전 164년 12월 더럽혀진 성전을 수리하고 거룩하게하여 하나님께 드렸다. 그후 이 역사적 사건을 기념하는 절기를 만들었는데, 그것을 '수전절'이라고 한다. 그 절기는 초막절처럼 성전과 관계있는 절기라 하여 "기슬레 월의 초막절"로도 부른다. 8일간 계속하는 이 기간에 성전을 8개의 등불로 장식했다.

요한은 이 수전절에 예수님께서 행하신 설교를 기록함으로써 예수님을 수전절 소망을 이루시는 분으로 증언한다. 예수님은 거룩하게 하는 분, 참 성전, 참 목자이시다. 겉으로 보면 성전을 회복했다. 그러나 예수님의 눈으로 보면 아직 회복하지 않았다. 종교 지도자들이 하나님 앞에서 거룩하게 살지 못하기 때문이다. 예수님께서 성전을 회복하신다. 그것은 예수님께서 백성에게 생명을 주시는 일이다. 성전 회복은 생명 사역이 일어남으로써 이루어진다.

◇"겨울": 오늘의 12월에 해당한다.

23 "예수께서 성전 안 솔로몬 행각에서 거니시니"

24 "유대인들이 에워싸고 이르되 당신이 언제까지나 우리 마음을 의혹하게 하려 하나이까 그리스도이면 밝히 말씀하소서 하니"

◇"마음을 의혹하게": '긴장하게 하다(keep us in suspense).' '빼앗아 가다.'라는 뜻이다. 예수님의 가르침의 특징 중 하나는 알쏭달쏭하게 말씀하시는 것이다. 그러나 실은 예수님은 이미 자신에 대해서 분명하게 다 밝히셨다. 그들의 마음이 문제다. 예수님은 무엇이라고 대답하시는가?

25 "예수께서 대답하시되 내가 너희에게 말하였으되 믿지 아니하는도다 내가 내 아버지의 이름으로 행하는 일들이 나를 증거하는 것이거늘"

◇"믿지 아니하는도다": 그들이 예수님을 모르는 이유가 예수님께서 그들에게 모호하게 가르쳐서가 아니다. 그들이 예수님을 믿지 않았기 때문이다. 그들이 믿지 않은 것은 믿을 만한 증거가 없었기 때문이 아니다. 예수님께서 아버지의 이름으로 하는 그 일들이 예수님을 증언한다. 그들은 그 증언을 보면서도 왜 믿지 않는가?

26 "너희가 내 양이 아니므로 믿지 아니하는도다"

◇"내 양이 아니므로": 그들이 믿지 않는 이유는 그들이 예수님의 양이 아니기 때문이다. 예수님의 양이 예수님의 말씀을 듣는다. 말씀을 들으면 믿는다. 누가 예수님을 따르는가?

2. 누가 예수님을 따릅니까(27)? 이 말씀을 우리에게는 어떤 적용할 수 있습니까? 예수님을 따르는 사람은 어떤 선물을 받습니까(28)? 또 그들은 누구의 보호를 받습니까(29-30)? 이 말씀 앞에서 우리는 어떻게 살 수 있습니까?

27 "내 양은 내 음성을 들으며 나는 그들을 알며 그들은 나를 따르느니라"

◇"내 양": 예수님의 양이 예수님의 음성을 듣는다. 시각장애인은 예수님의 양이다. 그는 예수님의 말씀을 믿었다.

이 말씀을 우리에게는 어떤 적용할 수 있는가? 예수님의 양이 되는 것이 먼저임을 전제한다. 예수님을 믿고 나서 양이 되는 것이 아니다. 예수님의 양이 예수님을 믿는다. 예수님의 양으로 선택되어서 예수님을 믿는다. 예수님을 믿을 때 자신이 예수님의 양이라는 사실을 입증한다. 믿음은 인간의 능력과 선택의 문제가 아니다. 근본적으로 하나님 선택의 문제이다. 하나님의 일방적인 주권에 속한다. 그렇다고 해서 우리가 예수님을 믿어야 할 책임이 없다는 말은 아니다.

그런데 현실에서 우리는 예수님의 말씀을 먼저 듣고 예수님을 믿는다. 말씀 공부를 해야 예수님의 양이 된다. 예수님의 말씀을 듣지 않고는 예수님의 양이 될 수 없다. 그런데 여기서는 이미 양이 된 사람이 예수님의 말씀을 듣는다. 성령 하나님께서 그 마음의 문을 열어주실 때 들을 수 있다. 우리가 말씀을 들을 수 있는 것은 전적으로 주님의 은혜이다. 그래서 우리는 겸손히 성령님의 도우심을 구해야 한다. "내 마음에 주님의 말씀이 들리도록" "양의 마음속에 주님의 말씀이 들리도록" 기도해야 한다. 그러면 예수님을 믿고 따를 수 있다. 예수님을 따르는 사람은 어떤 선물을 받는가?

28 "내가 그들에게 영생을 주노니 영원히 멸망하지 아니할 것이요 또 그들을 내 손에서 빼앗을 자가 없느니라"

◇"영생을 주노니": 예수님을 따르는 사람에게 영생을 주신다. 그들은 영원토록 멸망하지 않는다. 아무도 그들을 예수님의 손에서 빼앗아 가지 못할 것이다.

우리는 어떻게 영생을 누리는가? 영생은 인간적인 노력으로 얻지 못한다. 세상 철학으로 얻지 못한다. 이상한 종교로 얻지 못한다. 종교 혼합주의의 한계를 알아야 한다. 오직 예수님만이 자기 양에게 영생을 주신다. 예수님을 양을 그 누구도

해칠 수 없다. 예수님의 양으로 한 번 선택을 받으면 영원토록 영생을 누린다.

그러므로 우리는 어떻게 살아야 하는가? 영생을 뺏길까 봐 불안해할 필요가 없다. 방황할 필요가 없다. 자신감을 가져야 한다. 확신을 품어야 한다. 정체성을 가져야 한다. 감사하고 찬양하고 적극적으로 그 은혜를 전하고 즐겨야 한다. 예수님께 양을 주신 하나님은 어떤 분이신가?

29 "그들을 주신 내 아버지는 만물보다 크시매 아무도 아버지 손에서 빼앗을 수 없느니라"

◇"만물보다 크시매": 그 아버지는 만물보다 크신 분이다. 아무도 아버지의 손에서 빼앗을 수 없다. 예수님의 양이 예수님의 손에서 절대적인 보호를 받는다. 이처럼 아버지의 손에서도 보호받는다. 예수님이 곧 아버지이시다.

우리는 무엇을 배울 수 있는가? 우리는 이 험한 세상에서 내가 믿음을 지키는 것만은 아니다. 예수님과 하나님께서 나를 지켜주신다. 그러므로 안심할 수 있다. 또 우리는 현실적으로 양이 어떻게 되든지 간에, 삶 속에서 헤매고 떠나갈지라도 하나님께서 택하신 자는 끝까지 하나님이 책임지신다는 사실을 알아야 한다. 반대로는 아버지께서 주신 자만 남는다. 아버지께서 주시지 않으면 남지 않는다는 사실도 믿어야 한다. 이 예수님과 하나님은 어떤 분이신가?

30 "나와 아버지는 하나이니라 하신대"

◇"하나이니라": 예수님과 그 아버지는 한 분이시다. 이것은 예수님과 아버지 하나님이 양을 보살피는 사역의 측면에서 하나임을 선언하신 것이다. 하나님과 예수님이 같이 양을 보살핀다. 따라서 빼앗길 것에 대해서, 혹은 멸망할 것을 걱정하지 않는다. 이 말씀 앞에서 유대인은 어떻게 반응하는가?

3. 유대인들은 예수님을 왜 다시 돌로 치려고 합니까(31-33)? 그들이 예

수님을 바르게 알려면 무엇부터 알아야 합니까(34-36)? 성경을 바르게 아는 일이 얼마나 중요합니까?

31 "유대인들이 다시 돌을 들어 치려 하거늘"

◇"다시 돌을 들어": 그들은 예수님이 다시 하나님을 모독했다고 생각했다. 예수님이 "나와 아버지는 하나이다."라고 말씀하셨기 때문이다. 예수님은 무엇이라고 말씀하시는가?

32 "예수께서 대답하시되 내가 아버지로 말미암아 여러 가지 선한 일로 너희에게 보였거늘 그중에 어떤 일로 나를 돌로 치려 하느냐"

33 "유대인들이 대답하되 선한 일로 말미암아 우리가 너를 돌로 치려는 것이 아니라 신성모독으로 인함이니 네가 사람이 되어 자칭 하나님이라 함이로라"

◇"신성모독으로": 그들이 예수님을 돌로 치려고 하는 것은 선한 일을 하였기 때문이 아니다. 하나님을 모독하였기 때문이다. 예수님이 사람이면서 하나님이라고 말했기 때문이다. 그들은 예수님이 하나님이시라는 사실을 받아들이지 못한다. 예수님께서 그들에게 무엇을 가르치시는가?

34 "예수께서 이르시되 너희 율법에 기록된 바 내가 너희를 신이라 하였노라 하지 아니하였느냐"

◇"율법에": 예수님은 율법에 근거해서 가르치신다. 율법은 예수님을 증언하기 때문이다.

◇"내가 너희를 신이라 하였노라": "내가 너희를 신들이라 하였다(I said, you are gods)."

◇"신": '신들(gods)'을 말한다. 하나님께서 이스라엘의 통치자들(재판관)을 두고 하신 말씀이다(시 82:5). 이것은 모세가 바로에게 '신과 같은 존재다.'라고 한 말이다(출 7:1). 이 말은 하나님의 종이나 선지자에 대

한 표현이다.

35 "성경은 폐하지 못하나니 하나님의 말씀을 받은 사람들을 신이라 하셨거든"

◇"신": '신들(gods)'이다.

◇"말씀을 받은 사람들": 사람들이 하나님의 말씀을 일반적으로 받아들이는 것을 말하는 것이 아니다. 특별히 선지자에게 하나님의 말씀이 임하는 경우와 같은 하나님의 계시 사건을 말한다. "하나님의 말씀이 임한 선지자들을 사람들이 신들이라고 말한 것이 사실이라면"의 뜻이다. "선지자들을 '하나님의 신들'이라고 부르지 않느냐, 그렇다면 나를 신이라고 부르는 것이 왜 문제인가?" 사람이 하나님으로 불린 경우가 있다. 따라서 예수님을 하나님이라고 부를 수 있다.

◇"성경은 폐하지 못하나니": 성경의 절대 권위를 인정하신다.

36 "하물며 아버지께서 거룩하게 하사 세상에 보내신 자가 나는 하나님의 아들이라 하는 것으로 너희가 어찌 신성모독이라 하느냐"

◇"세상에 보내신 자": 예수님은 아버지께서 거룩하게 하셔서 세상에 보냄을 받은 분이다. 그 예수님께서 "나는 하나님의 아들이다."라고 말한다고 해서 어떻게 그것을 신성모독이라고 말할 수 있겠느냐? 예수님은 단지 구약에서 언급한 '하나님의 말씀이 자기들에게 임한 사람들' 중의 하나가 아니다. 아버지께로부터 오신 분이다. 예수님은 하나님이시다.

성경을 바르게 아는 일이 얼마나 중요한가? 그들은 성경을 안다고 하면서도 그 내용을 예수님께 적용하지 않았다. 예수님을 믿지 않고자 했기 때문이다. 자기들이 듣고 싶은 말만 듣고자 했기 때문이다. 마음을 열고 성경을 배워야 한다. 그래야 성경의 가르침을 바르게 배울 수 있다. 그들은 어떻게 해야 하는가?

4. 그들은 어떻게 해야 합니까(37-38a)? "그 일은 믿으라."라는 말은 무

손 뜻입니까? 그들이 그 일을 믿으면 어떻게 됩니까(38b)? 예수님께서 행하신 일은 무엇이며, 그것을 믿는 것이 왜 중요합니까?

37 "만일 내가 내 아버지의 일을 행하지 아니하거든 나를 믿지 말려니와"

38 "내가 행하거든 나를 믿지 아니할지라도 그 일은 믿으라 그리하면 너희가 아버지께서 내 안에 계시고 내가 아버지 안에 있음을 깨달아 알리라 하시니"

◇"그 일은 믿으라": 예수님이 하나님의 일을 하고 있으면 예수님 자체는 믿지 않을지라도 그 일은 믿어야 한다. 여기서 핵심은 '나'와 '그 일'의 대조이다. '나'를 안 믿어도 좋은데 '그 일'은 믿어야 한다(do not believe me, believe the miracles/ works).

"그 일은 믿으라."라는 말은 무슨 뜻인가? 예수님이 하나님의 일들을 하면 유대인들이 '예수님'을 믿지 않아도 좋다. 그러나 '그 일들', 즉 예수님이 하신 '일들'은 믿어야 한다. 유대인들이 예수님의 인격과 정체에 대해 너무나 부정적으로만 생각하니 예수님께서 하시는 아버지의 일이라도 진정으로 한 번 믿어보라는 말이다. 그들이 그 일들을 믿으면 어떻게 되는가? 그 일들을 믿는 것이 왜 그렇게 중요한가? 예수님은 왜 그 일들이라도 믿으라고 강조하시는가?

◇"깨달아 알리라": 그들이 그 일들을 믿으면 알고 이해할 수 있다(believe the works, that you may know and understand). 무엇을 알고 이해할 수 있는가?

◇"아버지께서 내 안에 계시고 내가 아버지 안에 있음을": "아버지께서 내 안에 계시고 또 내가 아버지 안에 있다." 예수님과 아버지는 한 분이시다. 예수님은 하나님이시다.

예수님께서 행하신 일은 무엇이며, 그것을 믿는 것이 왜 그렇게 중요한가? 예수님께서 행하신 일은 시각장애인의 눈을 뜨게 하신 것이다. 그들이 그 일을 믿으면 예수님을 믿을 수 있다. 예수님께서 하신 일을 믿으면 예수님이 하나님이심을 믿을 수 있다. 왜냐하면 예수님께서 하신 일은 하나님만이 하실 수 있는 일이기 때문이다. 보통은 예수님의 인격을 믿음으로써 사역을 믿게 된다. 그러나 사역을 먼저 믿고 나서 인격을 믿기도 한다.

이런 예를 어디서 볼 수 있는가? 어떤 사람은 불치병을 치료받고 예수님을 믿는다. 사업이 망했는데 회복해서 예수님을 믿는다. 삶 속에서 일어나는 엄청난 일들을 통해서 예수님을 깨닫고 믿는 경우가 있다. 그러므로 우리는 우리 안에서 일어나는 일들을 믿어야 한다. 그러면 예수님을 하나님으로 믿을 수 있다. 그러나 그들은 어떻게 반응하는가?

5. 그러나 그들은 어떻게 반응합니까(39)? 예수님은 다시 어디로 가십니까(40)? 예수님께 대한 그곳 사람들의 반응은 어떠합니까(41-42)? 이런 그들로부터 무엇을 배울 수 있습니까?

39 "그들이 다시 예수를 잡고자 하였으나 그 손에서 벗어나 나가시니라"

◇"다시 예수를 잡고자": 그들은 또 예수님을 잡으려고 하였다. 그들은 말씀을 듣기보다는 도전한다.

40 "다시 요단 강 저편 요한이 처음으로 세례 베풀던 곳에 가사 거기 거하시니"

41 "많은 사람이 왔다가 말하되 요한은 아무 표적도 행하지 아니하였으나 요한이 이 사람을 가리켜 말한 것은 다 참이라 하더라"

◇"다 참이라": 요한은 아무런 표적도 행하지 않았다. 하지만 그가 예수님에 대해서 한 모든 말은 사실이다.

42 "그리하여 거기서 많은 사람이 예수를 믿으니라"

◇"예수를 믿으니라": 그들은 요한이 예수님에 대해 한 모든 말씀을 인정했다. 그들은 예수님을 믿었다.

이런 그들로부터 무엇을 배울 수 있는가? 말씀만을 믿는 믿음을 배운다. 그들은 요한의 증언만으로도 예수님을 믿었다. 이것은 그들이 예수님의 양임을 보여준다. 표적이 많다고 해서 예수님을 믿는 것은 아니다. 표적이 적다고 해서 믿지 않는 것도 아니다. 중요한 것은 마음 자세이다. 메시지만 잘 들어도 예수님을 믿을 수 있다.

제22강

부활과 생명

◇본문 요한복음 11:1-27
◇요절 요한복음 11:25
◇찬송 171장, 267장

1. 누가 병들었습니까(1-2)? 그때 누이들은 누구에게 도움을 청합니까(3)? 그러나 예수님은 어떻게 하십니까(4-6)? 우리의 사랑과 예수님의 사랑 사이에는 어떤 차이가 있습니까?

2. 예수님께서 제자들에게 "유대로 가자."라고 하시자 그들은 어떻게 반응합니까(7-8)? 그들은 왜 그렇게 반응합니까? 그들의 문제가 무엇입니까(9-10)? '빛'은 누구를 말합니까?

3. 예수님은 나사로의 죽음을 어떻게 보십니까(11-14)? 예수님은 나사로 곁에 있지 않았던 것을 왜 기뻐하십니까(15)? 그러나 현재 제자들의 상태는 어떠합니까(16)?

4. 지금 나사로는 어떤 상태입니까(17-19)? 예수님을 맞는 마르다의 마음이 어떠합니까(20-22)? 그녀는 어떤 부활에 대해서 알고 있습니까(23-24)?

5. 예수님은 어떤 분입니까(25a)? 이 예수님을 믿는 자는 어떻게 됩니까(25b-26a)? 오늘 내 삶의 현장에서 부활과 생명을 체험하려면 어떻게 해야 합니까(26b)? 마르다는 어떻게 고백합니까(27)?

제22강

부활과 생명

◇본문 요한복음 11:1-27
◇요절 요한복음 11:25
◇찬송 171장, 267장

1. 누가 병들었습니까(1-2)? 그때 누이들은 누구에게 도움을 청합니까(3)? 그러나 예수님은 어떻게 하십니까(4-6)? 우리의 사랑과 예수님의 사랑 사이에는 어떤 차이가 있습니까?

1 "어떤 병자가 있으니 이는 마리아와 그 자매 마르다의 마을 베다니에 사는 나사로라"

◇"베다니": 요단강 건너편이 아니라(1:28), 예루살렘 근처 감람산 동쪽 경사면 위에 있는 동네이다. 예루살렘으로부터 약 3.2km 떨어져 있다.

2 "이 마리아는 향유를 주께 붓고 머리털로 주의 발을 닦던 자요 병든 나사로는 그의 오라버니더라"

◇"향유를 주께 붓고 머리털로 주의 발을 닦던 자": 나사로보다도 마리아를 소개한다. 마리아가 더 알려져 있기 때문이다. 그 가정에 무슨 일이 일어났는가?

3 "이에 그 누이들이 예수께 사람을 보내어 이르되 주여 보시옵소서 사랑하

시는 자가 병들었나이다 하니"

◇"병들었나이다": 그들은 예수님께 "나사로가 죽어가고 있다."라는 소식을 알리는 것이 아니다. 예수님이 급히 그들에게로 돌아와서 그를 살려주기를 바라고 있다. 예수님께서 급히 돌아오실 것을 믿어 의심하지 않는다. 왜냐하면 예수님과 그들의 관계는 남다르기 때문이다.

◇"사랑하시는 자": 예수님과 그들의 관계는 대단히 친밀했다. 그러나 예수님은 무엇을 말씀하시는가?

4 "예수께서 들으시고 이르시되 이 병은 죽을 병이 아니라 하나님의 영광을 위함이요 하나님의 아들이 이로 말미암아 영광을 받게 하려 함이라 하시더라"

◇"이 병은 죽을병이 아니라": 아무나 심각한 병을 보고 "죽을병이 아니다."라고 말할 수 있는 것은 아니다. 이 말씀은 오직 예수님만이 하실 수 있다. 왜냐하면 예수님만이 부활이요 생명이시기 때문이다.

◇"하나님의 아들이 이로 말미암아 영광을 받게 하려 함이라": 예수님은 나사로의 죽음과 다시 살아남을 통해 하나님으로서 영광을 받으실 것이다. 그 기적은 예수님 안에서 하나님의 영광을 드러내기 때문이다. 오직 하나님만이 죽은 자를 살릴 수 있기 때문이다.

5 "예수께서 본래 마르다와 그 동생과 나사로를 사랑하시더니"

◇"사랑하시더니": 세 남매에 대한 주님의 사랑은 변함이 없으시다. 예수님께서 나사로에게 당장 달려가지 않는 것도 그들을 향한 사랑의 표현임을 강조한다.

6 "나사로가 병들었다 함을 들으시고 그 계시던 곳에 이틀을 더 유하시고"

◇"이틀을 더 유하시고": 예수님은 그들을 사랑하셔서 그곳에 이틀을 더 머무르셨다.

누이들의 사랑, 즉 우리가 생각하는 사랑과 예수님의 사랑 사이에는 어떤 차이가 있는가? 사랑 자체는 같다. 다만 그 사랑을 표현하는 방법이 다르다. 누이들은 예수님께서 즉시 달려오는 것을 사랑이라고 믿었다. 하지만 예수님은 이틀이나 더 머무신다. 더 큰 사랑을 주고자 하신다. 물론 당장 그 사랑을 소화하기는 쉽지 않다. 하지만 그 큰 사랑의 세계로 나가야 한다.

2. 예수님께서 제자들에게 "유대로 가자."라고 하시자 그들은 어떻게 반응합니까(7-8)? 그들은 왜 그렇게 반응합니까? 그들의 문제가 무엇입니까(9-10)? '빛'은 누구를 말합니까?

7 "그 후에 제자들에게 이르시되 유대로 다시 가자 하시니"

◇"유대로 다시 가자": 마침내 예수님은 유대로 가고자 하신다. 하지만 제자들의 반응은 어떠한가?

8 "제자들이 말하되 랍비여 방금도 유대인들이 돌로 치려 하였는데 또 그리로 가시려 하나이까"

◇"돌로 치려 하였는데": 유대인은 예수님의 말씀을 신성모독으로 간주했다. 그래서 예수님을 돌로 치려 하였다(10:31). 유대로 가는 것은 확실히 위험한 일이다. 제자들의 마음은 죽음의 두려움에 싸여 있다. 어둠에 갇혔다. 예수님은 그들에게 무엇을 말씀하시는가?

9 "예수께서 대답하시되 낮이 열두 시간이 아니냐 사람이 낮에 다니면 이 세상의 빛을 보므로 실족하지 아니하고"

◇"낮이 열두 시간": 낮을 열두 시간으로 나누었다. 그 시간은 무엇을 하기에 충분한 시간이다.

◇"세상의 빛을 보므로 실족하지 아니하고": 빛이신 예수님을 믿으면 그 속에 빛이 있어서 실족하지 않는다. 유대로 들어가기를 두려워하는 제

자들에게 그들이 이 세상의 빛이신 예수님과 함께 하는 한 아무런 문제가 없을 것을 확신시켰다. 그들은 빛이신 예수님과 함께 있으면서도 정작 그 마음에는 빛이 없다.

10 **"밤에 다니면 빛이 그 사람 안에 없는 고로 실족하느니라"**

◇"빛이 그 사람 안에 없는 고로 실족하느니라": 예수님을 믿지 않는 자는 그 속에 빛이 없어서 실족할 수밖에 없다.

3. 예수님은 나사로의 죽음을 어떻게 보십니까(11-14)? 예수님은 나사로 곁에 있지 않았던 것을 왜 기뻐하십니까(15)? 그러나 현재 제자들의 상태는 어떠합니까(16)?

11 **"이 말씀을 하신 후에 또 이르시되 우리 친구 나사로가 잠들었도다 그러나 내가 깨우러 가노라"**

◇"잠들었도다": 죽음에 대한 완곡어법이다. 예수님은 죽은 나사로를 살리고자 하신다. 죽음에 대한 예수님의 관점을 보여준다.

◇"깨우러 가노라": 예수님 안에서 죽음은 잠을 자는 것이다. 따라서 예수님께서 깨우면 다시 일어난다.

12 **"제자들이 이르되 주여 잠들었으면 낫겠나이다 하더라"**

◇"잠들었으면 낫겠나이다": 제자들은 잠을 문자 그대로 생각했다. 그들은 잠들어 쉬는 것으로 생각했다.

13 **"예수는 그의 죽음을 가리켜 말씀하신 것이나 그들은 잠들어 쉬는 것을 가리켜 말씀하심인 줄 생각하는지라"**

14 **"이에 예수께서 밝히 이르시되 나사로가 죽었느니라"**

◇"죽었느니라": 예수님은 제자들의 잘못된 생각을 깨우쳐 주신다.

15 "내가 거기 있지 아니한 것을 너희를 위하여 기뻐하노니 이는 너희로 믿게 하려 함이라 그러나 그에게로 가자 하시니"

◇"너희를 위하여 기뻐하노니": 예수님은 죽은 나사로 곁에 있지 않은 것을 제자들을 위해 기뻐하신다.

◇"너희로 믿게 하려 함이라": 예수님은 제자들이 이 사건을 통하여 예수님을 믿게 하고자 하신다. 즉 예수님이 부활이요 생명이심을 믿게 하고자 하신다. 그러나 제자들의 반응은 어떠한가?

16 "디두모라고도 하는 도마가 다른 제자들에게 말하되 우리도 주와 함께 죽으러 가자 하니라"

◇"디두모": 헬라어의 뜻은 '쌍둥이'이다.

◇"도마": 아람어에서 유래했는데, 그 뜻도 '쌍둥이'이다. 우리는 도마를 의심이 많은 인물로 기억한다(20:24–25).

◇"주와 함께 죽으러 가자": 도마는 대단한 용기와 희생정신을 발휘하는 것처럼 보인다. 하지만 예수님께서 지금까지 애써 설명하신 말씀에 비추어 보면 '생뚱' 맞는 말이다. 그의 마음에 빛이 없음을 보여준다. 그런 그는 매우 비장하다. 예수님이 도착했을 때 나사로는 어떤 상태인가?

4. 지금 나사로는 어떤 상태입니까(17-19)? 예수님을 맞는 마르다의 마음이 어떠합니까(20-22)? 그녀는 어떤 부활에 대해서 알고 있습니까(23-24)?

17 "예수께서 와서 보시니 나사로가 무덤에 있은 지 이미 나흘이라"

◇"나흘": 유대인은, 사람이 죽은 후 그 영혼이 다시 몸속으로 돌아갈 희망을 품고 삼 일간 근처에 머문다고 믿었다. 나사로는 이제 완전히 죽어

돌아올 수 없는 상태였다.

18 "베다니는 예루살렘에서 가깝기가 한 오 리쯤 되매"

◇"한 오리": 약 15 스타디온(stadia), 약 3km를 말한다.

19 "많은 유대인이 마르다와 마리아에게 그 오라비의 일로 위문하러 왔더니"

◇"위문하러": 유대 풍습에 따르면 첫 삼 일간은 큰 슬픔을 표했고, 그다음 삼 일간은 조금 작은 슬픔을 표했다.

20 "마르다는 예수께서 오신다는 말을 듣고 곧 나가 맞이하되 마리아는 집에 앉았더라"

◇"마르다는 나가 맞되": 마르다가 마리아보다 언니였으므로 상주로서 예수님을 맞은 것이다. 유족은 집에 앉아 있고 조객이 집으로 들어가 유족을 위로하며 함께 울어주었다.

21 "마르다가 예수께 여짜오되 주께서 여기 계셨더라면 내 오라버니가 죽지 아니하였겠나이다"

◇"여기 계셨더라면 내 오라버니가 죽지 아니하였겠나이다": 마르다는 예수님께서 일찍 오셨다면 오빠는 죽지 않았을 것으로 생각한다. 예수님께서 하나님이시면 오빠는 죽지 않았어야 한다고 생각한다. 사람을 죽지 않게 하는 분은 오직 하나님 한 분뿐이시기 때문이다. 그녀는 안타까움과 섭섭함을 드러내고 있다. 예수님의 사랑에 대한 회의를 표현하고 있다.

22 "그러나 나는 이제라도 주께서 무엇이든지 하나님께 구하시는 것을 하나님이 주실 줄을 아나이다"

◇"그러나 나는": 마르다는 비록 나사로의 몸이 이미 썩기 시작했음에도

불구하고 새로운 일에 대한 기대를 품는다.

◇"하나님이 주실 줄을 아나이다": 마르다는 예수님께서 지금이라도 하나님께 죽은 나사로를 살려달라고 기도하시면 응답하실 줄 알았다. 그녀는 지금이라도 나사로를 살려 달라고 부탁하고 있다. 하나님께서 하시기 힘든 일이란 없음을 알고 있기 때문이다. 예수님의 대답은 무엇인가?

23 "예수께서 이르시되 네 오라비가 다시 살아나리라"

◇"다시 살아나리라": 예수님은 마르다의 기도에 응답하신다. 소망을 심으신다. 그런데 마르다의 반응은 무엇인가?

24 "마르다가 이르되 마지막 날 부활 때에는 다시 살아날 줄을 내가 아나이다"

◇"마지막 날 부활 때": 마르다는 나사로가 마지막 날에 부활할 것으로 알았다. 그녀는 주님께서 지금 나사로를 살리실 것은 믿지 못하였다. 그녀는 "다시 살아난다."라는 말을 현재적 의미보다는 미래적 의미로 믿었다. 그러나 예수님은 무엇을 말씀하시는가?

5. 예수님은 어떤 분입니까(25a)? 이 예수님을 믿는 자는 어떻게 됩니까(25b-26a)? 오늘 내 삶의 현장에서 부활과 생명을 체험하려면 어떻게 해야 합니까(26b)? 마르다는 어떻게 고백합니까(27)?

25 "예수께서 이르시되 나는 부활이요 생명이니 나를 믿는 자는 죽어도 살겠고"

◇"나는": 예수님이 누구신지를 먼저 선포하신다. 예수님께서 지금까지 자신에 대해서 계시했던 것을 종합한 것이다. 예수님은 부활과 생명이시다.

◇"부활": 영적으로 죽은 자가 성령님의 거듭남으로 말미암아 살아나는 영적인 부활과 마지막 날에 있을 육적인 부활을 말한다. 죽음에서 생명으로 회복되는 과정이 생명보다 먼저여서 '부활'을 '생명'보다 먼저 말씀하

신다. 즉 생명은 부활의 결과이다. 온 인류는 죽음 속에 빠져 있다. 먼저 죽음에서 살아나지 않고는 생명을 소유할 수가 없다.

◇“생명”: 영적으로 살아난 자가 예수님을 믿을 때 받는 영생과 마지막 날 육체의 부활로 받을 영원한 생명이다. 이 예수님을 믿는 자에게 무슨 일이 일어나는가?

◇“나를 믿는 자는 죽어도 살겠고”: 예수님은 자신이 생명일 뿐만 아니라 믿는 자에게 생명을 주시는 분이시다. 예수님을 믿으면 비록 육체적으로 죽더라도 육체적인 부활로 말미암아 생명을 가진다. 부활과 생명이신 예수님 앞에서 죽음은 힘을 쓰지 못한다. 예수님을 믿은 나사로는 비록 그 육신은 죽었지만, 다시 살아난다.

26 “무릇 살아서 나를 믿는 자는 영원히 죽지 아니하리니 이것을 네가 믿느냐”

◇“살아서 나를 믿는 자”: “나를 믿는 자”(25b)라는 말의 의미를 밝혀준다. 즉 “나를 믿는 자”란 “살아서 나를 믿는 자”를 말한다. “살아서 나를 믿는 자”란, 성령님의 거듭남으로 영적으로 살아난 자(영적인 부활)가 예수님을 믿는 것을 말한다. 마르다가 이에 해당한다. 이런 믿음의 사람은 영원히 죽지 않는다.

◇“영원히 죽지 아니하리니”: “그가 살리라.”라는 말씀을 강한 부정으로 표현한 것이다. 이것은 육체적인 죽음을 부인하는 것이 아니다. 육체적인 죽음으로 말미암은 영원한 죽음을 부인한 것이다. 믿는 자도 육체적으로는 죽을 것이다. 그러나 그들은 영원한 생명을 가지고 있어서 육체적 죽음이 마지막이 되지 않는다. 육체적인 죽임을 당할지라도 다시 육체적인 부활로 살아날 것이다.

이 말씀을 나사로에게 어떻게 적용할 수 있는가? 예수님을 믿은 나사로는 비록 지금 육체적으로 죽었지만, 다시 살아날 것이다. 영적으로 살아나서 예수님을 믿은 나사로는 결코 육체적으로 영원한 죽음에 머물러 있지 않을 것이다. 마르다는 두 가지 생명에 대해서만 알고 있었다. 즉 이 땅에서의 육체적인 생명과 마지막 부활 때 경험하게 될 미래의 생명이다. 미래적인 생명은 어떤 점에서는 이론적이고 추상적이고 막연한 개념으로 전락할 수 있다. 그녀의 생각 속에 나사로는 지금 이 둘 중 어느 것도 해당하지 않는다. 나사로의 죽음에 대해 주님께서 하실 수 있는 일은 아무것도 없다고 생각했다.

그러나 예수님께서는 당신 없이는 장래의 부활이 불가능하다고 말씀하셨다. 또 참된 생명, 육체적인 죽음 후의 생명은 오직 예수님 그분을 통해서만 가능하다. 이 생명은 영적이기도 하며(죽어도 살겠고), 또한 영원하기도 하다(영원히 죽지 아니하리니). 그 생명을 오직 예수님을 믿는 사람만 누린다.

오늘 우리에게 주는 의미는 무엇인가? 예수님은 생명을 주시는 분이다. 죽음을 이긴 부활의 생명은 먼 미래에 있을 것이 아니라 '지금 여기(now & here)'에 있는 것이다. 예수님을 믿는다는 것은 죽음을 이긴다는 의미이다. 성도가 예수님을 믿는 믿음을 통해 영원한 생명을 받는 것은 '지금 여기'에서 체험하는 현실이다. 오늘 부활과 생명이신 예수님께 대한 믿음이 있으면 "나는 날마다 죽노라."라고 말할 수 있다(고전 15:31). 그렇게 살 수 있다. 주님과 그 사역에 헌신할 수 있다. 이 부활과 생명을 체험하려면 어떻게 해야 하는가?

◇"이것을 네가 믿느냐": 예수님은 이 말씀에 대한 마르다의 신앙을 요구하신다. 부활과 생명이신 주님께서는 아직도 세상 사람을 당신에게 오도록 초청하신다. 죽음은 우리 모두에게 불가피한 것이지만, 그리스도께서는 죽음을 이기고 승리하셨다. 그리고 그분을 믿는 모든 사람에게 그 승리를 나누어 주신다. 마르다는 어떻게 고백하는가?

27 "이르되 주여 그러하외다 주는 그리스도시요 세상에 오시는 하나님의 아들이신 줄 내가 믿나이다"

◇"그리스도시요 세상에 오시는 하나님의 아들": '그리스도'란 '하나님의 아들'이요, '하나님의 아들'은 '세상에 오시는 분'이다. '세상에 오시는

분'이란 '세상에 오시는 참 빛'(1:9), '세상에 오시는 그 선지자'(6:14)를 가리킨다. 마르다의 고백은 지금까지 가르친 그 예수님을 정리한 것이다. 예수님은 당신을 '그리스도'(1:41; 4:25–26, 29; 7:31, 41; 9:22; 10:24–25), '하나님의 아들'(1:34, 49; 5:25), '세상에 오시는 분'(1:9; 6:14)으로 가르치셨다. 따라서 그녀의 고백은 오늘 우리가 해야 할 고백이다.

오늘 나를 사로잡는 죽음이나 죽음 요소를 만난 적이 있는가? 그것을 어떻게 이길 수 있는가? 우리는 삶의 현장에서 죽음과 그로 인한 권세에 시달린다. 죽음에 이르게 하는 병인 절망에 시달린다. 우울증에 시달린다. 육신은 젊어도 실제 삶은 생기가 없다. 죽음에 이르는 병을 앓고 있기 때문이다. 어떻게 이길 수 있는가? 부활과 생명이신 예수님을 믿어야 한다. 부활과 생명이신 예수님은 먼 미래, 어느 추상적인 세상에서 일하는 분이 아니다. 오늘 이곳에서, 지금 부활과 생명이시다. 이 예수님을 믿으면 오늘 삶의 현장에서 부활과 생명을 체험한다. 어떤 절망적인 문제 앞에서도 소망을 품을 수 있다. 역동적인 삶을 살 수 있다. 이 믿음으로 전도에 힘쓰며, 열두 제자양성을 이루는 일에 헌신할 수 있기를 기도한다.

제23강

네가 믿으면

◇본문 요한복음 11:28-57
◇요절 요한복음 11:40
◇찬송 540장, 542장

1. 사람들은 마리아가 예수님께 갔을 때 어떻게 생각합니까(28-31)? 마리아를 만나신 예수님의 마음이 어떠합니까(32-35)? 유대인들은 예수님을 어떻게 생각합니까(36-37)?

2. 예수님은 무덤 앞에서 어떤 방향을 주십니까(38-39a)? 마르다는 어떻게 반응합니까(39b)? 예수님은 그녀에게 무엇을 심습니까(40)? 이 믿음은 어떤 믿음이며, 오늘 우리에게 주는 의미는 무엇입니까?

3. 예수님은 왜 기도하십니까(41-42)? 예수님은 죽은 나사로를 어떻게 살리십니까(43-44)? 이 예수님은 어떤 분이십니까?

4. 예수님의 하신 일을 본 많은 유대인의 반응은 어떠합니까(45-48)? 대제사장은 어떤 해결책을 제시합니까(49-50)? 그의 해결책에는 어떤 신학적 의미가 담겨 있습니까(51-52)?

5. 예수님은 왜 유대인 가운데 드러나게 다니지 않습니까(53-54)? 사람들은 무엇에 관심을 가졌으며, 그 이유는 무엇입니까(55-57)? 그들의 문제는 무엇입니까?

제23강

네가 믿으면

◇본문 요한복음 11:28-57
◇요절 요한복음 11:40
◇찬송 540장, 542장

1. 사람들은 마리아가 예수님께 갔을 때 어떻게 생각합니까(28-31)? 마리아를 만나신 예수님의 마음이 어떠합니까(32-35)? 유대인들은 예수님을 어떻게 생각합니까(36-37)?

28 "이 말을 하고 돌아가서 가만히 그 자매 마리아를 불러 말하되 선생님이 오셔서 너를 부르신다 하니"

◇"마리아를 불러": 마르다는 예수님과 대화하는 가운데 확신과 위로를 받았다. 그녀는 신앙고백 후에 동생 마리아에게로 간다.

29 "마리아가 이 말을 듣고 급히 일어나 예수께 나아가매"

30 "예수는 아직 마을로 들어오지 아니하시고 마르다가 맞이했던 곳에 그대로 계시더라"

31 "마리아와 함께 집에 있어 위로하던 유대인들은 그가 급히 일어나 나가는 것을 보고 곡하러 무덤에 가는 줄로 생각하고 따라가더니"

◇"무덤에 가는 줄로": 집에서 마리아를 위로하던 유대인들은 마리아가 급히 일어나 나가는 것을 보고 울려고 무덤으로 가는 줄 알고 뒤따라 나갔다. 마리아는 예수님을 만나자 무엇이라고 말하는가?

32 "마리아가 예수 계신 곳에 가서 뵈옵고 그 발 앞에 엎드리어 이르되 주께서 여기 계셨더라면 내 오라버니가 죽지 아니하였겠나이다 하더라"

◇"주께서 여기 계셨더라면": 마리아는 마르다가 안타까워했던 것과 똑같은 말을 한다. 예수님의 반응은 어떠한가?

33 "예수께서 그가 우는 것과 또 함께 온 유대인들이 우는 것을 보시고 심령에 비통히 여기시고 불쌍히 여기사"

◇"비통히 여기시고 불쌍히 여기사": 강한 분노와 불쾌감의 표현으로 코웃음 치는 것을 의미한다. 예수님의 격한 감정을 그대로 표현한다. 예수님은 마리아가 울고 또 그녀와 함께 온 유대인들까지 우는 것을 보시고 몹시 안타까워하셨다.

예수님은 왜 이런 감정을 가지신 것인가? 사람들이 우는 것, 즉 그들의 불신 때문에 그런 것만은 아니다. 그들이 우는 이유는 무엇인가? 죽음 때문에 그렇다. 결국 예수님은 죽음에 대해서 강한 분노와 불쾌감을 표현하신 것이다. 즉 나사로의 죽음을 통해 당신의 죽음을 보시며 고통스러워하신 것이다. 그리고 그 죽음 권세를 파하신다. 나사로의 죽음과 부활은 예수님의 죽으심과 부활을 상징적으로 보여주는 것이다.

35 "예수께서 눈물을 흘리시더라"

◇"눈물을": 이 순간 예수님은 마리아와 그와 함께 한 유대인들의 눈물에 동참하신다. 마리아와 유대인들의 울음이 눈물이 없는 울음인 반면, 예수님의 울음은 그것보다 훨씬 강한 울음이었다. 죽음 앞에서 슬퍼하는 그들의 마음에 동참한 것이다. 예수님은 그들이 당신을 믿지 못하는 것

을 보고 우는 것은 아니다. 즉 인간적인 동정 이상의 눈물로 당신의 죽음을 알고 있는 당신의 죽음을 내다본 눈물이다. 그때 유대인의 반응은 어떠한가?

36 "이에 유대인들이 말하되 보라 그를 얼마나 사랑하셨는가 하며"

◇"그를 얼마나 사랑하셨는가": 유대인들은 예수님의 울음을 나사로에 대한 사랑의 표현으로 보았다. 그러나 그중에 어떤 사람은 어떤 기대를 품었는가?

37 "그중 어떤 이는 말하되 맹인의 눈을 뜨게 한 이 사람이 그 사람은 죽지 않게 할 수 없었더냐 하더라"

◇"죽지 않게 할 수 없었더냐": 시각장애인의 눈을 뜨게 한 그가 이 사람은 죽지 않게 할 수 없었던가? 그들은 예수님께서 나사로를 죽지 않게 할 수 있었다고 생각한다. 예수님은 무엇을 하시는가?

2. 예수님은 무덤 앞에서 어떤 방향을 주십니까(38-39a)? 마르다는 어떻게 반응합니까(39b)? 예수님은 그녀에게 무엇을 심습니까(40)? 이 믿음은 어떤 믿음이며, 오늘 우리에게 주는 의미는 무엇입니까?

38 "이에 예수께서 다시 속으로 비통히 여기시며 무덤에 가시니 무덤이 굴이라 돌로 막았거늘"

◇"다시 속으로 비통히 여기시며": 예수님은 다시 비통히 여기신다(33). 죽음에 대한 강한 분노 앞에서 죽음과 죽음의 세계를 정복하려는 예수님의 의지를 확인한다. 예수님은 무덤으로 가신다.

◇"무덤이 굴이라 돌로 막았거늘": 무덤은 동굴이었으며 입구는 돌로 막혀 있었다. 무덤을 막고 있는 돌은 약 1m 20cm–1m 50cm 정도의 높이에 두께는 몇십cm 정도다.

39 "예수께서 이르시되 돌을 옮겨 놓으라 하시니 그 죽은 자의 누이 마르다가 이르되 주여 죽은 지가 나흘이 되었으매 벌써 냄새가 나나이다"

◇"돌을 옮겨 놓으라": 무덤을 막고 있는 돌을 치우라. 죽은 나사로를 살리겠다는 뜻이다. 마르다의 반응은 무엇인가?

◇"죽은 지가 나흘이 되었으매 벌써 냄새가 나나이다": 그녀는 무덤의 돌을 옮기는 일을 거절했다. 왜냐하면 오빠의 시신에서 냄새가 나기 때문이다. 죽은 지가 나흘이나 되었기 때문이다. 예수님은 그녀에게 무엇을 심으시는가?

40 "예수께서 이르시되 내 말이 네가 믿으면 하나님의 영광을 보리라 하지 아니하였느냐 하시니"

◇"내 말이": 예수님은 그녀에게 하신 말씀을 기억하도록 하신다. "나사로의 병은 죽을병이 아니라 하나님의 영광을 위한 것"(4)이란 말씀을 가리키는 것으로 생각한다. 예수님께서 나사로의 사건을 통하여 드러내고자 하는 것은 하나님의 영광이다.

◇"네가 믿으면 하나님의 영광을 보리라": 현장이나 상황보다도 예수님을 믿는 믿음을 요구하신다. 인간적으로는 도저히 불가능한 상황일지라도 예수님의 말씀을 믿는 믿음을 가져야 한다.

이 믿음은 어떤 믿음이며, 오늘 우리에게 주는 의미는 무엇인가? 믿음이란 현실을 보는 것이 아니라 예수님을 보는 것이고, 그 말씀을 믿는 것이다. 예수님의 말씀을 기억하고 말씀을 붙드는 것이 현장을 이기는 길이다.

마르다는 앞에서 예수님을 믿고 고백했는데 그 믿음이 무덤 앞에서 흔들렸다. 예수님 부활의 능력을 의심한다. '명목상' 신자가 되고 말았다. 그녀는 성경적인 진리를 믿는다고 고백하면서도 실제 삶 속에서는 그 진리를 적용하지 못하고 있다. 현장이 너무나 심각하기 때문이다. '냄새가 난다.'라는 현실은 너무나 강하다. 냄새나는 현장 앞에서 살아날 것이라는 믿음을 가질 수 있을까? 이런 상황에서 오히려 살리겠다고 하신 예수님이 이상하지 않는가?

우리가 믿음으로 살면서도 어려운 것은 어느 정도의 꼬투리가 있어야 믿음이 생긴다고 생각하기 때문이다. 전혀 근거가 없으면, 가능성이 없으면 믿음을 갖기가 쉽지 않다. 상황에 눌려버리고 절망할 수밖에 없다. 이것이 우리의 고민이다. 현장과 예수님 앞에서의 갈등, 이것이 우리의 모습이다. '믿음으로 산다.'라는 것, '믿음의 길을 걷는다.'라는 것, 그 자체가 이 갈등을 감당하는 것이다. 냄새가 나는 데도 안 나는 것처럼 생각해야 한다. 이 얼마나 힘든 싸움인가? 이 갈등을 얼마만큼 극복하느냐에 따라서 그 신앙의 성숙도가 다르게 나타난다. 믿음의 능력을 체험할 수 있다. 새 역사를 창조할 수 있다. 캠퍼스 복음 사역도 바로 이 싸움이다. 그들은 어떻게 했는가?

3. 예수님은 왜 기도하십니까(41-42)? 예수님은 죽은 나사로를 어떻게 살리십니까(43-44)? 이 예수님은 어떤 분이십니까?

41 "돌을 옮겨 놓으니 예수께서 눈을 들어 우러러보시고 이르시되 아버지여 내 말을 들으신 것을 감사하나이다"

◇"돌을 옮겨 놓으니": 사람들이 그 돌을 옮겨 놓았다. 죽은 사람을 살릴 수 있는 분은 오직 예수님 한 분뿐이시다. 하지만 예수님께서는 그 일에 우리가 참여하기를 바라신다. 우리는 죽은 사람을 살릴 수 없으나 준비하는 일은 할 수 있다. 예수님께서 일하실 수 있도록 준비하는 일은 해야 한다. 그것을 우리는 순종이라고 표현한다. 예수님은 순종을 통해서 일하신다. 예수님은 그때 무엇을 하시는가?

◇"감사하나이다": 예수님은 눈을 들어 하나님 아버지께 감사 기도를 하신다.

42 "항상 내 말을 들으시는 줄을 내가 알았나이다 그러나 이 말씀 하옵는 것은 둘러선 무리를 위함이니 곧 아버지께서 나를 보내신 것을 그들로 믿게 하려 함이니이다"

◇"내 말을 들으시는 줄을 내가 알았나이다": 예수님은 아버지께서 항상 기도를 들으시는 것을 감사한다. 마르다가 예수님께 말한 대로 예수님은 하나님 아버지께서 항상 그의 말을 들으신다고 고백하신다. 예수님의 감사는 이미 하나님께서 그 말을 들으셨다는 것이다. 이것은 나사로를 살리기 위한 예수님의 간구를 하나님께서 이미 들으셨음을 뜻한다.

◇"그러나 이 말씀 하옵는 것은 둘러선 무리를 위함이니": 그러나 예수님은 이 사람들에게 믿게 하려고 말씀하신다.

◇"아버지께서 나를 보내신 것을 그들로 믿게 하려 함이니이다": 예수님은 나사로를 살리는 사건을 통해 사람들이 아버지께서 예수님을 보내신 사실을 믿도록 하신다. 예수님은 당신 부활과 생명이심을 믿는 믿음을 갖도록 기도하신다. 그리고 예수님은 무엇을 하시는가?

43 "이 말씀을 하시고 큰 소리로 나사로야 나오라 부르시니"

◇"큰 소리로": 유대인이 "예수님을 십자가에서 못 박으라."라고 외칠 때 사용한 단어와 같다. 즉 '고함을 질렀다.'라는 말이다. 예수님께서 나사로를 죽음에서 불러내는 고함은 예수님을 십자가에 못 박는 유대인의 고함을 예고한 것이다. 예수님은 고함을 칠 때 당신을 둘러싼 사람들이 십자가에 처형하라고 고함칠 것을 예감하셨다. 이것은 예수님께서 나사로를 살려내는 사건이 필연적으로 예수님이 십자가에서 죽은 사건을 조건으로 하고 있음을 말한다. 예수님께서 유대인의 고함으로 십자가에서 죽임을 당할 것이기 때문에 예수님은 나사로를 죽음에서 불러낼 수 있었다. 예수님의 이 고함이 그의 임박한 죽음을 예고하는 줄 둘러선 무리 중에 누가 알았겠는가?

◇"나사로야": 예수님께서 나사로의 이름을 부르신 데는 목자가 자기 양의 이름을 부르고 양의 우리에서 인도하는 목자의 모습을 연상한다. 양을 위해서 목숨을 바치겠다고 하신 선한 목자 예수님은 나사로의 무덤을

보며 당신에게 닥칠 죽음을 생각했을 것이다. 또 자기를 믿는 자는 결코 죽지 아니하리라고 선포한 말씀을 기억했을 것이다. 더 나아가 무덤 속에 있는 자들이 그의 음성을 들을 때가 있었다는 말씀도 기억했을 것이다(5:28). 그러자 무슨 일이 일어났는가?

44 "죽은 자가 수족을 베로 동인 채로 나오는데 그 얼굴은 수건에 싸였더라 예수께서 이르시되 풀어 놓아 다니게 하라 하시니라"

◇"나오는데": 양이 자기 목자의 음성을 듣고 우리에서 나온 것과 같다. 죽었던 나사로는 선한 목자 예수님의 음성을 듣고 손과 발이 베로 동인 채로 나왔다.

◇"수건": 예수님의 얼굴에 있었던 '천'과 같은 것이다(20:7). 죽은 자 가운데서 일어난 나사로의 얼굴과 부활하신 예수님의 머리를 덮었던 것을 표현할 때에 같은 단어를 사용했다.

나사로의 얼굴에 '천이 있었다.' 라는 말은 예수님의 부활을 암시하는 은밀한 신호이다. 예수님께서 나사로를 불러내는 고함 속에서 예수님의 임박한 죽음을 보고, 무덤에서 나온 나사로의 얼굴에 있는 '천' 에서 예수님의 부활을 예언하는 것처럼 보인다. 나사로의 죽음과 다시 살아남을 통해 예수님의 죽으심과 부활을 보여준다.

◇"풀어 놓아 다니게 하라": 죽음에 속한 것들을 풀어주어 자유롭게 다니도록 하라. 예수님께서 죽음 권세를 없애고 자유를 주신다.

이 예수님은 어떤 분이신가? 당신의 죽음과 부활을 통해서 우리를 죽음에서 살리시는 분이다. 나사로를 죽음의 속박으로부터 해방하신 예수님은 겟세마네 동산에서 죽음을 위해 그를 체포하러 온 사람들에 의해 결박된다(18:12). 나사로가 풀려나서 자유롭게 행할 수 있게 되는 것은, 예수님의 죽음을 위한 속박과 그 결과로 제자들이 나사로처럼 죽음의 속박에서 구원받을 것을 암시하는 것이다. 또 나사로가 죽음의 요소를 완전히 벗고 자유를 얻게 되는 사건에서 예수님의 말씀은 이루어졌다. "진리를 알지니 진리가 너희를 자유하게 하리라"(8:34). 나사로가 죽음으로부터 완전한 해방을 받은 사건 속에서 영적인 사망에서 생명으로 옮겨진 신자의 모습뿐만 아니라(5:24), 육체적인 사망에서 육체적인 부활을 입게 될 모습도 본다(5:28-29). 이것은 예수님께서 나사로에 베푸신 사랑의 표현이다. 또 이 사랑은 그를 믿는 모든 자에게 베푸는 사랑의 표현이기도 하다. 나사로를 살리신 표적에는 예수님의 십자가 부활 사건이 담겨 있다. 구약에서 하나님께서 죽은 자들을 살린 것과 같이 나사로를 살림으로 당신이 하나님이심을 보여주신다.

그런데 이 놀라운 일을 이루기 위해서 예수님은 사람을 쓰셨다. 사람이 할 일이 있다. "네가 믿으면 …"(40) "돌을 옮겨 놓으니"(41) "풀어놓아 다니게 하라"(44). 그 일은 대단히 중요하다. 그 일은 믿음의 사람으로 시작한다. 순종의 사람으로부터 시작한다. 우리가 하는 믿음의 작은 일은 놀라운 역사의 기초이다. 사람들의 반응은 어떠한가?

4. 예수님의 하신 일을 본 많은 유대인의 반응은 어떠합니까(45-48)? 대제사장은 어떤 해결책을 제시합니까(49-50)? 그의 해결책에는 어떤 신학적 의미가 담겨 있습니까(51-52)?

45 "마리아에게 와서 예수께서 하신 일을 본 많은 유대인이 그를 믿었으나"

46 "그중에 어떤 자는 바리새인들에게 가서 예수께서 하신 일을 알리니라"

47 "이에 대제사장들과 바리새인들이 공회를 모으고 이르되 이 사람이 많은 표적을 행하니 우리가 어떻게 하겠느냐"

◇"공회를 모으고": 종교 지도자들은 공회를 소집했다. 그들은 예수님의 부활과 생명의 사역도 유월절에 흔히 일어나는 거짓 메시아 사건의 하나로 보았다.

48 "만일 그를 이대로 두면 모든 사람이 그를 믿을 것이요 그리고 로마인들이 와서 우리 땅과 민족을 빼앗아 가리라 하니"

◇"빼앗아 가리라": 예수님을 그대로 두면 모두 그를 믿을 것이고 그렇게 되면 로마 사람들이 와서 우리 성전을 파괴하고 우리 민족을 짓밟을 것이다. 로마인이 정치적 운동으로 오해할 수 있기 때문이다. 대제사장은 어떤 해결책을 제시하는가?

49 "그중의 한 사람 그 해의 대제사장인 가야바가 그들에게 말하되 너희가 아무것도 알지 못하는도다"

50 "한 사람이 백성을 위하여 죽어서 온 민족이 망하지 않게 되는 것이 너희에게 유익한 줄을 생각하지 아니하는도다 하였으니"

◇"한 사람이 백성을 위하여 죽어서 온 민족이 망하지 않게 되는 것이": 그는 "유대 민족이 다치지 않도록 예수님 한 사람을 희생시켜야 한다."라고 주장한다. 예수님을 죽여야 유대인과 온 민족이 망하지 않는다. 유대인과 그 민족이 살아남기 위해서는 예수님을 희생해야 한다. 그는 일종의 정치적 해결책을 제시했다. 그러나 그가 이렇게 말한 데는 무슨 뜻이 있는가?

51 "이 말은 스스로 함이 아니요 그 해의 대제사장이므로 예수께서 그 민족을 위하시고"

◇"스스로 함이 아니요": 그가 비록 이런 의도로 말했다고 하더라도 그의 말에는 예수님의 죽음에 대해 그 자신도 알지 못하는 놀라운 진리가 숨어 있었다. 대제사장은 정치적 의미에서 예수님의 죽음을 말했지만, 여기에는 깊은 신학적 의미가 담겨 있다.

◇"그해의 대제사장이므로 예수께서 그 민족을 위하시고": 가야바는 개인 자격으로 말한 것이 아니라 '그해의 대제사장', 곧 온 백성의 대표자로

서 말했다. 그의 말은 예수님의 죽으심의 의미에 대한 예언이다. 예수님의 '대속의 죽음'을 표현하고 있다. 예수님은 모든 사람을 위한, 그리고 우리를 위한 대속의 죽음을 겪으실 것이다.

52 "또 그 민족만 위할 뿐 아니라 흩어진 하나님의 자녀를 모아 하나가 되게 하기 위하여 죽으실 것을 미리 말함이러라"

◇"하나가 되게 하기 위하여 죽으실 것을 미리 말함이러라": 예수님께서 유대 민족을 위할 뿐 아니라 흩어진 하나님의 자녀를 하나로 모으기 위해 죽으실 것이다. 이것은 예수님께서 선한 목자로서 그의 양을 하나로 모으기 위해서 죽으시는 것을 말한다(10:15-16).

대제사장은 그리스도의 십자가를 통해 세상을 구원하고자 하는 하나님의 지혜를 몰랐다. 그는 하나님의 뜻에 저항했다. 그러나 하나님은 그들의 저항을 역이용하셨다. "하나님의 미련한 것이 인간의 지혜보다 낫다"(고전 2:8). 결국 나사로의 살리심을 통하여 예수님의 죽으심과 부활의 의미를 가르치고 있다. 그러나 그들은 무엇을 하는가?

5. 예수님은 왜 유대인 가운데 드러나게 다니지 않습니까(53-54)? 사람들은 무엇에 관심을 가졌으며, 그 이유는 무엇입니까(55-57)? 그들의 문제는 무엇입니까?

53 "이 날부터는 그들이 예수를 죽이려고 모의하니라"

◇"모의하니라": 그날부터 그들은 예수님을 죽일 음모를 꾸미기 시작했다. 예수님의 죽음의 의미를 모르기 때문이다. 예수님의 죽음이 숨 가쁘고 신속하게 다가오고 있다. 예수님은 죽음 앞에서 어떻게 하시는가?

54 "그러므로 예수께서 다시 유대인 가운데 드러나게 다니지 아니하시고 거기를 떠나 빈 들 가까운 곳인 에브라임이라는 동네에 가서 제자들과 함께

거기 머무르시니라"

55 "유대인의 유월절이 가까우매 많은 사람이 자기를 성결하게 하기 위하여 유월절 전에 시골에서 예루살렘으로 올라갔더니"

◇"성결하게 하기 위하여": 유대인은 유월절에 성전에서 어린양을 희생 제물로 드린다. 그 제물을 통하여 자기 죄를 용서받는다. 그들은 죄를 용서받기 위해서 성전으로 갔다. 그런데 정작 그들은 예수님을 죽이려는 음모를 꾸미고 있다. 그들은 모순된 삶을 살고 있다. 예수님을 모르면, 믿지 않으면 이런 모순된 삶을 살 수밖에 없다.

56 "그들이 예수를 찾으며 성전에 서서 서로 말하되 너희 생각에는 어떠하냐 그가 명절에 오지 아니하겠느냐 하니"

57 "이는 대제사장들과 바리새인들이 누구든지 예수 있는 곳을 알거든 신고하여 잡게 하라 명령하였음이러라"

◇"명령하였음이러라": 종교 지도자들은 예수님을 공개적으로 수배하였다. 예수님을 체포하여 죽이는 것이 그들의 목적이었다. 마치 폭풍 전야의 적막함과 고요함 같다. 그러나 대세는 이미 예수님의 체포와 죽음으로 기울어져 있다.

왜 이런 일이 일어나야 하는가? 그분을 믿는 자에게 부활과 생명을 주기 위해서다. 부활과 생명은 그분을 믿음으로 받는다. 그분의 죽음과 부활을 통해 받는다.

제24강

어린 나귀를 타시다

◇본문 요한복음 12:1-14
◇요절 요한복음 12:14
◇찬송 214장, 216장

1. 언제, 어디에서 예수님을 위한 잔치가 있습니까(1-2)? 그때 마리아는 예수님을 어떻게 섬깁니까(3)? 왜 이렇게까지 할까요?

2. 이를 본 유다는 무엇이라고 말합니까(4-5)? 그 이유가 무엇입니까(6)?

3. 예수님은 마리아의 헌신을 어떤 렌즈로 보십니까(7-8)? 왜 그렇게 보실까요? 큰 무리가 왜 예수님께로 왔습니까(9)? 대제사장들은 왜 나사로까지 죽이고자 합니까(10-11)?

4. 큰 무리는 예수님을 어떻게 환영합니까(12-13)? 그들은 예수님께 어떤 기대를 합니까? 하지만 예수님은 어떻게 오십니까(14)? 예수님은 왜 어린 나귀를 타십니까(15)? 이 예수님이 오늘 우리에게는 어떤 분이십니까?

5. 제자들은 언제 그 의미를 깨닫습니까(16)? 왜 많은 사람이 예수님을 맞이합니까(17-18)? 바리새인들은 무엇을 알았습니까(19)?

제24강

어린 나귀를 타시다

◇본문 요한복음 12:1-14
◇요절 요한복음 12:14
◇찬송 214장, 216장

1. 언제, 어디에서 예수님을 위한 잔치가 있습니까(1-2)? 그때 마리아는 예수님을 어떻게 섬깁니까(3)? 왜 이렇게까지 할까요?

1 "유월절 엿새 전에 예수께서 베다니에 이르시니 이 곳은 예수께서 죽은 자 가운데서 살리신 나사로가 있는 곳이라"

◇"유월절 엿새 전": 유월절에 예수님께 닥칠 일을 예고한다.

◇"나사로가 있는 곳이라": 예수님께서 나사로를 살리신 것은 그 능력을 강조하기보다는 그를 대신한 예수님의 죽음을 전제한 것이다. 따라서 나사로가 살아난 사건은 예수님의 임박한 죽음과 부활로 이어진다.

2 "거기서 예수를 위하여 잔치할새 마르다는 일을 하고 나사로는 예수와 함께 앉은 자 중에 있더라"

3 "마리아는 지극히 비싼 향유 곧 순전한 나드 한 근을 가져다가 예수의 발에 붓고 자기 머리털로 그의 발을 닦으니 향유 냄새가 집에 가득하더라"

◇"지극히 비싼 향유 곧 순전한 나드 한 근": 굉장히 비싼 것이다. 북부 인

도의 산악 지대에서 자라는 나드 식물의 뿌리에서 추출한 향이다.

◇"머리털로 그의 발을 닦으니": 노예가 주인에게 하는 행위이다. 유대 여인은 머리털을 사람이 있는 곳에서는 풀지 않았다. 그 일을 아주 꼴사나운 것으로 여겼다. 하지만 그녀는 그 일을 예수님께 행한다.

◇"머리털", "향유": 단순히 값으로만 비싸다는 것만을 말하는 것은 아니다. 마리아의 삶의 모든 것이라고 할 수 있다. 예수님께 자신의 모든 것, 가장 소중한 것을 드린 것이다. 이것을 '헌신'이라고 부른다.

◇"향유 냄새가 집에 가득하더라": 온 집안이 향유 냄새로 가득 찼다. 그녀의 헌신은 온 집안에 아름다운 향기로 나타났다.

마리아는 왜 그런 일을 했을까? 그녀의 가치관, 혹은 세계관의 전환이 일어났기 때문이다. 나사로의 부활을 기점으로 마리아는 물질과 인격의 가치를 그다지 중요하게 생각하지 않았을 것이다. 생명에 대한 감사의 가치가 물질과 인격의 가치를 넘어서고 있다. 그녀는 죽음에서 생명으로 인도하신 예수님께 감사를 표현한 것이다. 그녀는 정말 비싼 향유조차도 죽음과 생명 앞에서는 하찮은 것으로 여겼다. 죽음과 생명 앞에서 물질의 가치가 길을 비키고 있다. 죽음의 문제를 해결하신 주님 앞에 꾸밈도, 가식도, 자랑도, 칭찬도, 과시도 없는 순수한 신앙 고백적인 행동이다. 죽음에서 생명으로의 역사를 체험하면 삶과 인격과 그 가치관이 완전히 달라질 수밖에 없다. 이런 마리아는 다 드리면서, 가장 소중한 것을 드리면서도 굉장히 기쁘고 행복하다. 그러나 그 일을 이해하지 못한 사람은 누구인가?

2. 이를 본 유다는 무엇이라고 말합니까(4-5)? 그 이유가 무엇입니까(6)?

4 "제자 중 하나로서 예수를 잡아 줄 가룟 유다가 말하되"

5 "이 향유를 어찌하여 삼백 데나리온에 팔아 가난한 자들에게 주지 아니하였느냐 하니"

◇"삼백 데나리온": 당시 6일 노동을 기준으로 했을 때 거의 1년 치 품삯이다. 적은 돈이 아니다.

◇"가난한 자들에게": 그는 향유를 팔아서 가난한 사람에게 줘야 한다는 것이다. 그는 왜 이렇게 말하는가?

6 "이렇게 말함은 가난한 자들을 생각함이 아니요 그는 도둑이라 돈궤를 맡고 거기 넣는 것을 훔쳐 감이러라"

◇"도둑이라": 그가 이렇게 말한 것은 가난한 사람들을 생각해서가 아니라 도둑이었기 때문이다. 그는 향유의 가치에 대해서는 알지만, 그 향유를 붓는 동기는 모른다. 유다에게는 물질의 가치가 생명의 가치보다 중요하다. 물질에 매인 그는 예수님의 죽음에 대해서 알 수가 없다. 물질에 대한 집착이 생명에 대한 감사를 질식시키며 예수님의 말씀을 영접하지 못하게 한다. 이런 일이 예수님의 제자가 아니고 세상 사람이라면 문제가 없을 것이다. 하지만 그가 예수님의 제자이기 때문에 그 심각성이 크다. 예수님의 제자는 세상 가치관과는 달라야 된다. 그러나 예수님은 마리아의 헌신을 어떻게 보시는가?

3. 예수님은 마리아의 헌신을 어떤 렌즈로 보십니까(7-8)? 왜 그렇게 보실까요? 큰 무리가 왜 예수님께로 왔습니까(9)? 대제사장들은 왜 나사로까지 죽이고자 합니까(10-11)?

7 "예수께서 이르시되 그를 가만두어 나의 장례할 날을 위하여 그것을 간직하게 하라"

◇"장례할 날을 위하여": 예수님께서 마리아의 행위를 해석하신다. 예수님은 죽을 때가 된 줄 아시고 이를 준비하기 위해서 베다니로 오셨다. 이곳에서 예수님은 당신의 죽음의 필요성을 암시하셨다. 이 사건을 통해 예

수님의 죽음을 기정사실로 계시하신다. 예수님은 살아 있으나 이미 죽은 사람처럼 발에 기름 부음을 받으셨다. 그녀가 예수님의 발에 기름을 부은 것은 죽음의 길을 가실 예수님을 거룩하게 하는 행위였다. 기름 붓는 행동을 통해서 예수님은 죽임을 당할 것이고 장례를 치를 것을 예언한 것이다. 예수님이 이 사건을 통해서 당신의 죽음을 사람들에게 공개적으로 알리신다. 가난한 사람에 대해서는 어떤 마음을 가져야 하는가?

8 "가난한 자들은 항상 너희와 함께 있거니와 나는 항상 있지 아니하리라 하시니라"

◇"항상 너희와 함께": 가난한 사람은 마음만 먹으면 언제라도 도울 수 있다. 가난한 자를 돕는 것은 예수님께 대한 헌신에서부터 시작해야 한다. 예수님께 헌신하는 사람이 가난한 사람을 진정으로 도울 수 있다.

◇"항상 있지 아니하리라": 예수님은 제자들과 계속해서 함께 하실 수 없다. 물론 육신의 예수님을 말한다. 예수님께서 십자가에서 죽으시고 다시 살아나셔서 하나님의 나라로 가시기 때문이다.

주님께 향유를 부은 마리아는 이제부터 가난한 자를 위해 인생을 부을 수 있다. 주님께 향유를 부을 수 없다면 가난한 자를 위하여 아무것도 부을 수 없다. 예수님께 향유를 붓는 것은 결코 아까운 것이 아니다. 여기서부터 다른 사람을 위하여 인생을 헌신할 수 있기 때문이다. 물론 예수님께 향유를 붓지 않고도 가난한 사람을 도울 수 있다. 하지만 그것은 이것과는 다르다. 큰 무리가 왜 예수님께로 왔는가?

9 "유대인의 큰 무리가 예수께서 여기 계신 줄을 알고 오니 이는 예수만 보기 위함이 아니요 죽은 자 가운데서 살리신 나사로도 보려 함이러라"

◇"나사로도 보려 함이러라": 많은 유대인은 예수님뿐만 아니라 죽었다가 다시 살아난 나사로도 보려고 왔다.

10 "대제사장들이 나사로까지 죽이려고 모의하니"

◇"죽이려고 모의하니": 그러나 대제사장들은 나사로까지 죽일 계획을 세웠다. 그 이유가 무엇인가?

11 "나사로 때문에 많은 유대인이 가서 예수를 믿음이러라"

◇"예수를 믿음이러라": 많은 유대인이 나사로의 살아남을 보고 예수님을 믿는다. 많은 사람이 예수님께로 '가고 있다.' 나사로가 죽은 자 가운데서 살아나 새로운 삶을 허락받은 것과 같이 많은 유대인이 나사로와 같이 '새로운 삶으로 가고 있었다.' 그러나 종교 지도자들은 그런 현실을 받아들이지 못한다. 사람들은 예수님을 어떻게 환영하는가?

4. 큰 무리는 예수님을 어떻게 환영합니까(12-13)? 그들은 예수님께 어떤 기대를 합니까? 하지만 예수님은 어떻게 오십니까(14)? 예수님은 왜 어린 나귀를 타십니까(15)? 이 예수님이 오늘 우리에게는 어떤 분이십니까?

12 "그 이튿날에는 명절에 온 큰 무리가 예수께서 예루살렘으로 오신다는 것을 듣고"

13 "종려나무 가지를 가지고 맞으러 나가 외치되 호산나 찬송하리로다 주의 이름으로 오시는 이 곧 이스라엘의 왕이시여 하더라"

◇"호산나": "구원하소서." "제발 구원하소서."라는 명령형의 강조 형태이다. 이 단어는 인사말과 찬양의 말이 되었다. "여호와여 구하옵나니 이제 구원하소서 여호와여 우리가 구하옵나니 이제 형통하게 하소서"(시 118:25).

◇"주의 이름으로 오시는 이 곧 이스라엘의 왕이시여": "여호와의 이름으로 오시는 이스라엘의 왕은 복이 있도다."

◇"이스라엘의 왕": '주의 이름으로 오시는 이'가 누구인지를 설명한다. 예

수님은 주님의 이름으로, 즉 여호와의 이름으로 오시는 분이다. 여호와 하나님께서 약속하신 그분이다. 구약의 약속을 성취하신 분이다. 그리고 그분은 이스라엘의 왕이시다. 즉 메시아이시다. 그러니까 우리를 구원해 주실 수 있다.

그들은 예수님께 어떤 기대를 하고 있는가? 그들이 기대하는 왕의 이미지는 무엇인가? 그들은 전투적이며 군사적인 무력의 왕을 기대하고 있다. 이러한 성향은 당시의 역사에 짙게 나타났다. 그들은 세상의 변혁은 다수의 무력에 의한다고 생각했다. 큰 무리가 예수님을 '이스라엘의 왕'이라고 부르는 것은 바로 이런 의미이다. 그들은 예수님으로부터 힘을, 사회 변혁의 운동을 기대하고 있었다. 예수님은 이런 기대에 대해서 어떤 태도를 보이시는가?

14 "예수는 한 어린 나귀를 보고 타시니"

15 "이는 기록된 바 시온 딸아 두려워하지 말라 보라 너의 왕이 나귀 새끼를 타고 오신다 함과 같더라"

◇"기록된 바": 성경에 기록된 말씀을 이루는 일이다. 슥 9:9-10을 기초로 인용한 것이다.

◇"나귀 새끼": 어린 나귀는 말(horse)과 대조된다. 말은 권위, 전쟁을 상징한다. '어린 나귀를 타는 것'은 '낮음', '가난', '겸손'의 표시이다. 어린 나귀는 준마처럼 빨리 달릴 수도, 건장한 말처럼 무장을 무겁게 갖출 수도 없다. 전사의 용맹스러움도 없다. 어린 나귀를 탄 이에게서 힘도 세력도 찾을 수 없다.

이 예수님이 오늘 우리에게 주는 의미는 무엇인가? 예수님께서 '어린 나귀를 타셨다.'라는 말은 '이스라엘 왕으로 입성하시는 예수님이 행사할 왕권의 성격'을 반영한다. 예수님은 칼과 총을 가지고 전쟁터에 나가는 왕이 아니라 겸손하게 열방에 평화를 주시는 왕이다. 예수님 앞에는 높은 깃발도 큰 나팔도 앞서지 않고,

그의 뒤에는 용감한 전사도 따르지 않는다. 예수님은 홀로 단지 몇 명의 제자들을 데리고 예루살렘으로 들어가신다. 예수님의 왕권은 전쟁을 통한 멸망이 아니라 십자가를 통해서 열방에게 주는 평화이다.

어린 나귀를 타고 예루살렘에 입성하신 예수님은 마리아의 기름 부음을 통해서 그의 백성을 위한 평화의 왕이시다. 나귀를 타고 이스라엘의 왕으로 입성하신 예수님의 왕권 행사는 그분의 죽음을 통해서 나타날 것이다. 세상 나라는 왕이 살아서 이룬다. 신하는 다 죽어도 왕만은 살아야 한다. 그래야만 그 나라를 이룰 수 있기 때문이다. 그러나 예수님의 나라는 다르다. 왕이 죽어야 신하가 산다.

신명기 17:16-17에서 왕에 대한 기본적인 이미지를 말하고 있다. 예수님은 왕으로 오시지만 사람들이 요구하는 방식의 왕으로 오시지 않는다. 예수님은 사람들이 부르짖는 왕에 대한 찬미에 마음을 빼앗기지 않는다. 예수님의 나라는 십자가의 죽음을 통해서 이루어지는 나라다. '로마의 스토리'와 '하나님의 스토리'의 분명한 대조를 보여준다.

오늘의 교회에서 가장 큰 문제를 말한다면 무엇일까? 십자가 신앙의 부재이다. 즉 겸손과 섬김과 헌신의 부족이다. 대신에 안일과 영광이 깊이 침투한 것이 문제다. 예수님을 믿는다고 해서 세상에서 돈을 많이 벌고 권력으로 출세하는 것은 아니다. 예수님의 나라에서는 세상적 세계관과는 다르기 때문이다. 우리는 십자가를 통한 하나님의 나라를 지켜야 한다.

5. 제자들은 언제 그 의미를 깨닫습니까(16)? 왜 많은 사람이 예수님을 맞이합니까(17-18)? 바리새인들은 무엇을 알았습니까(19)?

16 "제자들은 처음에 이 일을 깨닫지 못하였다가 예수께서 영광을 얻으신 후에야 이것이 예수께 대하여 기록된 것임과 사람들이 예수께 이같이 한 것임이 생각났더라"

◇"영광을 얻으신 후에야": 예수님께서 십자가에서 돌아가시고 살아나신

후를 말한다.

◇"생각났더라": 제자들은 예수님께서 영광을 받으신 후에야 앞에서 말한 진리를 비로소 깨달았다. 예수님께서 나귀를 타고 입성할 때는 그 의미를 이해하지 못했다. 하지만 예수님께서 영광을 받으신 다음에는 구약의 말씀이 예수님에게서 이루어졌음을 깨달았다.

나사로의 사건에 암시된 예수님의 죽음에 관한 진리가 마리아의 기름 부음을 통해 좀 더 분명하게 나타났다. 기름 부음이 나귀를 타고 예루살렘에 입성하신 예수님의 왕권의 성격을 죽음을 통한 왕권의 행사로 규정한다. 그 모든 것은 예수님께서 십자가 사건에서 분명하게 성취된다. 그 점에서 볼 때 십자가를 바르게 영접하면 이런 왕권을 영접할 수 있다. 이 사실을 누가 증언하는가?

17 **"나사로를 무덤에서 불러내어 죽은 자 가운데서 살리실 때에 함께 있던 무리가 증언한지라"**

◇"무리가 증언한지라": 예수님의 평화적인 왕권의 행사가 그분의 죽으심을 통해서만 나타나는 것은 아니다. 부활을 통해서도 이뤄질 것을 암시한다. 예수님께서 나사로를 무덤에서 불러내 실 때 함께 했던 사람들은 그 일을 계속해서 증언하고 있다.

18 **"이에 무리가 예수를 맞음은 이 표적 행하심을 들었음이러라"**

◇"맞음은": 많은 사람이 예수님께서 기적을 행하셨다는 말을 듣고 나와서 예수님을 맞아들였다. 그때 바리새인은 무엇을 알았는가?

19 **"바리새인들이 서로 말하되 볼지어다 너희 하는 일이 쓸데없다 보라 온 세상이 그를 따르는도다 하니라"**

◇"온 세상이 그를 따르는도다": 그들이 예수님을 반대하는 것을 포기하겠다는 뜻이 아니다. 그들도 모르는 역설적인 진리를 담고 있다. 예수님께서 십자가에서 영광을 받으심으로써 일어날 결과를 말하고 있다. 즉 예

수님의 십자가 사건으로 많은 사람이 구원을 받게 될 것을 예고하는 역설적인 진술이다.

오늘 우리는 예수님께 대한 헌신을 어떻게 보고 있는가? 예수님을 어떤 분으로 보고 있는가?

제25강

한 알의 밀

◇본문 요한복음 12:20-50
◇요절 요한복음 12:24
◇찬송 311장, 317장

1. 예배하러 온 사람 중에 누가 있으며, 그들이 예수님을 만나고자 한 데는 무슨 뜻이 있습니까(20-22)? 예수님은 무엇이라고 대답하십니까(23)? 여기에는 무슨 뜻이 있습니까?

2. 예수님은 당신의 죽음을 무엇에 비유하십니까(24)? 예수님의 죽음이 갖는 의미는 무엇입니까? 이 비유를 사람에게는 어떻게 적용할 수 있습니까(25)? 어떻게 자기 생명을 미워할 수 있을까요?

3. 예수님을 섬기려면 어떻게 해야 합니까(26)? 그때 예수님은 어떻게 기도하십니까(27-28)? 하나님께서 어떻게 응답하십니까(29-30)?

4. 예수님의 죽음을 통해서 어떤 두 가지 일이 일어납니까(31-33)? 예수님은 사람들에게 어떤 믿음을 심습니까(34-36)? 사람들은 왜 많은 표적 앞에서도 예수님을 믿지 않았습니까(37-41)?

5. 일부 믿는 자들은 왜 드러내지 못합니까(42-43)? 예수님을 믿는 자는 어떤 은혜를 누리게 됩니까(44-46)? 반면 예수님의 말씀을 듣지 않으면 어떻게 됩니까(47-50)?

제25강

한 알의 밀

◇본문 요한복음 12:20-50
◇요절 요한복음 12:24
◇찬송 311장, 317장

1. 예배하러 온 사람 중에 누가 있으며, 그들이 예수님을 만나고자 한 데는 무슨 뜻이 있습니까(20-22)? 예수님은 무엇이라고 대답하십니까(23)? 여기에는 무슨 뜻이 있습니까?

20 "명절에 예배하러 올라온 사람 중에 헬라인 몇이 있는데"

◇"예배하러": 어떤 헬라인이 유대인의 명절에 예배하러 예루살렘 성전에 왔다.

◇"헬라인": 그들은 하나님을 경외하는 이방인으로서 유대교로 개종한 사람들이다. 구약의 하나님을 믿는 사람들이다. 그들은 아직 예수님을 그리스도로 믿지는 않고 있다. 그들은 무엇을 원하는가?

21 "그들이 갈릴리 벳새다 사람 빌립에게 가서 청하여 이르되 선생이여 우리가 예수를 뵈옵고자 하나이다 하니"

◇"빌립에게 가서": 그들은 이방인이어서 성전의 '이방인의 뜰'을 넘어가지는 못한다. 그래서 빌립에게 도움을 청한다.

◇"예수를 뵈옵고자 하나이다": 그들은 예수님을 만나고자 한다.

22 "빌립이 안드레에게 가서 말하고 안드레와 빌립이 예수께 가서 여쭈니"

◇"안드레와 빌립": 빌립은 안드레에게 가서 말했고, 두 사람이 예수님께 그 말을 전하였다. 아마도 빌립이 흥분하여 그 흥분을 나누기 위해 안드레에게 갔을 것이다.

헬라인은 예수님을 왜 만나려고 했을까? 나사로의 살아남을 들었기 때문이다. 인류의 최대 과제인 죽음을 해결하신 그분을 만나려고 했다. 그들은 당대 철학의 세계를 대표하는 인물이다. 헬라의 세계는 철학의 세계라고 할 수 있다. 또 그들은 수많은 신화의 세계에서 살고 있다. 반면 유대의 세계는 종교적인 세계라고 할 수 있다. 철학의 세계, 혹은 신화의 세계가 종교의 세계인 예수님께로 왔다. "온 세상이 그를 따른다."(19)라는 의미를 구체적으로 보여주는 사건이기도 하다.

지금까지 요한은 유대인 중심으로만 예수님을 증언했다. 예수님께서 유대인 속에서 어떤 일을 하셨는가에 초점을 맞추었다. 그러나 이제부터 헬라인을 등장시켜서 예수님이 온 세상의 그리스도이심을 증언한다. 헬라인의 등장은 예수님 사역의 전환점이다. 예수님의 사역이 유대 세계에서 전 세계로 확산하고 있다. 예수님은 무엇이라고 대답하시는가?

23 "예수께서 대답하여 이르시되 인자가 영광을 얻을 때가 왔도다"

◇"영광을 얻을 때가 왔도다": 예수님께서 마침내 영광을 얻을 때가 왔다. 예수님께서 십자가에서 돌아가실 때가 왔다.

여기에는 무슨 뜻이 있는가? 예수님은 헬라인이 찾아오자 십자가의 죽음을 말씀하셨다. 예수님의 죽음은 유대인만의 죽음이 아니라 헬라인, 즉 온 세상 만민을 위한 것임을 밝히신다. 예수님은 마침내 온 세상 만민을 위해서 십자가에서 돌아가신다. 예수님은 그 죽음을 무엇에 비유하시는가?

2. 예수님은 당신의 죽음을 무엇에 비유하십니까(24)? 예수님의 죽음이

갖는 의미는 무엇입니까? 이 비유를 사람에게는 어떻게 적용할 수 있습니까(25)? 어떻게 자기 생명을 미워할 수 있을까요?

24 "내가 진실로 진실로 너희에게 이르노니 한 알의 밀이 땅에 떨어져 죽지 아니하면 한 알 그대로 있고 죽으면 많은 열매를 맺느니라"

◇"한 알의 밀이 땅에 떨어져 죽지 아니하면": 예수님의 영광은 사람들이 기대하는 것과는 전혀 다른 방식으로 이루어진다. 그것은 '한 알의 밀'의 방식이다. 영광이라는 최종적 목표는 같은데 그것을 이루는 방법은 다르다. 보통의 사람은 '땅에 떨어져 죽지 않고' 이룰 수 있는 그런 방법을 기대한다. 그런데 예수님은 영광의 방법을 땅에 떨어져 죽는 밀알에서 찾으신다. 밀알의 핵심은 땅에 떨어져 죽는 것이다. 예수님의 영광을 이루는 방법은 땅에 떨어져 죽는 것이다. 예수님은 하나님이셨지만 이 땅에 사람의 몸을 입고 오셨다. 그것은 마치 땅에 떨어진 것과 같다. 예수님의 떨어짐은 더는 내려갈 수 없는 가장 낮은 데로의 떨어짐이다. 그런데 그 예수님께서 십자가에서 돌아가신다. 그러면 그 죽음은 어떤 결과를 낳는가?

◇"많은 열매를 맺느니라": 예수님의 죽음은 죽음으로 끝나지 않는다. 일반적으로 죽음은 허무하다. 남는 것이 없기 때문이다. 하지만 예수님의 죽음은 많은 열매를 맺는다. 예수님은 죽음을 전혀 다르게 해석하신다. 예수님은 죽음을 통해서 많은 열매를 맺는다. 그래서 예수님의 죽음은 영광이다. 이 비유를 사람에게는 어떻게 적용할 수 있는가?

25 "자기의 생명을 사랑하는 자는 잃어버릴 것이요 이 세상에서 자기의 생명을 미워하는 자는 영생하도록 보전하리라"

◇"자기의 생명을 사랑하는 자": 자기의 삶 속에서 모든 관심과 우선순위를 자기에게 두는 사람을 말한다. 자기만 잘 먹고 잘살고자 하는 사람이다.

◇"잃어버릴 것이요": 그 사람은 그 생명을 잃어버린다. 생명을 사랑하지만, 그 생명을 잃어버린다. 자기 생명을 아름답게 만들지만 늙어가고, 부를 쌓지만 소유할 것은 없고, 편안함을 추구해도 몸의 기능은 쇠퇴한다. 이 땅에서의 생명을 잃으면 모든 것을 잃는 것이다. 그러나 어떤 사람이 있는가?

◇"미워하는 자": 자기를 포기하는 사람을 말한다. 자신의 성공과 출세에 관심을 멀리하는 사람이다. 어떻게 미워할 수 있는가? 자기의 생명을 미워하는 것은 영생을 사모할 때 가능하다. 영생을 사모하는 사람은 이 땅에서의 생명을 미워할 수 있다. 생명의 가치는 생명을 사랑하지 않을 때 완전히 드러난다. 육식을 좋아하는 사람이 건강을 지키려면 채식을 해야 한다. 건강을 사모하면 자기를 부인하고 채식을 할 수 있다. 역설적 진리이다. 생명을 사랑하지 않는 자에게서 생명은 가장 풍성하고 영광스러운 생명이 된다. 우리가 예수님을 섬기려면 어떻게 해야 하는가?

3. 예수님을 섬기려면 어떻게 해야 합니까(26)? 그때 예수님은 어떻게 기도하십니까(27-28)? 하나님께서 어떻게 응답하십니까(29-30)?

26 "사람이 나를 섬기려면 나를 따르라 나 있는 곳에 나를 섬기는 자도 거기 있으리니 사람이 나를 섬기면 내 아버지께서 그를 귀히 여기시리라"

◇"나를 따르라": 예수님께서 가시는 길을 따라야 한다. 예수님께서 가신 십자가의 길을 가야 한다. 이런 사람에게 주어지는 영광은 무엇인가?

◇"아버지께서 그를 귀히 여기시리라": 예수님을 섬김으로부터 하나님의 존중을 받는 것이 나온다. 그리스도인은 사람에 의하여 멸시를 당하는 중에도 하나님의 존중을 받는다. 예수님의 제자들은 예수님과 함께 있게 되고, 하나님으로부터 존귀함을 받는 영광이 있다. 그때 예수님은 어떻게 기도하시는가?

27 **"지금 내 마음이 괴로우니 무슨 말을 하리요 아버지여 나를 구원하여 이 때를 면하게 하여 주옵소서 그러나 내가 이를 위하여 이 때에 왔나이다"**

◇"무슨 말을 하리요": 예수님은 한 알의 밀알로 돌아가실 것을 말씀하셨다. 하지만 그 일은 참 힘든 일이다. 왜냐하면 육체적으로 엄청난 고통을 겪어야 하기 때문이다.

◇"이 때를 면하게 하여 주옵소서": 예수님은 십자가에서 죽음의 고통을 앞두고 하나님께 구원을 위해 기도하신다.

◇"이를 위하여 이 때에 왔나이다": 그러나 예수님은 그 고통을 감당하고자 하신다.

28 **"아버지여, 아버지의 이름을 영광스럽게 하옵소서 하시니 이에 하늘에서 소리가 나서 이르되 내가 이미 영광스럽게 하였고 또다시 영광스럽게 하리라 하시니"**

◇"아버지의 이름을 영광스럽게 하옵소서": 예수님은 "인자가 영광을 얻을 때가 왔다."(23)라는 말씀을 아버지 영광의 관점에서 보고 기도하셨다. 아들이 영광 받는 것은 아버지가 아들을 통해서 영광 받는 것이다. 이 둘은 서로 같은 것이다. 아버지의 영광을 앞세우는 것은 곧 자기 생명을 미워하는 것이다. 자기 영광을 앞세우는 것은 자기 생명을 사랑하는 것이다.

◇"내가 이미 영광스럽게 하였고 또다시 영광스럽게 하리라": 하나님께서 '이미 그의 이름을 영화롭게 하셨다.'라는 것은 무슨 사건을 염두에 둔 것인가? 나사로를 살린 사건이다. 이 사건을 통해서 하나님은 예수님이 죽었다가 다시 살아날 것을 보여주셨다. 나사로의 사건을 통해서 예수님의 죽으심과 부활을 예고하시면서 동시에 당신의 이름을 영화롭게 하셨다. 그러나 사람들은 어떻게 이해하는가?

29 **"곁에 서서 들은 무리는 천둥이 울었다고도 하며 또 어떤 이들은 천사가 그에게 말하였다고도 하니"**

◇"천둥이 울었다", "천사가 그에게 말하였다": 사람들은 서로 다른 반응을 보인다. 예수님께서 무엇이라고 대답하시는가?

30 **"예수께서 대답하여 이르시되 이 소리가 난 것은 나를 위한 것이 아니요 너희를 위한 것이니라"**

◇"너희를 위한 것이니라": 예수님은 그들의 오해를 바로잡으신다. 사람들은 음성만 듣고 그 음성이 말하는 내용은 이해하지 못했다. 하나님께서 사람들에게 가르치려는 바는 무엇인가?

4. 예수님의 죽음을 통해서 어떤 두 가지 일이 일어납니까(31-33)? 예수님은 사람들에게 어떤 믿음을 심습니까(34-36)? 사람들은 왜 많은 표적 앞에서도 예수님을 믿지 않았습니까(37-41)?

31 **"이제 이 세상에 대한 심판이 이르렀으니 이 세상의 임금이 쫓겨나리라"**

◇"이제": 예수님께서 영광을 받는 십자가의 사건이 임박한 시간이다.

◇"심판이 이르렀다": 이제는 예수님이 높이 들려 영광을 받는 동시에 이 세상의 주관자인 사탄이 축출되는 시간이다.

32 **"내가 땅에서 들리면 모든 사람을 내게로 이끌겠노라 하시니"**

◇"들리면": 예수님께서 십자가에 달려 돌아가심을 뜻한다.

◇"내게로 이끌겠노라": 예수님께서 땅에서 들리면 모든 사람을 이끌어 예수님께로 오게 하신다. 사탄은 예수님의 십자가 죽음으로 말미암아 불신 세상에 대한 지배권을 상실한다. 예수님은 사탄의 손아귀에 잡혀 있던 사람을 그 속박으로부터 해방하신다. 예수님의 십자가 사건과 사탄의 축출이 연결되어 있다.

◇"모든 사람": 예수님께서 이끄시는 사람은 모든 사람이다. 유대인뿐만이

아니라 헬라인도 포함한다. 한 사람, 예수님이 모든 사람을 구원한다. 한 알의 밀로서 자기의 생명을 사랑하지 않고 죽는 예수님의 죽음은 이처럼 놀라운 영향력이 있다. 예수님께서 이 말씀을 하신 목적은 무엇인가?

33 "이렇게 말씀하심은 자기가 어떠한 죽음으로 죽을 것을 보이심이러라"

◇"어떠한 죽음으로": 예수님께서 한 알의 비유로 말씀하심은 당신이 어떻게 죽는지를 보여주기 위해서이다. 그러자 사람들은 예수님에게 무엇을 묻는가?

34 "이에 무리가 대답하되 우리는 율법에서 그리스도가 영원히 계신다 함을 들었거늘 너는 어찌하여 인자가 들려야 하리라 하느냐 이 인자는 누구냐"

◇"영원히 계신다", "들려야 하리라": 그들은 율법에서 그리스도는 영원히 계신다고 들었다. 그런데 예수님은 죽음을 말씀하신다. 도대체 인자, 그리스도는 누구인가? 예수님의 대답은 무엇인가?

35 "예수께서 이르시되 아직 잠시 동안 빛이 너희 중에 있으니 빛이 있을 동안에 다녀 어둠에 붙잡히지 않게 하라 어둠에 다니는 자는 그 가는 곳을 알지 못하느니라"

◇"빛이 있을 동안": 예수님께서 십자가에서 돌아가시기 전을 말한다.

◇"어두움에 다니는 자": 예수님을 믿지 않는 사람을 말한다. 그들은 어둠 속에서 산다. 그러므로 그들은 무엇을 해야 하는가?

36 "너희에게 아직 빛이 있을 동안에 빛을 믿으라 그리하면 빛의 아들이 되리라 예수께서 이 말씀을 하시고 그들을 떠나가서 숨으시니라"

◇"빛을 믿으라": 그들은 그들에게 아직 빛이 있을 때 그 빛을 믿어야 한다. 그러면 그들은 빛의 자녀가 될 것이다.

◇"숨으시니라": 예수님은 '믿으라.'라는 말씀을 마지막으로 하시고 숨으

신다. 예수님은 왜 숨으셨을까? 예수님 자신과 그 말씀을 믿도록 함이다. 그러나 그들은 어떻게 하는가?

37 "이렇게 많은 표적을 그들 앞에서 행하셨으나 그를 믿지 아니하니"

◇"많은 표적": 표적은 예수님을 믿도록 도와주는 역할을 한다. 표적은 믿음을 촉구하는 독촉장이다.

◇"믿지 아니하니": 그러나 그들은 믿지 않았다. 그들이 믿지 않은 데는 무슨 뜻이 있는가?

38 "이는 선지자 이사야의 말씀을 이루려 하심이라 이르되 주여 우리에게서 들은 바를 누가 믿었으며 주의 팔이 누구에게 나타났나이까 하였더라"

◇"이사야의 말씀을 이루려 하심이라": 그들이 많은 표적에도 불구하고 믿지 않는 것은 이사야 말씀을 이루는 일이다.

◇"들은 바": 예수님의 말씀을 말한다.

◇"주의 팔": 예수님의 표적을 말한다. 예수님은 말씀을 가르치고 표적을 행하셨다. 하지만 그들은 예수님께서 행하신 두 가지 사역을 보고도 믿지 않았다. 그들이 믿지 않는 또 다른 이유는 무엇인가?

39 "그들이 능히 믿지 못한 것은 이 때문이니 곧 이사야가 다시 일렀으되"

◇"이사야가 다시 일렀으되": 그들이 믿을 수 없었던 이유를 이사야는 또 이렇게 말하였다.

40 "그들의 눈을 멀게 하시고 그들의 마음을 완고하게 하셨으니 이는 그들로 하여금 눈으로 보고 마음으로 깨닫고 돌이켜 내게 고침을 받지 못하게 하려 함이라 하였음이더라"

◇"눈을 멀게 하시고", "마음을 완고하게": 주님께서 그들의 눈을 멀게 하시고 그들의 마음을 무감각하게 하셨다. 이것은 그들이 눈으로 보고 마

음으로 깨닫고 돌아와서 고침을 받지 못하게 하기 위해서였다.

그들이 믿지 않은 이유는 무엇인가? 하나님께서 그들의 눈을 멀게 하시고 그들의 마음을 강퍅하게 하셨기 때문이다. 그런데 하나님께서 처음부터 그들이 그 말씀을 받아들이지 못하게 하려고 눈을 멀게 한 것은 아니다. 그들이 하나님의 계속된 권고, 곧 회개를 촉구하는 선지자의 말을 듣지 않았기 때문이다. 하나님은 그들의 계속된 불순종에 대한 징벌을 내리신 것이다. 그들의 강퍅함은 하나님의 징벌이다. 이사야가 이렇게 말하는 근거는 무엇인가?

41 "이사야가 이렇게 말한 것은 주의 영광을 보고 주를 가리켜 말한 것이라"

◇"영광을 보고": 이사야는 주님의 영광을 보았기 때문에 예수님을 가리켜 그렇게 말하였다. 그는 예수님께서 십자가에서 돌아가실 것을 내다보았고, 그 의미를 알았다. 그러나 어떤 사람이 있는가?

5. 일부 믿는 자들은 왜 드러내지 못합니까(42-43)? 예수님을 믿는 자는 어떤 은혜를 누리게 됩니까(44-46)? 반면 예수님의 말씀을 듣지 않으면 어떻게 됩니까(47-50)?

42 "그러나 관리 중에도 그를 믿는 자가 많되 바리새인들 때문에 드러나게 말하지 못하니 이는 출교를 당할까 두려워함이라"

◇"믿는 자가 많되": 그러나 지도자들 가운데도 예수님을 믿는 사람이 많았다. 하지만 바리새인들 때문에 공개적으로 말하지 못하였다. 왜냐하면 출교를 당할까 두려워했기 때문이다.

◇"출교": 회당에서 쫓아내는 것을 말한다. 회당에서 쫓겨나면 정상적인 사회생활을 할 수 없다. 생존의 위험을 느낀다. 그들은 이 점을 두려워했다. 그러나 또 다른 문제는 무엇인가?

43 "그들은 사람의 영광을 하나님의 영광보다 더 사랑하였더라"

◇"더 사랑하였더라": 그들은 하나님이 주시는 영광보다 세상의 영광을 더 사랑했다. 그들이 예수님을 믿을 수 없었고 더러 믿었는데도 온전한 신앙으로 도달하지 못한 이유는 하나님의 칭찬보다 사람의 칭찬을 더 좋아했기 때문이다. 그들은 자기 생명을 사랑하는 사람들이다. 자기 생명을 미워하지 못하면 예수님을 믿지 못한다. 믿어도 건강한 신앙생활을 하지 못한다. 예수님을 바르게 믿는 사람은 어떻게 되는가?

44 "예수께서 외쳐 이르시되 나를 믿는 자는 나를 믿는 것이 아니요 나를 보내신 이를 믿는 것이며"

◇"나를 보내신 이를 믿는 것이며": 예수님을 믿는 사람은 그분을 보내신 분, 즉 하나님을 믿는 것이다. 예수님과 하나님은 한 분이시다.

45 "나를 보는 자는 나를 보내신 이를 보는 것이니라"

◇"보는 것이니라": 예수님을 보는 사람은 예수님을 보내신 분, 즉 하나님을 보는 것이다.

46 "나는 빛으로 세상에 왔나니 무릇 나를 믿는 자로 어둠에 거하지 않게 하려 함이로라"

◇"빛으로 세상에 왔나니": 예수님은 빛으로 세상에 오셨다. 따라서 예수님을 믿는 사람은 어둠 속에서 살지 않는다. 예수님은 빛으로 오셨기 때문에 그분을 믿으면 두려움에 시달리지 않는다. 담대함을 갖는다. 자신의 정체를 드러낼 수 있다. 그러나 예수님을 믿지 않으면 어떻게 되는가?

47 "사람이 내 말을 듣고 지키지 아니할지라도 내가 그를 심판하지 아니하노라 내가 온 것은 세상을 심판하려 함이 아니요 세상을 구원하려 함이로라"

◇"세상을 구원하려 함이로라": 예수님은 당신의 말씀을 듣고 지키지 않아

도 그를 심판하지 않으신다. 왜냐하면 예수님은 세상을 심판하려고 온 것이 아니라 세상을 구원하러 오셨기 때문이다. 그들을 누가 언제 심판하는가?

48 "나를 저버리고 내 말을 받지 아니하는 자를 심판할 이가 있으니 곧 내가 한 그 말이 마지막 날에 그를 심판하리라"

◇"심판할 이가 있으니": 예수님을 배척하고 그분의 말씀을 받아들이지 않는 사람을 심판하는 분이 따로 계신다.

◇"내가 한 그 말": 예수님께서 하신 그 말씀이 그들을 심판할 것이다.

◇"마지막 날": 예수님께서 그들을 지금 당장 심판하는 것은 아니다. 마지막 날에 하나님께서 심판하신다. 물론 예수님께서 심판장으로 오셔서 심판하신다. 예수님께서 이렇게 말씀하시는 근거는 무엇인가?

49 "내가 내 자의로 말한 것이 아니요 나를 보내신 아버지께서 내가 말할 것과 이를 것을 친히 명령하여 주셨으니"

◇"아버지께서": 예수님은 당신의 생각대로 말하지 않으신다. 예수님을 보내신 아버지께서 예수님께 직접 명령하신 대로 말씀하신다.

50 "나는 그의 명령이 영생인 줄 아노라 그러므로 내가 이르는 것은 내 아버지께서 내게 말씀하신 그대로니라 하시니라"

◇"그의 명령이 영생인 줄 아노라": 하나님의 말씀, 즉 예수님께서 하신 말씀이 영생이다. 영생은 다른 데 있지 않다. 말씀을 믿으면 영생을 얻는다.

◇"내게 말씀하신 그대로니라": 그러므로 예수님은 무엇이든지 아버지께서 당신께 말씀하신 대로 말씀하신다. 예수님의 말씀은 곧 하나님의 말씀이다.

제26강

서로 사랑하라

◇본문 요한복음 13:1-35
◇요절 요한복음 13:34
◇찬송 218장, 220장

1. 예수님은 자기 사람을 어떻게 사랑하십니까(1)? '끝까지 사랑한다.'라는 말은 무슨 뜻입니까? 마귀는 무슨 짓을 합니까(2)? 그때 예수님은 제자들을 위해서 무엇을 하십니까(3-5)?

2. 베드로는 어떻게 반응합니까(6-8a)? 베드로의 자세가 어떻게 달라집니까(8b-9)? '상관이 없다.'라는 말은 무슨 뜻입니까? 베드로는 왜 발 밖에 씻을 필요가 없습니까(10a)? '목욕한 자', '발만 씻는 자'는 각각 어떤 사람일까요?

3. 제자 중에는 어떤 사람도 있습니까(10b-11)? 예수님께서 제자들의 발을 씻기신 첫 번째 목적은 무엇입니까? 예수님께서 제자들의 발을 씻기신 두 번째 목적은 무엇입니까(12-15)? '서로 발을 씻긴다.'라는 말은 무슨 뜻입니까? 이것을 알고 행하는 자는 어떻게 됩니까(16-17)?

4. 이 말씀과 상관없는 사람은 누구이며, 예수님은 왜 미리 말씀하십니까(18-20)? 제자들의 반응이 어떠합니까(21-25)? 예수님은 유다를 어떻게 감당하십니까(26-30)? 예수님은 무엇을 말씀하십니까(31-32)?

5. 제자들은 왜 예수님이 가는 곳에 올 수 없습니까(33)? 예수님은 제자들에게 어떤 새 계명을 주십니까(34)? '새 계명'의 기준과 내용은 무엇입니까? 서로 사랑하는 것이 왜 제자 됨의 표식입니까(35)?

제26강

서로 사랑하라

◇본문 요한복음 13:1-35
◇요절 요한복음 13:34
◇찬송 218장, 220장

1. 예수님은 자기 사람을 어떻게 사랑하십니까(1)? '끝까지 사랑한다.'라는 말은 무슨 뜻입니까? 마귀는 무슨 짓을 합니까(2)? 그때 예수님은 제자들을 위해서 무엇을 하십니까(3-5)?

1 "유월절 전에 예수께서 자기가 세상을 떠나 아버지께로 돌아가실 때가 이른 줄 아시고 세상에 있는 자기 사람들을 사랑하시되 끝까지 사랑하시니라"

◇"유월절": 이스라엘이 애굽에서 탈출한 사건을 기념하는 날이다. 여호와께서 애굽에 열 가지 재앙 중 마지막 재앙인 '큰아들의 죽음'으로부터 구원받았음을 뜻한다(출 12:3-14). 예수님은 그때 무엇을 아시는가?

◇"세상을 떠나 아버지께로 돌아가실 때가 이른 줄 아시고": 예수님은 이 세상을 떠나 아버지께로 가실 때, 즉 당신의 시간이 다가옴을 아셨다. 그분의 시간은 이 세상을 떠나서 아버지께로 가는 것이다. 즉 십자가에서 돌아가실 때가 왔다. 그때 예수님은 무엇을 하시는가?

◇"자기 사람들": 열두 제자인데, 그들은 하나님께서 택하여 예수님께 맡긴 자들이요(6:37), 예수님의 양들이다(10:29). 지금까지 예수님의 초

점은 유대인에게 있었다. 이제부터는 제자들에게 초점을 맞춘다.

1장-12장은 세상에 하나님의 영광을 계시하는 '표적들의 책'이다. '표적들의 책'의 주제는 '빛이신 예수님께서 세상에 오심'이었다. 그러나 13장부터 예수님은 관심을 제자들에게 두신다. 예수님은 많은 사람이 당신을 믿지 않은 상황에서 열두 제자에게 집중하신다. 13장-21장은 예수님께서 택한 제자들에게 하나님의 영광을 계시하는 '영광의 책'이다. '영광의 책'의 주제는 '예수님께서 세상을 떠나서 하나님께로 돌아가심'이다. 예수님은 그들을 어떻게 사랑하시는가?

◇ "끝까지 사랑하시니라": '끝까지'라는 말은 '죽는 순간까지', '최대로 늘린'이라는 뜻이다. 예수님께서 제자들을 사랑하기 시작하여 이 세상을 떠날 때까지의 사랑을 말한다. 그 사랑은 예수님께서 단순히 제자들의 발을 씻긴 것을 말하는 것이 아니다. 십자가에서 돌아가심, 즉 십자가의 사건을 통해서 그 모습을 드러내는 궁극적인 사랑을 말한다. 단순히 시간적 개념보다는 그 사랑 속에 담긴 질적 사랑, 내용적 사랑을 말한다. '발을 씻기시는 사건'을 통해서 드러난 그분의 사랑은 십자가 죽음을 통해서 성취하실 구속적 사랑을 예고한다. 그때 마귀는 무슨 일을 하는가?

2 "마귀가 벌써 시몬의 아들 가룟 유다의 마음에 예수를 팔려는 생각을 넣었더라"

◇ "마귀": '비방자(slanderer)', '마귀(devil)'를 뜻한다. 하나님의 구속 사역을 방해하거나 하나님의 백성을 유혹하여 죄를 짓도록 한다.

◇ "예수를 팔려는 생각을 넣었더라": 마귀가 가룟 유다의 마음에 예수님을 팔아넘길 생각을 넣었다. 예수님께서 이 세상을 떠나 아버지께로 돌아가시는 것은 행복한 시간만은 아니다. 유다의 배반을 통해서 죽음에 넘겨지기 때문이다. 그때 예수님은 무엇을 하시는가?

3 "저녁 먹는 중 예수는 아버지께서 모든 것을 자기 손에 맡기신 것과 또

자기가 하나님께로부터 오셨다가 하나님께로 돌아가실 것을 아시고"

◇"저녁 먹는 중에": '마지막 식사'인 '최후의 만찬'(마 26:17)을 말하는 것은 아니다. 다른 때로 생각한다.

◇"아시고": 예수님은 두 가지를 아셨다.

◇"자기 손에 맡기신 것": 하나님께서 생명과 심판도 예수님 손에 맡기셨다.

◇"돌아가실 것": 십자가에서 돌아가시는 사건이다. 예수님은 모든 것이 당신이 십자가에서 하시는 일에 달려 있음을 아신다. 이것을 아신 예수님은 무엇을 하시는가? 그분의 십자가 사랑이 가지고 올 결과를 발 씻음을 통해 계시하신다.

4 "저녁 잡수시던 자리에서 일어나 겉옷을 벗고 수건을 가져다가 허리에 두르시고"

5 "이에 대야에 물을 떠서 제자들의 발을 씻으시고 그 두르신 수건으로 닦기를 시작하여"

◇"발을 씻으시고": 예수님은 대야에 물을 떠서 제자들의 발을 씻어 주시고 허리에 두른 수건으로 닦기 시작하셨다. 당시 종이 그런 일을 하였다. 베드로는 어떻게 반응하는가?

2. 베드로는 어떻게 반응합니까(6-8a)? 베드로의 자세가 어떻게 달라집니까(8b-9)? '상관이 없다.'라는 말은 무슨 뜻입니까? 베드로는 왜 발 밖에 씻을 필요가 없습니까(10a)? '목욕한 자', '발만 씻는 자'는 각각 어떤 사람일까요?

6 "시몬 베드로에게 이르시니 베드로가 이르되 주여 주께서 내 발을 씻으시나이까"

◇"주께서 내 발을 씻으시나이까": 예수님께서 제자들의 발을 씻기는 일은

기존 질서를 어기는 것이다. 당시 문화적 관점에서 볼 때 주인이 종의 발을 씻겨주는 것은 결코 있을 수 없었다. 유대인 종조차 상전의 발을 씻길 의무가 없었다. 그 일은 이방인 노예, 그리고 아내와 아이의 몫이었다. 베드로는 제자가 스승의 발을 씻기고 종이 주인의 발을 씻기는 문화적 관습에 따라서 거부했다. 그러나 예수님은 무엇이라고 대답하시는가?

7 "예수께서 대답하여 이르시되 내가 하는 것을 네가 지금은 알지 못하나 이 후에는 알리라"

◇"알리라": 베드로가 지금은 씻김의 영적인 의미를 모른다. 단순히 유대인의 관습적인 행동으로만 이해했다. 그러나 여기에는 단순히 문화적 모습이 아닌 영적인 의미가 담겨 있다. 그 사실을 후에는 알 것이다. 하지만 베드로는 얼마나 완강한가?

8 "베드로가 이르되 내 발을 절대로 씻지 못하시리이다 예수께서 대답하시되 내가 너를 씻어 주지 아니하면 네가 나와 상관이 없느니라"

◇"절대로 씻지 못하시리이다", "상관이 없느니라": 베드로는 완강하게 발 씻음을 거부했다. 그러나 예수님께서 그를 씻어 주지 않으면 아무 상관이 없다.

◇"상관": 유대인 사이에서 유산, 특별히 약속의 땅, 하나님 나라의 분깃을 소유하는 일을 말한다. 따라서 '상관이 없다.'라는 말은 '나와 함께 부분을 공유하지 못한다.'라는 뜻이다. 즉 '하나님의 나라를 상속받지 못한다.' '하나님의 아들딸이 되지 못한다.'라는 뜻이다. 베드로의 자세가 어떻게 달라졌는가?

9 "시몬 베드로가 이르되 주여 내 발뿐 아니라 손과 머리도 씻어 주옵소서"

◇"머리도 씻어 주옵소서": 그는 예수님께로부터 많은 상속을 받고 싶었다. 예수님은 무엇을 말씀하시는가?

10 a "예수께서 이르시되 이미 목욕한 자는 발밖에 씻을 필요가 없느니라 온 몸이 깨끗하니라…"

◇"목욕한 자": 현재 완료 수동태 분사형이다. 스스로 목욕을 한 사람이 아니라 어린아이처럼 씻김을 받은 사람이다. 이미 목욕을 한 사람은 온몸이 깨끗하므로 발만 씻으면 된다.

'목욕한 자', '발만 씻는 자'는 각각 어떤 사람일까? 목욕한 사람은 영적으로 거듭난 사람을 말한다. 거듭난 사람은 목욕의 결과, 즉 씻김을 받음으로써 깨끗하게 된 사람이다. 거듭난 사람은 단번에 씻김을 받아서 몸을 다시 씻김을 받을 필요는 없다. 그런데 거듭났음에도 불구하고 매일 세상과 접촉하여 죄를 짓는다. 그들은 매일 그리스도 십자가의 은혜에 의하여 용서를 받아야 한다. 그 일을 발 씻는 일에 비유한다.

목욕과 발 씻음이 누구를 통해서 이루어지는가? 예수님을 통해서 이루어진다. 거듭남이나 일상의 죄를 용서받는 일도 다 예수님과의 관계성, 즉 '상관'을 통해서 이루어진다. 그 모든 일은 예수님의 십자가를 통해서 이루어진다.

우리는 거듭났음에도 불구하고 일상적인 삶 속에서 죄를 짓는다. 그때도 우리는 십자가를 바라봄으로써 해결 받아야 한다. 우리가 거듭나는 것도 십자가를 통해서, 죄를 용서받는 일도 십자가를 통해서이다. 그리스도의 십자가 사건이 우리가 삶에서 짓는 죄를 깨끗하게 하는 역할을 한다. 그러나 그들 중에는 어떤 사람도 있는가?

3. 제자 중에는 어떤 사람도 있습니까(10b-11)? 예수님께서 제자들의 발을 씻기신 첫 번째 목적은 무엇입니까? 예수님께서 제자들의 발을 씻기신 두 번째 목적은 무엇입니까(12-15)? '서로 발을 씻긴다.'라는 말은 무슨 뜻입니까? 이것을 알고 행하는 자는 어떻게 됩니까(16-17)?

10 b "… 너희가 깨끗하나 다는 아니니라 하시니"

◇"다는 아니니라": 제자 중에 목욕하지 않은 사람이 있다. 거듭나지 못한 사람이 있다. 누구를 말하는가?

11 **"이는 자기를 팔 자가 누구인지 아심이라 그러므로 다는 깨끗하지 아니하다 하시니라"**

◇"자기를 팔 자": 예수님은 자기를 팔 사람이 유다임을 알고 계셨다. 여기서 볼 때 예수님께서 제자들의 발을 씻기신 첫 번째 목적은 무엇인가? 그것은 구원론적 의미이다. 예수님께서 제자들의 발을 씻기신 일은 낮아짐 또는 자기희생의 극치이다. 예수님의 죽음은 인간의 죄를 씻는 것임을 상징적으로 보여준다. 예수님께서 제자들의 발을 씻는 것은 단순히 겸손한 행동을 통해 감동을 주려는 것이 아니다. 제자들을 위해서 당신의 생명을 내려놓음으로써 제자들과 '상관'있게 하려는 사랑이다. 예수님의 대속적 죽음을 보여주신 것이다. 예수님의 죽음은 속죄 제사로서 인간의 죄를 깨끗이 씻어낸다. 그리하여 하나님과 올바른 관계를 회복한다. 예수님께서 제자들의 발을 씻기신 두 번째 목적은 무엇인가?

12 **"그들의 발을 씻으신 후에 옷을 입으시고 다시 앉아 그들에게 이르시되 내가 너희에게 행한 것을 너희가 아느냐"**

◇"아느냐": 예수님은 그들에게 두 번째 메시지를 주고자 하신다.

13 **"너희가 나를 선생이라 또는 주라 하니 너희 말이 옳도다 내가 그러하다"**

14 **"내가 주와 또는 선생이 되어 너희 발을 씻었으니 너희도 서로 발을 씻어 주는 것이 옳으니라"**

◇"너희도 서로 발을 씻어주는 것이 옳으니라": 예수님께서 선생이시고 주님이시다. 그분께서 제자의 발을 씻었다. 그 이유는 무엇인가? 제자가 서로 발을 씻도록 하기 위함이다.

15 "내가 너희에게 행한 것 같이 너희도 행하게 하려 하여 본을 보였노라"

◇"본을 보였노라": 예수님은 제자들이 당신을 따라서 살도록 본을 보이셨다. 예수님께서 제자들의 발을 씻기신 목적은 그들이 서로 발을 씻겨주는 데 있다.

'서로 발을 씻긴다.'라는 말은 무슨 뜻인가? 예수님께서 제자들의 발을 씻기신 사건은 십자가 사건을 통한 정결을 보여주는 구속적인 측면만 있는 것은 아니다. 모범을 강조하는 실천적 측면도 있다. 예수님은 선생님이지만 종처럼 제자들의 발을 씻김으로써 본을 보였다. 그들도 서로를 종처럼 섬겨야 한다. 이것을 '윤리적 모범'이라고 부른다.

예수님의 십자가를 통해서 새롭게 탄생하는 하나님의 백성은 하나님과 올바른 관계를 맺는 동시에 그들 서로도 올바른 관계를 맺어야 한다. 예수님께서 제자들의 발을 씻어 준 것은 사랑의 모범을 몸소 보이신 일이다. 제자들은 예수님의 모범을 따라서 서로 섬겨야 한다. 예수님의 모범을 따라서 서로에게 하는 것이 사랑이다. 예수님의 제자 공동체는 서로 섬김의 도리를 실천하며 살아야 한다. 이렇게 행하는 사람은 어떻게 되는가?

16 "내가 진실로 진실로 너희에게 이르노니 종이 주인보다 크지 못하고 보냄을 받은 자가 보낸 자보다 크지 못하나니"

◇"크지 못하고": 종이 주인보다 높지 못하고 보냄을 받은 사람이 보낸 사람보다 높을 수 없다.

17 "너희가 이것을 알고 행하면 복이 있으리라"

◇"복이 있으리라": 제자들이 이 사실(16절)을 알고 행하면 행복할 것이다. 그러나 이 말씀과 상관없는 사람은 누구인가?

4. 이 말씀과 상관없는 사람은 누구이며, 예수님은 왜 미리 말씀하십니까

(18-20)? 제자들의 반응이 어떠합니까(21-25)? 예수님은 유다를 어떻게 감당하십니까(26-30)? 예수님은 무엇을 말씀하십니까(31-32)?

18 **"내가 너희 모두를 가리켜 말하는 것이 아니니라 나는 내가 택한 자들이 누구인지 앎이라 그러나 내 떡을 먹는 자가 내게 발꿈치를 들었다 한 성경을 응하게 하려는 것이니라"**

◇"모두를 가리켜 말하는 것이 아니니라": 예수님은 이 말씀을 제자 모두에게 하는 것이 아니다. 예수님은 당신이 선택한 그들 하나하나를 잘 알고 있다.

◇"내게 발꿈치를 들었다": 노새가 뒷발질하는 것을 의미한다. 경멸, 배신, 원한을 나타내는 일을 뜻한다. "내 빵을 먹는 사람이 나를 배반하였다."라는 성경 말씀이 이루어질 것이다. 예수님은 이 말씀을 왜 미리 하시는가?

19 **"지금부터 일이 일어나기 전에 미리 너희에게 일러둠은 일이 일어날 때에 내가 그인 줄 너희가 믿게 하려 함이로라"**

◇"믿게 하려 함이로다": 예수님이 하나님이신 줄을 믿도록 하기 위함이다. 배신조차도 예수님을 믿는 데 쓰임 받는다.

20 **"내가 진실로 진실로 너희에게 이르노니 내가 보낸 자를 영접하는 자는 나를 영접하는 것이요 나를 영접하는 자는 나를 보내신 이를 영접하는 것이니라"**

◇"영접하는 것이요": 예수님이 보내는 사람을 영접하는 사람은 예수님을 영접하는 사람이다. 예수님을 영접하는 사람은 예수님을 보내신 분을 영접하는 사람이다. 예수님께서 이 말씀을 하시고 그 마음이 어떠하신가?

21 **"예수께서 이 말씀을 하시고 심령이 괴로워 증언하여 이르시되 내가 진실로 진실로 너희에게 이르노니 너희 중 하나가 나를 팔리라 하시니"**

◇"심령이 괴로워": 배신이 갑작스럽게 일어난 것은 아니다. 그럴지라도

예수님은 배신 때문에 몹시 아파하신다. 이 말씀 앞에서 제자들의 반응은 어떠한가?

22 **"제자들이 서로 보며 누구에게 대하여 말씀하시는지 의심하더라"**

23 **"예수의 제자 중 하나 곧 그가 사랑하시는 자가 예수의 품에 의지하여 누웠는지라"**

◇"그가 사랑하시는 자": 하나님 아버지께서 그의 아들 예수님을 사랑하듯이 예수님도 그 제자를 사랑하신다. 우리는 그를 사도 요한으로 믿는다.

◇"누웠는지라": 예수님께서 유일하게 하나님 아버지의 품에 기대어 누워 있었듯이(1:18) 예수님의 사랑을 받는 제자 요한은 예수님의 품에 기대어 누워 있었다.

24 **"시몬 베드로가 머릿짓을 하여 말하되 말씀하신 자가 누구인지 말하라 하니"**

25 **"그가 예수의 가슴에 그대로 의지하여 말하되 주여 누구니이까"**

◇"주여 누구니이까": 그가 예수님의 품에 기댄 채로 물었다. "주님, 그가 누구입니까?" 아버지의 품 안에 있는 예수님이 세상에 아버지를 계시하셨다. 이처럼 그분의 품속에 있는 제자는 예수님의 뜻을 동료에게 알려주려고 한다. 예수님께서 하나님의 완전한 계시자로 역할을 하는 것과 같이, 그 제자는 예수님의 완전한 계시자 역할을 하고 있다. 하나님과 예수님이 가장 이상적이고 완전한 교제의 관계에 있듯이 예수님과 그 사랑하는 제자와의 관계 역시 이상적이다.

26 **"예수께서 대답하시되 내가 떡 한 조각을 적셔다 주는 자가 그니라 하시고 곧 한 조각을 적셔서 가룟 시몬의 아들 유다에게 주시니"**

◇"유다에게 주시니": 예수님은 빵 한 조각을 찍어다가 유다에게 주셨다.

27 "조각을 받은 후 곧 사탄이 그 속에 들어간지라 이에 예수께서 유다에게 이르시되 네가 하는 일을 속히 하라 하시니"

◇"사탄이 그 속에 들어간지라": 그 이전까지는 사탄이 단지 그의 마음에 예수님을 팔 생각을 넣어주었다. 그러나 이제는 유다의 마음으로 직접 들어갔다. 이제부터 유다가 하는 일은 자기 일이 아니라 사탄의 일이다. 자기의 생각을 굽힐 줄 모르는 유다를 사탄이 사로잡은 것은 놀라운 일이 아니다. 유다는 회개하려면 할 수 있는 기회가 있었다. 그러나 그 기회마저도 사라졌다.

◇"속히 하라": 예수님은 악을 허용하신다. 여호와는 에덴동산에서 하와가 '선악을 알게 하는 나무의 열매'를 따먹도록 허용하셨다. 성령님은 오늘도 악을 행하는 일을 막으시기도 하지만 허용도 하신다.

28 "이 말씀을 무슨 뜻으로 하셨는지 그 앉은 자 중에 아는 자가 없고"

◇"아는 자가 없고": 제자들은 서로에 대해서 관계성이 약하다. 서로에게 관심과 사랑이 부족하다. 그들은 유다에 대해서 잘 모르고 있다.

29 "어떤 이들은 유다가 돈궤를 맡았으므로 명절에 우리가 쓸 물건을 사라 하시는지 혹은 가난한 자들에게 무엇을 주라 하시는 줄로 생각하더라"

30 "유다가 그 조각을 받고 곧 나가니 밤이러라"

◇"곧 나가니": 유다는 예수님의 마지막 경고를 거부했다. 그는 다른 제자들과 똑같이 예수님의 말씀을 배우고 그분의 삶을 보았다. 하지만 그는 예수님을 믿지 않았다. 예수님께서 그토록 오랫동안 호소하셨음에도 불구하고 그는 자기 길로 갔다. "하늘나라의 문 바로 앞에는 지옥으로 가는 길이 있다."

◇"밤이러라": 실제로 밤이었다. 동시에 예수님께서 "조금만 있으면 낮이 지나고 어둠이 온다."라고 하신 말씀이 이루어졌다(9:4). 그 밤의 시간

은, 사탄이 다스리며 강력하게 역사한다. 어둠의 관점에서 보면 예수님은 사탄에 의해서 죽임을 당하신다. 그리고 그 기간은 밤이다. 그러나 예수님은 '그 밤'을 어떻게 보시는가?

31 "그가 나간 후에 예수께서 이르시되 지금 인자가 영광을 받았고 하나님도 인자로 말미암아 영광을 받으셨도다"

◇"영광을 받았고": 예수님은 그 밤을 영광으로 보신다. 그 밤은 예수님께서 영광을 받으시는 시간이다. 사탄은 어둠의 세력이고 밤에 속한 세력이다. 반면 예수님은 빛이시다. 따라서 어둠이 빛을 삼킬 수 없다. 오히려 빛이 어둠을 몰아낸다. 예수님이 십자가 죽음에 넘겨지는 바로 그 시간이 예수님께서 영광 받을 시간이다.

◇"영광을 받으셨도다": 십자가에 달린 예수님을 통하여 하나님이 영광을 받으신다. 예수님께서 하나님의 본질을 드러내어 사람이 하나님을 하나님으로 인정하고 그분께 예배와 찬송하도록 하신다.

32 "만일 하나님이 그로 말미암아 영광을 받으셨으면 하나님도 자기로 말미암아 그에게 영광을 주시리니 곧 주시리라"

◇"영광을 주시리니": 예수님의 십자가 사건이 곧 아버지께서 그의 아들을 영화롭게 하는 사건이다. 예수님께서 십자가에서 하나님의 본질을 드러내는 것은 동시에 자신의 본질을 드러내는 것이다. 예수님은 하나님을 드러냄으로써 당신이 하나님의 계시자임을 밝히신다.

5. 제자들은 왜 예수님이 가는 곳에 올 수 없습니까(33)? 예수님은 제자들에게 어떤 새 계명을 주십니까(34)? '새 계명'의 기준과 내용은 무엇입니까? 서로 사랑하는 것이 왜 제자 됨의 표식입니까(35)?

33 "작은 자들아 내가 아직 잠시 너희와 함께 있겠노라 너희가 나를 찾을 것

이나 일찍이 내가 유대인들에게 너희는 내가 가는 곳에 올 수 없다고 말한 것과 같이 지금 너희에게도 이르노라"

◇"내가 가는 곳에 올 수 없다": 예수님이 가는 곳에 제자들은 올 수 없다. 왜냐하면 그곳은 예수님께서 십자가에서 돌아가시는 곳이기 때문이다. 예수님의 영광스러운 죽음에 제자들은 참여할 수 없다. 예수님은 제자들에게 무엇을 주시는가?

34 "새 계명을 너희에게 주노니 서로 사랑하라 내가 너희를 사랑한 것 같이 너희도 서로 사랑하라"

◇"새 계명": '옛 계명'과 대조한다. 옛 계명은 십계명을 중심으로 하는데, 예수님은 그것을 '하나님 사랑과 이웃 사랑'으로 정의하셨다(마 22:37-39). 새 계명은 예수님의 십자가 사랑으로 새롭게 탄생하는 하나님 백성의 공동체의 특징을 묘사한다. 예수님의 제자들로 이루어진 공동체는 사랑의 새 계명에 기초해야 한다. 새 공동체, 새 계명의 개념이다. 구약의 옛 공동체, 옛 계명과 대조한다.

◇"내가 너희를 사랑한 것 같이": 이 말씀은 사랑의 기초와 기준이다. 사랑의 기초는 예수님이 제자들을 사랑하신 것이다. 제자들을 향한 예수님 사랑의 극치는 십자가의 죽음을 통해 보일 것이다. 그들의 발 씻김으로 그 사랑을 예비적으로 보이셨다.

◇"서로 사랑하라": 이 말씀은 사랑의 내용이다. 제자들은 서로 사랑해야 한다.

그것은 무슨 뜻인가? 예수님께서 그들에게 보여주신 종과 같은 섬김의 자세로 서로를 섬기는 것을 말한다. 서로 섬기는 기준이 예수님께서 그들을 섬겨주신 기준이다. 예수님께서 그들의 발을 씻어 주신 것처럼 그들도 서로의 발을 씻어줘야 한다. 예수님께서 그들을 사랑하신 것처럼 그들도 서로를 사랑해야 한다. 예수님은 그들을 사랑하시되 처음부터 끝까지 사랑하셨다. 예수님은 당신의 목숨을 내어

주기까지 그들을 사랑하셨다. 이런 사랑으로 제자들은 서로를 사랑해야 한다. 이런 사랑을 실천하는 곳이 제자 공동체이다. 교회 공동체이다. 이렇게 사랑하는 것이 왜 제자 됨의 표식인가?

35 "너희가 서로 사랑하면 이로써 모든 사람이 너희가 내 제자인 줄 알리라"

◇"내 제자인 줄 알리라": 제자들이 서로 사랑하면 세상 사람은 그들을 예수님의 제자로 인정할 것이다. 제자들이 서로 사랑하지 않으면 제자로 인정받지 못한다.

교회 공동체의 상징은 무엇인가? 십자가이다. 십자가의 의미는 무엇인가? 우리를 향한 예수님의 사랑이다. 그러나 우리는 예수님의 사랑으로만 그쳐서는 안 된다. 즉 그 사랑이 제자들 안에서 나타나야 한다. 그것은 서로 사랑하는 것이다. 제자 됨의 표식이 서로를 향한 사랑이다. 세상을 향한 사랑, 혹은 예수님을 향한 사랑만이 아니라 제자들끼리의 사랑이 교회의 표시이다.

교회 건물의 크기가 교회 공동체를 상징하는 것이 아니다. 우리가 얼마나 자주 교회에 출석하느냐가 공동체의 특징이 아니다. 서로를 사랑하는 일이다. "성도는 서로를 사랑하지 못하는 것만큼 세상 사람은 예수님을 믿지 않는다. 성도가 서로를 사랑하는 것만큼 세상 사람은 예수님을 믿는다."

제27강

길

◇본문 요한복음 13:36-14:14
◇요절 요한복음 14:6
◇찬송 380장, 524장

1. 예수님은 베드로의 질문에 어떻게 대답하십니까(13:36)? 주님을 위한 베드로의 마음은 어떠합니까(37)? 하지만 그런 그는 어떻게 됩니까(38)?

2. 예수님은 제자들에게 무엇을 말씀하십니까(14:1a)? 그들은 왜 근심할까요? 그들이 근심을 이기려면 어떻게 해야 합니까(14:1b)? '예수님을 믿는다.'라는 말은 어떻게 하는 것일까요?

3. 예수님은 왜 아버지께로 가십니까(2)? '아버지 집', '거할 곳이 많다.'라는 말은 무슨 뜻입니까? 예수님은 거처를 예비한 후 어떻게 하십니까(3)? '다시 오신다.'라는 말은 무슨 뜻입니까? 이 말씀이 근심하는 제자들에게 주는 의미는 무엇입니까?

4. 예수님은 제자들이 무엇을 알고 있다고 생각합니까(4)? 도마의 반응은 어떠합니까(5)? 예수님은 누구십니까(6)? '길과 진리, 생명'이라는 말은 무슨 뜻입니까? 이 예수님이 오늘 우리에게는 어떤 분입니까?

5. 제자들이 예수님을 알면 결국 누구도 알게 됩니까(7)? 어떻게 알 수 있습니까(8-11)? 예수님을 믿는 자는 어떤 일도 합니까(12-14)? 어떻게 그런 일을 할 수 있습니까?

제27강
길

◇본문 요한복음 13:36-14:14
◇요절 요한복음 14:6
◇찬송 380장, 524장

1. 예수님은 베드로의 질문에 어떻게 대답하십니까(13:36)? 주님을 위한 베드로의 마음은 어떠합니까(37)? 하지만 그런 그는 어떻게 됩니까(38)?

36 "시몬 베드로가 이르되 주여 어디로 가시나이까 예수께서 대답하시되 내가 가는 곳에 네가 지금은 따라올 수 없으나 후에는 따라오리라"

◇"어디로 가시나이까": 베드로는 '사랑'에 대한 예수님의 말씀에는 관심을 두지 않았다. 그는 주님이 떠나신다는 사실에 더 관심이 있었다.

◇"따라올 수 없으나": 지금 베드로는 예수님이 가시는 그 길을 따라갈 수 없다. 왜냐하면 예수님께서 가시는 길은 양의 구원을 위한 십자가 대속의 길이기 때문이다. 양의 생명을 위해서 돌아가시는 길이기 때문이다.

◇"후에는 따라오리라": 하지만 후에는 베드로도 그 길을 따라갈 수 있다. 그는 예수님처럼 양을 위해서 희생의 길을 갈 수 있다. 그러나 주님을 위한 그의 마음은 어떠한가?

37 "베드로가 이르되 주여 내가 지금은 어찌하여 따라갈 수 없나이까 주를

위하여 내 목숨을 버리겠나이다"

◇"내 목숨을 버리겠나이다": 예수님을 향한 베드로의 충성심이 돋보인다. 자신에 대한 확신이 넘친다. 하지만 지금은 예수님을 위해 자신의 목숨을 내놓지 못한다.

38 "예수께서 대답하시되 네가 나를 위하여 네 목숨을 버리겠느냐 내가 진실로 진실로 네게 이르노니 닭 울기 전에 네가 세 번 나를 부인하리라"

◇"세 번 나를 부인하리라": 예수님은 베드로의 의지와는 반대되는 일에 대해서 말씀하신다. 그는 아직 자신의 연약함에 대해서 알지 못한다. 반면 예수님은 인간의 연약함을 위해서 십자가에서 대속의 죽음을 맞이하신다. 예수님은 제자에게 무엇을 말씀하시는가?

2. 예수님은 제자들에게 무엇을 말씀하십니까(14:1a)? 그들은 왜 근심할까요? 그들이 근심을 이기려면 어떻게 해야 합니까(14:1b)? '예수님을 믿는다.'라는 말은 어떻게 하는 것일까요?

1 "너희는 마음에 근심하지 말라 하나님을 믿으니 또 나를 믿으라"

◇"마음에 근심하지 말라": 제자들은 왜 근심하는가? 첫째로, 예수님께서 제자들이 따라갈 수 없는 곳으로 가신다고 했기 때문이다(13:36). 예수님은 그들에게 자신을 따르는 일에 그들의 삶 전체를 투자하라고 요청하셨다. 그들은 그분의 요구에 따르는 헌신을 했다. 그런 그들에게 예수님 없는 미래란 그러한 기대를 산산이 부숴버리는 것이다. 제자들은 지금 일종의 '분리 불안 장애(Separation Anxiety Disorder)'를 겪고 있다. 둘째로, 예수님께서 베드로가 부인할 것을 말씀하셨기 때문이다(13:38). 가룟 유다가 배반한다는 것도 감당하기 힘든 일이었다. 그런데 다른 사람도 아닌 베드로의 부인에 대해서 말씀하신다. 배반의 원인

은 박해나 시험으로 생각할 수 있다. 베드로조차 시험을 견디지 못해서 배반한다면 다른 제자들은 무슨 소망이 있겠는가? 그런 그들에게 주님은 무엇이라고 말씀하시는가?

◇"나를 믿으라": 하나님께 대한 믿음은 예수님께 대한 믿음으로 이어진다. '예수님을 믿는다.'라는 말은 무슨 뜻인가? 예수님께서 지금까지 그들을 인도하고 보호하신 것처럼 계속해서 그렇게 하심을 믿는 것이다. 예수님이 비록 그들 곁을 떠나실지라도 그들과 변함없이 함께하심을 믿는 것이다. 근심에 대한 해답은 믿음뿐이다. 존재에 대한 불안, 미래에 대한 불안은 믿음으로만 해결할 수 있다. 믿음과 불안은 반비례한다. 믿음이 있으면 불안이 없어지고 믿음이 없으면 불안이 지배한다. 제자들은 구체적으로 어떤 믿음을 가져야 하는가?

3. 예수님은 왜 아버지께로 가십니까(2)? '아버지 집', '거할 곳이 많다.'라는 말은 무슨 뜻입니까? 예수님은 거처를 예비한 후 어떻게 하십니까(3)? '다시 오신다.'라는 말은 무슨 뜻입니까? 이 말씀이 근심하는 제자들에게 주는 의미는 무엇입니까?

2 "내 아버지 집에 거할 곳이 많도다 그렇지 않으면 너희에게 일렀으리라 내가 너희를 위하여 거처를 예비하러 가노니"

◇"집"(οἰκία, *oikia*): '주거(dwelling)', '집(house)'을 뜻한다. 단수형이다.

◇"아버지 집": '영적인 집', '하나님의 성전'(2:16)을 말한다. '아버지 집'은 아버지 하나님이 계신 곳이다. 단순히 '천국' '천당'을 말하는 것만은 아니다. 성전을 말한다. 예수님께서 십자가에서 돌아가셔서 이루어질 하나님의 '성전'에 엄청난 변화가 있음을 예고한 것이다. 예수님은 성전을 깨끗하게 하시면서 당신의 죽음과 부활을 통한 새로운 성전 시대가 올 것을 예고하셨다(2:19-21).

◇"거할 곳"(μονη, *mone:*): '머무름(staying)', '거주지(dwelling-place)', '방(room)'을 뜻한다. 복수형이다.

◇"거처를 예비하러 가노니": 예수님께서 제자들에게 '하나님과 교제의 자리'를 마련하기 위해서 가신다.

'거할 곳들'은 무엇을 말하는가? 일반적으로 '천국에 많은 저택이 있다.'라고 이해해 왔다. 그런데 자연스러운 의미는 장소적 '거처'이다. 또 하나님과의 '교제'를 의미한다. 23절에서는 그 의미가 분명하다. 여기서 '거처'는 건물로서의 거처가 아니라 '사람'으로서의 거처이다. 하나님과 아들이 사람 속에 함께 머무는 것을 말한다. 사람이 하나님의 거처임을 말한다. 이것은 예수님의 십자가 사건으로 이루어질 일이다. 예수님께서 아버지께로 가심으로 성도가 하나님의 거처가 된다. 성령님이 오셔서 영원히 그들과 함께하신다. 23절은 개별적으로 한 인격적인 거처를 말한다면, 2절은 하나님의 새로운 성전 안에 많은 거처가 있음을 말한다.

오늘 우리에게 주는 의미는 무엇인가? 전통적으로 '하나님의 집'은 하나님의 거처인 '하늘나라'를 지칭한다고 생각했다. 그렇지만 하나님의 거처로 불리는 성전은 교회 공동체와 일치할 뿐만 아니라, 하늘나라와도 일치한다. 따라서 '아버지의 집'은 하나님께서 거하시는 성전의 성취인 그리스도 몸으로서의 교회 공동체를 의미한다. 성전의 원형인 하늘나라를 의미한다. 즉 하나님의 거처로서의 하나님 나라를 기본적으로 말하면서 동시에 그것과 연결된 개념인 교회 공동체를 말한다. 예수님은 거처를 준비하신 후에는 무엇을 하시는가?

3 "가서 너희를 위하여 거처를 예비하면 내가 다시 와서 너희를 내게로 영접하여 나 있는 곳에 너희도 있게 하리라"

◇"내가 다시 와서": 예수님께서 십자가에서 돌아가신 후에 다시 살아나신 사건을 말하지 않는다. 예수님께서 재림하신다는 말도 아니다. 승천하신 예수님께서 성령님으로 다시 오심을 의미한다. 오셔서 무엇을 하시는가?

◇"나 있는 곳에 너희도 있게 하리라": 성령님께서 오셔서 제자들을 당신

의 거처 삼으신다. 그리고 그들과 함께 계신다. 그래서 예수님은 당신이 떠나시고 성령님의 오심이 제자들에게 유익이라고 말씀하셨다(16:7). 만일 예수님께서 먼 장래에 있을 재림을 말씀하신다면, 예수님께서 떠나심으로 근심하는 제자들에게 진정한 위로를 주지 못한다. 성령님으로 오시면 제자들이 그 교제의 장소에서 하나님과 교통하기 때문에 장래 문제에 대해서 불안해하지 않는다. 따라서 예수님은 제자들이 무엇을 안다고 생각하셨는가?

4. 예수님은 제자들이 무엇을 알고 있다고 생각합니까(4)? 도마의 반응은 어떠합니까(5)? 예수님은 누구십니까(6)? '길과 진리, 생명'이라는 말은 무슨 뜻입니까? 이 예수님이 오늘 우리에게는 어떤 분입니까?

4 "내가 어디로 가는지 그 길을 너희가 아느니라"

◇"그 길을 너희가 아느니라": 여기서 초점은 '장소'에 있는 것이 아니라, '아버지께로 간다.'라는 사실에 있다. 예수님은 앞에서 어디론가 가신다고 하셨다. 그리고 제자들은 따라올 수 없다고 하셨다. 그래서 제자들은 근심했다. 예수님이 아버지께로 가는 길에 제자들이 따라갈 수 없는 이유는 그분이 가시는 곳의 장소 때문이 아니다. 아버지께로 가시는 사건의 독특한 성격 때문이다. 예수님은 제자들이 가는 곳도 알고 그 길도 알 것으로 생각했다. 예수님은 제자들이 십자가에서 돌아가시는 그 성격과 의미를 다 알고 있다고 생각했다. 그래서 근심하지 말라고 말씀하신다. 하지만 제자들의 반응은 어떠한가?

5 "도마가 이르되 주여 주께서 어디로 가시는지 우리가 알지 못하거늘 그 길을 어찌 알겠사옵나이까"

◇"그 길을 어찌 알겠사옵나이까": 제자들은 예수님이 가시는 목적지를 모

른다. 따라서 그 길을 모르는 것은 당연하다. 제자들은 예수님께서 가시는 물리적인 장소에만 초점을 두었다. 그러다 보니 그 돌아가심의 의미와 목적을 깨닫지 못한다. 예수님은 무엇을 가르치시는가?

6 "예수께서 이르시되 내가 곧 길이요 진리요 생명이니 나로 말미암지 않고는 아버지께로 올 자가 없느니라"

◇"내가": "나는 …이다."라는 선언이다. 도마의 질문에 대한 예수님의 답변은 물리적 장소가 아니라, 인격적 장소로서 당신의 정체에 관한 것이다. 즉 돌아가심의 의미와 목적을 가르쳐 준다.

◇"길": 예수님이 양의 문이신 사실을 상기시킨다(10:7). 예수님께서 길이라는 것은 인간을 하나님께로 이끄시는 중보 역할에서 알 수 있다. 예수님은 십자가와 부활을 통해 당신이 하나님께로 가신다. 이로써 사람을 하나님께로 이끄시는 길이 되신다. 예수님은 많은 길들 중 하나가 아니라 유일한 길이다(행 4:12).

◇"진리": '가려져 있지 않음', 즉 '실체'를 뜻한다. 아버지 하나님을 가장 명확하게 계시하시는 예수님을 말한다(1:18). 사람을 죄로부터 자유롭게 하는 진리이신 예수님을 말한다(8:32, 36).

◇"생명": 자신 속에 생명을 가지고 계신 예수님(1:4), 원하는 자에게 생명을 주시는 예수님(5:21)을 말한다.

◇"나로 말미암지 않고는": 길이요 진리요 생명이신 예수님만이 사람을 하나님께로 이끄신다. 하나님께로 가는 길은 오직 예수님뿐이다. 다른 길은 없다. 하나님을 아는 유일한 진리, 하나님을 계시하는 유일한 실체이시다. 영생을 유일하게 제공하는 그분이시다. 예수님의 정체와 사명을 한 문장으로 요약하고 있다.

오늘 우리에게 주는 의미는 무엇인가? 종교 다원주의와 혼합주의가 만연하고 있는 요즈음 이러한 주장이 결코 인기를 얻지 못할 것이다. 그러나 예수님의 죽음이 의미하는 바는 바로 그것이다. 그리스도의 구원 배타성은 바로 그분만이 가지시는 독특함이다. 그 믿음을 잘 지키며 잘 전할 수 있어야 한다. 세상은 변해도 죄인인 인간은 변하지 않는다. 그리고 그 죄인을 구원할 복음도 변하지 않는다. 그분도 변하지 않는다. 그분을 알면 누구도 아는가?

5. 제자들이 예수님을 알면 결국 누구도 알게 됩니까(7)? 어떻게 알 수 있습니까(8-11)? 예수님을 믿는 자는 어떤 일도 합니까(12-14)? 어떻게 그런 일을 할 수 있습니까?

7 "너희가 나를 알았더라면 내 아버지도 알았으리로다 이제부터는 너희가 그를 알았고 또 보았느니라"

◇"나를 알았더라면 내 아버지도 알았으리로다": 예수님은 아버지 하나님을 가장 완전하게 드러내신다. 그러므로 예수님을 알면 하나님을 알게 된다. 예수님을 알지 않고는 하나님을 알 수 없다.

◇"그를 알았고 또 보았느니라": 제자들은 이제부터 하나님을 알고 본다. 왜냐하면 예수님을 알고 보기 때문이다. 그러나 그들의 실상은 어떠한가?

8 "빌립이 이르되 주여 아버지를 우리에게 보여 주옵소서 그리하면 족하겠나이다"

◇"아버지를 우리에게 보여 주옵소서": 빌립은 답답하다. 그는 예수님과 하나님을 따로 생각하고 있기 때문이다. 예수님을 하나님으로 알지 못하기 때문이다.

9 "예수께서 이르시되 빌립아 내가 이렇게 오래 너희와 함께 있으되 네가 나를 알지 못하느냐 나를 본 자는 아버지를 보았거늘 어찌하여 아버지를 보이라 하느냐"

◇"나를 본 자는 아버지를 보았거늘": 예수님께서 아버지의 완전한 계시자

이기 때문에 예수님을 보는 것이 아버지를 보는 것이다. 하나님을 보고자 하면 예수님을 보면 된다. 예수님을 보는 자는 하나님을 보게 된다.

10 "내가 아버지 안에 거하고 아버지는 내 안에 계신 것을 네가 믿지 아니하느냐 내가 너희에게 이르는 말은 스스로 하는 것이 아니라 아버지께서 내 안에 계셔서 그의 일을 하시는 것이라"

◇"내가 아버지 안에 거하고 아버지는 내 안에": 아들은 아버지 안에, 아버지는 아들 안에 계신다. 예수님을 보는 자는 그 안에 계신 아버지를 보고, 아버지를 보는 자는 그 안에 계신 아들을 본다. 어떻게 볼 수 있는가?

◇"네가 믿지 아니하느냐": 믿음으로 알고 믿음으로 본다. 그 믿음은 예수님의 말씀을 통해서 생긴다. 그러므로 예수님의 말씀을 믿어야 한다.

◇"스스로 하는 것이 아니라": 예수님께서 하시는 말씀이 곧 아버지의 말씀이다. 그리고 그 속에 계시는 아버지가 예수님 속에서 일하신다.

11 "내가 아버지 안에 거하고 아버지께서 내 안에 계심을 믿으라 그렇지 못하겠거든 행하는 그 일로 말미암아 나를 믿으라"

◇"믿으라": 예수님과 아버지는 한 분이시다. 이에 대한 믿음을 가져야 한다. 그 믿음을 어떻게 가질 수 있는가?

◇"행하는 그 일로 말미암아": 예수님의 말씀이 안 믿어지면 예수님께서 하신 일을 통해서 믿을 수 있다. 예수님께서 표적들을 행하신 것은 우리에게 믿음을 갖도록 하신 것이다. 우리가 믿음을 가지려고 한다면 그 증거들은 얼마든지 있다. 예수님을 믿는 자는 어떤 일도 할 수 있는가?

12 "내가 진실로 진실로 너희에게 이르노니 나를 믿는 자는 내가 하는 일을 그도 할 것이요 또한 그보다 큰일도 하리니 이는 내가 아버지께로 감이라"

◇"그보다 큰일도 하리니": 예수님을 믿는 자의 일과 예수님의 일을 설명한다. 예수님을 믿는 자는 예수님이 하시는 일을 할 뿐만 아니라 그보다

큰일도 할 수 있다. 믿음은 예수님을 보게 하고 하나님을 보게 한다. 더 나아가 큰일도 하게 한다.

◇"큰일": 제자들이 예수님보다 질적으로 더 가치 있는 일을 할 것이라는 말은 아니다. 제자들은 질적으로는 똑같은 일이지만 일의 범위에서 예수님이 하신 일보다 큰일을 할 수 있다. 어떻게 제자들이 예수님보다 큰 일을 할 수 있는가?

◇"내가 아버지께로 감이니라": 예수님께서 십자가에서 돌아가시고 부활하신 후에 승천하신다. 그러면 성령님께서 제자들에게 오신다. 그들은 성령님의 능력으로 일하기 때문에 큰일을 할 수 있다. 어떻게 큰일을 할 수 있는가?

13 "너희가 내 이름으로 무엇을 구하든지 내가 행하리니 이는 아버지로 하여금 아들로 말미암아 영광을 받으시게 하려 함이라"

◇"내 이름으로 무엇을 구하든지": 예수님이 하나님께로 가심으로 그 제자들이 누리는 특권 중 하나가 기도다. 주님께서는 가시면서 제자들에게 기도라는 막강한 무기를 주셨다.

◇"내가 시행하리라": 기도에 대한 응답은 하나님 아버지만 하시는 것으로 알고 있다. 하지만 예수님 자신이 우리의 기도에 대한 응답을 독특하게 실행하신다. 예수님께서 기도를 응답하시는 목적은 무엇인가?

◇"영광을 받으시게 하려 함이라": 예수님께서 우리의 기도에 응답하시는 것은 하나님께 영광 돌리기 위함이다. 예수님은 하나님의 영광을 위하여 일하신다.

14 "내 이름으로 무엇이든지 내게 구하면 내가 행하리라"

◇"내게 구하면": 이제부터는 예수님께 직접 기도할 수 있다.

◇"내가 행하리라": 예수님은 기도에 응답하신다.

이 사실이 오늘 우리에게 주는 의미는 무엇인가? 예수님이 아버지께로 가심으로써 제자들은 하나님의 성전이 된다. 예수님께서 십자가와 부활을 통하여 길과 진리와 생명이 되심으로써 이런 일이 이루어진다. 이렇게 성전 된 자들의 근본적인 기능과 역할이 바로 예수님의 이름으로 하는 기도이다. 새 성전이 기도하는 기능을 제대로 하면 예수님은 성전 된 제자들을 통해 놀라운 일을 이루신다. 성전이 한편으로 성령님의 인도를 받아 진리를 깨닫고, 다른 한편으로 예수님의 이름으로 기도하면 성전 된 제자들의 삶과 행위는 예수님의 하셨던 일보다 더 큰 일을 구체화하는 삶과 행위가 된다.

다양성을 강조하는 이 시대에 예수님만이 하나님께로 이르는 유일한 길이라는 사실이 주는 의미는 무엇인가? 세상은 변해도 죄인인 우리는 변하지 않는다. 하나님께로 이르는 길도 변하지 않는다. 예수님께서 십자가에서 돌아가시고 부활하심으로써 우리가 하나님께로 갈 수 있는 유일한 길이 되셨다. 이 사실도 변하지 않는다. 종교 다원주의 시대에서 이 사실을 믿고 사는 것은 물론이고, 이 사실을 이웃에게 증언하는 삶을 살 수 있기를 기도한다.

제28강

보혜사

◇본문 요한복음 14:15-31
◇요절 요한복음 14:16
◇찬송 183장, 191장

1. 예수님을 사랑하는 사람은 무엇을 합니까(15)? 예수님은 제자들을 위해서 무엇을 하십니까(16a)? 예수님께서 기도하시면 하나님께서 무슨 일을 하십니까(16b)? '다른'이란 무엇을 전제한 것이며, '보혜사'는 무슨 뜻입니까?

2. 보혜사는 또 어떤 분입니까(17a)? 그분에 대해서 세상은 왜 알지 못하나 제자들은 압니까(17b)? 예수님은 제자들을 왜 고아와 같이 버려두지 않습니까(18-20)? '너희에게로 오리라.'라는 말씀은 무엇을 뜻합니까?

3. 예수님의 계명을 지키는 자는 어떤 복을 받습니까(21)? 예수님은 왜 자신을 세상에는 나타내지 않으십니까(22-24)? 보혜사가 오셔서 하실 일은 무엇입니까(25-26)?

4. 예수님께서 제자들에게 무엇을 주십니까(27)? 이것은 세상이 주는 것과는 왜 같지 않습니까? 제자들은 예수님께서 아버지께로 가신다는 말을 듣고도 왜 기뻐할 수 있습니까(28)? 예수님은 왜 미리 말씀하십니까(29)?

5. 예수님은 왜 이후에는 말을 많이 하지 않습니까(30)? 예수님과 세상 임금과의 관계는 어떠합니까? 그런데도 예수님께서 가신 데는 무슨 의미가 있습니까(31)?

제28강

보혜사

◇본문 요한복음 14:15-31
◇요절 요한복음 14:16
◇찬송 183장, 191장

1. 예수님을 사랑하는 사람은 무엇을 합니까(15)? 예수님은 제자들을 위해서 무엇을 하십니까(16a)? 예수님께서 기도하시면 하나님께서 무슨 일을 하십니까(16b)? '다른'이란 무엇을 전제한 것이며, '보혜사'는 무슨 뜻입니까?

15 "너희가 나를 사랑하면 나의 계명을 지키리라"

◇"계명": '계명들'(복수형)이다. 예수님이 앞에서 제자들에게 하신 약속의 말씀들이다. 물론 "서로 사랑하라."라는 말씀을 포함한다. 제자들이 예수님을 사랑한다면 예수님께서 약속하신 그 말씀에 순종해야 한다. 사랑은 이론이 아니라 실제이다. 즉 삶 속에서 나타나는 것이다. 예수님은 그런 제자들을 위해서 무엇을 하시는가?

16 "내가 아버지께 구하겠으니 그가 또 다른 보혜사를 너희에게 주사 영원토록 너희와 함께 있게 하리니"

◇"아버지께 구하겠으니": 아버지께로 가실 예수님은 제자들을 위해 기도

하신다. 예수님께서 기도하시면 하나님께서 제자들에게 무슨 일을 하시는가?

◇"다른 보혜사를 너희에게 주사 영원토록 너희와 함께 있게 하리니": 아버지께서 다른 보혜사를 제자에게 보내서 영원히 그들과 함께 있게 하실 것이다.

◇"다른"(ἄλλος, *allos*): '같은 종류에서 다른(different가 아니라 another)'을 말한다. 이 단어는 '오직 둘이 다르다.'라는 것을 언급할 때 사용하는 '헤테로스(ἕτερος, *heteros*)'와는 다르다. '여러 개'가 있을 때 '다르다.'를 말할 때 사용한다. 이 말 에는 '또 하나의' 보혜사가 있음을 전제로 한다. 보혜사라는 말 자체는 처음 나오지만, 그 의미는 이미 있었다는 뜻이다. 그래서 '다른'이란 말을 사용한다.

◇"보혜사"(παράκλητος, *parakle:tos*): 문자적으로는 '옆으로(παρά)', '불림 받은 이(κλητος)'이다. '돕는 자(Helper)', '상담자(Counselor)'라는 뜻이다. '보혜사(保惠師)'라는 말은 '신자를 보호하여 돕는 선생님'이라는 뜻이다.

그러면 누가 첫 번째 보혜사인가? 예수님께서 첫 번째 보혜사이시다. 그 예수님께서 떠나신다. 그러면 그분을 대신하여 '다른 보혜사'가 오신다. 예수님은 아버지께 기도하실 때에 그 응답으로 오실 분을 '보혜사'라고 부르신다. 보혜사는 성령님을 말한다. 보혜사는 '다른 그리스도(alter Christ)'이시다. 예수님과 성령님 사이에는 깊은 연관성이 있다. 하나님께서 예수님의 기도 응답으로 주실 성령님은 하나님 아버지로부터 보냄을 받은 예수님과 같은 분이시다. 즉 예수님의 '제2 자아'로서 예수님께서 아버지께로 돌아가신 후에 교회에 오셔서 그리스도가 세상에서 제자들에게 하셨던 그 일을 계승하신다.

성령님과 보혜사 성령님은 어떤 차이가 있는가? 지금까지 성령님은 계시지 않았는가? 성령님은 창조 때부터 계셨다. 보혜사는 단지 성령님을 가리키는 영과는 상호 교환적으로 사용하지 않는다. 성령님이란 명칭은 성령 하나님의 포괄적이고 공식적인 이름이다. 보혜사는 같은 성령님의 제한적 기능과 역할을 묘사하는 명칭이다. 성령님의 기능과 보혜사의 기능은 같지 않다. 거듭나게 하시고, 생명을 주시는 사역을 성령님께서 하신다. 이것은 보혜사께서 하시는 일은 아니다. 그리스도의 사역 기간에 충만하게 역사하신 성령님을 보혜사라고 부르지 않는다. 아버지로부터 예수님의 이름으로 보냄을 받아 진리의 활동을 하시는 성령님을 보혜사라고 부른다. 그 보혜사는 무슨 일을 하시는가?

◇"영원토록 너희와 함께 있게 하리니": 보혜사는 제자들과 영원히 함께 계신다. 보혜사는 제자들과 함께 계시면서 예수님께서 제자들과 함께하셨던 그 일들을 하신다. 보혜사는 또 어떤 분이신가?

2. 보혜사는 또 어떤 분입니까(17a)? 그분에 대해서 세상은 왜 알지 못하나 제자들은 압니까(17b)? 예수님은 제자들을 왜 고아와 같이 버려두지 않습니까(18-20)? '너희에게로 오리라.'라는 말씀은 무엇을 뜻합니까?

17 "그는 진리의 영이라 세상은 능히 그를 받지 못하나니 이는 그를 보지도 못하고 알지도 못함이라 그러나 너희는 그를 아나니 그는 너희와 함께 거하심이요 또 너희 속에 계시겠음이라"

◇"그는 진리의 영이라": 보혜사 성령님은 진리의 성령님(the Spirit of truth)이시다. 그분은 진리 자체이시며 사람을 진리로 인도하신다. 그분은 진리와 관련한 일을 하신다.

진리는 무엇인가? 진리는 예수님을 말한다. 보혜사는 진리이신 예수님의 영이시다. 그리고 그분은 사람을 예수님께로 인도하신다. 그뿐만 아니라 예수님과 관련한 일을 하신다. 보혜사는 제자들에게 예수님의 말씀을 가르치고, 그분의 말씀을 기억나게 하신다. 세상은 그분에 대해서 어떻게 반응하는가?

◇"세상은 능히 그를 받지 못하나니": 세상은 그분을 맞아들일 수 없다.

◇"그를 보지도 못하고 알지도 못함이라": 왜냐하면 세상은 그분을 보지도 못하고 알지도 못하기 때문이다. 세상은 진리의 성령님을 모른다. 그러나 제자는 어떠한가?

◇"그를 아나니 그는 너희와 함께 거하심이요 또 너희 속에 계시겠음이라": 그러나 제자들은 그분을 안다. 그분이 그들과 함께 계시고, 그들 안에 계실 것이기 때문이다. 보혜사는 오셔서 제자들과 함께 계신다(dwells with). 마치 예수님께서 세상에 계실 때 제자들과 함께하신 것처럼 똑같이 함께 계신다. 따라서 제자는 그분을 안다.

우리가 보혜사를 어떻게 알 수 있는가? 보혜사께서 오셔서 우리와 함께 계심으로써 알 수 있다. 보혜사를 아는 것은 보혜사께서 함께하시기 때문이다. 그런 점에서 은혜요 복이다. 예수님이 비록 떠나실지라도 제자는 어떤 상태에 있는가?

18 "내가 너희를 고아와 같이 버려두지 아니하고 너희에게로 오리라"

◇"고아": '부모 없는(without parents)', '아비 없는(fatherless)'이라는 뜻이다. 고대 헬라에서는 고아를 위해 따뜻한 배려가 있었다. 가까운 친척이 후견인으로 고아의 생계와 교육을 맡았다.

◇"너희에게로 오리라": 예수님은 다시 제자들에게로 돌아오신다.

이 사실은 무엇을 말하는가? 예수님은 어떤 모습으로 다시 돌아오시는가? 예수님께서 제자들에게 다시 돌아오실 때는 다른 존재 양식으로 오신다. 현재 예수님의 모습으로 같이 다시 오시는 것은 아니다. 예수님은 성령님으로 다시 오신다. 보혜사는 십자가와 부활, 그리고 승천으로 영광을 받으신 예수님의 영적인 존재 양식이다. 이 점에서 예수님은 '다른 보혜사'이시다. 이것은 어디까지나 성령님의 사역적이고 기능적인 측면에서 말하는 것이지 본질적이고 존재론적인 면에서 말하는 것은 아니다. 그러므로 예수님께 대한 세상과 제자들의 반응은 어떠한가?

19 "조금 있으면 세상은 다시 나를 보지 못할 것이로되 너희는 나를 보리니

이는 내가 살아 있고 너희도 살아 있겠음이라"

◇"너희는 나를 보리니": 예수님께서 다른 존재 양식으로 오신다. 예수님께서 지금과 같은 존재 양식으로 오시지 않는다. 따라서 세상은 예수님을 볼 수가 없다. 그러나 제자들은 새로운 존재 양식으로 오시는 예수님을 볼 것이다. 성령님의 함께하심을 통해서 성령님으로 오시는 예수님을 보기 때문이다. 이런 일이 가능한 근거는 무엇인가?

◇"내가 살아 있고 너희도 살아 있겠음이라": 예수님은 죽으신 후에 다시 살아나신다. 그리고 그분을 믿는 제자도 살 것이다. 그때 제자들은 무엇을 알게 되는가?

20 "그 날에는 내가 아버지 안에, 너희가 내 안에, 내가 너희 안에 있는 것을 너희가 알리라"

◇"알리라": 예수님께서 부활하신 후에 성령님으로 제자들에게 오실 날이 있다. 그날 예수님께서 제자들 안에 오셔서 머물 것이다. 제자들은 그들이 예수님 안에 있고, 예수님이 그들 안에 계심을 알 것이다. 성령님의 관점에서 볼 때 성령님이 제자들 안에 계시는 것이다. 부활하신 예수님의 관점에서 볼 때 성령님이 제자들 안에 계심은 예수님이 다른 존재 양식으로 그들 속에 계시는 것과 같다.

◇"내가 아버지 안에 있는 것": 예수님이 다른 존재 양식으로 오는 것으로 끝나는 것이 아니다. 그 안에 늘 계신 아버지도 함께 오신다. 예수님께서 아버지 안에 계시고, 아버지가 예수님 안에 계시는 것은 예수님의 지상 사역 기간에만 적용하는 것은 아니다. 예수님께서 하나님 나라로 올라가시고 성령님으로 오심 속에도 그대로 적용한다. 아버지와 아들 사이에 완전한 일치와 연합은 예수님의 지상 사역 기간에만 있는 것이 아닙니다. 성령님을 통한 다시 오심에도 그대로 유지한다. 우리가 이 사실을 어떻게 알 수 있는가?

3. 예수님의 계명을 지키는 자는 어떤 복을 받습니까(21)? 예수님은 왜 자신을 세상에는 나타내지 않으십니까(22-24)? 보혜사가 오셔서 하실 일은 무엇입니까(25-26)?

21 **"나의 계명을 지키는 자라야 나를 사랑하는 자니 나를 사랑하는 자는 내 아버지께 사랑을 받을 것이요 나도 그를 사랑하여 그에게 나를 나타내리라"**

◇"지키는 자", "사랑하는 자": 예수님의 계명을 지키는 사람은 예수님을 사랑하는 사람이다. 예수님을 사랑하는 사람은 아버지께로부터 사랑을 받는다. 예수님도 그를 사랑하여 그에게 예수님을 나타내신다. 그때 누가 묻는가?

22 **"가룟인 아닌 유다가 이르되 주여 어찌하여 자기를 우리에게는 나타내시고 세상에는 아니하려 하시나이까"**

◇"세상에는 아니하려 하시나이까": "왜 세상에는 나타내지 않습니까?"

23 **"예수께서 대답하여 이르시되 사람이 나를 사랑하면 내 말을 지키리니 내 아버지께서 그를 사랑하실 것이요 우리가 그에게 가서 거처를 그와 함께 하리라"**

◇"사랑하면": 예수님은 사랑과 말씀 순종을 연결한다. 아들딸이 부모를 사랑하면 부모의 말에 순종한다. 사랑에 문제가 생기면 말을 안 듣는다. 예수님을 사랑하는 사람은 그분의 말씀을 지킨다. 그리고 하나님 아버지는 그 사람을 사랑하신다. 그러나 예수님을 사랑하지 않는 사람은 어떻게 하는가?

24 **"나를 사랑하지 아니하는 자는 내 말을 지키지 아니하나니 너희가 듣는 말은 내 말이 아니요 나를 보내신 아버지의 말씀이니라"**

◇"지키지 아니하나니": 그러나 예수님을 사랑하지 않는 사람은 예수님의 말씀을 지키지 않는다. 제자들이 듣는 이 말은 예수님의 말씀이 아니라

예수님을 보내신 아버지의 말씀이다. 사람이 예수님의 말씀을 지키지 않는 것으로 끝나는 것이 아니다. 그것은 예수님을 보내신 아버지의 말씀을 지키지 않는 것이다.

25 "내가 아직 너희와 함께 있어서 이 말을 너희에게 하였거니와"

26 "보혜사 곧 아버지께서 내 이름으로 보내실 성령 그가 너희에게 모든 것을 가르치고 내가 너희에게 말한 모든 것을 생각나게 하리라"

◇"모든 것을 가르치고", "모든 것을 생각나게 하리라": 보혜사 곧 아버지께서 예수님의 이름으로 보내실 성령님께서 제자에게 모든 것을 가르치신다. 그리고 예수님께서 그들에게 말씀하신 모든 것을 생각나게 하실 것이다.

◇"모든 것을 가르치시고": 보혜사는 제자들에게 모든 것을 가르치신다. 이런 모습은 예수님께서 이 땅에 계실 때 제자들에게 하셨던 일과 같다. 육신의 모습으로 제자들과 함께하시며 가르치셨던 예수님은 비록 떠나시지만, 성령님으로 오신 보혜사께서 그 일을 그대로 계승하신다. 제자들은 결코 혼자가 아니다. 성령님께서 언제나 함께하신다. 그리고 가르치신다.

◇"모든 것을 생각나게 하리라": 보혜사는 예수님께서 그들에게 가르친 모든 교훈을 기억나게 하신다. 보혜사는 예수님과 다른 가르침을 주시는 것은 아니다. 예수님께서 이미 가르치신 것을 기억나게 하신다. 보혜사와 예수님의 가르침은 언제 어디서나 같다. 물론 하나님의 가르침과도 같다.

16-17절에서는 "보혜사가 오셔서 단지 제자들과 함께 계실 것이다."라고 말씀하셨다. 여기서는 그 역할에 대해 말씀하신다. 예수님은 떠나시면서 제자들에게 무엇을 주시는가?

4. 예수님께서 제자들에게 무엇을 주십니까(27)? 이것은 왜 세상이 주는 것과 같지 않습니까? 제자들은 예수님께서 아버지께로 가신다는 말을 듣고도 왜 기뻐할 수 있습니까(28)? 예수님은 왜 미리 말씀하십니까(29)?

27 "평안을 너희에게 끼치노니 곧 나의 평안을 너희에게 주노라 내가 너희에게 주는 것은 세상이 주는 것과 같지 아니하니라 너희는 마음에 근심하지도 말고 두려워하지도 말라"

◇"평안을 너희에게 주노라": 예수님은 제자들에게 평안을 주고 가신다. 그 평화를 세상의 것과 비교할 수 있는가?

◇"세상이 주는 것과 같지 아니하니라": 그 평화는 세상 주는 것과는 다르다. 그러므로 제자들은 어떻게 살아야 하는가?

◇"마음에 근심도 말고 두려워하지도 말라": 제자들은 예수님께서 떠나신다고 하시는 그 순간부터 근심에 쌓였다. 두려움에 시달렸다. 세상에 버려진 존재요, 연약함 속에 홀로 남아야 하기 때문이다. 그러나 예수님께서 평화를 주신다. 따라서 평화할 수 있다. 그들은 적극적으로 어떻게 살아야 하는가?

28 "내가 갔다가 너희에게로 온다 하는 말을 너희가 들었나니 나를 사랑하였더라면 내가 아버지께로 감을 기뻐하였으리라 아버지는 나보다 크심이라"

◇"기뻐하였으리라": 그들이 예수님을 사랑한다면 예수님께서 아버지께로 가는 것을 기뻐할 것이다. 지금 제자들은 예수님께서 아버지께로 가심으로써 받게 되는 복에 대해서 모른다. 그 복이 성령님의 오심을 통해서 올 것을 모른다. 하지만 그들이 이 사실을 알면 예수님께서 가심을 기뻐할 수 있다. 예수님은 그들에게 왜 미리 말씀하시는가?

29 "이제 일이 일어나기 전에 너희에게 말한 것은 일이 일어날 때에 너희로 믿게 하려 함이라"

◇"일": 예수님께서 십자가에서 돌아가시는 사건을 말한다.

◇"믿게 하려 함이라": 제자들은 지금 예수님의 죽으심을 통해서 얻을 복을 모른다. 하지만 그들이 십자가 사건을 경험하고 나면 그 복을 알 것이다. 지금 예수님께서 미리 말씀하시는 것은 그때 그 사실을 믿도록 하기 위함이다. 예수님은 왜 계속해서 말씀하지 못하시는가?

5. 예수님은 왜 이후에는 말을 많이 하지 않습니까(30)? 예수님과 세상 임금과의 관계는 어떠합니까? 그런데도 예수님께서 가신 데는 무슨 의미가 있습니까(31)?

30 "이 후에는 내가 너희와 말을 많이 하지 아니하리니 이 세상의 임금이 오겠음이라 그러나 그는 내게 관계할 것이 없으니"

◇"이 세상의 임금": 사탄을 말한다. 예수님께서 아버지께로 가는 출발점이 사탄의 공격으로 말미암은 십자가 사건이다. 그러나 사탄은 예수님을 지배할 능력이 없다. 이 세상의 주관자 사탄이 와서 예수님을 죽음에 넘겨주는 것은 예수님이 그보다 무능하거나 사탄이 그보다 능력이 많아서가 아니다. 그 이유는 무엇인가?

31 "오직 내가 아버지를 사랑하는 것과 아버지께서 명하신 대로 행하는 것을 세상이 알게 하려 함이로라"

◇"세상이 알게 하려 함이로라": 세상은 예수님께서 아버지를 사랑한다는 것과 아버지께서 명령하신 것을 예수님께서 그대로 순종한다는 것을 알아야 한다. 예수님은 사탄이 당신을 십자가에 넘기도록 허락하셨다. 예수님은 그렇게 하심으로써 당신이 아버지의 명령대로 행하고, 아버지를 사랑한다는 것을 세상이 알도록 하신 것이다. 예수님께서 이 말씀을 하신 것은 "그를 사랑하는 자는 그의 계명들을 지킨다."(23)라고 말씀하

셨기 때문이다. 예수님 당신이 아버지를 사랑하는 것을 아버지의 명령을 지킴으로 보여 주셨다. 그리고 그 순종의 최고봉은 십자가의 죽음이다. 제자들이 예수님을 사랑하여 그의 계명과 말씀을 지키는 것은 하나님 아버지 앞에서 예수님이 보여주신 순종에 근거한다.

◇"일어나라 여기를 떠나자": 예수님은 제자들과 대화를 마치신다. 하지만 예수님의 이 말씀에도 불구하고 예수님은 15장-17장까지 계속해서 가르치신다.

제29강

열매

◇본문　요한복음 15:1-17
◇요절　요한복음 15:5
◇찬송　86장, 92장

1. 예수님은 자신과 하나님의 관계를 어떻게 비유하십니까(1-2)? 제자들은 현재 어떤 상태입니까(3)? 그들은 이제 무엇을 해야 합니까(4-5)? 열매를 많이 맺으려면 어떻게 해야 합니까? 오늘 우리가 '예수님 안에 거하는 것'은 무엇을 말합니까?

2. 사람이 예수님 안에 거하지 않으면 어떻게 됩니까(6)? 예수님 안에 거하는 자가 누리는 또 다른 복은 무엇입니까(7)? 예수님의 제자인 것을 어떻게 나타낼 수 있습니까(8)?

3. 제자들은 또 어디에 거해야 합니까(9)? '사랑 안에 거한다.'라는 말은 무엇을 뜻합니까(10)? 예수님의 계명은 무엇입니까(11-12)? 순종과 사랑과의 관계가 어떠합니까?

4. 가장 큰 사랑은 어떤 사랑입니까(13)? 누가 그 사랑을 받을 수 있습니까(14)? 예수님은 제자들을 어떻게 대합니까(15a)? 종과 친구의 차이점이 무엇입니까(15b)?

5. 예수님께서 제자들을 택하신 목적은 무엇입니까(16)? 그들이 맺어야 할 열매는 무엇입니까(17)? 제자들끼리 서로 사랑하는 것이 왜 그렇게 중요할까요?

제29강

열매

◇본문 요한복음 15:1-17
◇요절 요한복음 15:5
◇찬송 86장, 92장

1. 예수님은 자신과 하나님의 관계를 어떻게 비유하십니까(1-2)? 제자들은 현재 어떤 상태입니까(3)? 그들은 이제 무엇을 해야 합니까(4-5)? 열매를 많이 맺으려면 어떻게 해야 합니까? 오늘 우리가 '예수님 안에 거하는 것'은 무엇을 말합니까?

1 "나는 참포도나무요 내 아버지는 농부라"

◇"포도나무": 이스라엘은 하나님께서 애굽에서 뽑아다가 가나안 땅에 심은 포도나무였다(시 80:8-10). 이사야는 하나님의 백성을 의와 정의의 열매를 맺어야 할 극상품 포도나무로 간주했다(사 5:1-7).

◇"참": 두 가지 의미가 있다. 첫째로, 구약에서 포도나무로 간주한 이스라엘이 포도나무가 아니라는 말이다. 하나님의 백성 이스라엘은 열매를 맺지 못하는 포도나무이기 때문에 실패한 포도나무이다. 그런데 예수님께서 이 실패한 포도나무를 대신하신다. 예수님은 친히 자신을 '참 포도나무'라고 선포함으로써 홀로 참 이스라엘이심을 보이신다. 이제 하나님의 백성이 더는 포도나무가 아니다. 예수님이 포도나무요, 참 포도나

무이다. 예수님께서 참 포도나무이기 때문에 구약에서 하나님의 백성이 열매 맺는 데 실패한 것과 같은 실패를 하지 않는다. 또 예수님을 믿는 제자도 이제는 하나님의 새 백성으로 예수님을 참 포도나무로 모신 포도나무의 가지들이다. 참 포도나무의 가지이기 때문에 그들이 포도나무에 잘 붙어 있기만 하면 열매 맺지 않을 수 없다.

둘째로, '참'은 '거짓'과 반대되는 개념이다. 바리새인이나 이방 종교는 '거짓' 포도나무이다. 하지만 예수님은 그 거짓과는 본질이 다른 참 포도나무이시다. 오직 예수님만이 참이시다.

◇"농부": 농부는 포도나무를 경작하고 관리하고 보호하는 사람이다. 하나님이 농부이시다. 농부이신 하나님은 무슨 일을 하시는가?

2 "무릇 내게 붙어 있어 열매를 맺지 아니하는 가지는 아버지께서 그것을 제거해 버리시고 무릇 열매를 맺는 가지는 더 열매를 맺게 하려 하여 그것을 깨끗하게 하시느니라"

◇"제거해 버리시고": 불필요한 가지나 죽은 가지를 베어내는 것을 말한다. 하나님의 심판을 뜻한다.

◇"깨끗하게 하시느니라": '가지를 친다(prune).'라는 의미인데, 살아 있는 가지를 깨끗하게 다듬는 것을 말한다. 영적인 연단이나 훈련, 혹은 절제를 뜻한다. 이렇게 하는 목적은 무엇인가?

◇"열매": 가지를 제거하고 깨끗하게 하는 목적은 포도나무가 열매를 맺도록 하는 데 있다. 더 많은 열매를 맺게 하려는 데 있다. 현재 제자들은 어떤 상태에 있는가?

3 "너희는 내가 일러준 말로 이미 깨끗하여졌으니"

◇"일러 준 말": 예수님께서 제자들에게 가르치신 말씀을 말한다.

◇"이미 깨끗하여 졌으니": 제자들은 예수님의 메시지를 통하여 이미 깨끗

해졌다. 즉 말씀을 통하여 열매를 맺을 준비가 되어 있다. 그들은 구체적으로 무엇을 해야 하는가?

4 "내 안에 거하라 나도 너희 안에 거하리라 가지가 포도나무에 붙어 있지 아니하면 스스로 열매를 맺을 수 없음 같이 너희도 내 안에 있지 아니하면 그러하리라"

◇ "거하라": '떠나는 것'의 반대로 '어떤 장소에 머무른다.' '남아있다.'라는 뜻이다. 예수님의 말씀으로 깨끗하게 된 제자들이 해야 할 일은 예수님 안에 변함없이 그대로 머무르는 것이다. 하나님께서 그들에게 요구하는 것은 직접적으로 열매를 맺으라는 것이 아니다. 그저 참 포도나무에 붙어 있으라는 것이다.

삶의 현장에서 어떻게 하는 것을 말하는가? 예수님의 말씀에 순종하여 사는 것을 말한다. 믿음의 중심을 계속해서 지키는 것을 말한다. 그들은 예수님의 말씀을 통하여 세상에 대한 욕심을 제거했다. 그런 그들은 계속해서 그 말씀에 순종하며 살아야 한다. 이것이 예수님 안에 거하는 모습이다. 그런 그들에게 예수님은 어떻게 하시는가?

◇ "나도 너희 안에 거하리라": 예수님께서 성령님으로 오셔서 제자들 안에 거하신다. 제자들이 예수님의 말씀에 순종하여 살면 성령님께서 제자들 안에서 함께하신다. 하지만 제자들이 예수님 안에 있지 않으면 어떻게 되는가?

◇ "스스로 열매를 맺을 수 없음 같이": 포도나무 가지가 열매를 맺으려면 포도나무에 붙어 있어야 한다. 포도나무 가지는 스스로 열매를 맺지 못한다. 예수님의 제자도 스스로 열매를 맺지 못한다. 그들이 열매를 맺으려면 포도나무이신 예수님 안에 머물러 있어야 한다. 예수님 안에 머물러 있기만 하면 참 포도나무의 진액을 받아 자동으로 열매를 맺는다. 그들은 왜 포도나무에 붙어 있어야 하는가?

5 **“나는 포도나무요 너희는 가지라 그가 내 안에, 내가 그 안에 거하면 사람이 열매를 많이 맺나니 나를 떠나서는 너희가 아무 것도 할 수 없음이라”**

◇“가지”: 예수님은 포도나무요, 제자들은 그 나무에 붙어 있어야만 하는 가지이다. 이것이 제자의 정체성이다.

오늘 우리에게 주는 의미는 무엇인가? 우리도 예수님의 가지이다. 우리의 정체성에 대한 분명한 인식이 필요하다. 분명한 정체성은 분명한 삶의 방향을 주기 때문이다. 우리는 스스로 열매를 맺을 수 없는, 그래서 나무에 붙어 있어야 하는 가지이다. 가지가 가장 중요하게 해야 할 일은 무엇인가?

◇“그가 내 안에”: 가지가 가장 중점적으로 해야 할 일은 포도나무이신 예수님 안에 거하는 일이다. 왜 그 일에 힘써야 하는가?

◇“열매를 많이 맺나니”: 가지가 그 자체로 열매를 맺는 것이 아니라 오직 포도나무에 거함으로만 열매를 맺는다. 제자들도 예수님 안에 거하지 않고는 결코 열매를 맺지 못한다. 제자들이 예수님 안에 거하면 예수님께서 또한 그들 안에 거하신다. 그 결과 많은 열매를 맺는다. 만일 예수님 안에 거하지 않으면 어떻게 되는가?

◇“아무것도 할 수 없음이라”: 예수님을 떠나서는 아무것도 할 수 없다. 제자들 스스로는 어떤 열매도 맺지 못한다. 믿음의 사람이 예수님을 떠나면 하는 일마다 안 되고 모든 일에 실패한다는 말은 아니다. 예수님께서 원하시는 열매를 맺지 못한다는 말이다. 그 사람의 최후는 어떻게 되는가?

2. 사람이 예수님 안에 거하지 않으면 어떻게 됩니까(6)? 예수님 안에 거하는 자가 누리는 또 다른 복은 무엇입니까(7)? 예수님의 제자인 것을 어떻게 나타낼 수 있습니까(8)?

6 **“사람이 내 안에 거하지 아니하면 가지처럼 밖에 버려져 마르나니 사람들이 그것을 모아다가 불에 던져 사르느니라”**

◇"버려져 마르나니": 포도나무에서 잘린 가지는 버려지고 마른다. 예수님으로부터 떨어져 나온 사람도 마르게 된다. 가룟 유다가 이런 종류의 사람이다(13:30).

◇"불에 던져 사르느니라": 이것은 아주 심각한 경고의 말씀이다. 메마른 나무를 땔감으로 사용한다. 예수님 안에 거하지 않는 자는 지옥 불에 던져진다. 최후의 심판을 받는다. 그러나 예수님 안에 거하는 자에게 주어진 또 하나의 특권은 무엇인가?

7 "너희가 내 안에 거하고 내 말이 너희 안에 거하면 무엇이든지 원하는 대로 구하라 그리하면 이루리라"

◇"무엇이든지 원하는 대로 구하라": 예수님 안에 머무른 사람은 기도할 수 있는 특권이 있다. 그리스도를 떠나서는 올바른 기도를 할 수 없다.

◇"그리하면 이루리라": 예수님의 말씀에 따라서 기도하면 기도가 이루어진다. 구체적으로 어떻게 이루어지는가?

8 "너희가 열매를 많이 맺으면 내 아버지께서 영광을 받으실 것이요 너희는 내 제자가 되리라"

◇"열매를 많이 맺으면": 기도의 응답은 많은 열매를 맺는 것으로 나타난다.

◇"내 제자가 되리라": 열매는 예수님의 제자임을 나타내는 표시이다. 예수님의 제자라고 하면서 열매가 없다면 제자가 아니다. 제자는 말이 아닌 열매로 나타난다.

◇"아버지께서 영광을 받으실 것이요": 하나님은 제자들의 열매 맺음을 통해서 영광을 받으신다. 하나님의 이름이 높임 받지 못한 이 시대에서 어떻게 하나님의 영광을 드러낼 수 있는가? 나로부터 믿음의 사람다운 열매를 맺어야 한다. 내 삶이 하나님의 영광을 드러낼 수도 있고 가릴 수도 있음을 명심해야 한다. 제자들은 또 어디에 머물러야 하는가?

3. 제자들은 또 어디에 거해야 합니까(9)? '사랑 안에 거한다.'라는 말은 무엇을 뜻합니까(10)? 예수님의 계명은 무엇입니까(11-12)? 순종과 사랑과의 관계가 어떠합니까?

9 **"아버지께서 나를 사랑하신 것 같이 나도 너희를 사랑하였으니 나의 사랑 안에 거하라"**

◇"사랑 안에 거하라": '예수님 안에 머물러 있다.'라는 말은 '예수님의 사랑 안에 머물러 있다.'라는 말과 같다. 즉 예수님의 사랑을 믿고 그 사랑 안에서 사는 것을 말한다. 예수님의 사랑 안에 거하는 사람은 그 말씀 앞에서 어떻게 하는가?

10 **"내가 아버지의 계명을 지켜 그의 사랑 안에 거하는 것 같이 너희도 내 계명을 지키면 내 사랑 안에 거하리라"**

◇"내 사랑 안에 거하리라": 사랑과 순종은 언제나 함께한다. 즉 예수님의 사랑 안에 거하는 사람은 예수님의 말씀에 순종한다. 예수님은 아버지 하나님의 말씀에 순종하심으로써 그분의 사랑 안에 거하셨다. 이처럼 제자들도 예수님의 말씀에 순종하면 예수님의 사랑을 체험하게 된다. 사랑은 순종을 통해서 체험할 수 있다. 예수님께서 이 사실을 말씀하시는 이유는 무엇인가?

11 **"내가 이것을 너희에게 이름은 내 기쁨이 너희 안에 있어 너희 기쁨을 충만하게 하려 함이라"**

◇"너희 기쁨을 충만하게 하려 함이라": 예수님께서 제자에게 말씀하신 것은 당신의 기쁨이 제자 안에 있도록 하는 데 있다. 예수님은 제자들에게 당신의 기쁨을 주고자 하신다. 이를 위해서 제자들은 구체적으로 무엇에 힘써야 하는가?

12 "내 계명은 곧 내가 너희를 사랑한 것 같이 너희도 서로 사랑하라 하는 이것이니라"

◇"서로 사랑하라": 예수님은 제자들이 서로 사랑함으로써 그 기쁨이 가득 넘치기를 원하신다. 그들이 예수님의 계명에 따라 서로를 사랑하면 예수님의 기쁨이 그들의 기쁨으로 가득 찰 것이다. 형제자매를 사랑하는 것이 바로 가지들이 맺어야 하는 또 하나의 열매이다. 가장 큰 사랑은 무엇인가?

4. 가장 큰 사랑은 어떤 사랑입니까(13)? 누가 그 사랑을 받을 수 있습니까(14)? 예수님은 제자들을 어떻게 대합니까(15a)? 종과 친구의 차이점이 무엇입니까(15b)?

13 "사람이 친구를 위하여 자기 목숨을 버리면 이보다 더 큰 사랑이 없나니"

◇"자기 목숨을 버리면": 사랑은 말에만 있지 않고 희생적 죽음 속에 있다. 친구에 대한 가장 큰 사랑은 친구를 위해 목숨을 버리는 사랑이다. 누가 이런 사랑을 받을 수 있는 친구인가?

14 "너희는 내가 명하는 대로 행하면 곧 나의 친구라"

◇"명하는 대로 행하면": 이런 사랑을 받는 친구는 예수님의 말씀대로 사는 사람이다. 예수님의 말씀에 순종하면 예수님의 사랑 안에 거한다. 사랑 안에 거하는 사람이 사랑을 받을 수 있는 친구이다.

15 "이제부터는 너희를 종이라 하지 아니하리니 종은 주인이 하는 것을 알지 못함이라 너희를 친구라 하였노니 내가 내 아버지께 들은 것을 다 너희에게 알게 하였음이라"

◇"친구": 예수님께서 제자들을 어떻게 사랑하시는지를 보여준다. 예수님께서 그의 제자들을 '종'이라 부르지 않고 '친구'라 부르신다. 예수님은

제자들을 위해서 자기 목숨을 버리신다. 친구에게 주어진 또 하나의 특권은 무엇인가?

◇"다 너희에게 알게 하였음이라": 종은 단지 주인의 명령을 행하는 대행자일 뿐이다. 그는 종종 주인의 목적을 이해하지 못하고 그 일을 한다. 그러나 예수님은 이제부터 제자들을 친구로 대하신다. 친구의 특권 중 하나는 서로에게 비밀이 없는 것이다. 예수님은 제자들에게 모든 일을 다 알려주신다. 예수님께서 제자를 택하신 목적은 무엇인가?

5. 예수님께서 제자들을 택하신 목적은 무엇입니까(16)? 그들이 맺어야 할 열매는 무엇입니까(17)? 제자들끼리 서로 사랑하는 것이 왜 그렇게 중요할까요?

16 "너희가 나를 택한 것이 아니요 내가 너희를 택하여 세웠나니 이는 너희로 가서 열매를 맺게 하고 또 너희 열매가 항상 있게 하여 내 이름으로 아버지께 무엇을 구하든지 다 받게 하려 함이라"

◇"내가 너희를 택하여 세웠나니": 당시에는 보통 제자들이 자신들을 가르칠 특정한 랍비(선생)를 선택했다. 그러나 예수님은 특정한 목적을 가지고 제자들을 선택하셨다. 그 목적은 무엇인가?

◇"열매를 맺게 하고": 예수님께서 제자들을 선택하신 목적은 열매를 맺는 것이다.

◇"무엇을 구하든지 다 받게 하려 함이라": 열매를 맺는 결과 때문에 제자들이 예수님의 이름으로 하는 기도마다 하나님께서 응답하신다. 보통은 열매를 맺기 위해서 강력하게 기도를 해야 한다고 생각한다. 그러나 여기서는 열매를 맺는 일이 우선이다. 기도와 그 응답은 나중에 온다.

17 "내가 이것을 너희에게 명함은 너희로 서로 사랑하게 하려 함이라"

◇"서로 사랑하게 하려 함이라": 예수님께서 제자들에게 원하시는 열매는 서로 사랑하는 것이다. 따라서 형제자매에 대한 사랑은 예수님께서 우리를 택하시고 부르신 목적이다.

오늘 우리에게 주는 의미는 무엇인가? 서로에 대한 사랑은 기독교의 가장 중요한 가르침이요 핵심이다. 제자 공동체, 즉 교회는 어디까지나 사랑으로 본질을 나타낸다. 교회가 사랑의 열매를 풍성히 맺는다면 그리스도의 제자와 하나님의 백성으로 스스로 증명할 수 있다. 어떤 사람은 마음속의 체험이 제일 중요한 줄로 알고 늘 체험만을 강조한다. 뜨거운 찬양만 있으면 신앙이 부흥하는 것처럼 열광하는 사람도 있다. 그러나 생활 속의 사랑을 잃어버린다면 다른 어떤 것으로도 보상할 수 없다. 우리가 그리스도의 제자로서 사랑의 열매를 맺지 않으면 열매 맺지 않는 가지가 잘려 불에 던져지듯이 하나님의 심판 불에 던져질 것이다.

서로에 대한 사랑은 어떤 모습으로 나타나는가? "사랑은 남을 도와주는 '손'을 가지고 있다. 사랑은 가난하고 어려운 사람을 향해 달려가는 '발'을 가지고 있다. 사랑은 불행과 궁핍을 보는 '눈'을 가지고 있다. 사랑은 사람의 한숨과 한탄을 들을 수 있는 '귀'를 가지고 있다"(Augustine). 오늘 우리가 맺어야 할 열매는 사랑의 열매와 전도의 열매이다.

제30강

성령님이 오시면

◇본문　요한복음 15:18-16:33

◇요절　요한복음 16:13

◇찬송　184장, 185장

1. 세상은 왜 예수님과 제자를 미워합니까(15:18-20)? 사람들은 왜 그 죄를 핑계할 수 없습니까(21-25)? 보혜사께서 오셔서 무슨 일을 하십니까(26-27)? 예수님은 왜 이 사실을 말씀하십니까(16:1)?

2. 제자들은 어떤 박해를 받습니까(2)? 세상은 왜 그런 일을 행합니까(3)? 제자는 지금 무슨 생각으로 가득합니까(4-6)? 그러나 예수님께서 제자를 떠나시는 것이 왜 유익입니까(7-8)? 보혜사께서 오셔서 무슨 세 가지 일을 하십니까(9-11)?

3. 진리의 성령님이 오셔서 제자들을 어디로 인도하십니까(12-13)? '모든 진리'는 무엇을 말합니까? 또 성령님은 무슨 일을 하십니까(14-15)? 우리의 삶에서 진리의 성령님이 오시는 것이 얼마나 중요합니까?

4. 성령님의 오심을 위해서 예수님은 무엇을 하십니까(16)? 그러나 제자의 상태는 어떠합니까(17-18)? 근심하는 제자들이 왜 장래에는 기뻐합니까(19-22)? 그날에 제자들이 어떤 은혜를 받습니까(23-25)?

5. 제자들은 왜 예수님의 이름으로 구합니까(26-28)? 제자들은 무엇이라고 고백합니까(29-30)? 하지만 그들은 어떻게 됩니까(31-32)? 제자들은 환난을 겪어도 어떻게 담대할 수 있습니까(33)?

제30강

성령님이 오시면

◇본문 요한복음 15:18-16:33
◇요절 요한복음 16:13
◇찬송 184장, 185장

1. 세상은 왜 예수님과 제자를 미워합니까(15:18-20)? 사람들은 왜 그 죄를 핑계할 수 없습니까(21-25)? 보혜사께서 오셔서 무슨 일을 하십니까(26-27)? 예수님은 왜 이 사실을 말씀하십니까(16:1)?

18 **"세상이 너희를 미워하면 너희보다 먼저 나를 미워한 줄을 알라"**

19 **"너희가 세상에 속하였으면 세상이 자기의 것을 사랑할 것이나"**

◇"세상에 속한 자가 아니요": 제자는 세상에 속하지 않았다. 오히려 예수님께서 제자를 세상에서 뽑아내었다. 그래서 세상이 제자를 미워한다. 제자가 세상으로부터 미움을 받을 때 무슨 말을 기억해야 하는가?

20 **"내가 너희에게 종이 주인보다 더 크지 못하다 한 말을 기억하라 사람들이 나를 박해하였은즉 너희도 박해할 것이요 내 말을 지켰은즉 너희 말도 지킬 것이라"**

◇"기억하라": "종이 주인보다 더 크지 못하다."라는 주님의 말씀을 기억해야 한다. 무슨 뜻인가? 제자들이 세상으로부터 아무리 큰 미움을 받을

지라도 주인인 예수님이 받으신 것보다 더 크지 않다. 제자들은 그 미움을 감당할 수 있다.

◇"나를 박해하였은즉 너희도 박해할 것이요": 사람들이 예수님을 박해하였으니 제자도 박해할 것이다.

◇"내 말을 지켰은즉 너희 말도 지킬 것이라": 그들이 예수님의 말씀을 지켰다면 제자의 말도 지킬 것이다. 그러나 그들은 무엇을 하는가?

21 "그러나 사람들이 내 이름으로 말미암아 이 모든 일을 너희에게 하리니 이는 나를 보내신 이를 알지 못함이라"

◇"이 모든 일을 너희에게 하리니": 그들은 제자를 괴롭힐 것이다.

◇"나 보내신 이를 알지 못함이니라": 세상이 하나님을 안다고 말하지만 실은 모르고 있다. 그들이 하나님을 바르게 안다면 하나님이신 예수님을 믿어야 한다. 예수님을 믿지 않는 사람은 하나님을 모르는 사람이다. 그들은 왜 핑계할 수 없는가?

22 "내가 와서 그들에게 말하지 아니하였더라면 죄가 없었으려니와 지금은 그 죄를 핑계할 수 없느니라"

◇"핑계할 수 없느니라": 예수님께서 이 땅에 오셔서 그들에게 하나님을 알리셨다. 따라서 그들은 자기 죄에 대해서 변명할 여지가 없다.

23 "나를 미워하는 자는 또 내 아버지를 미워하느니라"

◇"아버지를": 세상이 예수님을 미워하면 아버지를 미워하는 것이다. 예수님의 말씀을 듣지 않는다면 아버지의 말을 듣지 않는 것이다. 그분의 사역을 인정하지 않는다면 그분의 아버지가 위임한 일을 인정하지 않는 것이다.

24 "내가 아무도 못한 일을 그들 중에서 하지 아니하였더라면 그들에게 죄가

없었으려니와 지금은 그들이 나와 내 아버지를 보았고 또 미워하였도다"

◇"미워하였도다": 아무도 하지 못한 일을 예수님께서 그들 가운데서 하지 않았더라면, 그들에게 죄가 없었을 것이다. 하지만 이제 세상은 제자들이 할 일을 보고서도 예수님과 아버지를 미워한다. 그들은 예수님의 놀라운 사역을 보고도 믿지 않았다. 오히려 예수님을 미워하며 대적한다. 따라서 그들은 그 죄 때문에 망할 것이다. 그들이 이렇게 한 데는 어떤 뜻이 있는가?

25 "그러나 이는 그들의 율법에 기록된 바 그들이 이유 없이 나를 미워하였다 한 말을 응하게 하려 함이라"

◇"한 말을 응하게 하려 함이니라": 세상이 예수님을 박해한 일은 역설적으로 율법의 내용을 성취하는 것이다. 이제 제자는 무엇을 해야 하는가?

26 "내가 아버지께로부터 너희에게 보낼 보혜사 곧 아버지께로부터 나오시는 진리의 성령이 오실 때에 그가 나를 증언하실 것이요"

◇"핑계할 수 없느니라": 예수님께서 제자에게 보낼 보혜사는 아버지께로부터 나오시는 진리의 성령님이시다. 그분이 오셔서 예수님을 증언하신다. 성령님께서 예수님을 증언하는 시대가 온다. 그분은 어떻게 예수님을 증언하시는가?

27 "너희도 처음부터 나와 함께 있었으므로 증언하느니라"

◇"증언하느니라": 제자도 처음부터 예수님과 함께 있었기 때문에 예수님을 증언해야 한다. 성령님은 예수님을 증언하실 때 제자들을 통해서 하신다. 성령님은 제자의 사역을 떠나서 독립적으로 하시지 않는다. 예수님은 왜 이 사실을 말씀하시는가?

1 "내가 이것을 너희에게 이름은 너희로 실족하지 않게 하려 함이니"

◇“실족하지 않게 하려 함이니”: 예수님께서 제자들에게 닥칠 박해를 미리 말씀하신 것은 그들이 믿음에서 넘어지지 않도록 하심이다. 그 박해의 내용은 무엇인가?

2. 제자들은 어떤 박해를 받습니까(2)? 세상은 왜 그런 일을 행합니까(3)? 제자는 지금 무슨 생각으로 가득합니까(4-6)? 그러나 예수님께서 제자를 떠나시는 것이 왜 유익입니까(7-8)? 보혜사께서 오셔서 무슨 세 가지 일을 하십니까(9-11)?

2 “사람들이 너희를 출교할 뿐 아니라 때가 이르면 무릇 너희를 죽이는 자가 생각하기를 이것이 하나님을 섬기는 일이라 하리라”

◇“출교”: 사람들이 제자들을 회당에서 내쫓을 것이다. 그들은 종교적 사회적으로 고립된다.

◇“죽이는 자”: 사람들이 제자들을 죽일 수 있다.

◇“하나님을 섬기는 일이라”: 사람들은 그 일을 하나님을 섬기는 일로 생각한다. 그들은 왜 그렇게 생각하는가?

3 “그들이 이런 일을 할 것은 아버지와 나를 알지 못함이라”

◇“알지 못함이라”: 그들이 그런 일을 하는 것은 하나님 아버지와 예수님을 모르기 때문이다. 영적인 무지가 문제의 뿌리이다.

4 “오직 너희에게 이 말을 한 것은 너희로 그때를 당하면 내가 너희에게 말한 이것을 기억나게 하려 함이요 처음부터 이 말을 하지 아니한 것은 내가 너희와 함께 있었음이라”

◇“기억나게 하려 함이요”: 예수님은 제자들이 세상으로부터 미움을 받을 때 예수님의 말씀을 기억하여 잘 감당하기를 원하신다. 예수님은 왜 제자들이 말씀을 기억하기를 원하시는가?

5 "지금 내가 나를 보내신 이에게로 가는데 너희 중에서 나더러 어디로 가는지 묻는 자가 없고"

◇"가는데": 예수님께서 죽음과 부활, 그리고 승천을 통해서 하나님 아버지께로 가시는 것을 말한다. 그들은 무슨 생각으로 가득 차 있는가?

6 "도리어 내가 이 말을 하므로 너희 마음에 근심이 가득하였도다"

◇"근심이": 그들은 근심으로 가득 차 있다. 제자들의 근심은 지금도 진행형이다. 예수님은 그들에게 무엇을 가르치시는가?

7 "그러나 내가 너희에게 실상을 말하노니 내가 떠나가는 것이 너희에게 유익이라 내가 떠나가지 아니하면 보혜사가 너희에게로 오시지 아니할 것이요 가면 내가 그를 너희에게로 보내리니"

◇"실상"(ἀλήθεια, *ale·theia*): '진리(truth)', '진실'을 말한다. 예수님은 제자들에게 '진실'을 말씀하신다.

◇"너희에게 유익이라": 예수님께서 떠나가는 것이 제자들에게 유익이다.

◇"가면 내가 그를 너희에게로 보내리니": 예수님이 떠나가지 않으면 보혜사가 제자에게 오시지 않을 것이다. 그러나 예수님이 가면 그분을 제자에게 보내신다. 보혜사가 오시는 것이 왜 제자들에게 유익인가?

8 "그가 와서 죄에 대하여, 의에 대하여, 심판에 대하여 세상을 책망하시리라"

◇"그가 와서": 성령님의 사역은 세 가지 측면이 있다: 세상과 관련한 사역(8-11), 제자들과 관련한 사역(12-15), 그리스도와 관련한 사역 등이다. 이 사역들은 세 개의 동사들로 나타난다: "그는 책망하시리라"(8), "그는 인도하시리니"(13), "그는 영광을 나타내리니"(14).

◇"책망하시리라"(ἐλεγχω/ ἐλεγξει, *elencho, elenxei*): 동사 직설 미래형이다. '밝히 드러내다(bring to light).' '죄를 깨닫게 하다(convict).'라는 뜻이다. 성령님이 세상에 대해서 법정의 검사와 같은 역할을 하신다.

성령님은 세상을 세 가지로 고소하신다: 죄, 의, 그리고 세상. 그 첫 번째는 무엇인가?

9 "죄에 대하여라 함은 그들이 나를 믿지 아니함이요"

◇"죄", "나를 믿지 아니함이요": 죄는 예수님을 믿지 않는 것이다. 이것은 예수님을 믿지 않는 것 외에는 그 어떤 잘못이나 범죄도 죄가 아니라는 말은 아니다. 죄의 뿌리가 예수님을 믿지 않는 데 있다. 성령님께서 오셔서 이 사실을 깨닫게 하신다. 두 번째는 무엇인가?

10 "의에 대하여라 함은 내가 아버지께로 가니 너희가 다시 나를 보지 못함이요"

◇"의", "내가 아버지께로 가니": '간다.'라는 말은 십자가의 죽음을 말한다. 예수님은 십자가에서 죽으시지만 죄인으로서 죽으신 것이 아니다. 예수님은 세상 죄를 짊어지시고 죽으신다. 예수님의 십자가는 예수님은 의로우신 분이고 우리는 죄인임을 선언한다. 성령님이 오셔서 예수님 십자가의 의미를 깨우치신다. 동시에 예수님만이 의이시고 이 세상에는 의가 없음을 고소하신다. 세 번째로 고소하시는 내용은 무엇인가?

11 "심판에 대하여라 함은 이 세상 임금이 심판을 받았음이라"

◇"심판", "이 세상 임금이 심판을 받았음이니라": '세상 임금'은 사탄을 말한다. 사탄은 예수님의 죽음을 통해서 심판을 받는다. 세상은 더는 사탄의 지배 아래에 있지 않다. 이 사실을 성령님께서 깨우치신다.

성령님의 사역을 통해서 오늘 우리는 무엇을 배울 수 있는가? 죄, 의, 그리고 심판의 기준에 대해서 배울 수 있다. 우리는 상대주의의 시대에서 살고 있다. 그 기준이 모호한 시대에 살고 있다. 그러나 성령님은 우리에게 분명한 기준을 가르치신다. 그리고 그 기준대로 살기를 원하신다. 그 기준대로 살도록 도와주신다.

성령님께서 어떻게 도와주시는가?

3. 진리의 성령님이 오셔서 제자들을 어디로 인도하십니까(12-13)? '모든 진리'는 무엇을 말합니까? 또 성령님은 무슨 일을 하십니까(14-15)? 우리의 삶에서 진리의 성령님이 오시는 것이 얼마나 중요합니까?

12 "내가 아직도 너희에게 이를 것이 많으나 지금은 너희가 감당하지 못하리라"

13 "그러나 진리의 성령이 오시면 그가 너희를 모든 진리 가운데로 인도하시리니 그가 스스로 말하지 않고 오직 들은 것을 말하며 장래 일을 너희에게 알리시리라"

◇"모든 진리 가운데로 인도하시리니": 성령님이 오시면 제자들을 모든 진리로 인도하신다(guide you into all the truth).

◇"진리": 예수님의 십자가와 부활, 그리고 승천 등의 의미를 말한다. 지금 제자들은 그 의미를 모른다. 그래서 근심으로 가득 차 있다. 그런데 진리의 성령님께서 오셔서 그 의미를 가르쳐 주신다.

◇"들은 것을 말하며 장래 일을 너희에게 알리시리라": 그분은 자기 생각대로 말씀하시지 않고 들은 것만 말씀하신다. 앞으로 일어날 일도 말씀하신다. 예수님도 스스로 말씀하지 않으셨다. 성령님도 예수님한테서 들으신 대로 말씀하신다. 성령님께서 말씀하시는 내용은 무엇인가?

◇"장래 일": 예수님께서 아버지께로 가심과 관련한 일을 말한다. 성령님은 예수님의 십자가와 부활, 그리고 승천의 사건이 가지는 진리를 제자들에게 깨닫게 하신다. 성령님의 사역은 구속사건의 의의를 바르게 해석하고 깨닫게 해주는 것이다. 또 성령님은 무슨 일을 하시는가?

14 "그가 내 영광을 나타내리니 내 것을 가지고 너희에게 알리시겠음이라"

◇"내 영광을 나타내리니": 성령님은 예수님의 영광을 나타내신다. 성령님

은 당신보다 예수님을 드러내는 사역을 하신다.

◇"내 것을 가지고": 왜냐하면 성령님은 예수님의 것을 받아서 제자들에게 알려주시기 때문이다. 왜 그렇게 하시는가?

15 "무릇 아버지께 있는 것은 다 내 것이라 그러므로 내가 말하기를 그가 내 것을 가지고 너희에게 알리시리라 하였노라"

◇"아버지께 있는 것은 다 내 것이라": 아버지 하나님께서 가지신 모든 것은 다 예수님의 것이다. 성령님은 예수님의 것을 가지고 제자에게 알리신다. 하나님과 예수님, 그리고 성령님은 모두 같은 한 분이시다. '장래 일', '예수님의 것', '아버지께서 가지고 계신 모든 것'이 같은 사실을 가리키고 있다.

진리의 성령님이 오시는 것이 얼마나 중요한가? 진리의 성령님이 오셔야만 예수님을 믿을 수 있다. 예수님의 십자가와 부활, 그리고 승천의 비밀을 깨닫고 예수님을 그리스도로 믿을 수 있다. 오늘 우리가 예수님을 믿을 수 있는 것도 성령님께서 오셨기 때문이다. 성령님께서 오시지 않으면 우리는 십자가와 부활을 믿지 못한다.

세상 사람은 십자가를 '수치스러운 것'과 '미련한 것'으로 여긴다. 왜냐하면 인간의 이성으로만 판단하기 때문이다. 십자가 안에 들어 있는 영적 비밀을 모르기 때문이다. 그것은 인간의 이성으로 알 수 없다. 성령님께서 인도하셔야 한다. 그런 점에서 성령님의 오심은 믿음의 삶에서 절대적이다. 성령님의 오심을 위해서 예수님은 무엇을 하시는가?

4. 성령님의 오심을 위해서 예수님은 무엇을 하십니까(16)? 그러나 제자의 상태는 어떠합니까(17-18)? 근심하는 제자들이 왜 장래에는 기뻐합니까(19-22)? 그날에 제자들이 어떤 은혜를 받습니까(23-25)?

16 "조금 있으면 너희가 나를 보지 못하겠고 또 조금 있으면 나를 보리라 하시니"

◇"보지 못하겠고", "나를 보리라": 예수님께서 십자가에서 돌아가신다. 그러나 예수님은 성령님으로 다시 오신다. 따라서 제자들은 예수님을 조금 있으면 볼 것이다. 그러나 현재 그들의 상태는 어떠한가?

17 "제자 중에서 서로 말하되 우리에게 말씀하신 바 조금 있으면 나를 보지 못하겠고 또 조금 있으면 나를 보리라 하시며 또 내가 아버지께로 감이라 하신 것이 무슨 말씀이냐 하고"

18 "또 말하되 조금 있으면이라 하신 말씀이 무슨 말씀이냐 무엇을 말씀하시는지 알지 못하노라 하거늘"

◇"무슨 말씀이냐": 그들은 예수님의 말씀을 깨닫지 못한다.

19 "예수께서 그 묻고자 함을 아시고 이르시되 내 말이 조금 있으면 나를 보지 못하겠고 또 조금 있으면 나를 보리라 하므로 서로 문의하느냐"

20 "내가 진실로 진실로 너희에게 이르노니 너희는 곡하고 애통하겠으나 세상은 기뻐하리라 너희는 근심하겠으나 너희 근심이 도리어 기쁨이 되리라"

◇"곡하고 애통하겠으나"/ "기뻐하리라", "근심하겠으나"/ "기쁨이 되리라": 예수님께서 십자가에서 죽으시면 제자는 애통한다. 그러나 예수님을 박해했던 세상은 기뻐한다. 그런데 역전이 일어난다. 제자는 근심하다가 기뻐한다. 왜냐하면 예수님이 죽은 자 가운데서 다시 살아나시기 때문이다. 제자는 고통을 통해서 기쁨을 누린다. 그 고통과 기쁨을 무엇에 비유할 수 있는가?

21 "여자가 해산하게 되면 그 때가 이르렀으므로 근심하나 아기를 낳으면 세상에 사람 난 기쁨으로 말미암아 그 고통을 다시 기억하지 아니하느니라"

◇"다시 기억하지 아니하느니라": 해산할 날이 가까운 산모는 겪어야 할 진통 때문에 근심한다. 그러나 아기를 낳으면 기쁨 때문에 그 고통을 잊는다. 지금 제자들은 예수님께서 그들을 떠나 아버지께로 간다니까 슬퍼한다. 하지만 그 슬픔은 오래가지 않을 것이다. 기억하지 않는다. 예수님이 아버지께 가시는 일을 통해서 임산부가 아이를 낳은 것 같이 하나님의 백성이 탄생할 것이기 때문이다. 그 기쁨은 어느 정도인가?

22 "지금은 너희가 근심하나 내가 다시 너희를 보리니 너희 마음이 기쁠 것이요 너희 기쁨을 빼앗을 자가 없으리라"

◇"기쁨을 빼앗을 자가 없으리라": 예수님께서 성령님으로 다시 오시면 기쁨이 가득하고, 그 기쁨을 아무도 뺏어가지 못한다. 성령님께서 제자들과 함께하시기 때문이다. 성령님이 제자들 속에 거하시기 때문이다. 그 날 제자는 어떤 은혜를 덧입는가?

23 "그 날에는 너희가 아무 것도 내게 묻지 아니하리라 내가 진실로 진실로 너희에게 이르노니 너희가 무엇이든지 아버지께 구하는 것을 내 이름으로 주시리라"

◇"묻지 아니하리라": '기도한다.'라는 뜻보다는 '질문한다.'라는 뜻이다. 그날 제자들은 아무것도 묻지 않을 것이다. 왜냐하면 진리의 성령님이 오셔서 그들을 가르치시기 때문이다(16:13).

◇"아버지께 구하는 것을 내 이름으로 주시리라": 제자가 예수님의 이름으로 무엇이든지 직접 구하면 아버지께서 주신다. 그동안은 예수님께서 기도하여 받았다. 그러나 성령님이 오시면 제자들이 아버지께 직접 기도하고 직접 받는다.

24 "지금까지는 너희가 내 이름으로 아무것도 구하지 아니하였으나 구하라 그리하면 받으리니 너희 기쁨이 충만하리라"

◇"내 이름으로 아무것도 구하지 아니하였으나": 지금까지 제자는 예수님의 이름으로 기도하지 않았다. 왜냐하면 예수님께서 직접 도와주셨기 때문이다. 그러나 이제부터 그들은 '예수님의 이름으로' 기도해야 한다. 그들이 기도할 수 있는 것은 예수님이 아버지께로 가시는 구속사건 때문이다.
◇"기쁨이 충만하리라": 기도 응답의 결과는 기쁨이다.

여기서 볼 때 기도는 어떤 사람이 할 수 있는가? 성령님께서 함께하는 사람이다. 기도는 성령님께서 우리에게 주시는 선물이다. 지금까지 예수님은 제자에게 어떻게 가르치셨는가?

25 "이것을 비유로 너희에게 일렀거니와 때가 이르면 다시는 비유로 너희에게 이르지 않고 아버지에 대한 것을 밝히 이르리라"

◇"비유"(παροιμία, *paroimia*): '잠언(proverb)', '현명한 말(wise saying)', '비유로(in figures of)'라는 뜻이다. 이 말은 '분명하게'란 단어와 대조된다. 예수님께서 지금 사용하고 있는 은유적 어법은 그 뜻이 분명하지 않은 점을 포함한다.
◇"때가 이르면": 성령님께서 오시는 때를 말한다.
◇"밝히 이르리라": 분명하게 말씀하는 시대가 올 것이다. 성령님이 오셔서 진리로 인도하심으로 이루어질 것이다. 그날 제자는 무엇을 하는가?

5. 제자들은 왜 예수님의 이름으로 구합니까(26-28)? 제자들은 무엇이라고 고백합니까(29-30)? 하지만 그들은 어떻게 됩니까(31-32)? 제자들은 환난을 겪어도 어떻게 담대할 수 있습니까(33)?

26 "그날에 너희가 내 이름으로 구할 것이요 내가 너희를 위하여 아버지께 구하겠다 하는 말이 아니니"

◇"내 이름으로 구할 것이요": 제자들이 본격적으로 기도하는 시대가 올

것이다. 기도는 새 시대의 특성이다. 예수님이 제자들과 함께하셨을 때는 제자들을 위해서, 제자들의 문제를 해결하기 위해서 예수님이 기도하셨다. 그러나 성령님이 오시면 이런 모습이 바뀐다. 왜 이렇게 기도할 수 있는가?

27 "이는 너희가 나를 사랑하고 또 내가 하나님께로부터 온 줄 믿었으므로 아버지께서 친히 너희를 사랑하심이라"

◇"사랑하고", "믿었으므로", "사랑하심이라": 제자들이 예수님을 사랑한다. 예수님이 하나님한테서 온 줄 믿는다. 따라서 아버지께서 제자들을 사랑하신다. 제자들은 그 사랑을 근거로 기도할 수 있다.

28 "내가 아버지에게서 나와 세상에 왔고 다시 세상을 떠나 아버지께로 가노라 하시니"

◇"아버지께로 가노라": 예수님께서 아버지께로 가심으로써 새 시대가 열린다. 제자들은 이 말씀 앞에서 어떻게 반응하는가?

29 "제자들이 말하되 지금은 밝히 말씀하시고 아무 비유로도 하지 아니하시니"

30 "우리가 지금에야 주께서 모든 것을 아시고 또 사람의 물음을 기다리시지 않는 줄 아나이다 이로써 하나님께로부터 나오심을 우리가 믿사옵나이다"

◇"믿사옵나이다": 제자들은 믿음을 고백한다. 예수님께서 무엇이라고 대답하시는가?

31 "예수께서 대답하시되 이제는 너희가 믿느냐"

◇"이제는 너희가 믿느냐": 제자들의 때늦은 믿음과 작은 믿음에 대한 안타까움의 표현이다. 물론 이제라도 이 정도의 믿음이라도 있으니 다행이라는 마음도 섞여 있을 것이다. 그러나 그들은 어떻게 되는가?

32 "보라 너희가 다 각각 제 곳으로 흩어지고 나를 혼자 둘 때가 오나니 벌써 왔도다 그러나 내가 혼자 있는 것이 아니라 아버지께서 나와 함께 계시느니라"

◇"벌써 왔도다": 제자들이 예수님을 혼자 버려두고 흩어질 때가 벌써 왔다.

◇"아버지께서 나와 함께 계시느니라": 그러나 아버지께서 예수님과 함께 계시므로 예수님은 혼자가 아니시다. 예수님은 외롭지 않으신다. 예수님께서 이 말씀을 하시는 목적은 무엇인가?

33 "이것을 너희에게 이르는 것은 너희로 내 안에서 평안을 누리게 하려 함이라 세상에서는 너희가 환난을 당하나 담대하라 내가 세상을 이기었노라"

◇"평안을 누리게 하려 함이라": 제자들이 평화를 누리기를 바라신다. 예수님은 그들을 슬프게 하기 위한 것도, 꾸짖으시는 것도 아니다.

◇"세상에서는 너희가 환난을 당하나": 제자들은 세상에서 환난을 겪는다.

◇"담대하라": 그러나 제자들은 담대해야 한다. 인간적인 용기를 말하는 것이 아니다. 믿음에 의한 용기를 말한다. 어떻게 그런 용기를 가질 수 있는가?

◇"내가 세상을 이기었노라": 왜냐하면 예수님께서 세상을 이기셨기(have overcome) 때문이다. 과거 완료형이다. 과거의 어느 시점에서 세상을 이기셨는데, 그 결과가 지금도 남아 있다는 말이다. 예수님은 이미 세상을 이기셨다. 그래서 지금 '이긴 자'로서 권세를 가지고 계신다.

오늘 우리에게 주는 의미는 무엇인가? 우리도 세상에 대한 담대함이 필요하다. 용기는 믿음에서 나온다. "세상을 이기는 승리는 이것이니 우리의 믿음이니라"(요일 5:4). 우리는 세상에서 환난을 피할 수 없다. 그럴지라도 우리는 성령님의 함께 하심을 믿음으로 담대할 수 있다.

제31강

고별기도

◇본문 요한복음 17:1-26
◇요절 요한복음 17:17
◇찬송 452장, 461장

1. 예수님은 말씀을 마치시고 가장 먼저 무엇을 위해서 기도하십니까(1)? 왜 십자가의 죽음을 영광이라고 말할까요? 예수님의 죽음이 왜 하나님을 영화롭게 합니까? 하나님께서 예수님께 권세를 주신 목적은 무엇입니까(2)?

2. 영생은 무엇입니까(3)? 예수님은 이 땅에서 어떻게 하나님을 영화롭게 하셨습니까(4)? 예수님은 어떤 영광을 바라십니까(5)?

3. 예수님은 세상에서 제자들을 위해서 무엇을 하셨습니까(6-8)? 예수님은 왜 제자들을 위해서 기도하십니까(9-10)? 제자들을 위한 첫 번째 기도는 무엇입니까(11-12)? 제자들은 세상으로부터 어떤 대접을 받습니까(13-14)?

4. 예수님은 그런 제자들이 어떻게 되도록 기도하십니까(15-16)? 그들은 어떻게 거룩할 수 있습니까(17)? '말씀으로 거룩하게 된다.'라는 사실이 우리에게 주는 의미는 무엇입니까? 그들은 왜 거룩하게 살아야 합니까(18-19)? 이 말씀을 오늘 우리에게는 어떻게 적용할 수 있습니까?

5. 예수님은 누구를 위해서도 기도하시며, 그 기도 제목은 무엇입니까(20-22)? 하나 되게 하는 목적은 무엇입니까(23)? 또 그들이 어떻게 되기를 원하십니까(24-26)?

제31강

고별기도

◇본문 요한복음 17:1-26
◇요절 요한복음 17:17
◇찬송 452장, 461장

1. 예수님은 말씀을 마치시고 가장 먼저 무엇을 위해서 기도하십니까(1)? 왜 십자가의 죽음을 영광이라고 말할까요? 예수님의 죽음이 왜 하나님을 영화롭게 합니까? 하나님께서 예수님께 권세를 주신 목적은 무엇입니까(2)?

1 **"예수께서 이 말씀을 하시고 눈을 들어 하늘을 우러러 이르시되 아버지여 때가 이르렀사오니 아들을 영화롭게 하사 아들로 아버지를 영화롭게 하게 하옵소서"**

◇"이 말씀을 하시고": 예수님은 13장부터 16장까지 제자들에게 말씀하셨다. 그것을 '고별 강화', '고별메시지'라고 부른다.

◇"하늘을 우러러 이르시되": 예수님은 이제 하늘을 우러러보시며 기도하셨다. 우리는 이 기도를 '고별기도'라고 부른다. 첫 번째 기도의 내용은 무엇인가?

◇"때가 이르렀사오니": 예수님께서 십자가에서 돌아가실 때가 왔다. 죽음의 시각이 마침내 왔다.

◇“아들을 영화롭게 하사”: 그 때는 아들을 영화롭게 하는 때이다. 예수님은 십자가에서 돌아가시는데 그것을 영화로 말씀하신다. 왜 십자가의 죽음을 영광이라고 말할까? 겉으로만 보면 십자가의 죽음은 수치이다. 그러나 예수님께서 십자가에서 죽으심으로써 그를 믿는 사람에게 영생을 주신다. 그리고 예수님은 죽음으로 끝나지 않고 사흘 만에 다시 살아나신다. 따라서 예수님의 죽음은 수치가 아니라 영광이다.

◇“아들로 아버지를 영화롭게 하게 하옵소서”: 예수님은 십자가 죽음을 통해서 아버지를 영화롭게 하신다고 믿었다. 예수님은 자기 영광에만 머물러 있지 않으신다. 예수님은 자기 영광을 통해서 아버지를 영화롭게 하고자 하신다.

예수님의 죽음이 왜 하나님을 영화롭게 하는가? 예수님은 죽음을 통해서 아버지 하나님을 세상에 온전히 나타내신다. 하나님의 살아 계심과 그 사랑을 세상에 알리신다. 하나님께서 세상을 사랑하셔서 멸망하지 않고 영생을 주고자 하신다(3:16). 그 영생을 위해서 독생자를 십자가에서 대신 죽게 하셨다. 하나님은 예수님의 십자가를 통해서 사랑과 공의, 구원과 심판을 증언하신다. 따라서 예수님의 죽음은 하나님의 영광을 드러내신다. 하나님 아버지께서는 예수님께 무슨 권한을 주셨는가?

2 “아버지께서 아들에게 주신 모든 사람에게 영생을 주게 하시려고 만민을 다스리는 권세를 아들에게 주셨음이로소이다”

◇“영생을 주게 하시려고”: 아버지께서 아들에게 만민을 다스리는 권세를 주셨다. 그것은 모든 사람에게 영생을 주기 위해서다. 예수님은 모든 사람에게 영생을 주기 위해서 아버지께서 그를 영화롭게 하셔야 한다고 기도하신다. 예수님은 당신의 죽음과 영생을 연결하신다. 영생은 무엇인가?

2. 영생은 무엇입니까(3)? 예수님은 이 땅에서 어떻게 하나님을 영화롭게 하셨습니까(4)? 예수님은 어떤 영광을 바라십니까(5)?

3 "영생은 곧 유일하신 참 하나님과 그가 보내신 자 예수 그리스도를 아는 것이니이다"

◇"안다"(γινώσκω, *gino:sko:*): '알다(know)', '깨닫는다(comprehend).' '인식하다(recognize).'라는 뜻이다. 이 단어는 기본적으로 사물이나 사람 또는 상황을 감각으로 인식하는 것을 뜻한다. 단순히 필요한 정보를 아는 정도가 아니라 인격적이면서 경험적인 관계로 아는 것을 말한다.

◇"그리스도를 아는": 영원한 생명은 한 분밖에 없는 참 하나님이신 아버지와 아버지께서 보내신 예수 그리스도를 아는 것을 말한다. 이 말씀은 영생에 대한 정의이면서 영생을 얻는 길에 대한 정의이다.

지금까지는 '믿음'을 말하였다. 일반적으로 생각하면 "영생은 믿음으로 받는다." 그런데 왜 여기서는 '안다'라고 하시는가? '믿는다'라는 것과 '안다'라는 것을 같은 개념으로 말씀하신다. 하나님을 알아야 믿을 수 있다. 믿어야 알 수 있다. 예수님은 이 땅에서 어떻게 하나님을 영화롭게 하셨는가?

4 "아버지께서 내게 하라고 주신 일을 내가 이루어 아버지를 이 세상에서 영화롭게 하였사오니"

◇"내가 이루어": 예수님은 아버지께서 하라고 맡기신 일을 완성하여 아버지께 영광을 돌렸다. 예수님은 그 일을 어떻게 이루셨는가? 그 사역의 형식이 무엇인가? 이 사역은 두 가지로 나눌 수 있다. 예수님의 말씀 사역과 행위 사역이다. 말씀 사역은 가르치는 일이고, 행위 사역은 치유와 능력으로 나타났다. 예수님은 이 두 가지를 행하심으로써 하나님의 말씀과 그 능력을 세상에 전하였다. 하나님의 살아 계심과 그 능력, 그리고 사랑을 증언하셨다. 이제 예수님께서 가시는 십자가 죽음은 아버지

를 결정적으로 영화롭게 하시는 일이다. 그것이 아버지께서 그분에게 주신 자들에게 영생을 주는 유일한 길이기 때문이다. 예수님의 가르침과 사역은 하나님의 영광에서 시작하여 하나님의 영광으로 끝난다. 이 사역의 핵심은 생명을 살리는 데 있다. 예수님은 생명 사역을 통해서 하나님의 영광을 드러내셨다. 예수님께서 원하시는 영화는 무엇인가?

5 "아버지여 창세 전에 내가 아버지와 함께 가졌던 영화로써 지금도 아버지와 함께 나를 영화롭게 하옵소서"

◇"창세 전에": '세상이 있기 전(before the world existed)'을 뜻한다. 예수님은 세상이 있기 전부터 아버지와 함께 계셨다.

◇"아버지와 함께 가졌던 영화": 예수님이 하나님으로서의 영화이다.

◇"아버지와 함께 나를 영화롭게 하옵소서": 우리는 성육신하신 예수님으로부터 하나님 독생자의 영광을 보았다(1:14). 우리는 예수님의 가르침과 사역을 통해서 하나님의 영광을 보았다. 예수님의 십자가를 통해서 그 영광의 극치를 본다. 예수님은 이제 창세 전에 가졌던 그 영광을 기대하신다. 예수님은 세상에서 제자들을 위해서 무엇을 하셨는가?

3. 예수님은 세상에서 제자들을 위해서 무엇을 하셨습니까(6-8)? 예수님은 왜 제자들을 위해서 기도하십니까(9-10)? 제자들을 위한 첫 번째 기도는 무엇입니까(11-12)? 제자들은 세상으로부터 어떤 대접을 받습니까(13-14)?

6 "세상 중에서 내게 주신 사람들에게 내가 아버지의 이름을 나타내었나이다 그들은 아버지의 것이었는데 내게 주셨으며 그들은 아버지의 말씀을 지키었나이다"

◇"내게 주신 사람들에게": 예수님의 제자를 말한다. 그들은 아버지께 속한 자들이며, 아버지께서 예수님에게 주신 자들이다. 그들은 예수님으

로부터 하나님의 계시를 받아서 그 말씀을 지킨 자들이다.

◇"아버지의 이름을 나타내었나이다": 예수님은 제자들에게 하나님의 이름을 알리셨다.

7 **"지금 그들은 아버지께서 내게 주신 것이 다 아버지로부터 온 것인 줄 알았나이다"**

◇"내게 주신 것": 하나님께서 예수님에게 주신 말씀이다.

◇"알았나이다": 제자들은 아버지께서 예수님에게 주신 것이 아버지께로 온 것임을 알았다. 예수님은 그 말씀을 어떻게 하셨는가?

8 **"나는 아버지께서 내게 주신 말씀들을 그들에게 주었사오며 그들은 이것을 받고 내가 아버지께로부터 나온 줄을 참으로 아오며 아버지께서 나를 보내신 줄도 믿었사옵나이다"**

◇"내게 주신 말씀들": 7절에서 언급한 '모든 것'들이다. 아버지께서 주신 말씀들을 예수님은 제자들에게 주셨다. 그들은 예수님께서 주신 모든 말씀이 아버지 하나님한테서 왔음을 알았다.

◇"믿었사옵나이다": 그들은 이 말씀을 받았다. 그들은 예수님이 아버지께로부터 온 것을 확실히 알고 또 아버지께서 예수님을 보내신 것을 믿었다. 예수님은 왜 제자들을 위해서 기도하시는가?

9 **"내가 그들을 위하여 비옵나니 내가 비옵는 것은 세상을 위함이 아니요 내게 주신 자들을 위함이니이다 그들은 아버지의 것이로소이다"**

10 **"내 것은 다 아버지의 것이요 아버지의 것은 내 것이온데 내가 그들로 말미암아 영광을 받았나이다"**

◇"영광을 받았나이다": 예수님은 제자들 때문에 많은 고생을 하셨다. 어떤 때는 제자들 때문에 고난과 수치도 당하셨다. 그러나 예수님은 그들 때문에 영광을 받으셨다. 그들의 허물과 실수가 있었지만 궁극적으로

예수님의 이름을 높였기 때문이다. 예수님은 그들을 위해서 무엇이라고 기도하시는가?

11 "나는 세상에 더 있지 아니하오나 그들은 세상에 있사옵고 나는 아버지께로 가옵나니 거룩하신 아버지여 내게 주신 아버지의 이름으로 그들을 보전하사 우리와 같이 그들도 하나가 되게 하옵소서"

◇"그들은 세상에 있사옵고 나는 아버지께로 가옵나니": 예수님은 세상을 떠나 아버지께로 가신다. 제자들은 세상에 남아 있다. 예수님께서 제자들을 위해서 기도하시는 배경이다.

◇"보전하사"(τηρεω/ τηρησον, *te:reo:/ tereson*): 동사 명령 과거형이다. '보존하다(preserve)', '지킨다(keep).'라는 뜻이다. 예수님은 하나님께서 그들을 지켜 주도록 기도하신다. 하나님께서 그들을 지키시는 목적은 무엇인가?

◇"하나가 되게 하옵소서": 아버지와 아들이 하나인 것 같이 제자들 모두가 하나가 되는(be one) 것이다. 그들이 하나 되는 것의 모델은 아버지와 아들의 하나 됨이다. 하나의 뜻, 하나님의 사명, 하나의 목적으로 뭉치는 것을 말한다. 예수님은 그들을 어떻게 지켰는가?

12 "내가 그들과 함께 있을 때에 내게 주신 아버지의 이름으로 그들을 보전하고 지키었나이다 그 중의 하나도 멸망하지 않고 다만 멸망의 자식뿐이오니 이는 성경을 응하게 함이니이다"

◇"보존하고", "지키었나이다": 예수님은 그들을 아버지의 이름으로 보전하고(kept) 지켰다(guarded).

◇"멸망하지 않고": 아버지께서 아들을 세상에 보낸 목적은 믿는 자가 하나도 멸망하지 않고 영생을 얻는 것이었다(3:16; 10:28). 예수님은 제자들을 아버지의 이름으로 보호해왔으니 아버지도 보호해달라고 기도하신다. 그러나 어떤 예외가 있었는가?

◇"멸망의 자식뿐이오니": 그들 가운데 멸망의 자식은 제외였다.

◇"성경을 응하게 함이니이다": 하나를 잃은 것은 성경 말씀을 이루는 일이었다. 예수님은 왜 이 말씀을 하시는가?

13 "지금 내가 아버지께로 가오니 내가 세상에서 이 말을 하옵는 것은 그들로 내 기쁨을 그들 안에 충만히 가지게 하려 함이니이다"

◇"내 기쁨을 그들 안에 충만히 가지게 하려 함이니이다": 예수님이 세상에서 이 말씀을 하는 것은 제자들이 예수님의 기쁨을 마음껏 누리게 하려는 것이다. 제자들은 세상으로부터 어떤 대접을 받는가?

14 "내가 아버지의 말씀을 그들에게 주었사오매 세상이 그들을 미워하였사오니 이는 내가 세상에 속하지 아니함 같이 그들도 세상에 속하지 아니함으로 인함이니이다"

◇"세상이 그들을 미워하였사오니": 세상은 제자들을 미워했다.

◇"그들도 세상에 속하지 아니함으로 인함이니이다": 왜냐하면 예수님이 세상에 속하지 않은 것처럼 그들도 세상에 속하지 않았기 때문이다. 제자들이 세상에 소속되지 않아서 세상은 그들을 미워했다. 그들은 이 세상에서 '미운 오리 새끼'로 산다. 예수님은 그런 제자들이 어떻게 되도록 기도하시는가?

4. 예수님은 그런 제자들이 어떻게 되도록 기도하십니까(15-16)? 그들은 어떻게 거룩할 수 있습니까(17)? '말씀으로 거룩하게 된다.'라는 사실이 우리에게 주는 의미는 무엇입니까? 그들은 왜 거룩하게 살아야 합니까(18-19)? 이 말씀을 오늘 우리에게는 어떻게 적용할 수 있습니까?

15 "내가 비옵는 것은 그들을 세상에서 데려가시기를 위함이 아니요 다만 악에 빠지지 않게 보전하시기를 위함이니이다"

◇ "데려가시기를": 하나님의 나라로 인도하는 것을 말한다. 즉 세상으로부터 분리(take out of the world)를 뜻한다. 예수님은 제자들이 세상으로부터 분리되는 것을 원하지 않으신다.

◇ "악에 빠지지 않게 보전하시기를": 예수님은 제자들을 악으로부터 보호해 주시도록(you keep them from the evil one) 기도하신다. 그들은 왜 보호가 필요한가?

16 "내가 세상에 속하지 아니함 같이 그들도 세상에 속하지 아니하였사옵나이다"

◇ "세상에 속하지 아니함": 예수님께서 세상에 속하지 않은 것처럼 그들도 세상에 속하지 않았다. 세상이 그들을 미워한다. 따라서 그들은 보호가 필요하다. 예수님은 그들이 어떻게 보호받기를 원하시는가?

17 "그들을 진리로 거룩하게 하옵소서 아버지의 말씀은 진리니이다"

◇ "거룩하게 하옵소서"(ἁγιάζω/ ἁγιάζειν, *hagiazo:/ hagiazein*): 동사 명령 과거형이다. '거룩하게 하다(make holy)', '성별하다(consecrate).'라는 뜻이다. '세속의 영역에서 떼어내어 거룩의 자리에 갖다 놓는다.', '하나님께 쓰임을 받기 위해서 따로 구별한다.'라는 뜻이다. 구약성경에서 이 말은 인간이든 짐승이든 간에 하나님께 바치는 것을 말했다. 무엇으로 거룩할 수 있는가?

◇ "진리": 하나님의 말씀이다.

◇ "아버지의 말씀은 진리니이다": 아버지 하나님의 말씀이 진리이다. 제자는 아버지의 말씀으로 거룩하게 된다. 제자는 하나님의 말씀으로 세상에서 살지라도 악에 빠지지 않고 보호받는다. 제자는 말씀으로 세상으로부터 분리된 삶이 아니라 구별된 삶을 살 수 있다.

'말씀으로 거룩하게 된다.' 라는 사실이 우리에게 주는 의미는 무엇인가? 우리는 말씀을 배우고 말씀대로 살아야 한다. 그러면 세상 유혹에 물들지 않는다. 세상의 죄악으로부터 우리를 지킬 수 있다. 말씀이 없이는 유혹을 이길 수 없다. 세상에서 나를 지킬 수 없다.

중세 교회에서는 세상으로부터 거룩함을 지키기 위해서 수도원을 만들었다. 그들은 신앙의 순결을 지키기 위해서 3m 두께의 담을 쌓고 세상으로부터 숨어 지냈다. 어떤 사람은 세상을 떠나서 홀로 은둔생활을 하기도 했다. 하지만 이런 삶을 거룩이라고 말할 수 있겠는가? 우리는 말씀을 통해서 거룩한 삶을 살아야 한다. 말씀은 교회를 세상으로부터 분리하는 것이 아니라 구별하도록 한다. 아르키메데스(Archimedes, BC 290-212/211)는 "나에게 지레를 받칠 수 있도록 세계 밖의 한 점을 주시오. 그러면 지레 하나로 세계를 움직이겠소."라고 말하였다. 만약 교회가 세상 바깥에 있는 한 지점에 의존하고 있지 않다면 지레로 세상을 움직일 수 없을 것이다. 그 지레를 우리는 하나님의 말씀이라고 믿는다. 우리는 왜 거룩하게 살아야 하는가?

18 "아버지께서 나를 세상에 보내신 것 같이 나도 그들을 세상에 보내었고"

◇"세상에 보내었고": 제자들은 단지 세상에 속하지 않은 자로서 세상에 남아 있는 것은 아니다. 예수님으로부터 받은 사명을 가지고 세상으로 들어가야 한다. 짠맛이 있어야 짠맛을 줄 수 있고, 빛이 있어야 빛을 줄 수 있다. 예수님은 그들을 위해서 또 무엇을 기도하시는가?

19 "또 그들을 위하여 내가 나를 거룩하게 하오니 이는 그들도 진리로 거룩함을 얻게 하려 함이니이다"

◇"나를 거룩하게 하오니": 예수님은 그들을 위해서 당신을 거룩하게 하신다. 예수님은 십자가에서 돌아가신다. 예수님의 십자가 죽음은 하나님께 당신을 완전히 드린 자발적인 헌신과 순종의 절정이다. 예수님의 성화는 제자들의 온전한 헌신과 순종을 위한 모델이다. 예수님께서 아버지께 하

신 것을 표준 삼아 제자들도 아버지께 온전히 바칠 수 있어야 한다.

종교 다원주의 시대에서 우리는 왜 거룩하게 살아야 하는가? 우리는 어떻게 살아야 세상에 영향을 끼칠 수 있는가? 세상을 변혁할 힘은 어디에 있는가? 거룩성은 영성과 함께 윤리성과 연결된다. 예수님의 제자는 윤리만 훌륭하다고 해서 세상에 영향력을 끼치는 것은 아니다. 윤리는 일반 종교나 도덕에도 있기 때문이다. 그래서 영성이 중요하다. 반대로 영성만 있고 윤리성이 없으면 그것도 한계가 있다. 결국 거룩성은 영성과 윤리성이 함께 할 때 빛을 발한다. 오늘 우리가, 우리 교회가 거룩하게 되어서 세상에 희망을 줄 수 있기를 바란다. 예수님은 이제 누구를 위해서도 기도하시는가?

5. 예수님은 누구를 위해서도 기도하시며, 그 기도 제목은 무엇입니까(20-22)? 하나 되게 하는 목적은 무엇입니까(23)? 또 그들이 어떻게 되기를 원하십니까(24-26)?

20 "내가 비옵는 것은 이 사람들만 위함이 아니요 또 그들의 말로 말미암아 나를 믿는 사람들도 위함이니"

◇"그들의 말로 말미암아": 예수님은 제자들을 통해 예수님을 믿는 사람을 위해서도 기도하신다. 즉 미래의 신자들이다. 이 기도는 두 가지를 전제한다. 첫째는, 예수님을 떠나 뿔뿔이 흩어질 제자들이 사역을 계승할 것을 전제한다. 둘째는, 세상으로 파송을 받은 제자들이 세상에서 성공적인 사역을 감당할 것을 전제한다. 예수님은 앞으로 다가올 다음 세대를 바라보고 계신다. 그들을 위한 기도 제목은 무엇인가?

21 "아버지여, 아버지께서 내 안에, 내가 아버지 안에 있는 것 같이 그들도 다 하나가 되어 우리 안에 있게 하사 세상으로 아버지께서 나를 보내신 것을 믿게 하옵소서"

◇"하나가 되어": 그들도 하나가 되어야(may all be one) 한다. 제자들의

하나 됨은 그들 모두가 아버지 하나님과 아들 안에 있기 때문이다. 이것은 모든 제자가 아버지와 아들과 진정한 교제에 참여하는 것을 말한다. 그 결과는 무엇인가?

◇"믿게 하옵소서": 하나님 아버지께서 그 아들을 보내신 것을 세상이 믿도록 하는 것이다. 제자들이 하나가 되면 세상은 그것을 보고 예수님을 믿는다. 제자들이 하나가 되지 않으면 세상은 예수님을 믿지 않는다. 따라서 제자의 하나 됨은 절대적이어야 한다.

22 "내게 주신 영광을 내가 그들에게 주었사오니 이는 우리가 하나가 된 것 같이 그들도 하나가 되게 하려 함이니이다"

23 "곧 내가 그들 안에 있고 아버지께서 내 안에 계시어 그들로 온전함을 이루어 하나가 되게 하려 함은 아버지께서 나를 보내신 것과 또 나를 사랑하심 같이 그들도 사랑하신 것을 세상으로 알게 하려 함이로소이다"

◇"온전함을 이루어 하나가 되게": 이 사람들을 완전히 하나가 되게 하려는 것이다(may become perfectly one).

◇"알게 하려 함이로소이다": 아버지께서 예수님을 사랑하신 것처럼 이 사람들도 사랑하셨다는 것을 알게 하려는 것이다. 예수님은 그들이 어떻게 되기를 원하시는가?

24 "아버지여 내게 주신 자도 나 있는 곳에 나와 함께 있어 아버지께서 창세 전부터 나를 사랑하시므로 내게 주신 나의 영광을 그들로 보게 하시기를 원하옵나이다"

◇"나 있는 곳에 나와 함께 있어": 예수님은 사람들과 당신이 계신 곳에 함께 있기를 바라신다.

◇"나 있는 곳에": 예수님이 성령님으로 오시는 곳이다. 예수님은 성령님으로 오셔서 제자들과 함께 계신다.

◇“나와 함께”: 사랑하는 사람은 사랑하는 자와 함께 있기를 갈망한다. 예수님은 이 땅에서 성령님으로 제자들과 함께하신다. 그 목적은 무엇인가?

◇“나의 영광을 그들로 보게 하시기를 원하옵나이다”: 아버지께서 창세 전에 아들에게 사랑으로 주신 영광을 보기 위함이다. 성령님의 오심을 통해서 다시 오신 예수님의 영광을 제자들이 보게 될 것이다.

25 “의로우신 아버지여 세상이 아버지를 알지 못하여도 나는 아버지를 알았사옵고 그들도 아버지께서 나를 보내신 줄 알았사옵나이다”

26 “내가 아버지의 이름을 그들에게 알게 하였고 또 알게 하리니 이는 나를 사랑하신 사랑이 그들 안에 있고 나도 그들 안에 있게 하려 함이니이다”

◇“알게 하리니”: 예수님은 제자들에게 지상 사역을 통해서 하나님의 이름을 알려주셨다. 앞으로는 성령님의 오심을 통해서도 알리고자 하신다. 그 목적은 무엇인가?

◇“나를 사랑하신 사랑이 그들 안에 있고 나도 그들 안에 있게 하려 함이니이다”: 하나님께서 예수님을 사랑한 그 사랑이 제자들 안에 있고, 예수님도 그들 안에 있도록 하심이다.

제32강

내가 왕이니라

◇본문 요한복음 18:1-40
◇요절 요한복음 18:37
◇찬송 151장, 457장

1. 예수님은 제자들과 함께 어디로 가셨으며, 유다는 누구와 함께 그곳으로 왔습니까(1-3)? 예수님은 당신의 신분을 어떻게 밝히십니까(4-5)? 그들은 왜 땅에 엎드러졌을까요(6-7)?

2. 예수님은 그들에게 무슨 제안을 하십니까(8-9)? 예수님은 어떻게 되십니까(10-12)? 예수님이 결박당하고 제자들이 풀려난 것을 통해서 무엇을 배울 수 있습니까? 그들은 예수님을 어디로 끌고 갔습니까(13-14)?

3. 베드로는 예수님을 따라갔음에도 불구하고 자기 정체성을 어떻게 감춥니까(15-18)? 예수님은 얼마나 분명하게 당신의 정체를 밝히십니까(19-24)? 베드로는 왜 예수님을 세 번이나 부인했을까요(25-27)?

4. 유대인은 예수님을 빌라도에게 무슨 죄로 고소합니까(28-30)? 유대인은 왜 예수님을 죽이려고 합니까(31-32)? 유대인이 예수님의 십자가 처형을 주장한 데는 무슨 뜻이 있습니까?

5. 빌라도는 예수님께 무엇을 묻습니까(33-35)? 예수님 나라의 성격이 어떠합니까(36)? '예수님의 나라가 이 세상에 속하지 않았다.'라는 말은 무슨 뜻입니까? 예수님은 누구시며, 왜 세상에 오셨습니까(37)?

6. 빌라도는 왜 예수님을 왜 놓아주려고 합니까(38-39)? 그러나 유대인은 무엇이라고 소리 지릅니까(40)? 예수님 대신 바라바를 놓아주기를 바라는 것을 통해서 예수님의 죽음에 대해서 무엇을 배울 수 있습니까?

제32강

내가 왕이니라

◇본문 요한복음 18:1-40
◇요절 요한복음 18:37
◇찬송 151장, 457장

1. 예수님은 제자들과 함께 어디로 가셨으며, 유다는 누구와 함께 그곳으로 왔습니까(1-3)? 예수님은 당신의 신분을 어떻게 밝히십니까(4-5)? 그들은 왜 땅에 엎드러졌을까요(6-7)?

1 "예수께서 이 말씀을 하시고 제자들과 함께 기드론 시내 건너편으로 나가시니 그곳에 동산이 있는데 제자들과 함께 들어가시니라"

◇"기드론: 예루살렘 성벽과 감람산 사이에 있는 골짜기이다.

◇"동산": 겟세마네 동산을 말한다. 이곳에는 감람나무가 많았다.

2 "그곳은 가끔 예수께서 제자들과 모이시는 곳이므로 예수를 파는 유다도 그 곳을 알더라"

3 "유다가 군대와 대제사장들과 바리새인들에게서 얻은 아랫사람들을 데리고 등과 횃불과 무기를 가지고 그리로 오는지라"

◇"군대": 로마 군단 6천 명의 1/10 규모인 6백 명으로 구성된 부대를 말한다. 하지만 여기의 군대는 2백 명으로 구성된 부대일 것이다. 군인이

동원된 것은 로마 당국과 유대의 종교 당국이 서로 협의했음을 말한다.

◇"아랫사람들": 성전을 지키는 경비병들이다.

◇"무기": 그들은 무기를 들고 예수님을 체포하러 왔다. 예수님뿐만 아니라 그의 제자들까지도 체포하려고 했다. 그들은 예수님에 대해서 매우 겁을 먹고 있다. 그때 예수님은 그들을 어떻게 대하시는가?

4 "예수께서 그 당할 일을 다 아시고 나아가 이르시되 너희가 누구를 찾느냐"

◇"그 당할 일을 다 아시고": 예수님은 당할 일을 아셨다. 예수님은 체포되어 십자가에서 죽어야 할 것을 아셨다.

◇"너희가 누구를 찾느냐": 예수님은 그들과 싸우거나 도망가지 않으신다. 당당하게 담담히 나서신다.

5 "대답하되 나사렛 예수라 하거늘 이르시되 내가 그니라 하시니라 그를 파는 유다도 그들과 함께 섰더라"

◇"내가 그니라": "내가 바로 그 사람이다(I am he)." 예수님은 당신의 정체를 분명하게 밝히신다. 이 말에는 예수님이 하나님이시라는 뜻도 들어 있다. 그들은 어떻게 반응하는가?

6 "예수께서 그들에게 내가 그니라 하실 때에 그들이 물러가서 땅에 엎드러지는지라"

◇"땅에 엎드러지는지라": 하나님의 이름을 가진 분의 나타남(theophany)에 대한 사람의 반응은 땅에 엎드리는 것이다. 이런 반응을 볼 때 예수님께서 그들에게 체포되는 것이 무능하거나 무기력해서가 아니다. 당신의 자발적인 행동에 따른 것이다. 예수님은 다시 무엇을 물으시는가?

7 "이에 다시 누구를 찾느냐고 물으신대 그들이 말하되 나사렛 예수라 하거늘"

2. 예수님은 그들에게 무슨 제안을 하십니까(8-9)? 예수님은 어떻게 되십니까(10-12)? 예수님이 결박당하고 제자들이 풀려난 것을 통해서 무엇을 배울 수 있습니까? 그들은 예수님을 어디로 끌고 갔습니까(13-14)?

8 "예수께서 대답하시되 너희에게 내가 그니라 하였으니 나를 찾거든 이 사람들이 가는 것은 용납하라 하시니"

◇"이 사람들이 가는 것을 용납하라": 목자는 끝까지 양을 보호하신다. 당신이 죽고 양을 살리신다. 예수님은 선한 목자이시다(10:15; 27-28). 예수님은 왜 그렇게 말씀하셨는가?

9 "이는 아버지께서 내게 주신 자 중에서 하나도 잃지 아니하였사옵나이다 하신 말씀을 응하게 하려 함이러라"

◇"말씀을 응하게": 예수님은 말씀을 이루려고 하신다. 예수님은 말씀 중심의 사역을 하셨고, 당신의 삶과 죽음조차도 말씀에 뿌리를 두신다. 그때 시몬은 무엇을 하는가?

10 "이에 시몬 베드로가 칼을 가졌는데 그것을 빼어 대제사장의 종을 쳐서 오른편 귀를 베어버리니 그 종의 이름은 말고라"

◇"오른편 귀를 베어 버리니": 베드로는 무력으로 체포대와 대항하여 예수님을 보호하려고 한다. 그러나 칼로서 생명을 지키지 못한다. 예수님의 희생을 통해서 생명을 얻는다. 예수님과 베드로의 첫 대조가 나타난다. 예수님은 그에게 무엇을 말씀하시는가?

11 "예수께서 베드로더러 이르시되 칼을 칼집에 꽂으라 아버지께서 주신 잔을 내가 마시지 아니하겠느냐 하시니라"

◇"잔을 내가 마시지 아니하겠느냐": 예수님은 십자가의 죽음을 아버지의 뜻으로 받아들인다. 그리고 그 뜻에 순종하신다. 그리하여 양들의 생명

을 살리고자 하신다. 그때 군인들은 무엇을 하는가?

12 "이에 군대와 천부장과 유대인의 아랫사람들이 예수를 잡아 결박하여"

◇"잡아 결박하여": 그들은 예수님의 요구 조건을 받아서 체포하여 결박하였다. 그 결과로 제자들은 결박하지 않고 풀려났다.

예수님이 결박당하고 제자들이 풀려난 것을 통해서 무엇을 배울 수 있는가? 우선 무덤에 묶여 있었던 나사로를 살려서 풀어 다니게 하신 예수님을 생각할 수 있다(11:44). 나사로를 "풀어놓아 다니게 하라."라고 명령하셨던 그 예수님께서 오늘은 당신을 체포하러 온 자들에게 "이 사람들을 가게 하라."라고 명령하신다. 나사로가 결박에서 풀려나고 예수님이 죽음을 위해 결박된 것과 나사로가 죽음에서 자유롭게 된 것같이 제자들이 죽음에서 자유롭게 된다. 예수님의 결박과 죽음의 결과로 양들이 죽음에서 풀려나 생명을 누린다. 예수님의 결박 때문에 우리 또한 죽음에서 풀려나 자유를 누린다. 그들은 예수님을 어디로 끌고 갔는가?

13 "먼저 안나스에게로 끌고 가니 안나스는 그 해의 대제사장인 가야바의 장인이라"

◇"안나스": 그는 6-15년까지 대제사장이었는데, 로마 당국에 의해서 대제사장 자리에서 물러났다. 그러나 그는 여전히 산헤드린 공회의 실세 역할을 한다. 그의 아들 중 다섯이 대제사장으로 있었다.

◇"가야바": 16-36년까지 대제사장이었다. 가야바는 누구인가?

14 "가야바는 유대인들에게 한 사람이 백성을 위하여 죽는 것이 유익하다고 권고하던 자러라"

◇"한 사람이 백성을 위하여 죽는 것이 유익하다": 그가 예수님 죽음의 의미를 정확하게 알고 한 말은 아니다. 그러나 그의 말에는 예수님 죽음의 의미, 결박당하심의 의미가 담겨 있다. 예수님의 죽음은 백성을 위한 죽음이다. 어떤 제자들이 예수님을 따랐는가?

3. 베드로는 예수님을 따라갔음에도 불구하고 자기 정체성을 어떻게 감춥니까(15-18)? 예수님은 얼마나 분명하게 당신의 정체를 밝히십니까(19-24)? 베드로는 왜 예수님을 세 번이나 부인했을까요(25-27)?

15 **"시몬 베드로와 또 다른 제자 한 사람이 예수를 따르니 이 제자는 대제사장과 아는 사람이라 예수와 함께 대제사장의 집 뜰에 들어가고"**

◇"시몬 베드로와 또 다른 제자 한 사람": 베드로와 다른 제자 하나가 예수님을 뒤따랐다. 다른 제자들은 다 도망갔지만, 그들은 예수님을 따른다. 충성심과 헌신이 빛난다.

◇"이 제자는 대제사장과 아는 사람이라": 그 제자는 대제사장과 잘 아는 사이였으므로 예수님과 함께 그 집 안뜰까지 들어갔다. 문지기는 그 제자의 신분을 알고 허락했을 것이다.

16 **"베드로는 문밖에 서 있는지라 대제사장을 아는 그 다른 제자가 나가서 문 지키는 여자에게 말하여 베드로를 데리고 들어오니"**

◇"베드로는 문밖에": 베드로는 대문에서 저지를 당했다.

◇"데리고 들어오니": 대제사장과 잘 아는 그 제자는 다시 나와 문지기 여자에게 말하여 베드로를 데리고 들어갔다. 그때 그 여자가 무엇을 묻는가?

17 **"문 지키는 여종이 베드로에게 말하되 너도 이 사람의 제자 중 하나가 아니냐 하니 그가 말하되 나는 아니라 하고"**

◇"제자 중 하나가 아니냐": "당신도 이 사람의 제자가 아니오?" 대제사장 집 사람에게 다른 제자는 예수님의 제자로 알려져 있었다. 따라서 그 여종은 베드로에게 물은 것이다. "당신도 요한과 같이 예수님의 제자 중에 하나지요?"

◇"나는 아니라": 여종의 단순한 질문에 베드로는 아주 심각하고 예민하게 반응했다. 사실 요한을 통해서 이 집에 들어오는 순간 그의 신분은 예수

님의 제자로서 이미 드러났다. 그래서인지 그는 예민하게 반응했다. 베드로는 집 안으로 들어가서 무엇을 하는가?

18 "그 때가 추운 고로 종과 아랫사람들이 불을 피우고 서서 쬐니 베드로도 함께 서서 쬐더라"

◇"추운 고로": 이곳은 해발 800m에 자리 잡고 있다. 봄날의 밤에는 춥다.

◇"불을 피우고 서서 쬐니": 베드로는 적들과 함께 불을 쬐고 있다. 그는 자기와 맞지 않는 사람들과 함께한다. 그 일은 그가 실패하는 원인이다. 대제사장은 예수님께 무엇을 묻는가?

19 "대제사장이 예수에게 그의 제자들과 그의 교훈에 대하여 물으니"

20 "예수께서 대답하시되 내가 드러내 놓고 세상에 말하였노라 모든 유대인들이 모이는 회당과 성전에서 항상 가르쳤고 은밀하게는 아무것도 말하지 아니하였거늘"

◇"은밀하게는 아무것도 말하지 아니하였거늘": 예수님은 은밀한 사교나 이단 집단처럼 가르치지 않으셨다. 예수님은 정체를 분명하게 밝히신다. 이 예수님은 종과 하속들 속에 있는 베드로와는 대조를 이룬다.

21 "어찌하여 내게 묻느냐 내가 무슨 말을 하였는지 들은 자들에게 물어보라 그들이 내가 하던 말을 아느니라"

22 "이 말씀을 하시매 곁에 섰던 아랫사람 하나가 손으로 예수를 쳐 이르되 네가 대제사장에게 이같이 대답하느냐 하니"

23 "예수께서 대답하시되 내가 말을 잘못하였으면 그 잘못한 것을 증언하라 바른말을 하였으면 네가 어찌하여 나를 치느냐 하시더라"

◇"어찌하여 나를 치느냐": 이 심문은 공식적인 재판의 형식을 갖추지 못

했다. 예수님의 죽으심이 그분의 잘못이나 교훈의 이단성 때문이 아니다. 예수님께서 말씀하신 대로 선한 목자로서 자발적으로 그의 목숨을 내어주시기 때문이다.

24 "안나스가 예수를 결박한 그대로 대제사장 가야바에게 보내니라"

25 "시몬 베드로가 서서 불을 쬐더니 사람들이 묻되 너도 그 제자 중 하나가 아니냐 베드로가 부인하여 이르되 나는 아니라 하니"

◇"나는 아니라": 베드로는 "나는 아니오."라고 다시 딱 잡아떼었다.

26 "대제사장의 종 하나는 베드로에게 귀를 잘린 사람의 친척이라 이르되 네가 그 사람과 함께 동산에 있는 것을 내가 보지 아니하였느냐"

27 "이에 베드로가 또 부인하니 곧 닭이 울더라"

◇"또 부인하니": 예수님의 말씀대로 그는 세 번 부인하였다(13:38).

그는 왜 예수님을 따라왔음에도 불구하고 세 번이나 부인할까? 그는 예수님을 사랑한다. 예수님께 대한 충성과 헌신도 있다. 하지만 그는 예수님과는 달리 자기 정체를 감추었다. 세상에 대한 두려움 때문이었다. 그런 그는 예수님을 부인했다.

우리가 성도로서의 정체성을 감추기 쉽다. 그렇다고 해서 예수님을 사랑하지 않는 것도 아니다. 예수님께 대한 헌신이 없는 것도 아니다. 다만 조용히 은밀하게 살려고 한다. 그런데 은밀함을 지키려고 하면 예수님을 부인할 수 있다. 자신의 정체, 신분에 대해서 처음부터 분명하게 밝혀야 한다. 세상에 대한 두려움이 있을지라도 분명한 정체성을 가져야 한다. 예수님은 어떻게 되셨는가?

4. 유대인은 예수님을 빌라도에게 무슨 죄로 고소합니까(28-30)? 유대인은 왜 예수님을 죽이려고 합니까(31-32)? 유대인이 예수님의 십자가 처형을 주장한 데는 무슨 뜻이 있습니까?

28 "그들이 예수를 가야바에게서 관정으로 끌고 가니 새벽이라 그들은 더럽힘을 받지 아니하고 유월절 잔치를 먹고자 하여 관정에 들어가지 아니하더라"

◇"더럽힘을 받지 아니하고": 그들은 결례 의식을 지킨다. 그들은 이방인과 접촉하면 자신을 더럽힌다고 생각했다. 이방 사람을 만나면 유월절 식사에 참여할 수 없다고 여겼다. 그들은 예수님을 죽이려고 하면서 더럽힘은 받지 않고자 한다.

29 "그러므로 빌라도가 밖으로 나가서 그들에게 말하되 너희가 무슨 일로 이 사람을 고발하느냐"

◇"밖으로 나가서": 빌라도는 유대인들의 관습을 알고 있다. 그리고 그 관습을 존중하다. 그는 예수님을 재판하는 과정에서 예수님과 산헤드린 회원들에게 왔다 갔다 하는 불편을 감수한다. 그들이 예수님을 고소하는 내용은 무엇인가?

30 "대답하여 이르되 이 사람이 행악자가 아니었더라면 우리가 당신에게 넘기지 아니하였겠나이다"

◇"행악자가 아니었더라면": 그들은 예수님을 행악자로 단정하고 있다. 그런데 그런 근거는 없다. 심문받은 내용은 오직 예수님의 가르침에 관한 것이었다. 모순을 보여주고 있다.

31 "빌라도가 이르되 너희가 그를 데려다가 너희 법대로 재판하라 유대인들이 이르되 우리에게는 사람을 죽이는 권한이 없나이다 하니"

◇"사람을 죽이는 권한이 없나이다": 그들은 이미 예수님을 죽이려고 정했다. 재판을 통해서 죄를 가리려는 것이 아니다. 그들은 예수님을 죽여야 한다는 결론을 가지고 재판을 하고 있다. 여기에는 무슨 뜻이 있는가?

32 "이는 예수께서 자기가 어떠한 죽음으로 죽을 것을 가리켜 하신 말씀을 응하게 하려 함이러라"

◇"어떠한 죽음": 예수님은 죄가 없는데 죽으신다. 돌멩이에 맞아 죽는 것이 아니고 나무에 달려 죽으신다.

◇"말씀을 응하게 하려 함이러라": 유대인은 하나님을 욕되게 하는 거짓 선지자를 돌로 쳐서 죽이는 사형을 집행하였다(신 13:10). 그런데 그들은 예수님께는 돌멩이 처형이 아닌 십자가 처형을 받도록 고집했다. 왜냐하면 그들은 십자가 처형을 하나님께서 저주하시는 것으로 이해했기 때문이다(신 21:22-23). 그들은 예수님이 로마에 의해서 십자가 처형을 당하면 거짓 메시아로 말할 수 있었다. 예수님을 따르는 사람은 신학적으로 혼돈과 회의 속에서 흩어질 것으로 생각하였다.

그러나 이런 그들의 행위는 오히려 하나님의 말씀을 이루는 일에 쓰임 받는다. 예수님께서 십자가에서 저주를 받으심으로써 우리의 저주를 대신 받으셨다. 예수님의 죽음은 우리를 대신해서 죽으시는 대속의 죽음이셨다. 여기에는 역사의 반전이 있다. 빌라도는 예수님께 무엇을 묻는가?

5. 빌라도는 예수님께 무엇을 묻습니까(33-35)? 예수님 나라의 성격이 어떠합니까(36)? '예수님의 나라가 이 세상에 속하지 않았다.'라는 말은 무슨 뜻입니까? 예수님은 누구시며, 왜 세상에 오셨습니까(37)?

33 "이에 빌라도가 다시 관정에 들어가 예수를 불러 이르되 네가 유대인의 왕이냐"

◇"유대인의 왕이냐": 유대인은 예수님을 행악자로 고소했는데, 빌라도는 '왕이냐?'고 묻는다. 의외의 질문이다. 예수님은 그에게 무엇이라고 물으시는가?

34 "예수께서 대답하시되 이는 네가 스스로 하는 말이냐 다른 사람들이 나에 대하여 네게 한 말이냐"

35 "빌라도가 대답하되 내가 유대인이냐 네 나라 사람과 대제사장들이 너를 내게 넘겼으니 네가 무엇을 하였느냐"

◇"네가 무엇을 하였느냐": 빌라도가 예수님께 먼저 이렇게 물어야 했다. 그런데 "유대인의 왕이냐"라고 먼저 물었다. 예수님은 무엇이라고 대답하시는가?

36 "예수께서 대답하시되 내 나라는 이 세상에 속한 것이 아니니라 만일 내 나라가 이 세상에 속한 것이었더라면 내 종들이 싸워 나로 유대인들에게 넘겨지지 않게 하였으리라 이제 내 나라는 여기에 속한 것이 아니니라"

◇"이 세상에 속한 것이 아니니라": 예수님은 왕국의 성격을 말씀하신다. 동시에 예수님께서 그 나라의 왕이심을 간접적으로 증언하신다. 만일 예수님 나라가 이 세상에 속했다면 그분의 종들이 싸워 유대인들에게 넘어가지 않게 했을 것이다. 그러나 예수님의 나라는 이 세상에 속하지 않았다.

"예수님의 나라가 이 세상에 속하지 않았다."라는 말씀을 통해서 무엇을 배울 수 있는가? 당시 세상은 로마가 지배하고 있었다. 그런데 예수님의 왕국은 이 세상에 속하지 않았다. 예수님의 왕국은 로마 나라처럼 세상적 형태를 취하지 않았다. 그것은 당시 유대인이 꿈꾸던 그런 왕국과도 다르다. 유대인은 다윗 왕국과 같은 나라를 꿈꾸었다. 로마로부터 민족해방을 펼쳐서 로마보다 위대한 왕국을 건설하는 것이었다. 그러나 이런 나라는 '가짜'이고 '모조품'이다. 다윗 왕국은 예수님 왕국의 그림자였다.

예수님의 왕국은 영적으로 죽음에서 살아난 자들이 들어가는 곳이다. 예수님께서 유대인의 손에 넘겨져 빌라도 앞에 선 것은 그분의 왕국이 무기력해서가 아니다. 예수님은 영적으로 죽은 자들을 당신의 왕국으로 인도하기 위해서 죽으신다. 빌라도는 무엇을 묻는가?

37 "빌라도가 이르되 그러면 네가 왕이 아니냐 예수께서 대답하시되 네 말과 같이 내가 왕이니라 내가 이를 위하여 태어났으며 이를 위하여 세상에 왔

나니 곧 진리에 대하여 증언하려 함이로라 무릇 진리에 속한 자는 내 음성을 듣느니라 하신대"

◇"네가 왕이 아니냐", "내가 왕이니라": 예수님은 당신이 왕이심을 직접 밝히신다.

◇"내가 이를 위하여 태어났으며 이를 위하여 세상에 왔나니": 예수님은 당신이 왕이심을 증언하기 위해서 태어나셨다. 세상에 오셨다.

◇"진리에 대하여": 생명을 얻는 길을 말한다. 예수님의 왕국에 들어가는 길을 말한다. 예수님 자신을 말한다. 그 진리를 누가 듣는가?

◇"진리에 속한 자는 내 음성을 듣느니라": 누구든지 진리 편에 선 사람은 예수님의 말씀을 듣는다. 양이 목자의 음성을 듣는 것과 같다. 예수님을 왕으로 믿는 사람이 예수님의 말씀을 듣는다.

이 왕은 세상의 왕과는 어떻게 다른가? 세상 나라에서는 왕을 위해서 백성이 존재한다. 왕을 살리기 위해서 백성이 죽는다. 하지만 예수님의 왕국에서는 전혀 다르다. 왕이 결박당하고 백성이 풀려난다. 왕이 죽고 백성이 살아난다. 왕이 저주를 받고 백성이 저주에서 풀려난다. 이것이 예수님이 말씀하시는 왕이다. 빌라도는 예수님께 무엇을 물으시는가?

6. 빌라도는 왜 예수님을 왜 놓아주려고 합니까(38-39)? 그러나 유대인은 무엇이라고 소리 지릅니까(40)? 예수님 대신 바라바를 놓아주기를 바라는 것을 통해서 예수님의 죽음에 대해서 무엇을 배울 수 있습니까?

38 **"빌라도가 이르되 진리가 무엇이냐 하더라 이 말을 하고 다시 유대인들에게 나가서 이르되 나는 그에게서 아무 죄도 찾지 못하였노라"**

◇"진리가 무엇이냐": 빌라도는 진리에 속하지 않았다. 그가 만일 진리에 속했다면 그는 예수님께 묻지 않고 예수님의 말씀을 들었을 것이다. 하지만 그는 진리에 속하지 않았기 때문에, 예수님을 왕으로 믿지 않았기

때문에 질문을 할 수밖에 없다.

◇"아무 죄도 찾지 못하였노라": 그는 예수님으로부터 아무 죄도 찾지 못하였다. 그는 예수님을 왕으로는 믿지 않았다. 하지만 예수님을 죄인으로 몰아가지도 않는다. 그는 예수님을 어떻게 하려고 하는가?

39 "유월절이면 내가 너희에게 한 사람을 놓아 주는 전례가 있으니 그러면 너희는 내가 유대인의 왕을 너희에게 놓아 주기를 원하느냐 하니"

40 "그들이 또 소리 질러 이르되 이 사람이 아니라 바라바라 하니 바라바는 강도였더라"

◇"소리 질러": 유대인은 처음에는 바라바를 특사시키라고 고함을 질렀다. 그러나 시간이 흐르면서 그들은 예수님을 십자가에 못 박으라고 소리를 지른다.

◇"바라바는 강도였더라": 강도를 놓아 달라고 소리치는 사람도 강도이다. 예수님은 강도 같은 유대인을 위해서 죽으신다. 유대인의 왕이 그 백성을 살리기 위해서 죽으신다.

예수님 대신에 바라바를 놓아주기를 원하는 것을 통해서 예수님의 죽음에 대해서 무엇을 배울 수 있는가? '바라바'는 '아버지의 아들'이라는 뜻이다. 한 '아버지의 아들'은 놓임을 받는다. 그러나 또 다른 아버지의 아들, 하나님 아버지의 아들은 죽임을 당한다. 바라바가 놓임을 받게 된 것은 예수님 죽음의 결과이다. 예수님의 죽음은 이런 강도와 같은 죄인을 놓아주기 위함이다.

그런데 예수님은 체포에서부터 십자가에 달리기까지의 전 과정에서 모든 상황을 통제하고 계신다. 예수님은 십자가의 죽음을 피동적으로 당하는 것이 아니라 자발적인 순종으로 감당하신다. 그분의 자발적이고 순종적인 죽음과 왕권은 긴밀하게 연결되어 있다. 예수님의 십자가 죽음은 그분의 왕권 행사이시다.

제33강

구원의 완성

◇본문　요한복음 19:1-42
◇요절　요한복음 19:30
◇찬송　150장, 154장

1. 예수님은 어떤 고난을 겪으십니까(1-3)? 빌라도는 예수님을 놓아주려고 하지만 왜 그렇게 하지 못합니까(4-12)? 예수님은 그에게 무엇이라고 말씀하십니까(11)? 여기서 우리는 무엇을 배울 수 있습니까?

2. 빌라도가 재판석에 앉은 때는 언제입니까(13-14a)? 그때 빌라도는 예수님을 어떤 분으로 부릅니까(14b)? 그러나 유대인들은 무엇이라고 소리 지릅니까(15)? 그들의 문제가 무엇입니까?

3. 예수님은 어떻게 되셨습니까(16-18)? 빌라도는 패에 무엇이라고 썼습니까(19)? '나사렛 예수 유대인의 왕'이란 무슨 뜻입니까? '유대인의 왕'이 왜 십자가에서 돌아가십니까? 세 나라말로 쓴 데는 어떤 뜻이 있습니까(20-22)?

4. 군병들은 왜 예수님의 옷을 제비뽑습니까(23-24)? 예수님의 십자가 곁에는 누가 있습니까(25-26a)? 예수님은 어머니와 그 제자에게 무슨 말씀을 하십니까(26b-27)? 또 왜 '목마르다'라고 말씀하셨습니까(28)?

5. 예수님은 신 포도주를 받으신 후에 무슨 말씀을 하십니까(29-30)? '다 이루었다.'라는 말은 무슨 뜻입니까? 이 말씀이 오늘 우리에게 어떤 의미입니까?

6. 유대인은 왜 시체를 치워 달라고 말합니까(31)? 군인들은 예수님의 다리를 꺾는 대신에 무엇을 했습니까(32-34)? '피와 물이 나왔다.'라는 말은 무슨 뜻입니까? 그 일이 일어난 데는 무슨 뜻이 있습니까(35-37)?

7. 요셉과 니고데모는 각각 어느 정도 변화했습니까(38-39)? 그들은 예수님을 어떻게 장사했습니까(40-41)? 그들이 이렇게 장사한 데는 무슨 뜻이 있습니까?

제33강

구원의 완성

◇본문　요한복음 19:1-42
◇요절　요한복음 19:30
◇찬송　150장, 154장

1. 예수님은 어떤 고난을 겪으십니까(1-3)? 빌라도는 예수님을 놓아주려고 하지만 왜 그렇게 하지 못합니까(4-12)? 예수님은 그에게 무엇이라고 말씀하십니까(11)? 여기서 우리는 무엇을 배울 수 있습니까?

1 "이에 빌라도가 예수를 데려다가 채찍질하더라"

◇"빌라도": 예수님께 사형을 선고했던 역사적 인물로 사도신경에 나오는 그 사람이다. 그는 주후 26년 유대 지역의 제5대 총독으로 임명받았다.

◇"채찍질하더라": 빌라도는 채찍질이 유대인을 만족시켜서 예수님을 놓아줄 수 있기를 희망했다. 하지만 로마 법정에서 형이 확정되기 전에 채찍질하는 것은 전례 없는 일이다. 그것은 예수님께서 말씀하신 대로 형이 확정되기 전에 십자가에서 죽임당할 것을 보여주기 위한 것이다.

2 "군인들이 가시나무로 관을 엮어 그의 머리에 씌우고 자색 옷을 입히고"

◇"가시나무": 가시가 있는 식물을 일컫는 일반적 용어이다.

◇"자색": 짙은 남색에 붉은빛이 도는 색을 말한다. 주로 왕의 색으로 통한다.

3 "앞에 가서 이르되 유대인의 왕이여 평안할지어다 하며 손으로 때리더라"

◇"유대인의 왕": 구약에서 약속한 메시아에 대한 다른 표현이다. 빌라도는 예수님을 유대인의 왕, 즉 메시아로 알고 있다. 물론 군인들은 예수님을 경멸하는 의미로 불렀다. 하지만 이것은 역설적으로 예수님이 유대인의 왕이심을 보여주고 있다.

◇"손으로 때리더라": 이것은 상대에게 수치를 주는 모습이다. 예수님은 왜 가시나무 관을 쓰고 자색으로 된 왕의 옷을 입고 수치를 당하고 계시는가? 유대인의 왕으로 당하실 일을 보여주신 것이다. 예수님은 그 왕권을 당신의 백성을 위해서 대신 수치를 당하시는 일에 사용하신다.

4 "빌라도가 다시 밖에 나가 말하되 보라 이 사람을 데리고 너희에게 나오나니 이는 내가 그에게서 아무 죄도 찾지 못한 것을 너희로 알게 하려 함이로라 하더라"

◇"아무 죄도 찾지 못한 것": 빌라도는 예수님으로부터 아무런 죄도 찾지 못했다.

5 "이에 예수께서 가시관을 쓰고 자색 옷을 입고 나오시니 빌라도가 그들에게 말하되 보라 이 사람이로다 하매"

◇"보라 이 사람이로다": '단지 가련하고 불쌍한 예수를 보라.' '내가 이만큼 처벌한 이 사람을 보라.'라는 뜻이다. 이것은 빌라도가 예수님을 고발한 유대인들에게 동정심을 유발할 목적으로 한 말이다. 그러나 종교지도자의 반응은 어떠한가?

6 "대제사장들과 아랫사람들이 예수를 보고 소리 질러 이르되 십자가에 못 박으소서 십자가에 못 박으소서 하는지라 빌라도가 이르되 너희가 친히 데려다가 십자가에 못 박으라 나는 그에게서 죄를 찾지 못하였노라"

◇"십자가에 못 박으소서": 그들은 예수님을 십자가에 못 박으라고 소리친다.

◇"너희가 친히 데려다가": 이 말은 상대를 비꼬는 말이다. 왜냐하면 유대인은 이런 형태의 사형을 집행할 수 없기 때문이다.

◇"십자가": 고대 페르시아나 애굽, 앗수르 등에서 죄수를 고문하고 사형에 처하기 위해 나무로 만든 형틀이었다. 페르시아 사람에 의해 로마에 전해졌고, 노예나 죄수를 사형에 처할 때 흔히 사용하였다. 십자가의 처형 방법은 너무 가혹하고 치욕적이어서 로마 사람에게는 행하지 않았다. 유대인도 나무에 매달린 자를 저주를 받은 자라고 생각하였다(신 21:22-23). 그러나 예수 그리스도는 인류의 죄를 대속하기 위해 대신 저주를 받으셨으며, 십자가의 극한 고통과 수치를 당하셨다. 그래서 십자가는 그리스도의 대속과 구속을 상징하는 말로 바뀌었다.

◇"죄를 찾지 못하였노라": 빌라도는 세 번이나 예수님이 죄가 없음을 선포한다(18:38; 19:4). 그의 이 선언은 유대인의 요구를 일단 거절하는 행위이다. 그러나 유대인은 얼마나 강경한가?

7 "유대인들이 대답하되 우리에게 법이 있으니 그 법대로 하면 그가 당연히 죽을 것은 그가 자기를 하나님의 아들이라 함이니이다"

◇"하나님의 아들": 예수님은 당신을 하나님의 아들로 말씀하셨다. 그런데 유대인은 그들 법에 따라 예수님을 죽일 수 있다고 주장한다(레 24:16). 하나님을 모독한 행위로 여기기 때문이다.

8 "빌라도가 이 말을 듣고 더욱 두려워하여"

◇"더욱 두려워하여": 빌라도는 그 말, 즉 '하나님 아들'이라는 말 때문에 더욱 두려워한다.

9 "다시 관정에 들어가서 예수께 말하되 너는 어디로부터냐 하되 예수께서 대답하여 주지 아니하시는지라"

◇"대답하여 주지 아니하시는지라": 예수님은 다른 질문에는 대답하셨다.

하지만 이 질문에는 대답하지 않으신다. 이미 대답하셨기 때문이다. 혹은 대답을 해도 빌라도가 믿지 않음을 아셨기 때문일 것이다.

10 "빌라도가 이르되 내게 말하지 아니하느냐 내가 너를 놓을 권한도 있고 십자가에 못 박을 권한도 있는 줄 알지 못하느냐"

◇"권한": 빌라도는 자신의 권위에 대해서 상당히 의식하고 있다. 로마 총독인 그는 예수님을 석방할 권한도 있고, 십자가에 못 박을 권한도 있다. 하지만 예수님은 그의 권한을 어떻게 보시는가?

11 "예수께서 대답하시되 위에서 주지 아니하셨더라면 나를 해할 권한이 없었으리니 그러므로 나를 네게 넘겨준 자의 죄는 더 크다 하시니라"

◇"위에서": 예수님께서 빌라도에게 하신 마지막 말씀이다. 지상의 모든 권위는 궁극적으로 하나님께로부터 온다. 하나님은 사람을 세우시고 그에게 일정한 권한을 주셔서 일하신다. 세상에 있는 어떤 사람도 자기 스스로 예수님의 목숨을 빼앗지 못한다. 하나님께서 권한을 주시기 때문에 가능할 뿐이다. 그러므로 예수님께서 빌라도에 의해서 십자가에서 돌아가실지라도 그것은 빌라도의 권한 때문이 아니라 하나님께서 허락하신 일임을 알 수 있다.

◇"나를 네게 넘겨준 자의 죄는 더 크다": 예수님을 빌라도에게 넘겨준 자는 대제사장 가야바이다(18:28). 가야바의 죄는 그 누구보다도 크다. 이 말은 다른 작은 죄도 존재한다는 뜻이다. 그 말을 듣고 빌라도는 무엇을 하는가?

12 "이러하므로 빌라도가 예수를 놓으려고 힘썼으나 유대인들이 소리 질러 이르되 이 사람을 놓으면 가이사의 충신이 아니니이다 무릇 자기를 왕이라 하는 자는 가이사를 반역하는 것이니이다"

◇"예수를 놓으려고 힘썼으나": 그는 예수님을 석방하려고 힘썼다.

◇"가이사의 충신이 아니니이다": 어떤 사람은 '가이사의 벗'이라는 공식 신분을 가지고 있었다. 이 칭호는 아주 명예로운 것으로 아무에게나 주는 것이 아니다. 가이사가 믿을 수 있는 사람에게만 주었다. 그러므로 "가이사의 충신이 아니다."라는 말에는 만약 빌라도가 예수님을 풀어준다면 "빌라도를 가이사에게 고소하겠다."라는 위협이 암시되어 있다. 그는 그 위협을 무시할 수 없었다.

◇"자기를 왕이라 하는 자는 가이사를 반역하는 것": 유대인은 예수님이 가이사에게 반역했다고 주장한다. 그런 예수님을 풀어주면 그 사람도 황제에게 반역하는 자가 된다. 유대인의 이런 주장 속에는 자기들이 빌라도보다 더 로마 황제에게 충성스럽다는 전제가 들어 있다. 그들은 자신을 속이고 있다. 그들은 자신을 속이면서까지 예수님을 죽이려고 한다. 그런 그들의 죄는 클 수밖에 없다.

2. 빌라도가 재판석에 앉은 때는 언제입니까(13-14a)? 그때 빌라도는 예수님을 어떤 분으로 부릅니까(14b)? 그러나 유대인들은 무엇이라고 소리 지릅니까(15)? 그들의 문제가 무엇입니까?

13 "빌라도가 이 말을 듣고 예수를 끌고 나가서 돌을 깐 뜰 (히브리 말로 가바다)에 있는 재판석에 앉아 있더라"

◇"가바다": '집의 언덕'이라는 뜻이다. 이곳은 돌로 깐 뜰이다.

◇"재판석에 앉았더라": 빌라도는 유대인의 집요한 주장 앞에서 자기 뜻을 견지할 만한 힘이 더는 없었다. 그는 '권한'이 있는 것처럼 말했지만 없었다. 그는 예수님을 끌고 나와 재판석에 앉았다. 그가 재판석에 앉은 것은 당시 재판의 형식적인 절차와 권위에 따른 것이다.

14 "이 날은 유월절의 준비일이요 때는 제육시라 빌라도가 유대인들에게 이

르되 보라 너희 왕이로다"

◇"유월절": 유대의 3대 절기 중의 하나이다(신 16:1-7).

◇"준비일": 보통 금요일은 안식일을 준비하는 날이다. 여기서는 유월절 주간의 금요일을 말한다.

◇"육시": 정오를 말한다.

◇"너희 왕이로다": 성경은 우리가 예수님의 왕권을 잊지 않도록 빌라도의 입을 통해 강조한다. 빌라도는 그 표현을 진지하게 사용하지 않았지만, 성경은 진지하게 사용하고 있다. 그러나 종교 지도자는 어떻게 반응하는가?

15 "그들이 소리 지르되 없이 하소서 없이 하소서 그를 십자가에 못 박게 하소서 빌라도가 이르되 내가 너희 왕을 십자가에 못 박으랴 대제사장들이 대답하되 가이사 외에는 우리에게 왕이 없나이다 하니"

◇"없이 하소서": '제거하라'라는 뜻이다. 예수님은 세상의 죄를 제거하기 위해 역설적으로 하나님의 어린양으로서 세상으로부터 제거되고 있다.

예수님은 왜 유월절 준비일인 정오에 십자가에서 제거되는 것일까? 예수님의 십자가 죽음을 유월절 어린양의 죽음과 연결하고 있다. 예수님은 세상 죄를 제거하는 하나님의 어린양으로 오셨다(1:29). 유대인의 예수님의 제거, 곧 십자가의 처형요구는 역설적으로 예수님을 하나님의 어린양으로 죽임으로써 그분의 구원 사명을 감당하게 하는 것이었다.

◇"가이사 외에는 우리에게 왕이 없나이다": 시내산 언약에 따라 하나님은 유대인의 왕이었고, 유대인은 하나님의 백성이다(출 19:5-6). 유대인에게는 하나님 외에 왕이 있을 수 없다. 그러나 지금 그들은 자기 입으로 하나님의 언약 백성이 아니라고 말한다. 가이사가 자기의 유일한 왕이라고 주장한다. 이것은 마치 출 32장에서 금송아지를 만들어 놓고 "보라 우리를 인도한 신이다."라고 한 죄와도 같다. 그들은 하나님과 맺

은 시내산 언약을 일방적으로 파기하고 있다. 하나님의 백성으로서 이스라엘의 역사는 끝이 났다. 빌라도는 예수님을 어떻게 하는가?

3. 예수님은 어떻게 되셨습니까(16-18)? 빌라도는 패에 무엇이라고 썼습니까(19)? '나사렛 예수 유대인의 왕'이란 무슨 뜻입니까? '유대인의 왕'이 왜 십자가에서 돌아가십니까? 세 나라말로 쓴 데는 어떤 뜻이 있습니까(20-22)?

16 "이에 예수를 십자가에 못 박도록 그들에게 넘겨 주니라"

◇"그들에게 넘겨 주니라": 빌라도가 유대인의 요구에 따라 예수님에게 십자가 처형을 선고한다.

17 "그들이 예수를 맡으매 예수께서 자기의 십자가를 지시고 해골 (히브리 말로 골고다)이라 하는 곳에 나가시니"

◇"자기의 십자가를 지시고": 사형수는 십자가의 들보를 처형 장소까지 지고 갔다. 예수님도 십자가를 직접 지고 처형 장소까지 가셨다. 십자가형을 당하는 사람은 길을 걸어서 처형 장소에 도착한다. 가능한 많은 사람에게 죄인의 비참한 모습을 보여주며, 그 죄수를 변호하는 내용이 있으면 말하도록 기회를 주는 목적도 있었다.

◇"해골": 두개골을 뜻한다. 이 말은 예루살렘 성문 밖 골고다를 이른다.

18 "그들이 거기서 예수를 십자가에 못 박을새 다른 두 사람도 그와 함께 좌우편에 못 박으니 예수는 가운데 있더라"

◇"예수를 십자가에 못 박을새": 사도 요한은 이 끔찍한 장면을 단순하면서도 사실적으로 표현한다.

◇"다른 두 사람": 강도(마 27:38, 막 15:27), 행악자(눅 23:32)로 불린다. 예수님은 강도 중 하나로 죽임을 당하신다. 죄 없으신 예수님이 그

백성의 죄를 감당하기 위해 대속적인 죽임을 당하신다.

◇"예수는 가운데 있더라": 예수님은 왕으로 돌아가셨지만, 그분의 죽음은 죄인들과 같다. 죄인들을 위한 대속의 죽음이기 때문이다. 예수님의 죄목은 무엇인가?

19 "빌라도가 패를 써서 십자가 위에 붙이니 나사렛 예수 유대인의 왕이라 기록되었더라"

◇"패": 사형수의 죄목을 기록한 패를 그의 십자가에 붙였다.

◇"나사렛 예수": 빌립이 그의 친구 나다나엘에게 예수님을 소개할 때 처음으로 사용했던 표현이다(1:45). 예수님이 체포당하실 때도 사용했다(18:5, 7). 예수님은 체포 현장에서 나사렛 예수로서 당신이 하나님이심을 계시하셨다. 그러므로 '나사렛 예수'란 하나님의 능력을 갖추신 분이 십자가 위에 달려 있음을 말한다. 그분은 곧 유대인의 왕이시다.

◇"유대인의 왕": 이것이 죄목이지만, 실은 예수님의 정체성을 말한다. 예수님은 진정한 왕이기 때문에 십자가에 달려 있음을 역설적으로 보여준다. 예수님의 십자가 사건은 예수님이 유대인의 왕으로서 보좌에 영광스럽게 즉위한 사건이기도 하다. 그 죄목을 몇 개의 나라말로 기록했는가?

20 "예수께서 못 박히신 곳이 성에서 가까운 고로 많은 유대인이 이 패를 읽는데 히브리와 로마와 헬라 말로 기록되었더라"

◇"히브리": 유대인에게는 모국어라고 할 수 있다.

◇"로마": 로마의 공식 언어인 라틴어를 말한다.

◇"헬라 말": 로마제국 전역에서 사용한 언어이다. 즉 상용어이다.

이렇게 세 나라말로 기록한 데는 무슨 뜻이 있을까? 예수님의 왕 신분을 온 세상에 선포하는 의미가 있다. 예수님께서 당신의 십자가 죽음을 통해 이루는 하나님 나라의 새 백성은 히브리어를 쓰는 유대인 중 그를 믿는 자를 포함한다. 로

마어와 헬라어를 쓰는 사람 중 그를 믿는 자, 즉 세계만방의 모든 족속 중 그를 믿는 자로 구성한다. 그들은 믿지 않은 유대인을 대치하여 하나님의 새 백성이 된다. 누구든지 예수님을 왕으로, 유일한 왕으로 영접하면 그 사람이 곧 새 언약 백성이 된다. 새 언약 백성은 교회 공동체이다. 십자가에서 하나님의 어린양으로서 돌아가신 예수님을 믿는다는 것은 하나님의 새 언약 백성이 되는 것을 의미한다. 대제사장은 어떤 시비를 거는가?

21 "유대인의 대제사장들이 빌라도에게 이르되 유대인의 왕이라 쓰지 말고 자칭 유대인의 왕이라 쓰라 하니"

◇"자칭 유대인의 왕이라 쓰라": 대제사장은 빌라도가 '유대인의 왕'이라는 명칭을 사용한 것에 대해서 정식으로 불만을 제기한다. 그들은 예수님을 유대인의 왕으로 영접하지 않았기 때문이다.

22 "빌라도가 대답하되 내가 쓸 것을 썼다 하니라"

◇"쓸 것을 썼다": 빌라도는 유대인의 요구를 단호하게 거절한다. 그가 유대인의 요구에 예수님을 십자가의 죽음에 내어준 것과는 아주 대조적이다. 빌라도가 분명하게 알았던 사실은 나사렛 예수님이 유대인의 왕이라는 것이다. 하지만 빌라도는 유대인의 왕 나사렛 예수가 십자가에서 돌아가신 그 의미는 알지 못한다. 군병은 무엇을 하는가?

4. 군병들은 왜 예수님의 옷을 제비뽑습니까(23-24)? 예수님의 십자가 곁에는 누가 있습니까(25-26a)? 예수님은 어머니와 그 제자에게 무슨 말씀을 하십니까(26b-27)? 또 왜 '목마르다'라고 말씀하셨습니까(28)?

23 "군인들이 예수를 십자가에 못 박고 그의 옷을 취하여 네 깃에 나눠 각각 한 깃씩 얻고 속옷도 취하니 이 속옷은 호지 아니하고 위에서부터 통으로 짠 것이라"

◇"옷": 옷 자체보다도 예수님의 옷이 모두 벗겨졌다는 데 의미가 있다. 예수님은 십자가에서 마지막 속옷까지도 완전히 빼앗겼다.

24 **"군인들이 서로 말하되 이것을 찢지 말고 누가 얻나 제비 뽑자 하니 이는 성경에 그들이 내 옷을 나누고 내 옷을 제비 뽑나이다 한 것을 응하게 하려 함이러라 군인들은 이런 일을 하고"**

◇"응하게 하려 함이러라": 군인들이 예수님의 옷을 찢지 않고 제비를 뽑은 것은 시편 22:19의 말씀을 성취한 것이다. 여기에는 무슨 뜻이 있을까? 성경을 성취하는 그들의 행동은 예수님의 십자가 처형이 성경의 성취임을 암시한다.

25 **"예수의 십자가 곁에는 그 어머니와 이모와 글로바의 아내 마리아와 막달라 마리아가 섰는지라"**

◇"십자가 곁에는": 십자가 곁에 서 있는 사람은 예수님의 십자가 희생 제사를 통하여 세워지는 새 언약 백성의 모습을 상징한다.

26 **"예수께서 자기의 어머니와 사랑하시는 제자가 곁에 서 있는 것을 보시고 자기 어머니께 말씀하시되 여자여 보소서 아들이니이다 하시고"**

◇"사랑하시는 제자": 요한복음을 기록한 사도 요한이다.

◇"아들이니이다": '나는 당신의 아들이라는 사실을 잊은 적이 없다.'라는 의미이다. 예수님은 어머니에 대해서 특별한 관계를 나타내신다.

27 **"또 그 제자에게 이르시되 보라 네 어머니라 하신대 그때부터 그 제자가 자기 집에 모시니라"**

◇"네 어머니라": 예수님은 요한에게 어머니를 당부하신다.

◇"자기 집에 모시니라": 요한은 예수님의 어머니를 자기 어머니로 받아들였다. 아들로서 어머니에 대한 책임을 다한다.

28 "그 후에 예수께서 모든 일이 이미 이루어진 줄 아시고 성경을 응하게 하려 하사 이르시되 내가 목마르다 하시니"

◇"모든 일": 모든 일이란 하나님 아버지께서 아들을 세상에 보내어 완성하라고 맡긴 모든 사역을 말한다. 생명을 살리는 구원 사역이다. 예수님은 아버지께서 하라고 주신 일을 다 이루셨음을 아셨다.

◇"성경으로 응하게 하려 하사": 예수님은 성경에 기초하여 당신의 사역을 감당하셨다. 예수님은 죽으시는 순간까지도 성경을 성취하고자 하신다.

◇"내가 목마르다": 시 69:21에 대한 언급이다. 모든 인간에게 생명의 물을 주셨던 주님(4:14; 7:37-38)께서 목마르신 중에 돌아가신 것은 실로 역설이 아닐 수 없다.

5. 예수님은 신 포도주를 받으신 후에 무슨 말씀을 하십니까(29-30)? '다 이루었다.'라는 말은 무슨 뜻입니까? 이 말씀이 오늘 우리에게 어떤 의미입니까?

29 "거기 신 포도주가 가득히 담긴 그릇이 있는지라 사람들이 신 포도주를 적신 해면을 우슬초에 매어 예수의 입에 대니"

◇"신 포도주": 포도를 초산으로 발효하여 만든 것이다. 일반 군인이 마시는 자극성이 강하고 저질의 값싼 신 포도주를 말한다.

◇"우슬초": 담장에서 자라며 향기가 짙은 꽃과 잎이 있는 작은 식물이다. 그 이름을 가진 식물은 꽤 많았다. 애굽에서 첫 유월절 때 어린양의 피를 바를 때 우슬초 한 묶음을 사용하였다(출 12:22).

30 "예수께서 신 포도주를 받으신 후에 이르시되 다 이루었다 하시고 머리를 숙이니 영혼이 떠나가시니라"

◇"다 이루었다": 자기 뜻이나 다른 사람의 뜻을 '완성하다', 계획과 목적

에 따라 '실행하다', '성취하다'라는 뜻이다.

예수님은 하나님께서 맡기신 일을 다 성취하셨다. 하나님께로부터 보냄을 받은 분으로서 위임받은 일, 즉 하나님을 계시하고 인류에 대한 하나님의 구원을 이루는 일을 완성하셨다. 이것은 구약에 나타난 구원에 관한 하나님의 모든 약속과 예언을 성취한 것이기도 하다. 즉 '계시의 완성'은 '구원의 완성'으로 이어진다. 예수님의 죽음이 대속과 새 언약의 제사이므로 예루살렘 성전 체제의 모든 의미와 기능을 다 성취한 것이다. 그분이 "다 이루었다."라고 말씀하실 때 제사장의 손에서 칼은 떨어졌다. 모든 시대의 모든 희생 제사는 영원히 쓸모없게 되었다. 세상 죄를 지신 하나님의 어린양 그분이 돌아가셨기 때문이다. 그 희생 제사의 효력을 믿는 모든 사람은 자기 죄를 위하여 제사 지낼 일이 없다(히 10:18).

이 사실이 오늘 우리에게 주는 의미는 무엇인가? 유대인의 왕으로 돌아가신 예수님은 모든 구속 사역을 완성하셨다. 모든 인류를 구원하는 대역사는 완성되었다. 우리의 구원은 완성되었다. 즉 우리가 뭔가를 해야 할 일은 없다. 구원을 완성하신 예수님을 믿는 일 외에는 아무것도 없다. 누구든지 이 예수님을 믿으면 영원한 생명을 얻는다.

◇"영혼이 떠나가시니라": 예수님은 이렇게 돌아가신다. 영원 전부터 계시던 그분이 돌아가신다. 그분을 통해 생명 자체를 포함해서 만물을 지으신 그 영원한 말씀이 돌아가신다. 죽은 자를 살리신 분, 나사로의 무덤에서 죽음이 머무는 것을 떨쳐 버린 그분 자신이 돌아가신다. 영생하시는 그분이 돌아가신다. 누가 그분의 그 깊은 뜻을 깨달을 수 있을까? 그것은 신비이다.

6. 유대인은 왜 시체를 치워 달라고 말합니까(31)? 군인들은 예수님의 다리를 꺾는 대신에 무엇을 했습니까(32-34)? '피와 물이 나왔다.'는 말은 무슨 뜻입니까? 그 일이 일어난 데는 무슨 뜻이 있습니까(35-37)?

31 "이 날은 준비일이라 유대인들은 그 안식일이 큰 날이므로 그 안식일에 시체들을 십자가에 두지 아니하려 하여 빌라도에게 그들의 다리를 꺾어 시체를 치워 달라 하니"

◇"준비일이라": 유월절 전날이다. 그날에 유대인은 유월절을 준비한다. 따라서 유월절 '준비일(the day of Preparation)'이라고 부른다.

◇"큰 날이므로": 그다음 날은 특별히 중요하게 여기는 안식일이었다. 유월절이기 때문이다.

◇"시체들을 십자가에 두지 아니하려 하여": 그들은 안식일에 시체를 십자가에 그대로 두고 싶지 않았다. 그것은 안식일을 더럽히는 행위로 생각했기 때문이다. 그들은 안식일을 거룩하게 지키려고 한다.

◇"다리를 꺾어 시체를 치워 달라": 예수님을 비롯한 다른 죄수들의 다리를 꺾어서 빨리 죽도록 한다. 빨리 죽어야 십자가에서 내려서 무덤에 안장할 수 있기 때문이다. 군인들은 어떻게 하는가?

32 "군인들이 가서 예수와 함께 못 박힌 첫째 사람과 또 그 다른 사람의 다리를 꺾고"

33 "예수께 이르러서는 이미 죽으신 것을 보고 다리를 꺾지 아니하고"

◇"꺾지 아니하고": 그러나 그들은 예수님은 이미 죽은 것을 보고 다리를 꺾지 않았다. 십자가 처형은 죄인을 빨리 죽이기 위한 방법이 아니다. 최대한 고통을 주면서 서서히 죽게 하는 방법이다. 예수님께서 빨리 죽으신 것은 결코 우연이 아니다. 죽을 권세는 물론이고 다시 살 권세를 가지신 예수님께서 자발적으로 당신의 생명을 내어놓으셨기 때문이다.

34 "그중 한 군인이 창으로 옆구리를 찌르니 곧 피와 물이 나오더라"

◇"피와 물이 나오더라": 이것은 예수님께서 이미 돌아가셨다는 확실한 증거이다. 살아 있는 몸에서는 물은 나오지 않고 피만 나온다.

◇"피": 우리에게 영생을 주는 당신의 피를 가리킨다(6:52-58). 우리의 죄를 씻어 우리를 의롭게 하고 하나님과 연합하게 하는 속죄 제사를 가리킨다. 예수님은 당신의 약속대로 우리를 위한 속죄제사를 지내셨다. 예수님의 살을 먹고 피를 마시는 사람이 영생을 받는다.

◇"물": 예수님께서 언급하신 물을 가리킨다. 위로부터 다시 나게 하는 물(3:3, 5)인 성령님을 암시했다(4:14). 예수님은 초막절 마지막 날에 당신이 영광을 받으신 다음에 그분을 믿는 자에게 주실 생수의 강물을 약속하셨다(7:38). 물은 성령님을 상징한다. 예수님께서 약속한 대로 십자가에 달려 들림으로써 성령님이 오신다. 이 사실을 누가 증언하는가?

35 "이를 본 자가 증언하였으니 그 증언이 참이라 그가 자기의 말하는 것이 참인 줄 알고 너희로 믿게 하려 함이니라"

◇"믿게 하려 함이니라": 이것을 직접 본 사람이 증언하기 때문에 그의 증언은 참되다. 그 증언의 목적은 믿음을 갖도록 하는 데 있다. 그 일이 일어난 데는 어떤 뜻이 있는가?

36 "이 일이 일어난 것은 그 뼈가 하나도 꺾이지 아니하리라 한 성경을 응하게 하려 함이라"

◇"성경을 응하게": 이 사건은 출 12:46을 이룬 것이다. 유월절 어린양에 관한 규정으로 양을 잡을 때 그 다리를 부러뜨려서는 안 된다. 예수님의 다리가 부러지지 않은 것은 그분이 유월절 어린양으로 죽으셨음을 입증한다. 또 어떤 말씀을 이루는 것인가?

37 "또 다른 성경에 저희가 그 찌른 자를 보리라 하였느니라"

◇"다른 성경에": 이 사건은 슥 12:10의 성취이다. 유월절 어린양으로 죽은 예수님은 이스라엘의 선한 목자로 죽으셨다. 스가랴에서 찔림을 당하신 분은 죽임을 당한 목자이기 때문이다(13:7). 그 후에 누가 등장하는가?

7. 요셉과 니고데모는 각각 어느 정도 변화했습니까(38-39)? 그들은 예수님을 어떻게 장사했습니까(40-41)? 그들이 이렇게 장사한 데는 무슨 뜻이 있습니까?

38 "아리마대 사람 요셉은 예수의 제자이나 유대인이 두려워 그것을 숨기더니 이 일 후에 빌라도에게 예수의 시체를 가져가기를 구하매 빌라도가 허락하는지라 이에 가서 예수의 시체를 가져가니라"

◇"두려워 그것을 숨기더니": 요셉은 유대인을 두려워하여 자신의 정체를 숨기고 있었다.

◇"시체를 가져가기를 구하매": 그러나 그는 예수님의 십자가의 죽음을 보고서는 더는 숨은 제자로 남아 있을 수 없었다. 그는 자신의 높은 신분을 이용하여 빌라도에게 예수님의 시체를 달라고 요구했다. 그는 자기 생명의 위협을 무릅쓰고 나섰다. 그렇지 않으면 예수님의 시신은 유대인에 의해 공동묘지에 내팽개쳐질 상황이었다. 그 일에 누가 동역하는가?

39 "일찍이 예수께 밤에 찾아왔던 니고데모도 몰약과 침향 섞은 것을 백 리트라쯤 가지고 온지라"

◇"니고데모": 그도 더는 예수님에 대해서 어둠과 무지에 속한 사람이 아니다. 그는 더는 밤에 속한 자가 아니다. 그는 마침내 낮에 속한 제자가 되었다. 그는 예수님의 장례를 왕의 장례처럼 치르기를 원했다(대하 16:14). 비록 그가 이 사실을 몰랐다고 할지라도 이렇게 많은 양의 몰약과 유향은 왕으로 죽으신 예수님을 왕의 장례를 하기에 합당한 양이다.

40 "이에 예수의 시체를 가져다가 유대인의 장례 법대로 그 향품과 함께 세마포로 쌌더라"

◇"세마포로 쌌더라": 요셉과 니고데모는 유대인의 장례법에 따라서 장례를 치른다. 그들은 예수님의 시신을 씻고 겨드랑 밑에서 발까지 붕대 같

은 천으로 감쌌다. 그 감싼 천이 접히는 부분에다 향유를 넣었다. 머리 주위는 천으로 감쌌다.

41 "예수께서 십자가에 못 박히신 곳에 동산이 있고 동산 안에 아직 사람을 장사한 일이 없는 새 무덤이 있는지라"

◇"새 무덤이": 예수님이 장례 된 곳은 정원이 있는 무덤으로 한 번도 사용하지 않은 새 무덤이 있었다. 그들은 예수님을 새 무덤에 묻었다. 이 또한 예수님의 왕으로서의 장례였음을 말한다.

42 "이 날은 유대인의 준비일이요 또 무덤이 가까운 고로 예수를 거기 두니라"

제34강

나도 너희를 보낸다

◇ 본문　요한복음 20:1-31
◇ 요절　요한복음 20:21
◇ 찬송　442장, 456장

1. 마리아는 무덤에서 돌이 옮겨진 것을 보고 제자들에게 무엇이라고 말합니까(1-2)? 그녀는 왜 그렇게 말할까요? 베드로와 다른 제자의 행동은 어떻게 대조됩니까(8)? '보고 믿더라.'라는 말은 무슨 뜻입니까? 그 믿음의 한계는 무엇입니까(9-10)?

2. 마리아는 왜 무덤 밖에서 울고 있습니까(11-13)? 그녀는 예수님을 보고도 왜 알아보지 못했을까요(14-15)? 그녀는 언제 예수님을 알았습니까(16)? 우리는 이 사실을 통해서 무엇을 배울 수 있습니까?

3. 그녀는 왜 예수님을 붙들고자 했을까요(17a)? 그녀는 왜 예수님을 붙들지 않아야 합니까? 그녀는 무엇을 해야 합니까(17b)? 예수님께서 '내 형제', '너희 아버지'라고 말씀하신 데는 무슨 뜻이 있습니까? 그녀는 어떻게 순종합니까(18)?

4. 예수님은 제자들에게 왜 부활의 믿음을 심습니까(19-21)? 예수님은 그들을 보내실 때 왜 성령님을 주십니까(22)? 그들이 해야 할 일은 무엇입니까(23)? 이 말씀이 오늘 우리에게 주는 의미는 무엇입니까?

5. 도마는 왜 제자들의 말을 믿지 못합니까(24-25)? 예수님은 그에게 어떻게 믿음을 심습니까(26-27)? 그의 고백이 무엇입니까(28)? 누가 복이 있습니까(29)? 이 책을 기록한 목적은 무엇입니까(30-31)? 우리는 어떻게 믿을 수 있습니까?

제34강

나도 너희를 보낸다

◇본문 요한복음 20:1-31
◇요절 요한복음 20:21
◇찬송 442장, 456장

1. 마리아는 무덤에서 돌이 옮겨진 것을 보고 제자들에게 무엇이라고 말합니까(1-2)? 그녀는 왜 그렇게 말할까요? 베드로와 다른 제자의 행동은 어떻게 대조됩니까(8)? '보고 믿더라.'라는 말은 무슨 뜻입니까? 그 믿음의 한계는 무엇입니까(9-10)?

1 **"안식 후 첫날 일찍이 아직 어두울 때에 막달라 마리아가 무덤에 와서 돌이 무덤에서 옮겨진 것을 보고"**

◇"안식 후 첫날": 예수님께서 무덤에 묻히시고 사흘 후인 일요일, 즉 주일이다.

◇"막달라 마리아": 나사로의 누이 마리아가 아니다(요 11:1). 예수님을 알기 전에 흉악한 일곱 귀신 들렸던 여인이다(눅 8:2). 주님은 그녀에게서 귀신을 쫓아내셨다. 그녀는 갈릴리 여인들과 함께 예수님의 전도여행에 동행하면서 주님과 제자들의 식사를 섬겼다(눅 8:2-3). 주님이 십자가에 못 박히신 장면을 멀리서 지켜보았다(마 27:56).

◇"아직 어두울 때": 그녀는 동이 트기도 전에 무덤으로 갔다. 그녀 역시

예수님의 부활에 해서는 아직 '어두운' 상태이다.

◇"돌이 무덤에서 옮겨진 것을 보고": 그런데 무덤 입구를 막았던 돌이 옮겨졌다. 그 돌을 사람이 옮기는 쉽지 않다. 그녀는 무엇을 하는가?

2 "시몬 베드로와 예수께서 사랑하시던 그 다른 제자에게 달려가서 말하되 사람들이 주님을 무덤에서 가져다가 어디 두었는지 우리가 알지 못하겠다 하니"

◇"달려가서": 그녀는 제자들에게로 달려갔다. 그녀는 무덤 안으로 들어가지 않았다. 그녀는 현장의 소식을 빨리 알리려고 했다.

◇"주님을 무덤에서 가져다가": 그녀는 "사람들이 주님의 시신을 가져갔다."고 단정했다.

그녀는 왜 그렇게 생각했을까? 당시에는 무덤을 몰래 파는 경우가 있었기 때문이다. 시체를 가져가기도 했다. 그런 일을 한 사람을 사형에 처했다. 마리아는 사실관계를 확인하지도 않고 일반적인 분위기 때문에 단정했다. 그녀는 예수님의 부활을 전혀 생각하지 못했기 때문이다. 예수님께서 살아 계실 때 부활에 관해 하셨던 말씀이 그녀의 마음에는 남아 있지 않았다. 말씀이 남아 있지 않으면 세상 분위기에 휩쓸릴 수밖에 없다. 마리아로부터 소식을 들은 제자들은 무엇을 하는가?

3 "베드로와 그 다른 제자가 나가서 무덤으로 갈새"

◇"갈새": 베드로와 다른 제자는 사실을 확인하려고 현장으로 갔다.

4 "둘이 같이 달음질하더니 그 다른 제자가 베드로보다 더 빨리 달려가서 먼저 무덤에 이르러"

5 "구부려 세마포 놓인 것을 보았으나 들어가지는 아니하였더니"

◇"들어가지는 아니하였더니": 먼저 도착한 그 제자는 무덤 안으로 들어가지는 않았다. 그 제자는 적극적인 것 같지만 소극적이다. 누가 먼저 무

덤 안으로 들어가는가?

6 "시몬 베드로는 따라와서 무덤에 들어가 보니 세마포가 놓였고"

◇"베드로": 베드로는 뒤에 도착했으나 무덤으로 들어갔다. 그의 행동은 적극적이다. 다른 제자와 베드로의 행동을 대조하고 있다. 무덤 안의 모습은 어떠한가?

7 "또 머리를 쌌던 수건은 세마포와 함께 놓이지 않고 딴 곳에 쌌던 대로 놓여 있더라"

◇"딴 곳에 쌌던 대로 놓여 있더라": 나사로는 죽었다가 살아났었다. 사람들은 그의 수의를 벗겨주었다(11:44). 그런데 예수님의 수의는 따로 개켜져 있다.

이 사실은 무엇을 말할까? 예수님의 시신을 누가 가져가지 않았음을 말한다. 누가 시신을 가져갔다면 수의를 정돈하지 않았을 것이다. 예수님께서 다시 살아나셨음을 암시하고 있다. 다른 제자는 그 현장을 보고 어떻게 반응하는가?

8 "그 때에야 무덤에 먼저 갔던 그 다른 제자도 들어가 보고 믿더라": 다른 제자도 들어가 보고 믿었다.

◇"보고 믿더라": 무덤에 먼저 왔던 다른 제자도 베드로를 따라서 무덤 안으로 들어갔다. 그리고 그는 보고 믿었다(he saw and believed).

무슨 뜻인가? '믿더라'라는 말은 바른 믿음을 말할 때 사용하였다(5:44; 6:47; 19:35; 20:29). 그 제자는 수의가 개켜져 있는 것을 보고 믿었다. 마리아는 예수님의 시신을 누군가 가져갔다고 단정했다. 그러나 무덤 안의 설명은 이런 사실을 반박하고 있다. 예수님의 시신을 누군가 가져간 것이 아니다. 그 제자는 세마포를 통해서 그 의미를 믿은 것이다. 그는 빈 무덤과 수의를 보고 예수님의 부활을 믿었다. 그는 아직 부활하신 주님을 만나지 못하였다. 그러나 그는 현장을 보고 믿었다. 그런 그의 모습을 베드로와 대조한다. 그러나 그 믿음의 한계는 무엇인가?

9 "(그들은 성경에 그가 죽은 자 가운데서 다시 살아나야 하리라 하신 말씀을 아직 알지 못하더라)"

◇"그들은": 베드로와 다른 제자를 말한다. 비록 다른 제자가 보고 믿었을지라도 그 믿음의 한계는 베드로와 다르지 않았다.

◇"말씀을 아직 알지 못하더라": 그들의 믿음은 아직 성경에 기초하지 않았다.

◇"다시 살아나야 하리라": 그들은 예수님께서 가르치셨던 부활의 의미, 구속사의 완성과 같은 그런 의미에 대해서는 아직 알지 못하였다. 그들 믿음의 한계는 말씀에 기초하지 않은 데 있다. 그들은 무엇을 하는가?

10 "이에 두 제자가 자기들의 집으로 돌아가니라"

◇"집으로": 두 제자는 자기들이 숨어 있던 곳으로 다시 돌아간다. 그들의 믿음이 아직 삶을 바꾸지는 못했다. 마리아는 무엇을 하는가?

2. 마리아는 왜 무덤 밖에서 울고 있습니까(11-13)? 그녀는 예수님을 보고도 왜 알아보지 못했을까요(14-15)? 그녀는 언제 예수님을 알았습니까(16)? 우리는 이 사실을 통해서 무엇을 배울 수 있습니까?

11 "마리아는 무덤 밖에 서서 울고 있더니 울면서 구부려 무덤 안을 들여다보니"

◇"무덤 밖에 서서 울고 있더니": 그녀는 홀로 남아서 울고 있다. 그녀는 예수님의 시신이 없어진 사실과 그 시신이 어디에 있는지를 모른다는 사실 때문에 울고 있다. 그녀는 예수님이 돌아가셨다는 사실보다도 시신이 없어진 사실 때문에 슬퍼한다. 그녀는 무덤에서 누군가를 만나면 시신에 관해 물어보려고 기다린다. 그녀는 어쩌면 따뜻한 가슴을 가졌다. 사랑의 정서는 싱거운 남성보다는 속 깊은 여성에게 더 간절해 보인다. 그녀에게 누가 나타났는가?

12 **“흰옷 입은 두 천사가 예수의 시체 뉘었던 곳에 하나는 머리 편에, 하나는 발 편에 앉았더라”**

13 **“천사들이 이르되 여자여 어찌하여 우느냐 이르되 사람들이 내 주님을 옮겨다가 어디 두었는지 내가 알지 못함이니이다”**

◇“어디 두었는지 내가 알지 못함이니이다”: 그녀가 우는 이유가 밝혀졌다. 그녀는 예수님의 시신을 잃어버린 것 때문에 운다.

14 **“이 말을 하고 뒤로 돌이켜 예수께서 서 계신 것을 보았으나 예수이신 줄은 알지 못하더라”**

◇“알지 못하더라”: 그녀는 예수님이 그곳에 서 계셨으나 알아보지 못하였다. 사람이 자기 생각에 사로잡히면 객관적 사실조차도 알지 못한다. 부활을 믿는 일이 쉽지 않음을 역설적으로 보여준다. 예수님께서 그녀에게 무엇을 물으시는가?

15 **“예수께서 이르시되 여자여 어찌하여 울며 누구를 찾느냐 하시니 마리아는 그가 동산지기인 줄 알고 이르되 주여 당신이 옮겼거든 어디 두었는지 내게 이르소서 그리하면 내가 가져가리이다”**

◇“내게 이르소서”: 그녀의 관심은 돌아가신 예수님께 있다. 그녀는 예수님의 살아나심에 관해서는 ‘1도’ 관심이 없다. 예수님께서 그녀를 어떻게 도우시는가?

16 **“예수께서 마리아야 하시거늘 마리아가 돌이켜 히브리 말로 랍오니 하니 (이는 선생님이라는 말이라)”**

◇“마리아야”: 예수님께서 그녀의 이름을 부르신다.

◇“랍오니”: 예수님께서 그녀의 이름을 부르자 그녀는 예수님을 알아본다.

이 사실을 통해서 무엇을 알 수 있는가? 우리는 예수님께서 우리에게 찾아오셔서 만나주셔야만 주님을 알 수 있다. 그런 점에서 부활의 주님을 믿는 것은 주님의 크신 은총이다. 어떤 사람은 '부활 믿음을 스스로 가질 수 있다.' 라고 생각한다. 그러나 사람이 스스로 믿는 데는 한계가 있다. 주님께서 깨우쳐 주셔야 알 수 있고 믿을 수 있다. 오늘 우리가 부활의 믿음을 가질 수 있는 것은 주님께서 인격적으로 다가오시고 깨우쳐 주셨기 때문이다. 그래서 은혜이다. 그녀가 하지 않아야 할 일과 해야 할 일은 무엇인가?

3. 그녀는 왜 예수님을 붙들고자 했을까요(17a)? 그녀는 왜 예수님을 붙들지 않아야 합니까? 그녀는 무엇을 해야 합니까(17b)? 예수님께서 '내 형제', '너희 아버지'라고 말씀하신 데는 무슨 뜻이 있습니까? 그녀는 어떻게 순종합니까(18)?

17 **"예수께서 이르시되 나를 붙들지 말라 내가 아직 아버지께로 올라가지 아니하였노라 너는 내 형제들에게 가서 이르되 내가 내 아버지 곧 너희 아버지, 내 하나님 곧 너희 하나님께로 올라간다 하라 하시니"**

◇"붙들다"(ἅπτομαι, *haptomai*): '잡다', '집착하다(cling)'라는 뜻이다. 이 말은 남녀의 성관계에 대해서(고전 7:1), 부정한 음식을 만질 때(골 2:21) 사용하였다. 그녀는 예수님을 붙들지 않아야 한다. 더는 집착하지 않아야 한다.

그녀는 왜 예수님을 붙들려고 하는가? 그녀는 예수님과 헤어지고 싶지 않기 때문이다. 그녀는 예수님과 계속해서 살고 싶었기 때문이다. 예수님과 같이 있으면 좋기 때문이다. 그러나 그녀는 왜 예수님을 붙들지 않아야 하는가?

◇"아버지께로 올라가지 아니하였노라": 예수님께서 아직 아버지께로 올라가지 않으셨기 때문이다. 예수님은 아버지께로 올라가셔야 한다. 예수님은 왜 아버지께로 올라가셔야 하는가? 구원 사역을 완성하셔야 하기 때문이다. 십자가를 통한 구원 사역은 부활과 승천을 통하여 완성할 수 있기 때문이다. 따라서 예수님은 죽으시고 다시 살아나셨고, 이제는

아버지께로 올라가셔야 한다. 그러므로 마리아는 예수님을 붙잡아서는 안 된다. 대신에 그녀는 무엇을 해야 하는가?

◇"형제들에게 가서 이르되": 그녀는 형제들에게 가서 전해야 한다.

◇"하나님께로 올라간다": 예수님께서 아버지께로 올라가신다. 이것은 부활하신 예수님께서 마리아에게 주신 첫 사명이다. 그녀는 부활의 첫 번째 증인으로 쓰임 받는다. 그런데 이 말씀 속에 나타난 호칭을 통해서 무엇을 알 수 있는가?

◇"내 형제", "내 아버지", "너희 아버지", "내 하나님", "너희 하나님": 이런 호칭은 예수님의 십자가와 부활이 가져다주는 결과이다. 예수님과 제자들은 형제가 되었다. 아버지 하나님을 중심으로 한 가족이 되었다. 예수님만의 아버지가 제자들의 아버지이시다. 예수님만의 하나님이 제자들의 하나님이시다. 제자들은 이제 하나님 아버지의 아들들이다.

이 사실이 오늘 우리에게 주는 의미는 무엇인가? 누구든지 예수님의 십자가와 부활, 그리고 올라가심을 믿으면 아버지 하나님의 아들딸이 된다. 하나님은 우리의 하나님이시고 내 아버지이시다. 하나님께는 언제나 아들딸만 있지 손자는 없다. 이 얼마나 놀라운 은혜인가! 그녀는 그 사명을 어떻게 감당하는가?

18 "막달라 마리아가 가서 제자들에게 내가 주를 보았다 하고 또 주께서 자기에게 이렇게 말씀하셨다 이르니라"

◇"가서", "이르니라": 마리아는 제자들에게 가서, 예수님을 만난 사실과 예수님의 메시지를 전하였다.

예수님은 부활의 첫 증인을 왜 여자인 마리아를 택하셨을까? 여자를 증인으로 세우지 않는 관례에 비추어 보면 이것은 매우 파격적인 일이다. 예수님의 부활도 파격적이지만 그 증인을 세우시는 일도 파격적이다. 예수님을 증언하는 증인의 삶에는 남녀 구분이 없다. 그런데 제자들은 무엇을 하고 있는가?

4. 예수님은 제자들에게 왜 부활의 믿음을 심습니까(19-21)? 예수님은 그들을 보내실 때 왜 성령님을 주십니까(22)? 그들이 해야 할 일은 무엇입니까(23)? 이 말씀이 오늘 우리에게 주는 의미는 무엇입니까?

19 "이 날 곧 안식 후 첫날 저녁 때에 제자들이 유대인들을 두려워하여 모인 곳의 문들을 닫았더니 예수께서 오사 가운데 서서 이르시되 너희에게 평강이 있을지어다"

◇"두려워하여 모인 곳의 문들을 닫았더니": 제자들은 예수님께서 살아나셨다는 소식을 들었지만 두려워하고 있다. 부활의 소식이 삶 속에서 힘을 쓰지 못하고 있다.

◇"평강이 있을지어다": 부활하신 주님께서 평화를 주신다. 죽음을 이기신 주님만이 평화를 주신다.

20 "이 말씀을 하시고 손과 옆구리를 보이시니 제자들이 주를 보고 기뻐하더라"

◇"보이시니": 예수님은 당신이 '유령'이 아닌 실제로 살아나신 분임을 보이신다. 예수님은 제자들에게 부활의 믿음을 심으신다. 예수님은 왜 제자들에게 부활의 믿음을 심으시는 것인가?

21 "예수께서 또 이르시되 너희에게 평강이 있을지어다 아버지께서 나를 보내신 것 같이 나도 너희를 보내노라"

◇"아버지께서 나를 보내신 것 같이 나도 너희를 보내노라": 예수님은 아버지로부터 세상에 보냄을 받으셨다. 예수님은 성공적으로 사역을 감당하시고 이제는 아버지께로 돌아가신다. 그 예수님께서 제자들을 세상으로 보내신다(I am sending you). 예수님은 제자들을 세상으로 보내실 때 무엇을 주시는가?

22 "이 말씀을 하시고 그들을 향하사 숨을 내쉬며 이르시되 성령을 받으라"

◇"숨을 내쉬며": 예수님께서 숨을 내쉬는 행동은 하나님께서 흙으로 아담을 창조하신 후에 아담에게 숨을 불어넣으신 행동을 기억나게 한다(창 2:7). 하나님께서 아담에게 생명을 주셨듯이 살아나신 예수님께서 제자들에게 생명을 주신다.

◇"성령을 받으라": 성령님을 주시는 일로 나타난다. 예수님께서 숨을 내쉬는 행동은 제자들에게 성령님을 부어주심을 상징적으로 표현한 것이다.

예수님은 왜 제자들에게 성령님을 주시는가? 예수님께서 아버지께로 가시기 때문이다. 제자들이 이 세상에서 예수님의 사역을 계승하고 부활의 증인으로 살려면 성령님의 도우심이 절대적으로 필요하다. 그래서 예수님은 이미 성령님을 보내시겠다고 약속하셨다. 제자들은 성령님과 함께 사명을 감당한다.

제자들은 언제 성령님을 받는가? 지금인가? 역사적으로는 지금은 아니다. 그들은 오순절에 성령님을 받는다(행 2:3-4). 예수님께서 아버지께로 가신 후에 성령님이 오시기 때문이다.

여기서 우리는 두 가지 점을 생각해야 한다. 첫째는, 성령님은 창조 때부터 계셨다. 그런데 역사 속에서 예수님의 가심을 통해서 보혜사 성령님이 오신다. 예수님께서 약속하셨던 그 성령님이 오신다. 따라서 제자들은 지금 성령님을 받는 것은 아니다. 오순절에 성령님의 오심을 통해서 받는다. 예수님께서 아버지께로 가셔야만 성령님이 오시기 때문이다.

둘째는, 제자들의 특수 상황을 오늘의 모든 성도에게 적용할 수 없다. 제자들은 구원역사의 특수한 상황에 놓여 있었다. 그들은 예수님을 믿었는데도 성령님이 그들과 함께하시지 않았던 때가 있었다. 그들은 보혜사 성령님이 아직 오시지 않았기 때문이다. 그러나 오늘 우리는 예수님의 승천과 성령님의 오심 이전에 사는 사람이 아니다. 예수님을 믿고 있음에도 불구하고 사도들과 같이 성령님을 받지 못한 때는 없다. 예수님을 믿는 순간, 아니 예수님을 믿도록 하는 것도 성령님의 사역이다. 그 성령님께서 예수님을 믿는 우리와 함께하시고, 사명을 감당할 때도 함께 하신다. 그들은 세상으로 가서 무슨 일을 해야 하는가?

23 "너희가 누구의 죄든지 사하면 사하여질 것이요 누구의 죄든지 그대로 두면 그대로 있으리라 하시니라"

◇"사하면": 그들은 세상으로 가서 죄 용서의 사역을 해야 한다. 그 일은 예수님께서 하셨던 일이다. 제자들이 그 일을 계승한다. 제자는 죄 용서의 전달자이다.

◇"그대로 두면 그대로 있으리라": 제자들이 가지 않고, 용서하는 일을 하지 않으면 세상은 용서받지 못한 상태로 있는다. 제자들이 사람의 구원과 멸망의 열쇠를 쥐고 있다.

이 사실이 오늘 우리에게 주는 의미는 무엇인가? 이것이 오늘 우리 교회의 사명이다. 내가 세상으로 가서 죄 용서를 증언하면 용서의 은총이 임한다. 하지만 내가 가지 않으면 세상은 그대로 있다. 변화하지 않는다. 그러므로 우리는 세상으로 가야 한다. 교회는 부활의 예수님을 체험한 곳이다. 동시에 부활의 증인으로 살아야 하는 곳이다. 그런데 어떤 때는 교회가 예수님의 발 앞에 앉아서 그분이 주는 편안함 속에서 그분에게 매달리는 일에만 관심을 가졌다. 그러나 우리는 마리아처럼 예수님을 붙들고만 있어서는 안 된다. 제자들처럼 방안에만 있어서도 안 된다. 세상으로 나가서 증인의 삶을 살아야 한다. 교회는 예수님만 붙드는 존재가 아니라 세상으로 나가는 존재이다. 우리는 세상으로 가고, 용서의 은총을 증언해야 한다. 그런데 그 사역을 나 홀로 감당할 수 없다. 성령님은 우리와 이미 함께 계신다. 그러므로 성령님을 믿고 세상으로 도전할 수 있다. 그때 도마는 어떻게 반응하는가?

5. 도마는 왜 제자들의 말을 믿지 못합니까(24-25)? 예수님은 그에게 어떻게 믿음을 심습니까(26-27)? 그의 고백이 무엇입니까(28)? 누가 복이 있습니까(29)? 이 책을 기록한 목적은 무엇입니까(30-31)? 우리는

어떻게 믿을 수 있습니까?

24 "열두 제자 중의 하나로서 디두모라 불리는 도마는 예수께서 오셨을 때에 함께 있지 아니한지라"

25 "다른 제자들이 그에게 이르되 우리가 주를 보았노라 하니 도마가 이르되 내가 그의 손의 못 자국을 보며 내 손가락을 그 못 자국에 넣으며 내 손을 그 옆구리에 넣어 보지 않고는 믿지 아니하겠노라 하니라"

◇"우리가 주를 보았노라": 다른 제자들은 도마에게 부활하신 예수님을 보았다고 증언하였다.

◇"넣어 보지 않고는 믿지 아니하겠노라": 그러나 도마는 제자들의 증언을 믿지 않는다. 자기가 직접 경험하려고 한다. 그는 자기가 본 것은 믿어도 다른 사람들이 말한 것은 믿지 않는다. 그는 자기 두 눈은 중요하고 동역자들의 증언은 중요하지 않게 여겼다. 그는 자기중심적이다. 예수님은 그를 위해서 무엇을 하시는가?

26 "여드레를 지나서 제자들이 다시 집 안에 있을 때에 도마도 함께 있고 문들이 닫혔는데 예수께서 오사 가운데 서서 이르시되 너희에게 평강이 있을지어다 하시고"

27 "도마에게 이르시되 네 손가락을 이리 내밀어 내 손을 보고 네 손을 내밀어 내 옆구리에 넣어 보라 그리하여 믿음 없는 자가 되지 말고 믿는 자가 되라"

◇"내 손을 보고", "내 옆구리에 넣어 보라": 예수님은 도마에게 직접 확인하도록 하신다. 예수님은 그에게 믿음을 심고자 하신다.

◇"믿음 없는 자가 되지 말고 믿는 자가 되라": 예수님은 그가 의심을 떨쳐버리고 믿기를 바라신다. 그는 무엇이라고 고백하는가?

28 "도마가 대답하여 이르되 나의 주님이시요 나의 하나님이시니이다"

◇"나의 주님이시요 나의 하나님이시니이다": 요한복음에 등장한 신앙고백 중에 가장 위대한 고백이다. 제자들이 예수님을 부를 때마다 '주님'이라고 불렀다. 베드로는 "주 예수님께 생명이 있다."라고 고백했다(6:68). 사마리아 사람들은 예수님을 '세상에 오시는 구주'로 고백했다(4:42). 마르다는 예수님을 '그리스도 하나님의 아들'로 고백했다(11:27). 예수님은 세상에 육신이 되어 오신 아들 하나님이시다. 그분은 태초부터 하나님과 함께하신 말씀 하나님이시다(1:1). 말씀 하나님이신 예수님은 세상 만물을 창조하신 분이다(1:2-3). 예수님은 세상에 오신 후에도 여전히 하나님 아버지 품에 계신 유일하신 아들 하나님이시다(1:18). 하나님으로서 예수님의 영광은 표적들을 통해서 나타났다. 그러나 제자들까지도 예수님을 아들 하나님으로 고백하는 데까지 이르지는 못하였다. 그러나 도마는 자기의 생각까지 아시는 부활하신 예수님을 주님이요 하나님으로 고백한다. 지금까지 믿지 못하고 의심했던 그가 완전히 의심을 버리고 예수님을 주님과 하나님으로 고백한 것이다. 그런 그에게 예수님은 무슨 말씀하시는가?

29 "예수께서 이르시되 너는 나를 본 고로 믿느냐 보지 못하고 믿는 자들은 복되도다 하시니라"

◇"본 고로 믿느냐": 도마는 주님께서 다시 나타나지 않았으면 주님께로 다시 돌아오지 못했을 것이다. 그는 예수님을 보았기 때문에 믿었다. 하지만 이런 식으로 믿음을 가지는 것은 모범적이지 않다. 어떻게 믿는 것이 이상적인가?

◇"보지 못하고 믿는 자들은 복되도다": 보지 않고 믿는 자가 복이 있다.

무엇을 보지 못한 것인가? 살아나신 예수님을 보지 못한 것이다. 살아나신 예수님을 안 보고 어떻게 믿을 수 있는가? 증언하는 사람의 증언을 통해서 믿을 수 있다. 부활하신 주님을 보지 않고도 예수님의 머리를 쌌던 수건과 빈 무덤만 보고도 주님을 믿었던 자가 있었다(8). 바로 그 믿음을 새로운 환경에 처해 있는 청중과 우리에게 요구한다.

세 종류의 사람이 있다. 보고도 믿지 않는 사람, 봐야 믿는 사람, 보지 않고도 믿는 사람 등이다. 오늘 우리는 증언자들의 증언, 그 증언을 기록한 성경을 통해서 믿음을 갖는다. 이런 우리는 행복한 사람이다. 요한복음을 기록한 목적은 무엇인가?

30 "예수께서 제자들 앞에서 이 책에 기록되지 아니한 다른 표적도 많이 행하셨으나"

31 "오직 이것을 기록함은 너희로 예수께서 하나님의 아들 그리스도이심을 믿게 하려 함이요 또 너희로 믿고 그 이름을 힘입어 생명을 얻게 하려 함이니라"

◇"이것을 기록함은": 예수님께서 하나님의 아들 그리스도이심을 믿게 하는 데 있다. 그리하여 생명을 얻게 하는 데 있다. 이것은 요한의 공동체와 오늘 우리에게 주는 메시지이다.

제35강

사랑과 사명

◇본문 요한복음 21:1-25
◇요절 요한복음 21:15
◇찬송 315장, 505장

1. 예수님은 어디에서 제자들에게 다시 나타나셨습니까(1)? 그때 제자들은 무엇을 합니까(2-3)? 예수님은 그들을 언제, 어떻게 도와주십니까(4-6)? 예수님은 왜 사명을 떠난 그들을 이렇게 도와주실까요?

2. '그 제자'는 무엇을 깨닫습니까(7)? 예수님은 그들을 어떻게 맞이합니까(8-10)? 그들은 얼마나 많은 고기를 잡았습니까(11)? 예수님은 그들을 어떻게 섬기십니까(12-14)? '와서 조반 먹어라.'라고 말씀하시는 주님은 어떤 분입니까?

3. 예수님은 베드로에게 무엇을 물으시며, 그는 어떻게 고백합니까(15a)? 예수님은 그에게 어떤 사명을 주십니까(15b)? 예수님은 왜 사랑을 고백하게 하고 사명을 주실까요? 사랑과 사명의 관계가 어떠합니까?

4. 예수님은 같은 질문을 왜 세 번이나 하셨을까요(16-17)? 그는 세 번째 질문에서는 왜 근심했을까요?

5. 베드로의 과거와 미래가 어떻게 대조됩니까(18-19)? 그의 마음에는 어떤 비교의식이 있습니까(20-21)? 비교의식을 어떻게 이길 수 있습니까(22-23)? 우리는 왜 그의 증언이 참인 줄 압니까(24-25)?

제35강
사랑과 사명

◇본문 요한복음 21:1-25
◇요절 요한복음 21:15
◇찬송 315장, 505장

1. 예수님은 어디에서 제자들에게 다시 나타나셨습니까(1)? 그때 제자들은 무엇을 합니까(2-3)? 예수님은 그들을 언제, 어떻게 도와주십니까(4-6)? 예수님은 왜 사명을 떠난 그들을 이렇게 도와주실까요?

1 "그 후에 예수께서 디베랴 호수에서 또 제자들에게 자기를 나타내셨으니 나타내신 일은 이러하니라"

◇"그 후에": 예수님은 십자가에서 돌아가신 후에 사흘 만에 다시 살아나셨다. 다시 살아나신 예수님은 마리아에게 나타나셨다(20:26). 예수님은 열한 제자에게 나타나셨다(20:19). 그 후에 예수님께서 다시 제자들에게 나타나셨다. 어디에서 나타나셨는가?

◇"디베랴 호수": 갈릴리 호수에 대한 로마식 이름이다.

◇"자기를 나타내셨으니": 부활하신 예수님께서 제자들에게 세 번째 나타나신 일이다(14). 첫 번째는 다른 제자들은 다 있고 도마만 없을 때(20:19), 두 번째는 도마가 다른 제자들과 함께 있을 때(20:26) 각각 나타나셨다. 그때 제자들은 무엇을 하고 있었는가?

2 "시몬 베드로와 디두모라 하는 도마와 갈릴리 가나 사람 나다나엘과 세베대의 아들들과 또 다른 제자 둘이 함께 있더니"

◇"세배대의 아들들": 요한복음에서는 그 이름을 말하지 않는다. 마태복음에서는 야고보와 요한이라고 밝힌다(마 4:21).

3 "시몬 베드로가 나는 물고기 잡으러 가노라 하니 그들이 우리도 함께 가겠다 하고 나가서 배에 올랐으나 그날 밤에 아무것도 잡지 못하였더니"

◇"물고기 잡으러 가노라": 이 말은 예수님 믿기 전의 옛 생활로 돌아간다는 뜻이다. 베드로는 왜 옛 생활로 돌아가려는 것일까? 부활하신 예수님께서 제자들에게 두 번씩이나 나타나셨지만, 새로운 시대에 대한 기대를 품지 못했기 때문이다. 그는 부활하신 예수님을 삶 속에서 실감하지 못했기 때문이다.

◇"우리도 함께 가겠다": 베드로뿐만 아니라 다른 제자의 상황도 마찬가지다. 그들은 베드로를 무조건 따른다.

◇"그날 밤": 고기는 낮보다는 밤에 잘 잡힌다.

◇"아무것도 잡지 못하였더니": 그러나 그들은 아무것도 잡지 못하였다. 예수님의 부활을 통해 구원의 의미를 깨닫고 '사람 고기'를 잡아야 하는데, 사명을 잊고 예전의 직업으로 돌아갔다. 하지만 그들은 아무것도 잡지 못했다. 베드로의 고기잡이 실패는 그가 주님께 부름을 받기 전날의 실패와 연결된다(눅 5:5). 가지인 제자들이 포도나무이신 주님을 떠나서 할 수 있는 것이라고는 아무것도 없다(요 15:5). 그들은 허탈감에 빠졌을 것이다. 예수님은 그들을 어떻게 도와주시는가?

4 "날이 새어갈 때에 예수께서 바닷가에 서셨으나 제자들이 예수이신 줄 알지 못하는지라"

◇"날이 새어갈 때": 실패와 좌절감의 밤은 지나가고 새 아침의 동이 떠오

르고 있다. 새 아침은 부활하신 주님으로부터 시작한다.

◇"알지 못하는지라": 그들은 예수님을 알지 못했다. 날은 밝아 오지만, 그들은 아직도 어둠 속에 있다.

5 "예수께서 이르시되 얘들아 너희에게 고기가 있느냐 대답하되 없나이다"

◇"얘들아": 예수님은 제자들을 "얘들"로 부르신다. 그들은 나이로는 어른이지만 영적으로는 어린아이와 같다. 예수님의 음성은 사랑으로 가득 차 있는 엄마와 같다. 예수님은 그들을 꾸짖지 않으신다.

6 "이르시되 그물을 배 오른편에 던지라 그리하면 잡으리라 하시니 이에 던졌더니 물고기가 많아 그물을 들 수 없더라"

◇"그물을 배 오른편에 던지라": 예수님은 시몬 베드로를 처음 만났을 때 말씀하셨다. "깊은 데로 가서 그물을 내려 고기를 잡아라." 시몬은 "밤이 새도록 수고하였으되 잡은 것이 없지마는 말씀에 의지하여 그물을 내렸다." 그는 말씀대로 했을 때 고기를 잡은 것이 심히 많아 그물이 찢어질 정도였다(눅 5:4-6). 그때를 생각하며 베드로는 그물을 배 오른편에 던졌다.

◇"그물을 들 수 없더라": 그들은 고기를 많이 잡았다. 예수님은 그들의 실패를 회복하도록 도와주셨다.

예수님은 왜 그렇게 하신 것일까? 예수님은 베드로와의 첫 만남을 기억나게 하신다(눅 5:6). 예수님의 사랑은 어제나 오늘이나 영원토록 변함이 없음을 보여준다. 예수님은 제자들을 사랑하시되 끝까지 사랑하신다(13:1). 예수님은 그가 실패를 회복하도록 도와주셨다. 삶에서 실망할 때 오셔서 희망을 주셨다. 그분이 베드로의 예수님이시다. 그 예수님은 실은 요한의 예수님이시다. 그래서 요한은 이렇게 메시지를 전한 것이다. 그 예수님은 오늘 우리의 주님이시다. 그때 그 제자는 무엇을 깨달았는가?

2. '그 제자'는 무엇을 깨닫습니까(7)? 예수님은 그들을 어떻게 맞이합니까(8-10)? 그들은 얼마나 많은 고기를 잡았습니까(11)? 예수님은 그들을 어떻게 섬기십니까(12-14)? '와서 조반 먹어라.'라고 말씀하시는 주님은 어떤 분입니까?

7 "예수께서 사랑하시는 그 제자가 베드로에게 이르되 주님이시라 하니 시몬 베드로가 벗고 있다가 주님이라 하는 말을 듣고 겉옷을 두른 후에 바다로 뛰어 내리더라"

◇"겉옷을 두른 후에": 바다에 뛰어들기 전에 겉옷을 입은 것은 이상하다. 그러나 유대인은 인사하는 것을 종교적 행위로 간주했다. 그것은 오로지 옷을 입은 경우에만 할 수 있었다. 베드로는 주님께 인사하기 위한 준비로 옷을 입었다.

8 "다른 제자들은 육지에서 거리가 불과 한 오십 간쯤 되므로 작은 배를 타고 물고기 든 그물을 끌고 와서"

◇"오십 칸": '칸'은 '규빗(cubit)'을 말한다. 한 규빗은 45–50cm이다. 그러므로 약 90–100m의 거리이다.

9 "육지에 올라 보니 숯불이 있는데 그 위에 생선이 놓였고 떡도 있더라"

◇"숯불": 빵과 생선을 굽는 데 필요했다. 다른 한편으로는 베드로가 주님을 배반할 때 종교 지도자의 종과 함께 쬈던 그 숯불과 같은 것이다 (18:18). 그의 배반의 상처를 회복하려고 같은 숯불이 등장했을 것이다.

10 "예수께서 이르시되 지금 잡은 생선을 좀 가져오라 하시니"

11 "시몬 베드로가 올라가서 그물을 육지에 끌어 올리니 가득히 찬 큰 물고기가 백쉰세 마리라 이같이 많으나 그물이 찢어지지 아니하였더라"

◇"그물을 육지에 끌어 올리니": 베드로가 그 일의 선봉에 섰다. 그들 모두

달려들어도 그물을 들 수 없었기 때문이다(21:6).

◇"백쉰세 마리": 당시 사람들은 고기의 종류를 모두 153마리로 생각했다. 고기를 대단히 많이 잡았음을 강조한다.

12 "예수께서 이르시되 와서 조반을 먹으라 하시니 제자들이 주님이신 줄 아는 고로 당신이 누구냐 감히 묻는 자가 없더라"

◇"와서 조반을 먹으라": "와서 아침을 먹자." 예수님은 그들을 아침 식사에 초대하신다.

◇"감히 묻는 자가 없더라": 부활하신 예수님과 제자들 사이에 침묵이 흐르고 있다. 예수님은 그들을 아침 식사에 초대했지만, 그들은 주님께 대답할 면목이 없었다. 그들의 심정을 이해하는 주님께서 말을 걸며 대접하는 역할까지 하신다.

'와서 조반을 먹어라.' 라고 말씀하시는 주님은 어떤 분인가? 세상에 있는 자기 사람들을 사랑하시되 끝까지 사랑하시는 주님이시다(13:1). 모든 허물과 실수를 아시지만 감당하시는 주님이시다. 참으로 따사한 엄마의 모습이다.

13 "예수께서 가셔서 떡을 가져다가 그들에게 주시고 생선도 그와 같이 하시니라"

◇"떡을 가져다가 그들에게 주시고": 예수님은 어머니처럼 제자들에게 빵도 주신다. 여기에는 또 하나의 상징성이 담겨 있다. 예수님은 보리빵 다섯 개와 물고기 두 마리로 표적을 행하실 때와 같은 모습이다(6:11). 예수님은 당신을 생명의 빵으로 계시하신다. 이제 예수님은 죽었다가 다시 살아났기 때문에 제자들에게 생명의 빵이심을 다시 강조하신다. 제자들에게 베풀어 주시는 빵은 앞으로 그들에게 임하실 생명의 성령님을 암시한다.

14 "이것은 예수께서 죽은 자 가운데서 살아나신 후에 세 번째로 제자들에게

나타나신 것이라"

◇"세 번째로": 예수님께서 제자들에게 나타나신 것으로는 세 번째이다(20:19-23, 24-29).

3. 예수님은 베드로에게 무엇을 물으시며, 그는 어떻게 고백합니까(15a)? 예수님은 그에게 어떤 사명을 주십니까(15b)? 예수님은 왜 사랑을 고백하게 하고 사명을 주실까요? 사랑과 사명의 관계가 어떠합니까?

15 "그들이 조반 먹은 후에 예수께서 시몬 베드로에게 이르시되 요한의 아들 시몬아 네가 이 사람들보다 나를 더 사랑하느냐 하시니 이르되 주님 그러하나이다 내가 주님을 사랑하는 줄 주님께서 아시나이다 이르시되 내 어린양을 먹이라 하시고"

◇"시몬": 베드로의 옛 이름이다. 그 뜻은 '들음'이다(창 29:33).

◇"베드로": 예수님께서 베드로를 처음 보셨을 때 '게바', 즉 '베드로'라는 이름을 주셨다(1:42). '게바'는 아람어이고, '베드로'는 헬라어이다. 그 뜻은 모두 '반석'이다.

◇"이 사람들보다 나를 더 사랑하느냐": '이 사람들, 즉 제자들이 나를 사랑하는 것보다 네가 나를 더 사랑하느냐.'라는 뜻이다. 예수님은 베드로의 사랑을 다른 제자들의 사랑과 구별하신다. 즉 '네가 나를 최고로 사랑한다고 고백했는데, 그런 사랑이 지금도 있느냐? 그 사랑에 변함이 없느냐?'라는 질문이다. 베드로는 어떻게 대답하는가?

◇"그러하나이다": 베드로는 세 번이나 주님을 모른다고 부인했었다(18:17, 25, 27). 그리고 물고기를 잡으러 갔다. 그런데도 그는 주님을 사랑한다고 고백한다. 주님을 향한 그의 사랑에는 변함이 없다. 그의 사랑에 대해서는 주님도 아신다고 확신한다. 그의 사랑 고백을 들으신 주님께서는 무엇이라고 말씀하시는가?

◇"내 어린양을 먹이라": '내 어린양'이란 '예수님의 어린양'을 말한다. 하나님이신 예수님께서 육신이 되어 이 땅에 오신 목적 중 하나는 예수님의 어린양을 구원하기 위함이다. 예수님께서 구원하고자 하는 이 세상의 사람이다. 그들의 상태를 어떻게 비유하시는가?

◇"어린양": 양은 절대적으로 목자의 인도와 보호가 필요하다. 양은 스스로 길을 찾아가지 못한다. 다른 동물에 비해서 자기 방어능력이 약하다. 이리와 같은 맹수에게 쉽게 잡아먹힐 수 있다. 이런 점에서 양에게는 목자가 절대적으로 필요하다. 그런데 '어리다'라는 표현을 통해 목자의 필요성을 더 강조하고 있다.

예수님은 "양을 치라."는 사명을 주기 전에 왜 사랑 고백을 원하셨을까? 예수님을 사랑한다는 것은 예수님의 양에 대한 책임을 받아들인다는 의미이다. 주님을 사랑하는 자만이 주님의 양을 먹이고 보살필 수 있는 자격이 있다. 사랑이 없이는 사명을 감당할 수 없다. 사명은 사랑에서 시작된다. 예수님에 대한 사랑은 예수님의 양에 대한 사랑으로 나타나야 한다. 양에 대한 사랑은 양을 먹이는 일로 표현되어야 한다.

우리가 양을 치는 것은 내 양을 치는 것이 아니다. 예수님의 양을 치는 일이다. 따라서 예수님을 사랑하지 않으면서 예수님의 양을 칠 수는 없다. 예수님을 사랑하는 표현이 예수님의 양을 치는 것이다. 부활하신 주님께서는 베드로에게 그의 사랑을 확인했을 뿐 아니라 그가 주님을 사랑하는 것을 구체적인 행동으로 보이길 원하신다. 그리스도에 대한 헌신은 곧 그리스도의 양을 치는 일이다. 이것이 곧 교회 공동체의 존재 목적이기도 하다. 교회가 이 원칙을 잃어버리면 교회는 존재할 근거를 잃어버리는 것이다. 교회의 터가 무너지고 만다. 이것은 우리가 물려받았고 물려줘야 할 영적 유산이다. "양을 먹인다."라는 말은 무슨 뜻인가?

◇"먹이라": 목자가 양에게 '풀을 뜯기고', 양을 '돌보고 지키는 것'을 말한다. 아직 예수님을 모르는 사람이나, 어린 신자에게 말씀을 가르치고,

그들의 삶을 보살피며 양육하는 일을 말한다. 삶의 현장에서 어린양처럼 돌봄과 인도가 필요한 연약한 사람을 보살피고 인도하는 일이다. 예수님은 그 질문을 몇 번이나 하셨는가?

4. 예수님은 같은 질문을 왜 세 번이나 하셨을까요(16-17)? 그는 세 번째 질문에서는 왜 근심했을까요?

16 "또 두 번째 이르시되 요한의 아들 시몬아 네가 나를 사랑하느냐 하시니 이르되 주님 그러하나이다 내가 주님을 사랑하는 줄 주님께서 아시나이다 이르시되 내 양을 치라 하시고"

17 "세 번째 이르시되 요한의 아들 시몬아 네가 나를 사랑하느냐 하시니 주께서 세 번째 네가 나를 사랑하느냐 하시므로 베드로가 근심하여 이르되 주님 모든 것을 아시오매 내가 주님을 사랑하는 줄을 주님께서 아시나이다 예수께서 이르시되 내 양을 먹이라"

◇"세 번째", "사랑하느냐": 예수님께서 베드로에게 세 번이나 똑같은 질문을 하신다. "네가 나를 사랑하느냐?" 헬라어는 '사랑'에 대해 몇 가지 단어가 있다. ① '아가파오(ἀγαπάω)': 하나님에 대한 사랑을 표현한다. ② '필레오(φιλέω)': 가장 널리 사용하는 표현이다. ③ '스테르고(στέργω)': 부모와 자식 간의 사랑을 말한다. ④ '에로스(ἔρως)': 신비 종교와 관계가 있고, 열정적인 요구를 나타낸다.

15절에서 예수님은 "아가파오"로 물었는데, 베드로는 "필레오"로 대답했다. 16절에서 예수님은 "아가파오"로 물었는데, 베드로는 "필레오"로 대답했다. 17절에서 예수님은 "필레오"로 물었고, 베드로는 "필레오"로 대답했다. 여기에는 다른 뜻이 있지 않고 같은 의미로 본다. 중요한 점은 예수님이 세 번 물으신 데 있다. 예수님은 베드로의 사랑 고백에 다른 뜻은 없는지, 혹은 그의 고백의 진실성을 어떤 근거에서 받아들여야 하는지 캐묻는 것처럼 보인다.

예수님은 왜 세 번씩이나 같은 질문을 하신 것일까? 예수님께서 숯불 앞에서 베드로에게 세 번씩이나 물었을 때 숯불에 얽힌 비밀을 아는 자는 '그 제자'와 베드로밖에 없었다. 베드로가 숯불 앞에서 예수님을 세 번 모른다고 부인했기 때문에 예수님께서는 숯불 앞에서 그가 예수님을 부인한 사건을 상기시키신다. 예수님은 베드로에게서 사랑을 재확인하고, 그의 사명을 회복하려고 하신 것이다. 그러나 베드로의 마음은 어떠한가?

◇"근심": 베드로는 세 번째 질문에는 마음이 무거웠다. 예수님이 계속해서 물으셨기 때문이다. 예수님의 물음이 자기 존재의 깊은 곳까지 살피게 하였다.

◇"주님께서 아시나이다": 베드로가 예수님의 십자가 사건 이전에 보여주었던 자신감과 단호함은 바로 이 시점에서 사라져버렸다. 그는 오로지 주님이 자기 마음의 진실을 포함한 모든 것을 아신다는 사실에 호소할 수밖에 없었다. 누구라도 그 자리에 있었다면 그가 진실을 말하고 있음을 알았을 것이다.

◇"내 양을 먹이라": 주님은 베드로의 사랑 고백을 받아들이신다. 그리고 사명을 주신다. 이제부터 베드로의 과거와 미래가 어떻게 다른가?

5. 베드로의 과거와 미래가 어떻게 대조됩니까(18-19)? 그의 마음에는 어떤 비교의식이 있습니까(20-21)? 비교의식을 어떻게 이길 수 있습니까(22-23)? 우리는 왜 그의 증언이 참인 줄 압니까(24-25)?

18 "내가 진실로 진실로 네게 이르노니 네가 젊어서는 스스로 띠 띠고 원하는 곳으로 다녔거니와 늙어서는 네 팔을 벌리리니 남이 네게 띠 띠우고 원하지 아니하는 곳으로 데려가리라"

◇"젊어서는 스스로 띠 띠고": 그는 젊어서는 스스로 띠를 띠고 가고 싶은 곳을 다녔다.

◇"늙어서는 네 팔을 벌리리니": 그러나 늙어서는 남들이 그의 팔을 벌릴 것이고, 그를 묶어서 그가 바라지 않는 곳으로 끌고 갈 것이다. 예수님은 베드로의 과거와 미래에 대해서 말씀하신다. 과거에 그는 스스로 띠를 띠고 자신이 원하는 대로 살았다. 그의 과거는 욕망은 컸지만, 뜻대로 이루지 못하고 좌절하는 모습이었다. 하지만 그의 미래는 과거의 삶과는 정반대가 된다. 다른 사람이 그에게 띠를 띄워서 그가 원하지 않는 곳으로 데리고 간다. 그의 미래는 자기를 부인하고 자기 십자가를 지는 삶을 살게 된다. 그것은 예수님의 양을 먹이는 목자의 삶이다.

19 "이 말씀을 하심은 베드로가 어떠한 죽음으로 하나님께 영광을 돌릴 것을 가리키심이러라 이 말씀을 하시고 베드로에게 이르시되 나를 따르라 하시니"

◇"어떠한 죽음으로": 베드로는 순교할 것이다. 초대교회는 이 말씀을 베드로의 십자가 죽음에 대한 예언으로 이해했다. 전통에 따르면 베드로는 십자가에 거꾸로 매달려 죽었다.

◇"나를 따르라": 주님을 사랑하는 행동은 예수님을 따르는 행동으로 나타나야 한다. 예수님을 어떻게 따를 수 있는가? 예수님은 승천하셔서 성령님의 오심을 통해 새로운 존재 양식으로 베드로의 마음속에 오실 것이다. 성령님의 내주를 통해 예수님은 베드로를 인도할 것이다. 그러므로 그는 그 예수님을 따를 수 있다.

20 "베드로가 돌이켜 예수께서 사랑하시는 그 제자가 따르는 것을 보니 그는 만찬석에서 예수의 품에 의지하여 주님 주님을 파는 자가 누구오니이까 묻던 자더라"

◇"그 제자가 따르는 것을 보니": 그 제자는 변함없이 예수님을 따르고 있다. '그 제자'는 사도 요한을 말한다. 요한은 모범적인 제자로 등장한다.

21 "이에 베드로가 그를 보고 예수께 여짜오되 주님 이 사람은 어떻게 되겠사옵나이까"

◇"이 사람은 어떻게 되겠사옵나이까": 베드로는 '그 제자'의 삶에 관해 관심을 가진다. 베드로가 순교한다면, '그 제자'는 어떻게 될 것인가에 관해 묻는다. 비교의식이 생긴 것이다.

22 "예수께서 이르시되 내가 올 때까지 그를 머물게 하고자 할지라도 네게 무슨 상관이냐 너는 나를 따르라 하시더라"

◇"네게 무슨 상관이냐": '그 제자'는 '그 제자'대로 예수님을 따른다. 베드로는 그의 삶에 상관할 바가 아니다.

23 "이 말씀이 형제들에게 나가서 그 제자는 죽지 아니하겠다 하였으나 예수의 말씀은 그가 죽지 않겠다 하신 것이 아니라 내가 올 때까지 그를 머물게 하고자 할지라도 네게 무슨 상관이냐 하신 것이러라"

◇"그 제자는 죽지 아니하겠다": 제자들은 예수님의 말씀을 오해하였다. 그래서 '그 제자는 결코 죽지 아니할 것이다.'라는 소문이 널리 퍼졌다.

24 "이 일들을 증언하고 이 일들을 기록한 제자가 이 사람이라 우리는 그의 증언이 참된 줄 아노라"

◇"이 일들": 요한복음 전체를 말한다.

◇"증언": 요한복음 전체에 걸쳐서 증언의 중요성을 강조하였다. 그 증언을 하는 사람은 다름 아닌 주님의 사랑을 받은 '그 제자'이다.

◇"참된 줄 아노라": 사랑하는 그 제자가 기록하고 증언하였기 때문에 그의 증언은 참되다. 믿을 수 있다.

25 "예수께서 행하신 일이 이 외에도 많으니 만일 낱낱이 기록된다면 이 세상이라도 이 기록된 책을 두기에 부족할 줄 아노라"

◇"이 외에도 많으니": 요한복음은 예수님께서 행하신 수많은 일 중 일부

에 불과하다. 그것을 낱낱이 기록한다면, 이 세상이라도 그 기록한 책들을 다 담아 두기에 부족할 것이다.

오늘 우리에게 주신 사명은 무엇이며, 그 사명을 어떻게 감당할 수 있는가? 우리는 예수님이 하나님이심을 믿고 생명을 얻었다. 우리는 우리에게 생명을 주기 위해서 어린양으로 십자가에서 돌아가신 예수님을 사랑한다. 그러면 우리는 어떻게 살아야 하는가? 예수님의 양을 쳐야 한다. 이것이 우리에게 주신 사명이다. 사명은 주님을 사랑하는 사람만이 감당할 수 있다. 내가 생명을 얻은 것처럼 나를 통하여 사랑하는 내 가족이, 내 이웃이, 내 학우가, 내 동료가 생명을 얻기를 소망한다. 그리고 그 일을 내가 해야 한다.

참고 도서

김득중. 『요한의 신학』. 서울: 컨콜디아사, 1994.

김병국. 『설교자를 위한 요한복음 강해』. 서울: 대서, 2007.

김세윤. 『요한복음 강해』. 서울: 두란노, 2004.

김선정. 『요한복음서와 로마황제숭배』. 서울: 한들출판사, 2003.

백예철. 『요한복음』. 서울: 성광문화사, 1990.

유상섭. 『설교를 돕는 분석요한복음』. 서울: 규장, 1999.

이필찬. 『요한복음1: 이 성전을 헐라』. 서울: 엔크리스토, 2008.

이한수. 『신약은 성령을 어떻게 말하는가』. 서울: 이레서원, 2001.

정성구. 『영원한 생수가 흐른다』. 서울: 총신대학출판부, 1997.

Barton, Bruce B. *Life Application Bible Commentary: John*. 전광규 역. 『(적용을 도와주는) 요한복음』. 서울: 성서유니온선교회, 2005.

Beasley-Murray, George R. *WBC; John*. 이덕신 옮김. 『요한복음』. 솔로몬, 2001.

Bruce, F. F. *The Gospel Of John*. 서문강 옮김. 『요한복음』. 서울: 로고스, 2003.

Fee, Gordon D. & Stuart, Douglas. *How to Read the Bible Book*. 김진선

옮김. 『책별로 성경을 어떻게 읽을 것인가』. 서울: 성서유니온선교회, 2004.

Guthrie, Donald. *New Testament Introduction.* 김병국 · 정광욱 옮김. 『신약 서론』. 서울: 크리스찬 다이제스트, 2003.

Hendriksen, William. *The Gospel of John.* 문창수 역. 『요한복음(상)』. 서울: 아가페, 1974.

Keener, Craig S. *The IVP Bible Background Commentary.* 정옥배 · 김현희 · 유선명 [공]옮김. 『성경배경주석: 신약』. 서울: IVP, 2001.

Kysar, Robert. *John the Maverick Gospel.* 나채운 역. 『요한복음서 연구』. 서울: 성지, 1996.

Lenski, Richard C.H. *The Interpretation of St. John's Gospel II.* 장병일 역. 『요한복음(상)』. 서울: 백합, 1974.

Milne, Bruce. *The New Testament World Insights from Cultural Anthropology.* 심상법 옮김. 『신약의 세계: 문화인류학적인 통찰』. 서울: 솔로몬, 2000.

Morris, Leon. *John.* 홍찬역 역. 『요한신학』. 서울: 기독교문서선교회, 1995.

Pink, A. W. *John.* 지상우 역. 『요한복음』. 서울: 엠마오, 1987.

Smalley, Stephen S. *John Evangelist and Interpreter.* 김경신 역. 『요한신학』. 서울: 생명의 샘, 2004.

Sloyan, Gerard S. *John: Interpretation.* 『요한복음: 목회자와 설교자를 위한 주석』. 서울: 한국장로교출판사, 2000.

Tenney, Merrill C. *John: The Gospel of Belief an Analytic Study of the Text.* 김근수 역. 『요한복음서 해석』. 서울: 기독교문서선교회, 2003.

Bauckham, Richard & Mosser, Carl. *The Gospel of John and Christian Theology.* Grand Fapids: Wm. B. Eerdmans Publishing Co., 2008.

Beasley-Murray, George R. *Word Biblical Commentary(36)*. Texas: Word Books Publisher, 1987.

Bieringer, R. & Pollefeyt, D. *Anti Judaism and Fourth Gospel*. London: Westminster John Knox Press, 2001.

Brown, E. Raymond. *The Anchor Bible-The Gospel according to John*. New York: Doubleday & Company Inc., 1966.

Bruce, F. F. *The Gospel of John*. Grands Rapids: William B. Eerdmans Pub., 1983.

Carson, D. A. *The Gospel According to John*. Grand Rapids: William B. Eerdmans Pub., 1991.

Clark, H. Gordon. *The Johannine Logos*. N.P.: The Presbyterian and Reformed Publishing Com., 1972.

Kee, Howard Clark· Young, Franklin W. *Understanding The New Testament*. Englewood Cliffs, N.J. : Prentice Hall, 1957.

Lenski, R. C. H. *The Interpretation of St. John's Gospel: Commentary on the New Testament*. N.P.: Hendrickson Publishers, 1998.

Moloney, J. Francis. T*he Gospel of John: Sacra Paginal Series*. Collegeville: The Liturgical Press, 1998.

Whitacre, A. Rodney. *John: The IVP NTC series*. Downers Grove: IVP, 1999.

권성수. "설교자를 위한 요한복음의 신학이해." 『그말씀』. 서울: 두란노, 2004-9.

심상법. "요한복음의 주제와 구조." 『그말씀』. 서울: 두란노, 2004-9.

양용의 외. "요한복음을 어떻게 설교할 것인가 ②." 『그말씀』. 서울: 두란노, 2004-10.

윤철원. "요한복음 설교를 위한 배경: 두 세계." 『그말씀』. 서울: 두란노, 2004-9.